DIETRICH EBELING

DER HOLLÄNDERHOLZHANDEL IN DEN RHEINLANDEN

VIERTELJAHRSCHRIFT FÜR
SOZIAL- UND WIRTSCHAFTSGESCHICHTE

BEIHEFTE

HERAUSGEGEBEN VON
KARL HEINRICH KAUFHOLD,
HANS POHL UND WOLFGANG ZORN

Nr. 101

FRANZ STEINER VERLAG STUTTGART
1992

DIETRICH EBELING

DER HOLLÄNDERHOLZHANDEL IN DEN RHEINLANDEN

ZU DEN HANDELSBEZIEHUNGEN ZWISCHEN DEN NIEDERLANDEN UND DEM WESTLICHEN DEUTSCHLAND IM 17. UND 18. JAHRHUNDERT

FRANZ STEINER VERLAG STUTTGART
1992

Die Deutsche Bibliothek - CIP-Einheitsaufnahme
Ebeling, Dietrich:
Der Holländerholzhandel in den Rheinlanden : zu den Handelsbeziehungen zwischen den Niederlanden und dem westlichen Deutschland im 17. und 18. Jahrhundert / Dietrich Ebeling. - Stuttgart : Steiner, 1992
(Vierteljahrschrift für Sozial- und Wirtschaftsgeschichte : Beihefte ; Nr. 101)
ISBN 3-515-05972-5
NE: Vierteljahrschrift für Sozial- und Wirtschaftsgeschichte / Beihefte

Druck: Druckerei Peter Proff, Eurasburg.
Printed in Germany

Meinem Vater

VORWORT

Das Interesse für ein Thema entsteht nicht immer im Zusammenhang mit großen Forschungsdebatten, mit ‚Modeströmungen' des Faches oder aus der gelehrten Diskussion eines Forschungskolloquiums.

Der Anstoß für das in diesem Buch behandelte Thema war die in einem ganz anderem Zusammenhang stehende Lektüre der Lebensbeschreibung des Kölner Juristen Johann Baptist Fuchs vom Beginn des 19. Jahrhunderts. Die dort beschriebenen Aktivitäten des Vaters im Holzhandel faszinierten schon wegen der geschilderten Dimensionen der Rheinflößerei und des damit einhergehenden technisch-organisatorischen Aufwandes. Bei der etwas eingehenderen Beschäftigung mit dem Thema wurde nicht nur offensichtlich, daß sich schon die Zeitgenossen von der beeindruckenden Optik der ‚Kapitalflöße' gefangen nehmen ließen, sondern auch, daß der rheinische Holzhandel während des 18. Jahrhunderts mehr als nur regionale Bedeutung hatte und einer im Vergleich zu den anderen Handelsgütern spezifischen Konjunktur unterlag. Der spektakuläre technisch-organisatorische Aufwand des Holztransportes korrespondierte offenkundig mit hohem Kapitaleinsatz und entsprechenden Gewinnerwartungen. Den Rahmenbedingungen wie den Mechanismen dieses Geschäftes nachzuspüren, bedeutete den Gang in die Archive, die Material über die Umstände der Erschließung des Rohstoffes Holz in den Waldregionen, über die Organisation des Handels wie auch über die Vermarktung in den Niederlanden versprachen. Wie bei den allermeisten Arbeiten hielten sich dabei Enttäuschungen wie positive Überraschungen die Waage und bestimmten den konkreten Gang der Forschung.

Während sich in den deutschen Archiven unterschiedlich gehaltvolle Bestände fanden und schließlich zu einer Konzentration auf den Schwarzwaldraum führten, erwies sich die Materialsuche in niederländischen Archiven als sehr fruchtbar und zwang mehr aus arbeitsökonomischen Gründen zur Beschränkung. Insbesondere das Dordrechter Stadtarchiv enthielt in Form der kompletten Versteigerungsregister und des Geschäftsarchivs des wichtigsten Kommissionärs im rheinischen Holzhandel gleich zwei Schätze.

Wo Schätze sind, sind Schatzsucher meist in der Mehrzahl. Leendert van Prooije vom Arnheimer Freilichtmuseum war bereits vor mir fündig geworden, half mir bei vielen Problemen, gab mir Einblick in seine eigenen Forschungsergebnisse. - Ähnlich hilfsbereit erwies sich Dr. Max Scheifele, Baden-Württembergischer Forstpräsident i.R., der beste Kenner der Geschichte des Holzhandels im Schwarzwaldraum. Beiden habe ich sehr zu danken.

Ohne die Unterstützung von Prof. Franz Irsigler, Trier, wäre aus der Idee keine Arbeit geworden, die schließlich vom Fachbereich III der Universität Trier als Habilitationsschrift angenommen wurde.

Unter all denjenigen, die sich der Mühe der Lektüre unterworfen haben und mir mit ihren kritischen Kommentaren mindestens zur Einsicht in meine Unzulänglichkeiten verhalfen, möchte ich neben den Genannten noch Frau Prof. Harder-Gersdorff, Bielefeld, hervorheben, mit der ich meine handelsgeschichtlichen Interessen teile und die mich in der Themenwahl bestärkte.

Der Deutschen Forschungsgemeinschaft habe ich für ein zweijähriges Habilitationsstipendium zu danken.

Für die Aufnahme in die Beiheftreihe der VSWG danke ich den Herausgebern, wie ich mich auch für die gute, freundliche und reibungslose Betreuung der Drucklegung durch den Verlag bedanke.

Bonn, November 1991 Dietrich Ebeling

INHALT

TABELLEN, ABBILDUNGEN UND KARTEN

Tabellen

Abbildungen

Karten

Abbildungen im Anhang

EINLEITUNG

Das Thema dieser Arbeit hat zwei übergeordnete Aspekte bzw. läßt sich von zwei Seiten in einen übergeordneten wirtschaftshistorischen Rahmen spannen: der wirtschaftliche Niedergang der niederländischen Republik und der Aufschwung der Wirtschaft im westlichen Deutschland im 18. Jahrhundert.

Es drängt sich die Frage auf, ob es zwischen diesen beiden Entwicklungen einen unmittelbaren Zusammenhang gab. Wurde die Prosperität in den Rheinlanden durch die verstärkte Hinwendung der Niederlande zu ihrem ‚Hinterland' verursacht oder doch wenigstens gefördert? Anders herum ließe sich fragen, ob der von einer gesteigerten Konsumkraft begleitete Aufschwung den angeblich tiefen Fall der Niederlande auffing und ihn nur zu einem relativen machte.

Im Prinzip besteht kein Zweifel an dem Verlust der niederländischen Führungsposition unter den westeuropäischen Wirtschaftsmächten. Die politische Geschichtsschreibung läßt diesen Prozeß meist mit dem im Frieden von Breda 1667 fixierten Ausgang des zweiten niederländisch-englischen Krieges beginnen[1].

Wie wirkte sich die von den Niederlanden beanspruchte wirtschaftliche Hegemonie über ihr Hinterland im Zuge des Verlustes der Führungsposition in der westeuropäischen Staatenkonkurrenz auf die Handelsbeziehungen zwischen den Niederlanden und den Rheinlanden aus?

Bei dem Versuch einer Antwort auf diese Frage stellt sich die Untersuchung in die Tradition der in den vergangenen Jahren wenig beachteten Handelsgeschichte, wenngleich mit einer erweiterten Zielsetzung. Bewußt wird auf die Einbeziehung des Wallerstein-Modells und seiner Debatte verzichtet[2].

Das dort diskutierte ‚Weltsystem' hebt im wesentlichen auf die Produktions- und die ungleichen Aneignungsbedingungen ab. In dieser Arbeit stehen dagegen neben der Bestimmung des quantitativen Anteils eines rohstoffliefernden Wirtschaftsraums an einem überregionalen Absatzmarkt Fragen nach den Formen des Handels im Mittelpunkt. Mitte der 1960er Jahre haben Hermann Kellenbenz und Wolfgang Zorn in jeweils eigenen Artikeln den Stand der handelsgeschichtlichen Forschung über Deutschland mit besonderer Aufmerksamkeit für die Außenhandelsbilanz umrissen[3].

1 Z.B. A.C. Carter, Neutrality, S. 6.

2 I. Wallerstein, World-System; komprimierte Entwürfe des Modells in Ders., Aufstieg, und in T.K. Hopkins u. I. Wallerstein, Grundzüge; zur Kritik speziell mit Blick auf die niederländische Rolle P.W. Klein, Capitalism.

3 H. Kellenbenz, Außenhandel, u. W. Zorn, Probleme, insb. S. 313-319.

Der Hinweis auf die weit bessere Materialbasis für die führenden europäischen Handelsmächte wurde begleitet von der Auflistung der quellenbedingten Schwierigkeiten, die der Schaffung eines solchen Zahlenwerks für das Deutsche Reich im Wege standen. Diese Schwierigkeiten wurden in erster Linie mit dem zurückhängenden Entwicklungsgrad der Staatlichkeit und der staatlichen Einheit in Zusammenhang gebracht. Das Resultat sind nur sehr unzureichende Import- und Exportzahlen für einige Territorien wie Preußen oder größere Handelszentren wie Hamburg. Es ist aber kein Zufall, daß der Versuch, durch Rückgriff auf Primärquellen, wie vor allem Zollbücher, komplementäre Daten zu den englischen, französischen und niederländischen Statistiken zu erarbeiten, gescheitert ist. Die Quellen, sofern sie überhaupt zur Verfügung stehen, werfen häufig mehr Probleme auf, als sie lösen[4].

Für einen Raum wie das Deutsche Reich, der als Wirtschaftseinheit nicht existierte, wäre eine solche Bilanz ohnehin ein Kunstprodukt ohne Aussagekraft. Die jüngere Industrialisierungsforschung wie auch die Arbeiten zur Proto-Industrialisierung haben die Bedeutung der Region als Wirtschaftsraum nicht nur für Deutschland herausgearbeitet[5].

Die auf die internationalen Austauschbeziehungen gerichtete Handelsgeschichtsforschung hat sich in großem Maßstab schon immer nach solchen Regionen oder Räumen gerichtet. Der europäische Ost-West-Handel der Hansezeit konnte nie anders begriffen werden als die Vermittlung der sehr unterschiedlichen Produktion von Regionen. Auch die Entwicklung der Nationalstaaten im Westen wie im Norden und teilweise im Osten mit der militärisch gestützten Konkurrenz um Einflußsphären und Märkte konnte diesen Handel nie als bloßen zwischenstaatlichen Güteraustausch mit ungleichen und wechselnden Gewichten der beteiligten Staaten erklären. Die Expansion des gewerblichen Sektors im Westen und die Festlegung der Ostseeanrainer auf ihre Rolle als Agrarproduzenten und Rohstofflieferanten ließ zwei wirtschaftliche Großregionen entstehen. Mit anderen Produktpaletten gilt ähnliches für den Überseehandel. In vergleichbarer Weise wurden auch die Binnenstruktur und der Handel im nordwesteuropäischen Raum vom Gewicht der einzelnen Wirtschaftsregionen bestimmt, was die Förderung und Absicherung durch staatliche Politik durchaus nicht ausschließt. In diesem Sinne ist eine Handelsbilanz des Alten Reiches keine sinnvolle Aufgabe mehr. Die Bildung und Entwick-

4 Vgl. als Beispiel die eminent wichtigen Rheinzölle; so stellt die Sammlung über das klevische Rheinzollwesen zwar umfangreiches Material, aber keine kontinuierlichen Reihen über Warenmengen und Warenwerte zur Verfügung (M. Scholz-Babisch, Quellen); dort, wo die Zollregister erhalten sind, z.B. für Andernach, erweisen sie den geringen Aussagewert für eine Handelsbilanz.

5 Überblicksdarstellung bei K.-H. Kaufhold, Gewerbelandschaften; beispielhaft zur Industrialisierungsphase S. Pollard (Hrsg.), Region; zur Proto-Industrialisierung P. Kriedte u.a., Industrialisierung; siehe auch Braudels Ausführungen zu den Wirtschaftsräumen und ihrem Verhältnis zum Nationalstaat (F. Braudel, Aufbruch, S. 308-327).

lung von Wirtschaftsregionen unterlag zweifellos einem komplexen Faktorenbündel, in dem die von Außenmärkten kommenden Impulse und die von den Verkehrsbedingungen abhängigen Einbindungsmöglichkeiten sicherlich nur e i n Element bildeten. Unter den Bedingungen eines Welthandelssystems muß bei der Frage nach der Entfaltung neuer Produkträume und der Entwicklung von Wirtschaftslandschaften immer auch der Zusammenhang mit diesen übergeordneten Strukturen berücksichtigt werden.

Bei der gewählten Thematik erscheint die Beschränkung auf einen einzelnen Sektor sinnvoll. Die Einbeziehung eines Wirtschaftsraums in einen überregionalen Markt kann ohne eine intensive, die sektoralen Besonderheiten berücksichtigende Untersuchung nicht auskommen. Dies schließt u.a. auch die Verwendung quantitativer Verfahren für die Beobachtung des Marktgeschehens ein. Erst der Vergleich von Angebotsverlauf und Preisentwicklung verschafft annäherungsweise Klarheit über die Stellung einzelner Räume und ihrer Produkte auf dem ‚Weltmarkt'. Daneben zwingt die hierzu erforderliche Arbeitskapazität zur Beschränkung, die freilich nicht die Inanspruchnahme der Ergebnisse als wichtigen Indikator für die formulierte Fragestellung ausschließen muß.

Die Entscheidung für den Holzhandel bedarf in diesem Sinne aber einer näheren Begründung. Eine Wertigkeitsskala für die Güter des internationalen Handels der Frühen Neuzeit existiert nicht. Die höchst unterschiedlichen Bedürfnisse der an diesem Handel beteiligten Länder und Räume schließt dies aus. Tatsächlich konstituierten sie ja erst den regelmäßigen Güteraustausch und schrieben seine Struktur damit auch für längere Zeiträume fest. Fraglos war das europäische Handelssystem der Frühen Neuzeit zu einem bedeutenden Teil durch den Austausch von Rohstoffen gegen Gewerbeprodukte bestimmt. Pierre Jeannin hat schon vor 25 Jahren die Fähigkeit der westeuropäischen Länder zur Beschaffung von Rohstoffen als wesentlichen Gradmesser für ihr Entwicklungsniveau herausgestellt[6].

Holz durfte unter den Rohstoffen ohne Zweifel einen strategischen Platz beanspruchen, insbesondere Schiffsbauholz. Ohne Schiffsbauholz keine Handels- und Kriegsflotten, ohne diese kein Platz unter den Handelsnationen. Für die waldarmen, fast waldfreien Niederlande bedeutete Holz aber noch mehr. Seine Beschaffung über den internationalen Handel war eine Grundvoraussetzung für die Verkehrsinfrastruktur und damit für viele Bereiche der wirtschaftlichen Aktivität überhaupt. Die Beschränkung auf das Thema Holzhandel legitimiert sich aber auch aus der Sicht der Rheinlande. Es genügt der Hinweis, daß das Holz neben dem Wein der Hauptausfuhrartikel des 18. Jahrhunderts war. Gotheins Ansicht, der rheinische Holländerholzhandel sei vor allem deshalb zur Blüte gelangt, weil er weniger als andere Handelszweige

6 P. Jeannin, Comtes.

behindert worden sei, verkennt allerdings die internationalen Zusammenhänge[7].

Die Erschließung bzw. die Einbeziehung eines zumindest sektoral abgeschlossenen Raumes in den überregionalen Handel konnte nicht ohne Folgen für die dortigen Produktions- und Handelsstrukturen bleiben. Auf diesen Themenkomplex bezieht sich ein weiterer Schwerpunkt der Arbeit. Zweifellos sind auch hierbei wiederum zuerst die sektoralen Besonderheiten zu beachten. Für die im Zuge der Einbindung von Textilregionen in überregionale Märkte zu beobachtende, vielfach vom Handelskapital getragene Ausbreitung des Verlagssystems, also eine gravierende Veränderung der Produktionsbedingungen, kann es bei der Walderschließung insofern keine Parallele geben, als der Faktor Arbeit eine weit geringere Rolle spielte. Dennoch stehen die Fragen nach den Veränderungen der Waldnutzung und der Rolle des Handelskapitals auf der gleichen Ebene. Wichtige Elemente stellen in diesem Zusammenhang auch Art und Intensität der Bearbeitung des Rohstoffes Holz in den Erschließungsräumen dar. Abgesehen von der zusätzlichen Arbeit und dem weiteren Kapital, welches eine Sägeindustrie mit sich brachte, muß die entwicklungsfördernde Wirkung technologischer Neuerungen ins Auge gefaßt werden. In Bezug auf den Holzsektor können die an den ‚Weltmarkt' angeschlossenen Waldgebiete durchaus nach diesem Kriterium klassifiziert werden.

Bei der Untersuchung der Organisationsformen des Handels sollen folgende Aspekte vorrangig berücksichtigt werden: Die Finanzierungsformen, die technische Organisation und der Absatz.

Die Dimensionen, die der auf den überregionalen Markt gerichtete Handel notwendigerweise annahm, bedurften angemessener monetärer, organisatorischer und technischer Mittel in diesen drei Bereichen, die der regionale Handel nicht zur Verfügung stellte. Der internationale Handel hielt indes ein reiches Instrumentarium bereit, dessen man sich bedienen konnte. Von besonderem Interesse muß in diesem Zusammenhang die Frage sein, wie sich die Anteile, die die Träger des Handels in den Niederlanden bzw. in den Rheinlanden hielten, gewichten lassen und wie gegebenenfalls die Abhängigkeiten gestaltet waren. Im 17. Jahrhundert hatte die expansive Kraft des niederländischen Handelskapitals ganze Rohstoffmärkte monopolisiert und, wie im Falle Schwedens, auch den Aufbau der Verarbeitungsindustrie getragen[8].

Hinsichtlich der Finanzierung ist an das im 18. Jahrhundert reichlich vorhandene niederländische Kapital zu denken. Wie kein anderes Land verfügten die Niederlande überdies über Erfahrungen der risikomindernden Organisation des Handels in Gesellschaften. Es geht also zusammenfassend um drei Fragenkomplexe:

7 E. Gothein, Rheinschiffahrt, S. 247.

8 Vgl. die große Arbeit von P.W. Klein, Trippen, und sein englisches Resümee in Ders., The Trip Family; vgl. auch V. Barbour, Capitalism, insb. S. 118ff.

- die Einordnung des rheinischen Holzhandels in das internationale Marktgeschehen,
- die qualitativen Veränderungen, die der neue Austausch in die rheinischen Erschließungsräume trug, sowie
- die Qualität der Austauschbeziehungen selbst.

Sind schon mit der Reduzierung auf den Holzhandelssektor Einschränkungen im Bezug auf den gesamten Komplex der Austauschbeziehungen zwischen den Niederlanden und den Rheinlanden verbunden, so dürfen auch die von der Quellen- und Literaturlage bestimmten Grenzen nicht unerwähnt bleiben.

Hinsichtlich der Konjunkturgeschichte, an der die Integration in den internationalen Markt und die mögliche Substitutionsfunktion des rheinischen Holländerholzhandels diskutiert werden soll, stützt sich die Untersuchung in hohem Maße auf das Material der erstmals systematisch erschlossenen Dordrechter Holzauktionen. Vergleiche mit der Marktentwicklung auf den beiden anderen niederländischen Holzmärkten Amsterdam und Zaandam beschränken sich auf die Heranziehung des von der Forschung bereitgestellten Zahlenmaterials.

Im Hinblick auf die Beobachtung der Entwicklungen in den vom Holländerholzhandel erfaßten Räumen in den Rheinlanden wird der nördliche Schwarzwald bevorzugt behandelt. Dies begründet sich zum einen durch seine herausragende Bedeutung als Lieferant für das Holländerholz. Zum anderen ist für diese Präferenz aber auch die Quellen- und Forschungslage verantwortlich. Schon im ausgehenden 18. Jahrhundert beschrieben die dortigen Forstbeamten die neuen Formen der Waldnutzung. An diese Tradition hat eine ziemlich umfangreiche universitäre und außeruniversitäre Forschung bis heute angeknüpft. Wegen der einflußreichen Rolle, die der Staat in diesem Raum im Holländerholzhandel gespielt hat, steht eine gute Grundlage archivalischen Materials bereit. In den anderen Räumen fehlen diese günstigen Voraussetzungen teilweise oder ganz.

Hinsichtlich der Organisationsformen, die der Handel im Laufe des 18. Jahrhunderts annahm, muß es als ein Glücksfall betrachtet werden, daß das Archiv des Dordrechter Auktions- und Kommissionshauses Boonen/van Eijsden, das eine zentrale Rolle in der Vermarktung gespielt hat, erhalten ist. Ein weiterer Glücksfall ist das Archiv der Trierer Holzhändlerfamilie v. Nell[9]. Wenn auch längst nicht alle Aspekte des Geschäftsbetriebes mit diesem Material beleuchtet werden können, so gewährt es doch an wichtigen Stellen Einblick in die Strukturen der Handelsorganisation in der Spätphase des 18. Jahrhunderts. Neben der Auktionsstatistik wird deshalb ein zentrales Stück des v. Nell-Archivs im Anhang abgedruckt.

9 Für den Hinweis auf seine Existenz und Aufbewahrung im Koblenzer Landeshauptarchiv habe ich der Familie v. Nell zu danken.

Lücken bleiben indes an vielen Stellen, wie der Leser leicht erkennen wird. Manche Aspekte des Themas können nicht in der gewünschten Tiefe ausgelotet werden. Um einem denkbaren Mißverständnis vorzubeugen, muß aber auch betont werden, daß eine handbuchartige ‚Geschichte des rheinischen Holzhandels' nicht das Ziel war. Vielmehr soll es die vorrangige Aufgabe der Untersuchung sein, am Beispiel eines wichtigen Sektors die Einbeziehung eines Wirtschaftsraums in einen übergeordneten Absatzmarkt und die sich daraus ergebenden Rückwirkungen auf die Resourcennutzung und die Handelsstruktur offenzulegen.

I. DIE NIEDERLANDE UND DIE RHEINLANDE

Die beiden Wirtschaftsräume standen, vor allem wegen der verbindenden Kraft der Wasserstraße Rhein, ohne Zweifel bereits vor der ins Auge gefaßten Periode in regelmäßigen und intensiven Austauschbeziehungen. Diese, wie die Strukturen und Entwicklungen in den beiden Räumen, waren sicher komplexer, als es in den folgenden Skizzen zu umreißen versucht wird. Insbesondere die Rheinlande sind ebenso schwer als e i n Wirtschaftsraum zu definieren wie es ausgeschlossen ist, ein hinlängliches Bild ihrer wirtschaftlichen Gegebenheiten zwischen der Mitte des 17. Jahrhunderts und dem Ende des 18. Jahrhunderts zu zeichnen.

Für die Niederlande, unter denen in dieser Studie immer das von den Vereinigten Provinzen staatlich beanspruchte Gebiet zu verstehen ist, fällt dies bedeutend leichter. Die Debatte über die im Zentrum stehende Zeit des ‚Niedergangs' reicht in das 18. Jahrhundert selbst zurück; sie hat sich in der historisch-wissenschaftlichen Forschung einen Dauerplatz gesichert, der mit wandelnder Perspektive und stets neuen empirischen Ergebnissen ausgefüllt wird.

Vergleichbares fehlt für das westliche Deutschland, wohl nicht zuletzt deshalb, weil der Aufstieg der Rheinlande relativ sanft, unspektakulär und uneinheitlich verlief. Der Mangel des staatlichen Rahmens hat ohne Zweifel ebenfalls Einfluß darauf genommen. Die deutsche wirtschaftshistorische Forschung, sofern sie sich überhaupt der Frühmoderne annahm, orientierte sich mit Vorliebe an staatlichen Räumen, die nicht immer mit Wirtschaftsräumen zusammenfielen. Besonders schmerzlich wirkte und wirkt sich dies in der eng am archivischen Material arbeitenden landeshistorischen Forschung aus.

Eine auch nur auf einen gewissen Grad von Vollständigkeit abzielende, d.h. die verschiedenen Sektoren von Produktion, Distribution und Konsumtion, deren Organisationsformen und Beziehungen wenigstens im Überblick berücksichtigende Beschäftigung, liegt jedoch weder für die Niederlande noch für die Rheinlande in der Absicht dieses Kapitels. Auch sind die Betrachtungsweisen für die beiden Räume ungleich. Die Niederlande treten aus dem Zusammenhang ihrer sich verändernden Position in der internationalen Staatenkonkurrenz als der aktive Faktor hervor, von dem im Holzhandel der Nachfrageimpuls ausging, der aber auch im Bestreben nach verstärkter Nutzung des westdeutschen Absatzmarktes erkennbar wird. Es erscheint daher notwendig – und dies ist aufgrund der guten Forschungslage auch möglich –, sowohl die Rolle der Niederlande im internationalen Zusammenhang wie in ihrer inneren Entwicklung zu beleuchten. Die Darstellung orientiert sich dabei im wesentlichen am Gang der Forschungsdebatte über den sog. Niedergang. Die aus dieser Perspektive erwachsende, eher passive Rolle, die den Rheinlanden zufiel, wird der gesamten wirtschaftlichen Entwicklung im 18. Jahrhundert sicherlich nicht gerecht. Die von den Wirtschaftsbeziehungen zu den Niederlanden unabhängigen Prozesse, z.B. der Aufschwung in der Textil- und Eisenindustrie wie auch in der Weinproduktion und bei anderen Bodennutzungsformen, bleiben weitgehend ausgespart.

I.1 DER ‚NIEDERGANG' DER NIEDERLÄNDISCHEN WIRTSCHAFT

Die Debatte über den Niedergang der niederländischen Wirtschaft und des damit verbundenen Verlustes der Führungsposition unter den westeuropäischen Staaten ist so alt wie das Phänomen selbst. Besonders in der zweiten Hälfte des 18. Jahrhunderts erschienen zahlreiche Studien, die sich dem durchgehend als Faktum angenommenen Verfall widmeten[1].

Die zunehmend historisch-wissenschaftlichen, je nach den Zeitumständen mit positiver oder negativer Bewertung versehenen Debattenbeiträge des 19. Jahrhunderts brachten kaum neue Aspekte[2].

Die am Ende des 19. Jahrhunderts aus der Schmoller-Schule stammende Arbeit Otto Pringsheims konzentrierte sich aus der Perspektive der erst spät gelungenen Fabrikindustrialisierung ganz auf das Fehlen staatlicher Förderung des sekundären Sektors[3]. Ernst Baaschs „Holländische Wirtschaftsgeschichte" von 1927 trug Handbuchcharakter und setzte sich trotz einer beeindruckenden Fülle von Einzelinformationen nicht explizit mit dem Verfallsprozeß und seinen Gründen auseinander[4].

Die erste systematische und problemorientiert angelegte Arbeit über die Frage des Niedergangs war die 1959 fertiggestellte Dissertation von Johan de Vries. Sie war unter die These gestellt, daß der Niedergang aufs Ganze gesehen eher ein relativer als ein absoluter Niedergang war. Die Untersuchung deckte das gesamte Spektrum der Volkswirtschaft ab[5]. Sie ist bis heute nicht grundsätzlich überholt und soll als Leitfaden für die folgende kurze Skizze dienen, die freilich nicht alle von de Vries diskutierten Bereiche einschließt. Der Agrarsektor sowie der Fisch- und Walfang bleiben ausgespart. Der Finanzsektor wird erst im Zusammenhang mit dem Holzhandel berücksichtigt.

Aufgrund seiner Auswertungen der ‚convooien', d.h. der von den fünf Admiralitätskollegien für Amsterdam, die Maas, Seeland, Westfriesland/ Noorderquartier und Friesland erhobenen Gebühren für die Warenein- und ausfuhr, der in Amsterdam und Rotterdam auf den Außen- wie Binnenhandel

1 Kritische Würdigung der wichtigsten Arbeiten bei J. de Vries, Achteruitgang, S. 1-5.
2 J. de Vries, Achteruitgang, S. 5f.
3 O. Pringsheim, Beiträge.
4 E. Baasch, Wirtschaftsgeschichte.
5 J. de Vries, Achteruitgang; zur Bewertung aus jüngerer Sicht A.M. van der Woude, Noorderkwartier, S. 605.

erhobenen Abgaben (‚imposten op waag, rondemaat en grove'), des in Amsterdam erhobenen Lastgeldes sowie aufgrund der dortigen Schiffsbewegungen kam de Vries zu dem Ergebnis, daß der Handel im 18. Jahrhundert gegenüber dem 17. Jahrhundert quantitativ leicht zurückging, wobei die zweite Jahrhunderthälfte sich günstiger darstellt als die erste. Besonders in der Periode von 1760 bis zum Beginn des Vierten Englischen Krieges (1780) blühte die Handelskonjunktur. Nach dem Kriegsende (1784) belebte sich der Handel zwar wieder, erreichte aber nicht mehr das Vorkriegsniveau. Für die Zeit nach 1795 ist ein völliger Zusammenbruch zu beobachten[6].

Als Ursachen für die insgesamt stagnierende Entwicklung des Handelssektors und seine im internationalen Vergleich gesunkene Bedeutung machte de Vries entsprechend seiner These in erster Linie den Aufstieg der anderen europäischen Handelsmächte, voran den Englands aus. Gestützt freilich nur auf das von Sombart zusammengetragene ältere Material konstatierte er eine Verdreifachung des englischen und eine Verfünffachung des französischen Handelsvolumens im 18. Jahrhundert. Dieser Aufstieg habe die Niederlande vom ersten auf den dritten Platz verwiesen. Nicht nur England und Frankreich, sondern auch Hamburg, Norwegen, Schweden, Preußen und Rußland seien zu ernstzunehmenden Konkurrenten herangewachsen. Der Amsterdamer Stapelmarkt habe den Verlust seines Monopols erleben und das Aufkommen anderer Stapelplätze wie London und Hamburg hinnehmen müssen[7].

Unter Bezug auf van der Kooys Arbeit über den Amsterdamer Stapelmarkt verwies de Vries in diesem Zusammenhang auf das starre Festhalten der Amsterdamer Kaufleute an Preisbildungs- und Handelskonditionen, wie sie nur das Stapelmonopol zugelassen hatte. Gravierender für den relativen Rückgang des Eigenhandels wirkte sich seiner Meinung nach indes die verstärkte Neigung zum Kommissionshandel aus, der sich u.a. in der zwar nicht quantifizierbaren, aber unbezweifelbar starken Zunahme der ‚voorbijlandvaart' niederschlug. Die risikoarme Vermittlung von Handelsgeschäften anderer bot sich den kapitalkräftigen niederländischen Kaufleuten nach de Vries schon deshalb an, weil die Kommission sich in der Regel mit einer Kreditierung der noch unverkauften Ware durch den Kommissionär verband[8]. Die Zunahme des Kommissionshandels soll im übrigen auch für den wachsenden Anteil Amsterdams am gesamten niederländischen Handel verantwortlich gewesen sein.

Dieser internen Kontraktion entsprach eine Kontraktion des Außenhandels. Die näher gelegenen Länder, zu denen de Vries England, die gesamten deutschen Gebiete und die österreichischen Niederlande rechnete, steigerten den Warenaustausch zwischen 1753 und 1790 von 29,3 % auf 43,0 %. Demgegenüber ging der Handel mit den entfernteren Handelspartnern Portu-

6 J. de Vries, Achteruitgang, S. 26; zur intensiven Diskussion der Quellen S. 20-26.
7 J. de Vries, Achteruitgang, S. 30f.
8 J. de Vries, Achteruitgang, S. 32-34; zum Finanzwesen S. 58-82.

gal, Spanien, Frankreich, dem Mittelmeer- und dem Ostseeraum sowie mit Rußland von 70,7 % auf 57,0 % zurück. Den herausragenden Platz unter den Räumen mit wachsendem Austausch nahm das deutsche Hinterland ein. In Werten stieg das Handelsvolumen von 16,5 auf 34,4 Millionen Gulden. Der Handel mit Deutschland über die Seestädte ist darin nicht einmal enthalten[9].

Diese kontinentale Orientierung des niederländischen Handels im 18. Jahrhundert lief zusammen mit einer Umstrukturierung des Sortiments. Während der Handel Amsterdams – wie der im Gebiet der Admiralität von der Maas – mit Fischereiprodukten, gewerblichen Rohstoffen und Fertigartikeln abnahm, stiegen sowohl das absolute Volumen wie auch der relative Anteil des Handels mit Kolonialwaren stark an. Amsterdam, das 1753 nur 16,5 % seiner Einfuhren und 23,7 % seiner Ausfuhren mit diesen Waren bestritten hatte, steigerte den Anteil bis 1790 auf 30,9 % bzw. 62,8 %. In absoluten Zahlen bedeutete dies ein Wachstum von 19,4 auf 61,1 Millionen Gulden[10].

Wie sehr gerade das deutsche Hinterland zum neuen Abnehmerraum dieser Waren wurde, machte de Vries im Vergleich mit den niederländischen Ausfuhren nach Hamburg und Bremen deutlich: Zwar wurden auch diese zwischen 1753 und 1790 von 2 auf 5,4 Millionen Gulden gesteigert. Die Ausfuhren Amsterdams nach Deutschland über die Rheinschiene stiegen im gleichen Zeitraum aber von 4,7 auf 23,7 Millionen Gulden. Der Anteil der Kolonialwaren schnellte von 14 % auf 70 % hoch [11].

Die Umstrukturierung des Handels war z.T. eine Folge der Einbrüche und Veränderungen im niederländischen Gewerbesektor. Die arbeitsintensiven Textilgewerbe erlagen in erster Linie der Konkurrenz der übrigen europäischen Länder, die ihre größeren Binnenmärkte mit den Mitteln merkantilistischer Politik abschotteten. Leiden als das Zentrum der Lakenherstellung erlebte den spektakulärsten Verfall. Von 1671, als die Produktion mit 139.000 Stück ihren Höhepunkt erreicht hatte, bis 1795 ging die Fabrikation auf 29.000 Stück zurück. Aber auch für andere Städte und für andere Textilbereiche registrierte de Vries einen deutlichen Rückgang. Betroffen von diesem Verfall waren natürlich auch die separaten Bereiche der Appretur, etwa die Walkmühlen im Zaangebiet und die Haarlemer Bleichen[12].

Der zweite Sektor, in dem die niederländische Führungsposition des 17. und frühen 18. Jahrhunderts gebrochen wurde und der einen rapiden Verfallsprozeß erlebte, war der Schiffsbau[13]. Hierauf wird im Zusammenhang mit der Holznachfrage noch zurückzukommen sein.

9 J. de Vries, Achteruitgang, S. 38.

10 J. de Vries, Achteruitgang, S. 38-40.

11 J. de Vries, Achteruitgang, S. 40.

12 J. de Vries, Achteruitgang, S. 84-86; zur Schutzzollpolitik der anderen europäischen Länder S. 101f.

13 J. de Vries, Achteruitgang, S. 87f. u. S. 113.

Eine positive Entwicklung ist hingegen bei einem Teil der Gewerbe, die sich mit der Veredelung und Weiterverarbeitung von Importgütern befaßten, festzustellen. Dazu sind vor allem die Tabakverarbeitung, die Farbstoff-, die Branntwein- und die Papierherstellung zu zählen. Zucker- und Ölgewinnung konnten ihr altes Niveau zumindest halten[14].

Als Ursachen für den Verfall der großen Exportgewerbe benannte de Vries neben sektoralen Besonderheiten die Rohstoffknappheit, die Schutzzollpolitik der Konkurrenzländer, den Technologietransfer bei gleichzeitigem Stillstand der eigenen Entwicklung und das hohe niederländische Lohnniveau[15].

In seiner Gesamtschau kam er zu dem Urteil, daß die niederländische Wirtschaft im 18. Jahrhundert einen zunehmend einseitigen Charakter annahm. Der Handel konzentrierte sich auf die Bewahrung traditioneller Positionen und verlor seine expansive und dynamische Kraft. Insgesamt schrumpfte dieser Sektor quantitativ aber nicht, sondern er büßte nur seine Führungsposition gegenüber dem Handel der konkurrierenden Staaten ein. Diesem relativen Rückgang stand ein absoluter in wichtigen Gewerbezweigen gegenüber. Die aus der Schrumpfung der beschäftigungsintensiven Bereiche resultierende Arbeitslosigkeit vergrößerte die soziale Kluft und führte zu einem Massenpauperismus. Als übergreifende Ursachen dieser Entwicklung machte de Vries neben dem Aufkommen der anderen Länder das starre kommerzielle Denken, die mangelnde Ausbildung einer ‚industriellen Mentalität' sowie die schwache Staatsorganisation, die notwendige Strukturverbesserungen verhinderte, aus[16].

Diese Argumentationsebene war nicht neu. Schon 1939 hatte Wilson in einem Artikel auf die internationale Konkurrenzsituation im Handel, auf die Behinderung der gewerblichen Entwicklung durch hohe Löhne und antiprotektionistische Interessen sowie auf die ausländischen Kapitalanlagen als Modernisierungshemmnisse verwiesen und darüberhinaus starkes Gewicht auf das veränderte Kräfteverhältnis der europäischen Mächte gelegt[17].

Seit der Pionierleistung von de Vries ist durch eine Reihe empirischer Untersuchungen die Grundlage zur Bewertung einzelner Wirtschaftssektoren weiter verbessert worden[18].

In der Handelsgeschichte gab Pierre Jeannin durch seine Studien aus den Sundzollisten der Diskussion einen neuen Akzent. Seine daraus abgeleitete These lautete: Das spätestens seit der Jahrhundertmitte spürbare Wachstum der westeuropäischen Wirtschaft fand anders als das des 16. Jahrhunderts unter günstigeren Bedingungen für die agrarische Produktivität statt. Das Ostseege-

14 J. de Vries, Achteruitgang, S. 89-93.

15 J. de Vries, Achteruitgang, S. 98-114.

16 J. de Vries, Achteruitgang, S. 167-178.

17 C.A. Wilson, Decline.

18 1970 faßte de Vries die Ergebnisse nochmals zusammen (Ders., Beeld); eine ausführliche, freilich nicht über die Arbeit von de Vries hinausgehende Betrachtung des ‚Achteruitgangs' lieferte 1966 J. Hoovy, Voorstel, Kapitel 1.

treide wurde als Folge davon, relativ gesehen, nicht mehr im gleichen Maße für die Expansion benötigt. Dagegen bedurfte der wachsende gewerbliche Sektor, insbesondere die Textilgewerbe und die Eisenverarbeitung, in höherem Maße der Rohstoffe aus dem Ostseeraum[19].

1983 differenzierten die Leidener Historiker P. de Buck und Jan Thomas Lindblad in einer Untersuchung, die neben den Sundzollisten die Amsterdamer ‚galjootgeldregister' auswertete, Jeannins These. Danach wuchsen die niederländischen Getreideimporte zwischen 1722 und 1780 nicht nur absolut, sondern auch wertmäßig gegenüber den Importen von Rohstoffen aus dem Ostseeraum. Der Schluß, den Buck und Lindblad daraus zogen, lautete: Die Niederlande konnten aus der Bewahrung ihrer traditionellen Rolle als Schaltstelle des Getreidehandels zwischen Ost und West von der steigenden Nachfrage profitieren, die trotz erhöhter agrarischer Produktivität im Zuge des neuerlichen säkularen Aufschwungs eintrat. Die wertmäßig stagnierenden Rohstoffimporte wurden als Beleg für die Abkoppelung der Niederlande von der Entwicklung der gewerblichen Wirtschaft im übrigen westlichen Europa gewertet[20].

Die einige Jahre zuvor von Jake Knoppers und F. Snapper angestellte Studie über den Schiffsverkehr der Republik mit den Ostseegebieten hatte bestätigt, daß der ‚Mutterhandel' im Vergleich zum 17. Jahrhundert nicht geschrumpft war, jedoch auch nicht den Zuwachs erfuhr wie etwa der englische Ostseehandel[21].

Die jüngere Debatte hatte nur teilweise den Handel im Blick. Auf einem 1974 veranstalteten internationalen Kolloquium wurden, ausgehend von der Frage nach den Ursachen einer mißlungenen Modernisierung zur Industriegesellschaft hin, im Vergleich mit dem frühmodernen Italien eine Reihe von Einzelaspekten beleuchtet[22].

19 P. Jeannin, Comtes; zum Wandel des Ost-West-Handels auch M. Bogucka, Role.

20 P. de Buck u. J.Th. Lindblad, Scheepvaart. In einem kurz darauf publizierten Artikel unternahm Lindblad den Versuch, die strukturelle Komponente dieses Prozesses zu bestimmen, ohne aber klare Resultate zu erzielen (J.Th. Lindblad, Structuur); sehr problematisch in Bezug auf die Wertbestimmung der Holzeinfuhr aus dem Ostseeraum ist die Verwendung der Preise für die norwegischen Kapbalken in Amsterdam; vgl. auch die englische Version in Ders., Structural.

21 J.V.T. Knoppers u. F. Snapper, Scheepvaart; vgl. auch J.V.T. Knoppers, Dutch; zur Entwicklung des Schiffsverkehrs auch die Zahlen bei S. van Brakel, Gegevens.

22 F. Krantz u. M. Hohenberg (Hrsg.), Transitions; vgl. insb. die Beiträge von K.W. Swart, Bourgeoisie, zur hemmenden Rolle des Rentenpatriziats (diesen Aspekt hatte einige Jahre zuvor schon P.W. Klein, Behaviour, betont), von E.H. Kossmann, Meditations, zur Bedeutung des Finanz- und Handelssektors, von D. Omrod, Dutch, zur protektionistischen Politik Englands und von J. de Vries, Commentary, zum Festhalten an alten Technologien.

Die Arbeiten von J. Faber und Ad van der Woude zur Entwicklung der Bevölkerungsgröße schlossen eine empfindliche Lücke, die de Vries noch an einer genaueren Abschätzung des Pro-Kopf-Einkommens gehindert hatte[23].

Einen unkonventionellen Vorschlag enthielt das Buch von Jan de Vries über den binnenländischen Personenverkehr auf den Kanälen. Das Passagieraufkommen wurde als Indikator für die Entwicklungsrichtung der Wirtschaft angenommen. De Vries ging von der fraglos zentralen und erst durch den Eisenbahnbau abgelösten Funktion der ‚trekvaart' für den Personentransport und dessen volkswirtschaftlicher Bedeutung in einer Städtelandschaft mit starken ökonomischen Beziehungen und Abhängigkeiten der Städte untereinander aus. Die Fluktuationen des Passagieraufkommens waren de Vries zufolge Ausdruck der Konsumkraft breiter Schichten. In der aus solchen Daten abzulesenden Periodisierung der Wirtschaftslage zwischen 1630 und dem Ende des 18. Jahrhunderts schloß sich de Vries weitgehend Faber und van der Woude an, wonach der Einbruch um 1670 einsetzte, die Wirtschaft sich um die Mitte der 1740er Jahre konsolidierte und dann ein bescheidenes Wachstum in der zweiten Hälfte des 18. Jahrhunderts erlebte[24]. 1984 beschäftigte er sich eingehend mit den verschiedenen Versuchen zur Messung der volkswirtschaftlichen Produktivität und hob den investitionshemmenden Effekt des hohen Reallohnniveaus in der Phase 1680 bis 1740 hervor[25].

Zu den jüngsten Debattenbeiträgen müssen die Artikel von Riley (1984), van der Zanden (1987) und Faber (1988) gezählt werden.

James Riley setzte sich insbesondere mit den Arbeiten von Johan de Vries, van der Woude und Jan de Vries auseinander. Aufgrund der Entwicklung des Preisindex und einiger Eckdaten zum Pro-Kopf-Einkommen postulierte er eine günstigere Entwicklung zwischen 1660 und 1860 als man bisher angenommen hatte[26].

J. van der Zandens Untersuchung zur Einkommensentwicklung basierte auf der Auswertung von Haushaltserhebungen der Jahre 1742 und 1808, die kein wesentliches Wachstum der Nominaleinkommen erkennen ließen[27]. Seine weitere Auswertung der ‚imposten', der Produktions- und Verbrauchssteuern für eine große Zahl von Artikeln, stützte im wesentlichen die von Johan de Vries gegebenen Skizzen zu den einzelnen Gewerbesektoren wie auch zum Handel[28].

23 J.A. Faber, Population; A.M. van der Woude lehnte aber dennoch das Pro-Kopf-Einkommen als Meßfaktor für die gesamtwirtschaftliche Entwicklung ab (Ders, Noorderkwartier, S. 606-609).

24 J. de Vries, Barges. Jan de Vries darf zweifellos als einer der besten Kenner der niederländischen Wirtschaftsgeschichte gelten.

25 J. de Vries, Decline, insb. S. 179-181.

26 J.C. Riley, Dutch, S. 536-544; zur Kritik an den Ansätzen von Johan de Vries, S. 540f., von van der Woude, S. 552-560, und von Jan de Vries, S. 560-564.

27 J.C. van der Zanden, Economie; zum Ergebnis S. 576.

28 J.C. van der Zanden, Economie, S. 580-597.

Fabers jüngster Artikel stellt die besondere wirtschaftliche Situation der Niederlande im internationalen Zusammenhang heraus. Der Zwang zur Rohstoffeinfuhr und zum Export von Gewerbeprodukten und Dienstleistungen gab den ‚terms of trade' einen hohen Stellenwert für die Verfassung der Republik. Anhand von Preisindizes für eine Reihe von Import- und Exportartikeln konstatierte er einen mäßigen Rückgang des Nationaleinkommens zwischen 1750 und 1800[29].

Der wohl jüngste Debattenbeitrag stammt von Jonathan Israel, der sich vor allem mit Blick auf die Handelsposition der Niederlande explizit gegen de Vries' These vom relativen Rückgang ausspricht[30].

Für ihn gründete sich die Führungsposition des 17. Jahrhunderts nicht alleine auf den Handel mit Massengütern, sondern ebenso auf die ‚rich trades', d.h. den Handel mit hochwertigen Gütern. In beiden Sektoren konstatiert Israel ab den 1740er Jahren sowohl absolut wie relativ rückläufige niederländische Leistungen[31].

Soweit ein Urteil, das sich nicht auf ein eigenes Quellenstudium, sondern lediglich auf die vergleichende Lektüre der wesentlichsten Debattenbeiträge stützen kann, möglich ist, wird dies in erster Linie von der Arbeit Johan de Vries' geprägt. Seine detaillierten, wenn auch nicht durchgehend quantitativen Studien sind durch keine neueren Forschungen bislang ersetzt, allenfalls ergänzt worden. Man hat weiterhin von dem Bild auszugehen, das von einem teilweise drastischen Einbruch in den Leitsektoren des 17. Jahrhunderts, einer Stagnation in anderen Branchen und einem bescheidenen Aufschwung in nur wenigen neuen Gewerbezweigen bestimmt wird.

Der unleugbare Zusammenhang des Aufstiegs der Niederlande mit der besonderen Rolle im europäischen und überseeischen Handel gewichtet diesen Wirtschaftssektor zweifellos auch mit Blick auf das 18. Jahrhundert stärker als die anderen Bereiche. Auch die jüngeren Arbeiten betonen den Strukturwandel, der vor allem im Verlust des Amsterdamer Stapelmonopols zum Ausdruck kommt. Ob dieser Verlust durch ein verstärktes Engagement in der ‚voorbijlandvaart' ausgeglichen wurde, muß mangels quantitativer Untersuchungsmöglichkeiten offen bleiben. Die in den letzten Jahrzehnten betriebenen Studien zum ‚Mutterhandel' haben die These Johan de Vries' von der Teilhabe der Niederlande am säkularen Aufschwung der westeuropäischen Wirtschaft

29 J.A. Faber, Decline, S. 108-110; zu Fabers optimistischer Sicht auch Ders., Scheepvaart; in diesem Artikel befaßt er sich mit den beiden letzten Jahrzehnten des 18. Jahrhunderts und kommt zu dem Schluß, daß der Amsterdamer Stapelmarkt noch weitgehend intakt war.

30 J.I. Israel, Primacy, S. 379.

31 J.I. Israel, Primacy, S. 380f. u. S. 398; Israels These kann allerdings wenig überzeugen, als sie sich auf bekannte Statistiken stützt, ohne ihrer Interpretation großen Raum zu geben.

trotz des gleichzeitigen Verlustes der Führungsposition im Ost-West-Handel bestätigt, aber auch das Festhalten an der traditionellen Versorgungsrolle Westeuropas mit Getreide aus dem Osten klar herausgehoben. Es scheint in das Bild vom stagnierenden und gar schrumpfenden Gewerbesektor zu passen, daß die Rohstoffimporte relativ gesehen einen geringeren Stellenwert einnahmen[32].

Der Blick auf den sicher auch im 18. Jahrhundert noch bedeutenden ‚Mutterhandel' verengt allerdings die Perspektive. De Vries hat schon vor 30 Jahren auf die kompensatorische Bedeutung hingewiesen, die der Handel der Niederlande mit ihrem deutschen Hinterland gespielt hat. Diesen Hinweis hat die Forschung bislang nur unzureichend aufgenommen.

I.2 DER ‚AUFSTIEG' DER WIRTSCHAFT IN DEN RHEINLANDEN

Einen Teil der Problematik, die in der skizzierten Debatte über den wirtschaftlichen Zustand der Niederlande im 18. Jahrhundert liegt, ist durch die starke Binnengliederung der sieben Provinzen begründet. In noch weit stärkerem Maße muß dies für die deutschen Rheinlande gelten, denen nicht einmal ein staatlicher Rahmen zur Verfügung stand. Zur Bestimmung des Wirtschaftsraumes kann diese ‚Krücke' daher nicht als Hilfsmittel dienen.

Bis auf frühe Bemühungen Kuskes ist wohl nicht zuletzt aus diesem Grund die wirtschaftshistorische Forschung frei von Definitionsversuchen. Eine Wirtschaftsgeschichte der Rheinlande, sieht man wiederum von Kuskes Arbeiten ab, existiert nicht, schon gar nicht eine Debatte über die spezielle Problematik des 18. Jahrhunderts. Kuskes in seinem Handbuchcharakter zwar überholter, aber bis heute nicht ersetzter Überblick über „Gewerbe, Handel und Verkehr" bezog sich auf den von der preußischen Rheinprovinz umfaßten Raum. Zwar betonte er insbesondere für die Handelsgeschichte die engen Verflechtungen zu den angrenzenden Räumen, doch hat er sich einer Definition der ‚Wirtschaftsregion Rheinlande' entzogen. Jüngere Versuche, die Rheinlande als Wirtschaftseinheit zu begreifen, existieren praktisch nicht. Die im Rahmen der Landesgeschichte betriebene wirtschaftshistorische Forschung orientierte sich zumeist an den politischen Einheiten des Ancien Régime und ihren Quellenüberlieferungen[33].

Zweifellos wäre ein ganzes Kriterienbündel für die Bestimmung eines rheinischen Wirtschaftsraumes unter Berücksichtigung struktureller Wand-

32 Vgl. auch die Ergebnisse bei M. Morineau, Balance.

33 B. Kuske, Gewerbe; der Artikel von Max Braubach in der chronologisch gegliederten Rheinischen Geschichte widmet der frühmodernen Wirtschaftsgeschichte zusammen mit der Sozial- und Kulturgeschichte ganze vier Seiten; einen Entwurf, der die Bedeutung des Rheins für die Raumbildung betonte, an den die Forschung aber nicht angeknüpft hat, lieferte C. Brinkmann, Entwicklung; einen guten Überblick über die Wirtschaftsgeschichte des niederrheinischen Raums gibt R. Walz, Wirtschaft.

lungen in der Zeit zusammenzustellen. In der Beziehung der Rheinlande zu den Niederlanden, um die es hier geht, treten hinter die verkehrsmäßige Anschließung andere Kriterien in den Hintergrund. Für einen Großteil des Warenaustausches konstituierte das Flußsystem des Rheins den Wirtschaftsraum. Im 18. Jahrhundert gab es zum Rhein trotz der Behinderungen durch die zahlreichen Zölle und Stapelprivilegien zumindest für den Schwergüterverkehr keine Alternative. Aber auch für den Warenverkehr, der nicht auf den Wasserweg angewiesen war, liefen die Routen auf die großen Handelsstädte Köln, Mainz und Frankfurt und von dort weiter zu den mittelgroßen und kleineren Städten am Oberlauf des Rheins und an seinen Nebenflüssen. Tabak aus der Pfalz und Holz aus dem Schwarzwald oder dem Frankenwald erreichten den niederländischen Markt ebenso wie umgekehrt der Absatzmarkt für die im 18. Jahrhundert verstärkt von den Niederlanden in das deutsche Hinterland exportierten Kolonialwaren bis Mannheim, Trier/Saarbrücken und Bamberg reichte und von da weiter in die Einzugsbereiche dieser Distributionszentren. Zu Beginn der 80er Jahre des 18. Jahrhunderts schrieb der Niederländer Luzac in seiner großen Abhandlung über den Handel[34]:

> „Alle Völker, welche von hier aufwärts an den Ufern des Rheins und anderer Flüsse, die mit demselben zusammenhängen, haben keinen anderen Markt als Holland, wohin sie, um einzukaufen und zu verkaufen sich begeben können".

Diese Handelsregion Rheinlande zerfiel fraglos in eine Reihe von Einzelregionen, die auch im 18. Jahrhundert noch über ein erhebliches Maß an wirtschaftlicher Geschlossenheit oder doch zumindest über eine besondere wirtschaftliche Binnenstruktur verfügten. Ein Beispiel für viele ist die Kölner Region, die sich aus dem produktiven Agrargebiet der linksrheinischen Köln-Bonner-Bucht, der rechtsrheinischen Gewerbelandschaft des Bergischen Landes und dem großen Konsum- und Austauschzentrum Köln zusammensetzte. Ohne die Getreideüberschüsse des linksrheinischen Raums wäre die mit einem rasanten Bevölkerungsanstieg einhergehende Vergewerblichung des rechtsrheinischen Raums kaum möglich gewesen. Dennoch war jeder dieser drei Teilräume für sich gleichzeitig in übergreifende Wirtschaftseinheiten eingebunden.

Nimmt man die Preisentwicklung für Brotgetreide als klassischen Indikator für die gesamtwirtschaftliche Konjunktur, dann nahmen die Rheinlande an der Prosperität der westeuropäischen Wirtschaft spätestens seit der Mitte des 18. Jahrhunderts teil[35].

Darüberhinaus lassen sich aber auch eine Reihe weiterer Merkmale für den säkularen Aufschwung nach der langanhaltenden Depression des 17. und

34 E. Luzac, Betrachtungen, Bd. 2, S. 336.

35 F.G. Dreyfus, Sociétés, insb. S. 97, u. Ders., Beitrag; vgl. auch D. Ebeling, Bürgertum, S. 139-146.

frühen 18. Jahrhunderts ausmachen. Am Mittel- und Niederrhein entwickelten verschiedene Branchen des Gewerbesektors internationales Niveau. Dies reichte von der Produktion feiner Wollstoffe in Monschau über die Krefelder Seidenfabrikation, die Wuppertaler Leinwandherstellung, die Kleineisenerzeugung im bereits erwähnten Bergischen Land bis zur Neuwieder Möbelmanufaktur der Gebrüder Roentgen[36].

Durch die Einbeziehung landsässiger Heimarbeiter beschränkte sich die Beschäftigungswirksamkeit zumindest in den Textilbranchen nicht auf die genannten Zentren. Auch das vielfältige Gewerbe des Bergischen Landes war flächendeckend und ging mit einer Verdichtung der Bevölkerung einher, die mit 88 Bewohnern auf den Quadratkilometer 1792/93 einen Spitzenwert erreichte[37].

Ein anderes Textilzentrum befand sich im Südwesten. Die dort bereits im 16. Jahrhundert blühende Leinwandherstellung und Zeugmacherei expandierte im 18. Jahrhundert erneut mit den Zentren Urach und Calw. Auch hier hat das landsässige Heimgewerbe hohe Beschäftigungswirksamkeit gehabt. In enger Beziehung zur Schweiz fand später auch die Baumwollverarbeitung Eingang[38].

Daneben partizipierten weitere exportorientierte Gewerbesektoren am Konjunkturaufschwung der zweiten Jahrhunderthälfte. Württembergs Bevölkerung, die im Dreißigjährigen Krieg überdurchschnittliche Verluste erlitten hatte, wuchs zwischen 1707 und 1796 um 85 %. Auch andere oberrheinische Territorien erlebten einen vom Wirtschaftsaufschwung getragenen Bevölkerungsboom. In der Kurpfalz stieg die Einwohnerzahl zwischen 1664 und 1775 von 70.000 auf 275.300[39].

Einerseits führte dieses Wachstum zu einer neuen Armut. Dem stand auf der anderen Seite eine Kapitalvermehrung in den Händen einer wachsenden bürgerlichen Schicht gegenüber, die u.a. im gesteigerten Konsum von Genußmitteln und Luxusartikeln ihren Ausdruck fand.

I.3 DIE BEZIEHUNGEN ZWISCHEN DEN NIEDERLANDEN UND DEN RHEINLANDEN

Die Verlagerung des Schwerpunktes des von Europa ausgehenden Welthandels vom Mittelmeer zum Atlantik und der Aufstieg der Niederlande zur führenden Macht in diesem System brachten die Rheinlande in eine ungünsti-

36 Zusammenfassende Darstellungen bei M. Barkhausen, Aufstieg, u. bei F. Schulte, Entwicklung; zu den Textilbranchen in Monschau, Krefeld und im Wuppertal vgl. die Arbeiten von H. Kisch, Textilgewerbe; zur Roentgen'schen Manufaktur M. Stürmer, Handwerk, S. 240-275; zur Bergischen Kleineisenherstellung fehlt eine zusammenfassende Darstellung.

37 F. Schulte, Entwicklung, S. 47.

38 W. A. Boelcke, Wirtschaftsgeschichte, S. 127-131.

39 W. A. Boelcke, Wirtschaftsgeschichte, S. 95f.

gere Position. Verkehrsmäßig hatte sie sich eher gebessert, da das Flußsystem des Rheins nun den direkten Zugang zum Amsterdamer Stapelmarkt herstellte. Zuvor waren die Wege nach Brügge als mittelalterlicher Brücke zum Mittelmeer und später nach Antwerpen bis zur Ausschaltung durch die Sperrung der Scheldemündung kaum kürzer und kostengünstiger gewesen. Die entscheidende Verschlechterung der Handelsposition der Rheinlande beruhte in erster Linie auf dem Monopol des niederländischen Marktes sowohl beim Bezug von Überseeprodukten wie auch bei der Vermarktung rheinischer Erzeugnisse. Die Niederlande wirkten, bildlich gesprochen, wie ein Pfropfen auf der westdeutschen Flasche. Der Übergang des hansischen Erbes an die Niederlande und später auch an England schnitt die Rheinlande von den autonomen Beziehungen im Nord- und Ostseehandel ab. Englands Emanzipation bedeutete den Verlust privilegierter Positionen. Ein direkter Seeverkehr hat allerdings vom Rheinland aus nie bestanden. Dies verhinderten schon die Stromverhältnisse des Rheins, die auch am Unterlauf den nötigen Tiefgang für die Seeschiffe nicht zuließen. Seit dem 13. Jahrhundert wirkte der Dordrechter Stapel als zusätzliche Barriere[40].

Die Landrouten nach Osten und die verstärkte Nutzung der Leipziger Messe für die Vermarktung insbesondere von Textilprodukten schufen keinen gleichwertigen Ausgleich für die Seerouten, zumal das 16. und 17. Jahrhundert zunächst eine Verfallsperiode der rheinischen Exportgewerbe und eine Prosperitätsphase der niederländischen und englischen Textilfabrikation waren[41].

Die verbliebenen Exportartikel wie Wein, Eisen und Holz waren als Massengüter weitgehend auf den Rhein als Verkehrsweg angewiesen und gelangten nur als niederländische Ware in den Welthandel[42].

Während der Phase der niederländischen Hegemonie im europäischen und von Europa nach Übersee gehenden Handel spielten die Rheinlande nur eine untergeordnete Rolle für die niederländische Wirtschaft, zumal das westliche Deutschland von der säkularen Baisse des 17. Jahrhunderts besonders stark betroffen war. Der Dreißigjährige und der Achtzigjährige Krieg und ihre langanhaltenden negativen Wirkungen auf die wirtschaftlichen Aktivitäten waren sicherlich auch von Bedeutung.

Diese Konstellation änderte sich erst mit den Einbußen, die der niederländische Handel in der Konkurrenz mit England und anderen aufrückenden Ländern erlitt.

40 B. Kuske, Verflechtung, S. 222; auch Ders., Grundzüge, S. 46f.; zum Dordrechter Stapelrecht wie generell zur Rolle Dordrechts im Rheinhandel auch J.L. van Dalen, Geschiedenis, Bd. 1, S. 316-322; van Dalen datiert das umfassende Dordrechter Stapelprivileg auf das Jahr 1355 (S. 317).

41 B. Kuske, Gewerbe, S. 217.

42 B. Kuske, Gewerbe, S. 218; Georg von Below hat zur Überhöhung der Wirkungskraft des spätmittelalterlichen deutschen Stadtbürgertums und der Wiedergeburt im preußischen Gewande im 19. Jahrhundert aus der ungünstigen Handelsposition ein Zeitalter der Fremdherrschaft gemacht (G. v. Below, Bürgertum, insb. S. 25).

Trotz einer intensiveren Inanspruchnahme der produktiven Agrargebiete entlang der Rheinschiene durch die aufblühenden Gewerberegionen und die Städte konnte der Bedarf an Getreide im 18. Jahrhundert immer häufiger nur durch den Rückgriff auf das Ostseegetreide des Amsterdamer Marktes gedeckt werden. Das Rheinland trug zusammen mit anderen westeuropäischen Gebieten seinen Teil dazu bei, daß die Beibehaltung der alten Produktpalette in der Ost-West-Fahrt für die Niederländer profitabel blieb bzw. unter den Bedingungen wachsender Knappheit und steigender Preise beim Getreide im 18. Jahrhundert erneut profitabel wurde.

Eine verstärkte Ausfuhr von Kolonialprodukten ist, wie für den Ostseeraum, auch für die Rheinlande zu beobachten. Einzelhinweise wie der, daß in den Jahren 1755-57 jährlich 3.000 Zentner Kaffee in Köln umgeschlagen wurden, illustrieren die Dimensionen des neuen Geschäfts[43].

Accarias de Serionne hielt 1770 „die Handlung am Rhein (für) eine von den schätzbarsten Gattungen der holländischen Handlung" und gab die Reichweite und Produktpalette folgendermaßen wieder[44]:

> „Holland versorget demnach lediglich und allein mit Hülfe der Schiffahrt auf dem Rheine, die vier Churfürstentümer am Rheine, Saarbrück, Zweybrück, Baden, Würtenberg, Brißgau, Spirbach, Elsaß, beynahe die ganze Schweiz, den größten Theil des Ländgens um Metz, und des Herzogthums Lothringen, vornehmlich mit allen Gattungen von Würzwaaren, Specereyen und Oelen, mit Reiß, weißer und trockner Seife, Wallfischbärten, Zinn, Kupfer, eisernem Draht, Zucker, Thee, Kaffee, Kacao, spanischen und französischen Weinen, Brandeweinen, trocknen Früchten, trocknen und eingesalzenen Fischen u.d.gl."

Um die Bedeutung dieses Handels zu betonen, ergänzte er:

> „Von dem meisten Theile dieser Waaren wird fast allenthalben in diesem großem Umfange von Ländern eine ganz unglaubliche Menge verthan".

In den großen rheinischen Handelsstädten Köln, Mainz, Frankfurt und am Oberrhein in Mannheim saßen Kommissionäre der niederländischen Handelshäuser, die „Deutschland ein unbeschreibliches Geld abzapfen", wie ein kritischer Beobachter schrieb[45].

Die von de Vries zusammengestellte Statistik der im Bereich der Admiralität von der Maas zwischen 1784 und 1793 nach Deutschland ausgeführten Waren bestätigen, ebenso wie die Zahlen für die Amsterdamer Exporte, den deutlichen Schwerpunkt auf den sog. Kolonialwaren, darunter vor allem Kaffee, Zucker und Spezereiwaren. In umgekehrter Richtung gingen neben Holz und Wein große Mengen Roheisen und Eisenprodukte, Stein und Trass, Tonwaren, Mineralwasser, Roggen sowie Garne und Tuche in den niederländischen Handel. Die Statistiken verzeichnen nicht durchgehend auch die Werte

43 W.P. Feldenkirchen, Handel, S. 150.
44 J. Accarias de Serionne, Handlung, S. 251f.
45 K. Riesbeck, Briefe, S. 28.

der Waren, so daß eine klare Gewichtung der Güterpalette des Warenaustauschs wie auch eine Handelsbilanz nach Werten nicht herzustellen ist[46].

Dieser verstärkte niederländische Handel mit den Rheinlanden blieb vollständig in niederländischer Hand. Die deutschen Kommissionäre hatten lediglich distributive Funktionen, die zumeist mit der organisatorischen Aufgabe der Spedition zusammenfielen. In Köln, das zweifellos der wichtigste Stützpunkt der Niederländer war, profitierte im 18. Jahrhundert eine beträchtliche Zahl von Kaufleuten von diesen Aufgaben, die zwar nur mäßige, dafür aber sichere und allmählich steigende Gewinne boten[47].

Im Warenexport hatten die Rheinlande ihre selbständige Rolle eingebüßt. Im Frieden von Breda (1667), der das englisch-niederländische Kräfteverhältnis neu festschrieb, wurden die gegen die niederländische Hegemonie in der Fracht gerichteten Bestimmungen der Navigationsakte für die aus Deutschland kommenden Waren aufgehoben und damit das faktisch bestehende Monopol für die Vermarktung deutscher Produkte anerkannt[48].

Im Weinhandel, der neben dem Holzhandel den wichtigsten Sektor im Ausfuhrhandel der Rheinlande im 18. Jahrhundert darstellte, wurde die aktive Rolle der rheinischen Kaufleute zurückgedrängt. Schon die Rheinweinernte des Jahres 1669 wurde nicht nur von Kölner, Frankfurter und Mainzer Weinhändlern, sondern auch von Kaufleuten aus Amsterdam, Hamburg, Danzig und aus England direkt aufgekauft. Die Kölner Weinhändler kauften am Ende des 17. Jahrhunderts vielfach im Auftrag von Dordrechter und Amsterdamer Firmen[49].

Frankfurts Handel, schrieb Accarias de Serionne, werde vom niederländischen Handel unterhalten; die Stadt sei „weiter nichts als ein großes Waarenlager, das unter dem Holländischen steht“[50].

Diese Charakterisierung träfe allerdings besser auf Köln und Mainz zu. Frankfurt spielte zwar für den niederländischen Handel in das westliche Deutschland eine wichtige Rolle, war aber darüberhinaus im 18. Jahrhundert doch ein eigenständiger bedeutender Umschlagplatz für Waren aus dem deutschen Westen und Süden, aus der Schweiz, Frankreich und den südlichen Niederlanden[51].

46 Vgl. die Statistiken bei J. de Vries, Statistiek.

47 Eine systematische Untersuchung zum Kommissionsgeschäft in den Rheinlanden fehlt; vgl. das Beispiel Köln bei D. Ebeling, Bürgertum, S. 66f. zur Technik des Kommissionsgeschäfts und S. 96ff. zur sozialen Lage der Kaufleute.

48 Zur Bewertung des Vertrages von Breda Ch. Wilson, Profit, S. 154f.; zur Bewertung der Regelungen über den Warenverkehr aus Deutschland nach England vgl. die sehr differenzierte Studie von P.J. van Winter, Acte von Navigatie; vgl. noch die aus der zeitgenössischen Literatur gewonnene Bewertung von E. Laspeyres, Geschichte, S. 129f.

49 S. Gramulla, Wirtschaftsgeschichte, S. 465.

50 J. Accarias de Serionne, Handlung, S. 252.

51 E. Gothein, Zollkongresse, S. 373f., u. M. Braubach, Wirtschaftsenquete, S. 71-77; auch H. Kanter, Entwicklung, S. 17, der die selbständige Position der Frankfurter Kaufleute betont.

Der im 18. Jahrhundert sehr aktive Messehandel zog besonders die Produkte aus den aufblühenden Gewerberegionen in der nördlichen Eifel, dem Niederrheingebiet, dem Bergischen Land und dem östlichen Westfalen nach Frankfurt[52].

Englische Ware erreichte die Frankfurter Messe in den 1830er Jahren um bis zu sieben Tagen früher über Hamburg als über Rotterdam[53]. Anders als die Kölner Kaufmannschaft suchten Frankfurter Händler auch beim Import von Überseeprodukten die Unabhängigkeit vom niederländischen Zwischenhandel und errichteten in Amsterdam selbständige Niederlassungen unter der Leitung von Familienmitgliedern[54].

Köln und Mainz dagegen waren sehr viel stärker vom niederländischen Handel abhängig. Das Stapelrecht dieser beiden Städte, das von den deutschen Rheinanliegern zwar heftig bestritten wurde, im 18. Jahrhundert aber fortbestand und eher noch ausgebaut wurde, wies ihnen in der Organisation des Handels eine besondere Aufgabe zu. Der Umschlagzwang, dessen ursprüngliche Funktion der Primärversorgung der eigenen Stadt ebenso bedeutungslos geworden war wie die immer wieder zu seiner Rechtfertigung ins Feld geführten hydrographischen Verhältnisse des Stroms, verband sich für die niederländischen Handelshäuser in bequemer Weise mit den Kommissions- und Speditionsleistungen, die der Warenverkehr erforderte[55]. Der Frachtverkehr bis Köln lag ohnehin in den Händen niederländischer Schiffer. Erst die Strecke von Köln bis Mainz sowie die Fahrten auf Mosel, Saar, Main und Neckar lagen in deutscher Hand.

Am Oberrhein entwickelte sich Mannheim im 18. Jahrhundert, abgesehen von seiner Stellung im Holzhandel, zum Distributionszentrum für den rheinaufwärtsgerichteten Handel. Aber auch in den kleineren Städten im Flußsystem des Rheins wie Trier, Saarbrücken und Bamberg machte sich der neue Aufschwung des Handels bemerkbar.

Das Prinzip des Kommissionshandels wurde während des 18. Jahrhunderts nicht aufgegeben. Seit der Wechsel sich im Fernhandel als Zahlungsform durchgesetzt hatte, war der Kommissionshandel eine gängige Handelsform. Sie enthob den Kaufmann von der Begleitung der Ware oder der Anwesenheit beim Einkauf auf fremden Märkten. Dieser Handel nutzte die Ortskenntnis des Kommissionärs für Aktivitäten auf einem überschaubaren Raum und gegebenenfalls dessen ortsgebundene Handelsprivilegien. Der Kommissionshandel blieb überall dort die angemessenste Form des Handels, wo mangelhafte

52 A. Dietz, Handelsgeschichte, Bd. 1, S. 88-109.

53 P.J. Bouman, Rotterdam, S. 44, Anm. 4.

54 A. Dietz, Handelsgeschichte, Bd. 4, S. 212.

55 E. Gothein, Rheinschiffahrt, S. 8; von einer Handhabung des Stapelzwangs als Instrument gegen den niederländischen Aktivhandel, wie L. Beutin (Ders., Nordwestdeutschland, S. 119f.) ihn durch die norddeutschen Küstenstädte angewandt sah, kann im Falle Kölns und Mainz keine Rede sein.

Verkehrs- und Informationsverbindungen oder institutionelle Hemmnisse Barrieren bildeten. Erst wenn diese beseitigt waren, konnten unmittelbare Formen des Handels greifen. Technisch gesehen verband sich der Kommissionshandel z.T. mit dem, was Sombart den Niederlagehandel nennt und als eine Weiterentwicklung gegenüber dem Markt- und Messehandel bezeichnet[56].

Im Rheinland gewann das Kommissionsgeschäft für den einzelnen Kaufmann besonders in den Stapelstädten Köln und Mainz infolge der guten Absatzkonjunktur an Attraktivität, doch blieb es auch wegen der geringen Gewinnspannen von üblich 2 % mit einem gewissen Aktivhandel verbunden. Dies gilt selbst für eine Reihe der größeren Frankfurter Bankhäuser, die das mit dem Kommissionshandel eng verbundene Wechselgeschäft zu einem allgemeinen Kreditgeschäft erweitert hatten, daneben aber auf ein beachtliches Maß am Warenhandel nicht verzichteten[57].

Das Kommissionssystem, verbunden mit der über die Stapelstädte organisierten Spedition und einem zunftartig verfaßten Schiffstransportwesen, garantierte einen reibungslosen Ablauf des Handels und enthob die niederländischen Kaufleute von der persönlichen Präsenz auf den rheinischen Märkten oder dem Aufbau eines aufwendigen Filialsystems. Sicher war für die Reibungslosigkeit und Risikolosigkeit dieser Form der Handelsorganisation nicht belanglos, daß zahlreiche rheinische Kommissionäre aus den Immigrantenfamilien des 16. und 17. Jahrhunderts stammten[58].

Wie stark die Position der Niederländer im rheinischen Raum während des 18. Jahrhunderts war und welche Bedeutung sie diesem kontinentalen Hinterland zumaßen, verdeutlicht das Projekt einer Stadtgründung bei Koblenz. Diese Handelsniederlassung, die mit eigener Administration sowie Handels- und Religionsfreiheit ausgestattet werden sollte, war vor allem als Stützpunkt für die in den katholischen Städten wirtschaftlich und religiös diskriminierten Protestanten niederländischer Abstammung gedacht. Der Plan scheiterte nicht zuletzt an den Befürchtungen der kurtrierischen Regierung, daß damit den dort ansässigen Niederländern der Handel am Mittelrhein, insbesondere mit den Hauptausfuhrgütern Wein und Holz, ganz zufallen würde[59].

Zu einer Behinderung des Handels auf dem Rhein in beiden Richtungen wuchsen sich weniger die oft beklagten Stapelprivilegien als vielmehr die in 43 Zöllen zwischen Straßburg und dem Meer verkörperten Abschöpfungsinteressen der Rheinanliegerstaaten aus[60].

56 Zur Entwicklung und Verbreitung des Kommissionshandels J. Kulischer, Wirtschaftsgeschichte, Bd. 2, S. 275-281; zur Praxis des 18. Jahrhunderts J.G. Büsch, Darstellung, S. 207-226; zur besonderen Funktion des Kommissionsgeschäfts für die niederländische Wirtschaft F. Braudel, Aufbruch, S. 262-264; zum Niederlagehandel W. Sombart, Kapitalismus, Bd. 2, S. 488f.

57 A. Dietz, Handelsgeschichte, Bd. 4, S. 625, 641, 643, 681 u. 691.

58 Zu Köln D. Ebeling, Führungsschichten, S. 414f.

59 StA-Koblenz, Kurtrier 8114; vgl. auch E. François, Koblenz, S. 117f.

60 Die Zahl 45 nennt E. Gothein, Zollkongresse, S. 376; vgl. auch die zeitgenössische

Die Zolltarife waren offenbar dem steigenden Warenhandel seit der zweiten Hälfte des 17. Jahrhunderts angepaßt worden. Die Amsterdamer Kaufmannschaft rechnete jedenfalls auf dem 1699 in Köln stattgefundenen Zollkongress der Rheinanliegerstaaten vor, daß sich die Transportkosten seit 1665 bei manchen Artikeln um mehr als die Hälfte verteuert hätten. Selbst der Massenartikel Wein konnte danach um 10-12 Reichstaler billiger auf dem Landwege und um zwei Monate schneller von Frankfurt nach Amsterdam gebracht werden. Den hohen Rheinzöllen wurde ferner angelastet, daß Hamburg und Bremen auch für niederländische Waren aufgrund der niedrigen Zölle auf Weser und Elbe eine ernsthafte Alternative für die Belieferung des westlichen Deutschland geworden waren. Die Amsterdamer Kaufleute gaben die Transportkosten für 2 Last (= 24 Tonnen) Heringe von den Niederlanden bis Frankfurt auf Rhein und Main mit 133 Reichstalern 30 Albus und auf dem Landwege über Bremen mit nur 96 Reichstalern an[61].

Hochwertige Waren wie etwa Kaffee gingen zu einem erheblichen Teil über Bremen nach Frankfurt[62].

An der Zollpolitik der rheinischen Fürsten hat sich aber auch im 18. Jahrhundert nichts geändert. Die fiskalischen Interessen überwogen. Wenn die Zölle den Warenhandel dennoch nicht ernsthaft vom Rhein vertrieben, so lag dies eher an der allseits bekannten und tolerierten Praxis der Bestechung der Zöllner[63].

Als die französische Verwaltung 1800 im Streit um die Douane am Rhein eine Zollermäßigung von einem Drittel erwog, protestierten die Kölner und Mainzer Kaufleute mit dem Hinweis, die alten Tarife seien ohnehin nie in voller Höhe erhoben worden[64].

Die wachsende Bedeutung Hamburgs und Bremens hing darüberhinaus nicht allein mit den unterschiedlichen Transportkosten zusammen. Diese konnten erst im Zusammenhang mit einer generellen Verselbständigung des deutschen Überseehandels Wirkung zeigen. Dazu trug in erster Linie die Prosperität der ländlichen Gewerbe bei. So wurde etwa Bremen der wichtigste Exportplatz für das ostwestfälische Leinen. Hamburg profitierte von der englischen Emanzipation, suchte aber auch im Transatlantik- und Ostindienhandel eine stärkere Unabhängigkeit, die von den Niederländern eifersüchtig beobachtet wurde[65].

Aufzählung in A.C. Schlözer, Staats-Anzeiger, S. 10f., aus dem Jahre 1782 sowie eine Übersicht von 1669 bei M. Braubach, Wirtschaftsenquete, S. 56f.

61 E. Gothein, Zollkongresse, S. 372; siehe auch J. Hoovy, Voorstel, S. 45.

62 H. Kanter, Entwicklung, S. 3f.

63 E. Gothein, Zollkongresse, S. 372, u. M. Braubach, Wirtschaftsenquete, S. 63; vgl. auch H. Kanter, Entwicklung, S. 3f.

64 E. Gothein, Rheinschiffahrt, S. 27.

65 Zum Verhältnis Hamburgs zu den Niederlanden E. Baasch, Hamburg sowie F. Röhlk, Schiffahrt; zur Stärkung der Stellung Bremens im Warenausfuhrverkehr durch die westfälische Textilproduktion L. Beutin, Nordwestdeutschland, S. 121f.

Abgesehen von den Alternativen, die Hamburg und Bremen für den seegewandten Handel zunehmend boten, lösten sich die Rheinlande auch durch andere Faktoren vom festen niederländischen Griff und insbesondere vom Monopol des Amsterdamer Stapels. Durch den Aufschwung des englischen und französischen Handels hatte Amsterdam ohnehin einen Teil seiner Absatzmärkte eingebüßt. In Bezug auf die Rheinlande bedeuteten die Veränderungen der politischen Kräfteverhältnisse, die auf dem Wiener Kongreß eine vorläufige Festschreibung erfuhren, insofern einen Wendepunkt, als die Ansprüche der Rheinanlieger, voran Preußens, auf den freien Rhein und den ungehinderten Zugang zum Meer die durch das bisherige Zoll- und Stapelsystem abgesicherte Position des niederländischen Handels grundsätzlich in Frage stellten. Durch geschicktes Taktieren gelang es den Niederländern zwar, einen Großteil ihrer Handelsprivilegien auf dem Rhein bis zur Mainzer Rheinschiffahrtsakte von 1831 zu retten. Danach setzte sich der direkte Zugang der Rheinlande zu den Weltmärkten umso stärker durch[66].

Die Beseitigung der institutionellen Barrieren war aber zweifellos nicht ausschlaggebend. Sie hatten während der Hegemoniephase der Niederlande über den Rheinhandel in Einklang mit dem Ungleichgewicht in der produktiven, distributiven und kapitalakkumulierenden Leistung sowie z.T. auch mit verkehrs- und handelstechnischen Erfordernissen gestanden. In diesen Bereichen hatten sich die entscheidenden Veränderungen vollzogen, die letztlich dem Zoll- und Stapelsystem die Grundlage entzogen.

In den Rheinlanden waren nicht die klassischen Kaufleute die Träger dieses Wandels. Ihr Kampf in Köln und Mainz um die alten Stapelrechte zeigt vielmehr die enge Interessenverbindung mit der niederländischen Position[67].

Der Druck auf das alte System ging eindeutig von der rheinischen Frühindustrialisierung aus, deren Träger den ungehinderten Zugang zu den Rohstoff- wie den Absätzmärkten suchten. Nachdem die institutionellen Hemmnisse weitgehend beseitigt waren, schrieb Gustav Mevissen 1838: „Vernichtung der holländischen Kommission ist das nächste, was nottut“[68].

Durch die vermehrte Kapitalkraft in den Rheinlanden schwand auch die Abhängigkeit von den Krediten der niederländischen Zwischenhändler. Verkehrstechnisch brachte schließlich die Eisenbahnlinie von Köln nach Antwerpen eine Schwächung der Transitfunktion der niederländischen Häfen. Um diese Leistung hatte besonders Rotterdam sich bemüht und Amsterdams Führungsanspruch bestritten.

66 L. Beutin, Nordwestdeutschland, S. 141-143.

67 Dazu vor allem M. Schwann, Handelskammer.

68 Zitiert nach P.J. Bouman, Untergang, S. 256; Boumans Artikel bietet auch den besten Einblick in das wirtschaftliche Verhältnis der Niederlande zu den Rheinlanden in der ersten Hälfte des 19. Jahrhunderts; für die anschließende Zeit P. Stubmann, Holland.

Die Verlagerung vom Aktivhandel zum Kommissionshandel und zur Spedition sowie die alternativlose Verteidigung von Handelsprivilegien kennzeichnen den Niedergang der niederländischen Stellung[69].

I.4 FAZIT

Im 16. und auch noch im 17. Jahrhundert war die Ostseefahrt die Domäne der Niederlande. Im 18. Jahrhundert wandten sich die Vereinigten Provinzen unter dem wachsenden Konkurrenzdruck im Osten ihrem Hinterland zu. Allein aufgrund der handelsgeographischen Gegebenheiten fiel ihnen beim Rheinhandel ein gewisses Monopol zu. Den überwiegenden Teil der rheinischen Exporte bildeten Schwergüter, die auf den Wasserweg angewiesen waren. Ohne die Beteiligung der Niederlande konnten sie den Weltmarkt nicht erreichen. Bezüglich der Funktion des rheinischen Raums als Rohstofflieferant und speziell als Holzreservoir wird noch an anderer Stelle zu diskutieren sein, ob den Rheinlanden eine Substitutionsfunktion für die umstrittenen Angebotsmärkte im Norden und Osten Europas zukam.

Die Exportzahlen der neuen Überseeprodukte sprechen dafür, daß die Rheinlande im 18. Jahrhundert zum wichtigsten Absatzmarkt der Niederlande wurden. Dies darf in der Debatte über Aufstieg und Niedergang nicht vergessen werden. Braudels Argument, daß sich der späte Start der Niederlande in die Fabrikindustrialisierung auch mit dem gegenüber England und Frankreich kleinen nationalen Absatzmarkt erklären lasse, verliert unter diesem Gesichtspunkt an Gewicht[70].

An der notwendigerweise vorhandenen Konsumkraft für die Artikel des Luxuskonsums wird zugleich deutlich, daß in den Rheinlanden eine wirtschaftliche Expansion stattfand. Wie an einigen Beispielen zu zeigen versucht wurde, fand diese Entwicklung nicht zuletzt in den gewerblichen Leitsektoren des 18. Jahrhunderts statt. Zumindest für die niederrheinischen Textilgewerbe kann eine Kontinuität zur Industrialisierung belegt werden, deren Gewicht sich in der ersten Hälfte des 19. Jahrhunderts in Bestrebungen zur Emanzipation vom niederländischen Zwischenhandel ausdrückte.

Die Beziehungen der beiden Wirtschaftsräume im 18. Jahrhundert lassen sich folglich nicht ausschließlich als das Abhängigkeitsverhältnis eines Rohstofflieferanten von einem Welthandelsmarkt, an dem kein Weg vorbeiführte, beschreiben. Selbst für diesen Aspekt der Beziehungen wird am Beispiel des Holzhandels noch zu prüfen sein, bis zu welchem Grad die Abhängigkeit reichte und wie das Verhältnis Rohstofflieferant-Absatzmarkt im zeitlichen Verlauf gestaltet war.

69 Zur Funktionsweise und zum Verfall des Amsterdamer Stapelmarktes vor allem T.P. van der Kooy, Stapelmarkt.

70 F. Braudel, Aufbruch, S. 327.

II. WALDNUTZUNG, HOLZVERWENDUNG UND HOLZVERBRAUCH

Die Bedeutung des Holzes sowohl als Brenn- wie auch als Konstruktionsmaterial in der vorindustriellen Wirtschaft kann kaum überschätzt werden, wie schon der fast 500 Seiten starke Artikel ‚Holz' in der Krünitz'schen Enzyklopädie andeutet[1].

Bevor Kohle und Stahl das „hölzerne Zeitalter" (Sombart) beendeten, kam dem Rohstoff Holz eine strategische Rolle für die Existenz- und Expansionsfähigkeit der Wirtschaft zu[2].

Obschon das Holz für einige Branchen auch in der Industrialisierung seine Bedeutung behaupten konnte, trat es seine Leitfunktion als Energielieferant und Konstruktionsträger in einem längeren Prozeß ab, der sich in Deutschland bis ins späte 19. Jahrhundert hinzog. Noch 1888 schrieb der Forstexperte Karl Gayer[3]:

> „Dem Nutzholze droht zwar in einzelnen Gewerbegruppen eine wachsende Konkurrenz durch das Eisen; beim Schiffsbau namentlich findet dasselbe ausgedehnte Anwendung; landwirtschaftliche Geräte, Brunnenröhren, Telegraphenstangen aus Eisen treten an die Stellen der aus Holz gefertigten; der Bergbau macht seine Gestänge und Tragstücke aus Eisen, der Brückenbau vermeidet in seinen größeren Brückenanlagen das Holz vollständig; beim Bau der Häuser werden die Balken und Traghölzer, besonders in den unteren Etagen, mehr und mehr durch Eisen, und alle Holzsäulen werden allgemein durch eiserne Säulen ersetzt; der Eisenbahnbau macht alle Anstrengung, um den Oberbau aus Eisen herzustellen und bei zahllosen anderen kleinen Dingen ist das Eisen hundertfältig an die Stelle des Holzes getreten. Aber mit der wachsenden Vermehrung der menschlichen Bedürfnisse tauchen hunderte von neuen, bisher unbekannten Verwendungsweisen für das Holz auf, der Begehr nach g u t e m Nutzholz wird deshalb voraussichtlich immer ein erheblicher sein und, mit der zunehmenden Verminderung der Waldungen, in der Zukunft sogar ein sich steigernder bleiben".

Der scheinbar unvermeidbare Wechsel vom Holz zu Kohle und Stahl machte einen Wachstumsschub möglich, der die Malthusianischen Schreckensvisionen obsolet werden ließ, wenngleich gerade das Massenelend der frühen Industrialisierung den Hintergrund jener Theorie lieferte, die auf der Knappheit von Resourcen basierte[4].

1 J.G. Krünitz, Encyklopädie, 24. Teil, S. 457-953; vgl. dazu noch den Artikel ‚Floß-Holz' ebd.

2 W. Sombart, Kapitalismus, Bd. 2, S. 1138.

3 K. Gayer, Forstbenutzung, S. 83.

4 Mit dem Anbruch des Kohlezeitalters endete die Debatte um die Beschränkung von Resourcen allerdings nicht. Sie verlagerte lediglich ihr Interesse vom nahrungserzeugenden Boden zu den Energieträgern als neuen Schlüsselelementen des Wachstums; vgl. R.P. Sieferle, Wald, S. 67.

Sombarts These vom drohenden Ende der kapitalistischen Expansion an den Grenzen der Holznutzung und der rettenden Erschließung der Kohle interpretiert die Lage des 18. Jahrhunderts aus der Perspektive einer auf Kohle und Dampfkraft basierenden, gelungenen Industrialisierung[5].

Eine solche Art der Rückschau, die nach den Wurzeln des Erfolgs sucht, ist zweifellos legitim, interpretiert die Probleme der vorindustriellen Epoche aber sehr einseitig. Die von Radkau zahlreich ins Feld geführten Belege, die gegen eine allgemeine Holznot, eher für Brüche im traditionellen Nutzungsgefüge sprechen, sowie seine quellenkritischen Überlegungen zu den zeitgenössischen Klagen über den Holzmangel relativieren das Sombart'sche Bild[6].

Ohne handbuchmäßige Vollständigkeit anzustreben, sollen die wichtigsten Holznutzungsformen des 18. Jahrhunderts kurz beleuchtet werden.

Neben dem Gebrauch der geschlagenen Stämme als Brenn- und Bauholz muß auch die unmittelbare, direkte Nutzung des Waldes einbezogen werden, da die verschiedenen Nutzungsformen in Konkurrenz zueinander standen oder geraten konnten und sich daraus eine Hierarchie entwickelte. Der Beobachtungsraum beschränkt sich, was diesen Punkt betrifft, auf das westliche Deutschland, und als pars pro toto wird mit dem Schwarzwald ein größeres Waldgebiet untersucht, das für die wesentlichsten Nutzungsformen bereits erschlossen war bzw. im Laufe des 18. Jahrhunderts erschlossen wurde. Regionalwirtschaftliche Besonderheiten, die auf geographischen, klimatischen, siedlungs- und verkehrsbezogenen und nicht zuletzt auch eigentumsbezogenen und politischen Gegebenheiten beruhten, stehen einer Generalisierung zwar im Wege. Diese Nachteile werden aber durch die Möglichkeit der vergleichenden Betrachtung der verschiedenen Nutzungsformen eines zwar binnenstrukturierten, aber doch in vieler Hinsicht homogenen Raumes mehr als aufgehoben. Viele Widersprüchlichkeiten, wie sie in der Debatte um die Holznot des 18. Jahrhunderts auftreten, entspringen der räumlichen Streuung von Beispielen und Belegen, die häufig genug nur im Zusammenhang mit den regionalen Besonderheiten interpretiert werden können[7].

II.1 WALDNUTZUNG IN EINER REGION: DAS BEISPIEL SCHWARZWALD

Die oben genannten Argumente sprechen für die Wahl des Schwarzwaldes als Beobachtungsraum, unabhängig von seiner besonderen Rolle im rheinischen Holländerholzhandel. Die Nutzung für diesen speziellen Zweck gewann

5 W. Sombart, Kapitalismus, Bd. II.2, S. 1137-1155.

6 J. Radkau, Holzverknappung, Ders., Energiekrise (1984), Ders., Energiekrise (1986).

7 Einen Überblick über die historische Entwicklung der Waldnutzung vom Spätmittelalter bis zum Ende des 18. Jahrhunderts gibt M. Endres, Waldbenutzung, mit vielen Belegen auch für die Schwarzwaldregion; vgl. daneben noch K. Hasel, Forstgeschichte, S. 152-181.

zwar im 18. Jahrhundert dominierende Bedeutung und war zweifellos die spektakulärste Form der Waldnutzung. In der vergleichenden Betrachtung der verschiedenen Nutzungsarten stellt sie jedoch nur e i n e von vielen Formen dar.

Als ‚natürliche' Waldregion hat der Schwarzwald eine Reihe von klimatisch bedingten Entwicklungsstufen durchgemacht, ehe durch seine Besiedlung menschliche Einflüsse hinzutraten[8].

Pollenanalysen haben ergeben, daß in vorgeschichtlicher Zeit bis in eine Höhe von etwa 500 Metern artenreiche Laubwälder mit einem hohen Eichenanteil, mit zunehmender Höhe ergänzt durch die Tanne, dominierten. In den mittleren Höhen bis etwa 1.000 Meter herrschten mit dem größten Flächenanteil Buchen-Tannen-Wälder vor, während der Waldbestand oberhalb der 1.000 Meter-Grenze in den hochmontanen Tannen-Buchen-Wald, ortsweise mit Fichte überging[9].

Die Besiedlung des Schwarzwaldes erfolgte erst spät und langsam, verglichen mit den agrarisch besser nutzbaren Flachregionen. Bis zur ersten mittelalterlichen Ausbauphase kann der Schwarzwald als weitgehend ‚menschenfrei' gelten[10].

Erste Einsprengsel bildeten im Früh- und Hochmittelalter klösterliche Siedlungen. In der spätmittelalterlichen Wüstungsperiode gingen zahlreiche Siedlungen wieder verloren, was ein erneutes Vordringen des Waldes zur Folge hatte. Erst im 16. Jahrhundert und, mit der erneuten Unterbrechung durch den Dreißigjährigen Krieg, ab der zweiten Hälfte des 17. Jahrhunderts setzte die Besiedlung zunächst der Täler, im 18. Jahrhundert auch der höher gelegenen Zonen ein. Immer verbanden sich die Siedlungen mit der Nutzung des Waldes. Selbst die durch Rodung entstandenen, landwirtschaftlich genutzten Flächen kamen ohne die Nutzung der Wälder nicht aus. Der badische Forstrat Jägerschmid berichtet in seiner 1800 erschienenen Beschreibung des Murgtales von den holzfressenden Düngemethoden der dortigen Bauern[11]:

> „Wenn ein Stück Feld zur Saat soll vorbereitet werden, so wird solches zuerst mit dem Pflug acht Zoll tief umgebrochen; da aber, wo der Pflug nicht gebraucht werden kann, nehmen die Bauern ihre Zuflucht zur Hacke. Bei trockenem Wetter muß der Grund von den Rasen abgeklopft werden; hierauf belegt man den Boden mit acht Schuh langen Tannen und Fohrenscheitern in gehöriger Entfernung von einander. Je nach Verhältnis der Grösse des Ackers kommen mehrere dergleichen Holzhaufen, die man mit Reissig, Mos etc. und endlich mit Rasen überlegt, auf denselben. Diese Haufen oder R o ß e, wie sie genannt werden, zündet man, nachdem sie gehörig zugerichtet worden, an und unterhält durch Auflagen neuer Rasen das Feuer so lange, bis alles zu Asche verbrannt ist. Nach vollendetem Brand streuen die Bauern alle zurückgebliebene Asche und Erde auf dem Grundstück umher, lassen alles noch einige Tage liegen, und schreiten alsdann zur Auflokerung des Bodens, wozu sie sich ebenfalls des Pflugs, der Haue und des Karsts bedienen".

8 H. Hausrath, Waldgeschichte, S. 3-7.
9 H. Brückner, Entwicklung, S. 157f.
10 H. Hausrath, Waldgeschichte, S. 7.
11 K.F.V. Jägerschmid, Murgthal, S. 33.

Landwirtschaft war im 18. Jahrhundert im Schwarzwald meist gleichbedeutend mit Viehwirtschaft, und diese hing unmittelbar von der Waldweide ab. Der Ort Baiersbronn, der um 1725 etwa 70 Gehöfte und etwa 420 Einwohner umfaßte, hatte nach einer Schätzung einen Viehbestand von 1.750 Stück, die in die ortsnahen, im Sommer auch in höhergelegene Wälder getrieben wurden[12].

Um Grasweideland zu gewinnen, wurden Flächen kahlgeschlagen oder durch Brandrodung gewonnen. Eine andere, weit verbreitete Methode war das sog. Schweinen oder Schwenden: Der durch die Holznutzung gelichtete Wald wurde durch das Abbrennen des Jungwuchses und der Sträucher dem Vieh zugänglich gemacht. Die Beschädigung der stehenden Bäume wurde in Kauf genommen, ihr Absterben durch das Schälen der Rinde noch künstlich gefördert[13].

Neben reinen Landwirtschaftsbetrieben hielten auch viele Köhler, Holzhauer, Bergwerks- und Glashüttenarbeiter Vieh, für das der Wald meist ebenfalls die einzige Futtergrundlage war. Besonders die Ziegen richteten durch den Verbiß junger Triebe und durch die erosionsfördernde Zerstörung der Grasnarbe an den Hängen großen Schaden an. Allein in Gernsbach an der Murg kamen um 1800 auf 1.400 Einwohner 1.000 Ziegen[14].

Zwar wurde die Schädigung der Wälder durch die Waldweide erkannt und man versuchte, sie durch Waldordnungen auch zu bekämpfen, doch hielt sie sich vielerorts bis ins 19. Jahrhundert hinein, als der planmäßige Anbau von Futterpflanzen und die Stallfütterung aufkamen. Für die in den gewerblichen Nutzungsbereichen der Wälder tätigen Lohnarbeiter gab es in Ermangelung eigenen Bodens ohnehin keine Alternative. Viehhaltung und Waldweide wuchsen zusammen mit der Bevölkerung, deren überwiegender Teil von der direkten Waldnutzung lebte.

Zu den extensivsten Nutzungsformen gehörte zweifellos die Harzgewinnung in den Tannen- und Fichtenwäldern. Sie führte fast zwangsläufig zur Fäulnisbildung und zum vorzeitigen Absterben der Bäume. Bis zu dreimal jährlich wurden die Stämme gerissen, d.h. es wurden zwei bis vier zwei Zentimeter breite und 90 Zentimeter lange Streifen der Rinde entfernt. Von einem Baum konnten so im Jahresdurchschnitt 1 1/2 Pfund Harz gewonnen werden, das etwa die halbe Menge Pech lieferte[15].

Allein im Kinzigtal, wo diese Nutzungsform bis zum ersten Weltkrieg andauerte, zählte man am Ende des 18. Jahrhunderts 70.000-90.000 kranke Fichten[16].

12 H. Brückner, Entwicklung, S. 160f.

13 H. Brückner, Entwicklung, S. 161.

14 H. Brückner, Entwicklung, S. 161.

15 K.F.V. Jägerschmid, Murgthal, S. 37f.; dort auch die sehr anschauliche Beschreibung der Pechsiederei (S. 38-40).

16 H. Brückner, Entwicklung, S. 170.

Den Harzern wurden zunächst diejenigen Wälder überlassen, für die es keine andere Nutzungsform gab. Dies waren vor allem die für die Brenn- und Bauholzgewinnung verkehrsmäßig nicht erschlossenen Gebiete. Aber selbst dort gerieten sie in Konflikt mit anderen Nutzern, die ebenfalls nicht auf den Abtransport des Holzes selbst angewiesen waren. Zu ihnen zählten an erster Stelle die Köhler und die Pottaschebrenner.

Die Verkohlung des Holzes blieb in den von keinen Floßwassern erschlossenen Waldgebieten oft die einzige Möglichkeit, das Holz als Energieträger zu nutzen. Das Holz verlor durch die Verkohlung das Vier- bis Fünffache seines Gewichts. Der Abtransport der Kohle geschah in der Regel auf Saumpfaden mit Lasttieren.

Die größten Konsumenten der Holzkohle waren die Eisenwerke; dort, wo die Eisenverarbeitung, wie etwa im Siegerland oder im Hunsrück, zum Leitsektor wurde, kam den Köhlern eine Schlüsselrolle zu[17]. Auch im Schwarzwald weitete sich die Eisenherstellung und -verarbeitung im 18. Jahrhundert aus, wenn sie auch keine herausragende Bedeutung gewann. Immerhin waren die ca. 30 südwestdeutschen Eisenwerke im ausgehenden 18. Jahrhundert in der Lage, den Landesbedarf an Eisen zu decken und darüber hinaus Exporte zu leisten[18].

Bei der Pottaschebrennerei ergab sich ein noch weit günstigeres Gewichtsverhältnis zwischen Rohstoff Holz und Endprodukt. Durchschnittlich wurden 1.000 kg Holz benötigt, um 1 kg Pottasche zu gewinnen[19].

Der Transport auch aus entferntesten Wäldern lohnte sich. Häufig wanderten die Glashütten, die mit Abstand bedeutendsten Pottascheverbraucher, von einem Waldgebiet zum nächsten. In einer Zeit, in der die Wälder noch eher als dem Menschen feindlich betrachtet wurden, sah man bei diesen Standortverlagerungen weniger Waldvernichtung als die nützliche Schaffung von Rodungsflächen[20].

Der Holzverbrauch in der Glasherstellung war enorm. Für die Herstellung von 1 kg Glas wurden zwischen 1 und 2 Kubikmeter Holz benötigt, wovon 97 % auf die Pottascheherstellung und nur 3 % auf die Schmelze mit Holzfeuerung entfielen[21].

Auf dem badischen Territorium wurden von den insgesamt 54 seit dem Mittelalter nachweisbaren Glashütten alleine 34 zwischen 1500 und 1800

17 J. Radkau u. I. Schäfer, Holz, S. 125.
18 W.A. Boelcke, Wirtschaftsgeschichte, S. 121-124; zur Verteilung in der Region auch Ders. (Bearb.), Karte XI.4 im Historischen Atlas von Baden-Württemberg.
19 J. Radkau u. I. Schäfer, Holz, S. 120.
20 E. Gothein, Wirtschaftsgeschichte, S. 808, H. Brückner, Entwicklung, S. 170.
21 H. Brückner, Entwicklung, S. 170; K. Hasel, Forstgeschichte, S. 164, gibt das Verhältnis mit 90 % zu 10 % an.

gegründet. Für das württembergische Gebiet sind für diesen Zeitraum knapp 30 Gründungen nachweisbar[22].

Neben den Glashütten benötigten die Textilgewerbe Pottasche für die Bleiche. Schließlich wurde Pottasche auch in der Seifenherstellung gebraucht.

Die besprochenen Nutzungsarten waren im Schwarzwald nicht neu, wenn auch entlegene Waldgebiete erst im Zuge wachsender Nachfrage in die Nutzung einbezogen wurden. Natürlich gilt dies auch für die Brenn- und Bauholznutzung der Wälder. Das 18. Jahrhundert unterschied sich von den vorangehenden Epochen lediglich in der quantitativen Beanspruchung der Wälder entsprechend dem säkularen Bevölkerungsanstieg und der verstärkten gewerblichen Nachfrage nach Holz. Qualitative Veränderungen ergaben sich allerdings aus der Tatsache, daß die Wälder nicht unerschöpflich waren. Je intensiver die Nutzung war und je mehr unberührte Waldgebiete in die Nutzung einbezogen wurden, um so mehr gerieten die verschiedenen Nutzungsformen in Widerspruch zueinander. Daraus entwickelte sich letzlich eine deutliche Nutzungshierarchie.

Eine zweifellos hohe Priorität hatte traditionell der Brenn- und Bauholzbedarf der Region selbst. Solange die Wälder unerschöpflich schienen, waren Einschränkungen, holzsparende Techniken oder die Substitution durch andere Materialien unangebracht. Für den Bau eines Schwarzwaldhauses wurden ca. 300 Festmeter Bauholz, für große Höfe sogar 1.000 Festmeter benötigt. Zur Beheizung wurden pro Winter etwa 100 Festmeter pro Hof geschlagen, was auf Dauer gesehen der Verfügung über 20-25 ha Wald entsprach[23].

In den Städten, die entsprechend ihrem Wachstum einen steigenden Brennholzbedarf entwickelten, war der Verbrauch mit geschätzten 2,4 Festmetern jährlich wesentlich geringer, doch machten sich, wie etwa beim Ausbau der badischen Residenzen Rastatt und Karlsruhe, am Beginn des 18. Jahrhunderts auch hier Versorgungsprobleme bemerkbar[24].

Als Württemberg um 1780 kein Brennholz mehr aus seinen an der oberen Murg liegenden Waldungen abgeben, sondern diese zum eigenen Gebrauch nutzen wollte, sah sich die badische Territorialverwaltung gezwungen, Brennholz aus weiter entfernt liegenden Waldungen herbeizuschaffen. Seit 1740 gab es in Rastatt einen staatlichen Floßhof und seit 1746 bestand dort eine Floßkommission, die sich besonders um die Brennholzversorgung bemühte. Parallelen zu den vielerorts bestehenden Einrichtungen zur Getreideversorgung sind nicht zu übersehen. Da das Floßrecht ein staatliches Regal war, konnten die Territo-

22 W.A. Boelcke, Wirtschaftsgeschichte, S. 126; vgl. wiederum auch die Karte XI.4 im Historischen Atlas von Baden-Württemberg.

23 H. Brückner, Entwicklung, S. 110.

24 M. Scheifele, Flößerei, S. 173; vgl. aber auch die sehr viel höheren Verbrauchswerte des Haushaltes eines Frankfurter Schöffen (50 cbm) bei A. Dietz, Handelsgeschichte, Bd. 2, S. 360.

rien die Brennholzversorgung mit diesem Instrument weitgehend steuern. Baden wie Württemberg schlossen mit Privatleuten, die sich in der Regel in einer Gesellschaft zusammenfanden, Verträge, sog. Scheiterholzakkorde, wobei der Staat auf Zeit das Floßrecht abtrat. Die Vertragspartner wurden zur Lieferung einer festgesetzten Menge Brennholz, das teils aus herrschaftlichen Waldungen, teils aus privaten, kirchlichen oder Gemeindewaldungen stammte, verpflichtet.

Baden mußte zu diesem Zweck in bis dahin nur von Harzern genutzte Walddistrikte vordringen. Der Vertrag von 1745 führte u.a. zu der ersten Dauersiedlung in den Wäldern zwischen Rhein- und Murgtal. 1722 erwarb Baden einen großen Waldkomplex, um ihn u.a. für seinen Brennholzbedarf zu erschließen. Die Einschläge waren beträchtlich. Nach dem Vertrag von 1745 sollten jährlich 7.000 Klafter Scheiterholz (Rastatter Maß) und 1.000 Sägeklötze geliefert werden. Dies entsprach einer Gesamtnutzung von jährlich 19.000-20.000 Festmetern oder 14–15 Festmetern pro Hektar. Derart intensive Nutzung der Wälder für den Brennholzbedarf mußte auf den Widerstand anderer Nutzungsinteressenten stoßen. Sowohl die Murgschiffer wie auch die sog. Windecker Waldgenossen fühlten sich in den ihnen überlassenen Rechten beeinträchtigt. 1771 kam es aus diesem Grund zu einer ernsten Konfrontation, als die Betroffenen Floßeinrichtungen zerstören wollten und die Regierung diese unter bewaffneten Schutz stellen mußte[25].

Der Vorrang der Brennholzversorgung wurde auch bei der Nutzung der Floßgewässer durchgesetzt. Der Murgschifferschaft wurde von der badischen Regierung eingeschärft, die Bäche für das herrschaftliche Scheiterholz freizuhalten[26].

Ähnliche Probleme wie die badischen Territorien hatte auch Württemberg mit seiner Brennholzversorgung. 1780 wurde „ein wahrer Mangel an Brennholz" befürchtet, und man sperrte die Ausfuhr nach Baden. Das Projekt des sog. Scheiterwegs zeigt allerdings, daß es sich nicht um eine absolute Brennholzknappheit handelte, sondern es in erster Linie um die Erschließung neuer Waldungen ging. Mit einem Kostenaufwand von ca. 10.000 Gulden wurde ein „Holz Fahr- und Scheitt-Weg" angelegt, der es ermöglichen sollte, das württembergische Holz aus dem oberen Murgtal über die Höhen an die floßbare Enz zu transportieren[27].

Diesen staatlichen Maßnahmen zur Sicherung der Brennholzversorgung lagen im Unterschied zu den noch zu diskutierenden Aktivitäten bei der Bauholzgewinnung keine unmittelbaren kommerziellen Absichten zugrunde. Das staatliche Handeln diente vielmehr der existenznotwendigen Brennstoffversorgung der städtischen Bevölkerung. Die Preisbildung orientierte sich, wie

25 K. Hasel, Herrenwies,S. 60-64, M. Scheifele, Flößerei, S. 210f.
26 K. Hasel, Herrenwies, S. 63.
27 M. Scheifele, Flößerei, S. 222.

eine Kostenberechnung der baden-badischen Regierung von 1773 zeigt, lediglich an den Gestehungskosten[28].

Als der Holländerholzhandel im Schwarzwald im 18. Jahrhundert größere Dimensionen annahm, bot das Floßregal eine gute Möglichkeit, einen wesentlichen Teil der Transportkosten für das Brennholz den privaten Holländerholzkompanien aufzubürden. Insbesondere die aufwendige Erschließung entfernterer Wälder für das Holländerholz löste auf bequeme Weise dieses Problem. Kaum einer der Kontrakte zwischen den Regierungen und den Kompanien enthielt nicht auch die Verpflichtung zur Lieferung von Scheiterholz[29].

Die Nutzung der Wälder des Nordschwarzwaldes für Bauholz begann nicht erst mit dem Holländerholzhandel. In der mittelalterlichen Ausbau- und Neugründungsphase des Städtewesens wird zumindest die Rheinschiene zwischen Straßburg und Mainz Schwarzwaldholz herangezogen haben. Mit die ältesten Belege stammen von 1347 und 1348, als sich Mainz, Worms, Speyer und Oppenheim über Behinderungen ihrer Bürger am markgräflichen Zoll beschwerten[30].

1467 bezogen Kölner Kaufleute eine größere Lieferung Holz und Bretter über einen Vermittler aus Gernsbach, dem Zentrum der Murgflößerei. Irsigler vermutet, daß auch bereits das Holz, welches 1437 zum Bau des Kölner Tanz- und Kaufhauses Gürzenich im ‚Oberland' eingekauft wurde, von der Murg stammte[31].

Nur solch spektakuläre und mit einer Reihe von Problemen behaftete Großeinkäufe schlugen sich in den mittelalterlichen Quellen nieder. Bauvorhaben wie das des Kölner Gürzenich waren ohnehin die Ausnahme.

Die Anfänge des ‚normalen', quantitativ aber sicher bedeutsameren Bauholzhandels aus dem Nordschwarzwald bleiben weitgehend im Dunkeln. Es ist aber keine Frage, daß Mainz, das wichtigste Zentrum des mittelalterlichen und frühneuzeitlichen Bauholzhandels am Mittelrhein, bereits früh auch vom Schwarzwald aus beliefert worden ist.

II.2 DER NIEDERLÄNDISCHE BAUHOLZBEDARF UND SEINE ENTWICKLUNG

Die Nachfrage des niederländischen Holzmarktes richtete sich in erster Linie auf ungeschnittenes Langholz der größeren Dimensionen. Dies hing mit dem spezifischen Bauholzbedarf in den Niederlanden, aber auch mit der gegebenen Struktur der dortigen holzverarbeitenden Gewerbe zusammen. Es

28 Vgl. Anlage 10 bei M. Scheifele, Flößerei, S. 427.
29 Beispiele bei M. Scheifele, Flößerei, S. 217 u. S. 249.
30 E. Renner, Entstehung, S. 8f.; M. Scheifele, Flößerei, S. 112; Scheifele kann einen Holzhandel von der Murg bereits für das ausgehende 13. Jahrhundert nachweisen (ebd., S. 110).
31 F. Irsigler, Wirtschaftsbeziehungen, S. 16f.

erscheint notwendig, zunächst die Besonderheiten der niederländischen Bauholznachfrage zu beleuchten, um die von dort ausgehenden Impulse auf den internationalen Holzhandel zu erfassen.

Bei einer eher ungünstigen natürlichen Waldausstattung hatten die niederländischen Provinzen einen weit höheren Bauholzbedarf als andere europäische Nationen oder Wirtschaftsräume. Nur nebenbei sei erwähnt, daß der Brennstoffbedarf weitgehend durch eigene Torfvorkommen gedeckt wurde[32].

II.2.1 Der allgemeine Bedarf

Obwohl hinsichtlich der quantitativen Entwicklung eine grobe Korrelation angenommen werden kann, hing der Bauholzbedarf nicht unmittelbar von der Bevölkerungszahl ab[33].

Ein besonderes Kennzeichen der demographischen Entwicklung in der Frühen Neuzeit war der hohe Verstädterungsgrad, der 1675 42 %, in der Provinz Holland sogar 61 % erreichte[34]. Diese von einer kommerziellen und gewerblichen Dynamik getragene Verschiebung vom Land zur Stadt ging mit einem erhöhten Bauholzbedarf einher. Obschon die niederländische Backsteinindustrie sehr leistungsfähig war, im 17. Jahrhundert eine Kapazität von 200 Millionen Steinen erreichte und selbst im 18. Jahrhundert noch zu den wenigen, florierenden Gewerben zählte, hing der Städtebau ganz wesentlich vom Bauholz ab[35].

Im Bereich der stark verstädterten Seeprovinzen ist neben den üblichen Konstruktionshölzern im Hausbau zusätzlich an die aufwendigen Pfahlgründungen zu denken. Der Städtebau verschlang aber nicht nur Bauholzmengen entsprechend dem Wohnungbedarf der wachsenden Bevölkerung. Eine ungleich höhere Nachfrage nach Holz ging von den Einrichtungen für Handel und Gewerbe aus. Die Aufwendungen für Lagerräume, Verkaufseinrichtungen etc. fielen in diesem Zusammenhang weniger ins Gewicht als die aufwendigen Hafenanlagen und die Einrichtungen des Binnenverkehrs, der bis weit in das 19. Jahrhundert hinein beim Güter- wie beim Personentransport auf einem ausgedehnten Netz natürlicher und künstlicher Wasserwege basierte[36].

Für diese Wasserbauten, zu denen noch die ehrgeizigen Entwässerungsprojekte hinzugerechnet werden müssen, wurden große Mengen an resistentem Eichenholz benötigt, die dennoch nach einer gewissen Zeit ersetzt werden

32 J. Buis, Historia, Bd.2, S. 488f.

33 Zur Bevölkerungsentwicklung in den Niederlanden während der Frühen Neuzeit A.M. van der Woude, Demografische ontwikkeling, mit einer Literaturübersicht.

34 A.M. van der Woude, Demografische ontwikkeling, S. 135.

35 J. de Vries, Achteruitgang, S. 95; zur Backsteinindustrie im 16./17. Jahrhundert L. Noordegraaf, Nijverheid, S. 80.

36 Zum Personentransport J. de Vries, Barges.

mußten. Auch im Deichbau wurden im 18. Jahrhundert immer noch große Mengen Holz verbaut[37].

Holz war als Konstruktionsmaterial beim Maschinenbau und in der Werkzeugherstellung vorrangiger Werkstoff. Ein Spezifikum der frühmodernen niederländischen Wirtschaft ist zweifellos der umfassende Gebrauch der Mühlentechnik. Neben Getreide-, Papier-, Farbstoff-, Öl- und Holzsägemühlen, um nur die wichtigsten Typen in der gewerblichen Nutzung zu nennen, gab es eine Vielzahl von Pump- und Schöpfmühlen für die Entwässerung des eingedeichten Landes. Die Grundkonstruktion der Mühlen bestand in der Regel aus Eichenholz, für die Flügel diente das leichtere Nadelholz. Allein in der Zaanregion nördlich von Amsterdam sollen 1725 rund 600 windgetriebene Mühlen gestanden haben[38]. Im Handelssektor wurden überdies für die Verpakkung vieler Güter Kisten und vor allem Fässer aus Eichenholz verwandt.

II.2.2 Der Schiffsbau und sein Holzbedarf im Zusammenhang mit der Sägeindustrie

Nach übereinstimmender Meinung vieler Historiker war der Schiffsbau in den Niederlanden der größte Holzverbraucher. Sowohl über die Entwicklung dieses Leitsektors der niederländischen Wirtschaft wie auch über seinen spezifischen Holzbedarf liegen eine Reihe von Untersuchungen vor, die es im Unterschied zu den anderen holzverbrauchenden Bereichen erlauben, ein relativ deutliches Bild zu zeichnen[39].

Die für den Rumpf jedes Schiffes zweifellos wichtigste Sorte war das Eichenholz. Seine Härte und Dauerhaftigkeit wurde von keinem anderen europäischen Holz erreicht. Besonders die durch seinen hohen Gerbsäuregehalt bedingte Resistenz gegen Wasser und Fäulnis machte die Eiche im Schiffsbau wie auch im Wasserbau unentbehrlich[40].

Robert Albion hat für den englischen Schiffsbau, besonders für die Kriegsmarine, die Unverzichtbarkeit des Eichenholzes hervorgehoben und hat damit für den Kriegsschiffbau zweifellos Recht[41].

Es darf aber nicht übersehen werden, daß Kiefern-, Fichten- und Tannenhölzer im kommerziellen Schiffsbau bei den Decksplanken, bei den Aufbauten

37 L. van Prooije, Import, S. 74.

38 A. van Braam, Bloei.

39 Den besten Überblick über den niederländischen Schiffsbau in der Frühen Neuzeit gibt A.M. van der Woude, Noorderkwartier, S. 457-472; vgl. außerdem die Überblicke bei L. Noordegraaf, Nijverheid, S. 74-76, sowie die Studien von V. Barbour, Dutch, u. R.W. Unger, Rise.

40 K. Gayer, Forstbenutzung, S. 97f.; zum Eichenholzbedarf des niederländischen Schiffsbaus vgl. auch das pro memoria der Gebrüder Terwen von 1749 (Reichsarchiv den Haag, Archief van de Stadhoudelijke Secretarie 584, Lit. K, S. 1).

41 R.G. Albion, Forests, S. 7-27.

etc. das schwere und teure Eichenholz z.T. ersetzten[42]. Beim Bau der kleineren und leichteren Fahrzeuge für den Binnenverkehr wurde z.T. ganz auf Eichenholz verzichtet[43].

Beim Eichenholz muß in erster Linie unterschieden werden zwischen den Planken, deren Länge je nach Schiffstyp und Konstruktion variierte, und den in der Rumpfkonstruktion verwendeten Krummhölzern und Knien, die aus den Ästen und Verzweigungen des Baumes gewonnen wurden, und die wegen der Festigkeitserfordernisse kaum oder gar nicht durch künstlich gebogenes oder zusammengesetztes Holz ersetzt werden konnten[44].

Für die Schiffsmasten und die Rahen wurden in erster Linie Kiefern verwendet, die gerade, astrein und elastisch sein mußten. Die Elastizität hing vom Harzanteil bzw. seiner gleichmäßigen Verteilung ab[45].

Je nach Schiffstyp wurden für den Hauptmast Längen von 19 bis 26 Metern mit einer Stärke am Zopfende von 43 bis 55 Zentimetern benötigt[46]. Der Hauptmast eines englischen Kriegsschiffes der ersten Klasse maß sogar 36 Meter in der Länge und hatte einen Durchmesser von ca. einem Meter. Insgesamt benötigte ein Schiff dieser Klasse 23 Masten, Rahen und Spieren unterschiedlichster Dimension[47].

Über den gesamten Holzbedarf der verschiedenen Schiffstypen lassen sich nach dem Forschungsstand keine verläßlichen Aussagen machen. Für den Bau eines englischen Kriegsschiffes wurden alleine 3.200 Ladungen Eichenholz gebraucht. Eine Ladung entsprach etwa 15 Kubikmetern oder dem Ertrag einer durchschnittlichen Eiche[48].

Dieser Baubedarf enthält noch nicht das für die Reparatur erforderliche Holz. Selbst bei den Kriegsschiffen wurde der Reparaturaufwand weniger durch die Schäden infolge von Kampfhandlungen, sondern vielmehr durch den Befall mit dem gefürchteten Schiffswurm und durch die Trockenfäule bestimmt. Deren Wirkung hing wiederum in hohem Maße von dem verwendeten Holz, seiner Herkunft und seiner Verwendungsweise ab. Die Verkleidung der anfälligsten Schiffsteile, die dem dauernden Wechsel von Nässe und Trockenheit ausgesetzt waren, mit Teer, Haaren oder Weichholz war in der englischen Marine wenig erfolgreich. Erst die Einführung der Kupferverkleidung während des Sezessionskrieges brachte Fortschritte gegen die Trockenfäule, die durch einen Pilzbefall hervorgerufen wurde und die die Schiffe gewissermaßen von innen heraus langsam pulverisierte. Feuchtigkeit und Wärme, wie sie vor allem

42 Für England R. Davis, Rise, S. 19.

43 K. Gayer, Forstbenutzung, S. 98.

44 Vgl. im einzelnen R.G. Albion, Forests, S. 7-10, und K. Gayer, Forstbenutzung, S. 101f.

45 K. Gayer, Forstbenutzung, S. 99.

46 K. Gayer, Forstbenutzung, S. 102.

47 R.G. Albion, Forests, S. 28.

48 R.G. Albion, Forests, S. 20; vgl. auch G.P.B. Naish, Ships, S. 493, der einen Bedarf von 2.000 Eichen nennt.

unter Deck häufig herrschten, machten besonders die Rumpfkonstruktion anfällig[49].

Das gerbsäurehaltige Eichenholz war zwar resistenter gegen den Befall als die Nadelhölzer, zumal wenn diese im Winter geschlagen wurden und wenig Saft enthielten. Beim Eichenholz spielte aber die Herkunft und die Handhabung eine wichtige Rolle. In der englischen Admiralität galt nur englisches Eichenholz als tauglich für den Schiffsbau und dies auch nur aus bestimmten Landesteilen[50]. Neben vermeintlichen oder tatsächlichen Standortvorteilen der englischen Eiche lag einer der Gründe, die das nicht-englische Holz anfälliger für den Pilzbefall machten, in der Transportweise. Das Holz aus den Rheinlanden, dem Ostseeraum und aus Nordamerika wurde gewöhnlich über längere Strecken geflößt und kam dann in nassem Zustand in die Schiffe, wobei sich die Pilze auf der meist längeren Fahrt gut entwickeln konnten[51].

Aber auch der Schaden, den eine falsche Behandlung des einheimischen Eichenholzes bewirken konnte, war immens. Nach dem dritten niederländisch-englischen Krieg ließ die englische Admiralität in kürzester Zeit 30 neue Kriegsschiffe bauen, für deren Fertigstellung fast der gesamte englische Eichenholzbestand herangezogen wurde. Innerhalb von nur sieben Jahren waren diese Schiffe durch die Trockenfäule unbrauchbar geworden[52].

Bereits vor dem Unabhängigkeitskrieg gab es in den nördlichen Niederlanden eine Reihe von Orten, in denen professioneller Schiffsbau betrieben wurde. Sie lagen in der Mehrzahl in der nordholländischen Küstenregion. Mit mehr als 60 Werften und Holzbauhöfen war Edam zunächst führend. Schon 1569 wurde im Schiffsbau mit einem Kran gearbeitet. Van der Woude schätzt die Baukapazität Edams auf etwa 100 Schiffe pro Jahr[53].

Die Expansion des Schiffsbaus im 16. Jahrhundert resultierte aus dem starken Wachstum des Heringsfanges und der Walfängerei, die beide hochseetüchtige Schiffe verlangten. In der zweiten Hälfte des 16. Jahrhunderts gewannen auch die Werften in Amsterdam und Rotterdam an Bedeutung, doch in der Hochphase des 17. Jahrhunderts wanderte der Schwerpunkt wieder in die großstadtfernen Standorte[54].

Insbesondere die Zaanregion gewann in dieser Zeit ihre überragende Bedeutung im niederländischen Schiffsbau, der zugleich die unangefochtene

49 R.G. Albion, Forests, S. 11f.

50 R.G. Albion, Forests; dieser Standpunkt wird von Albion an verschiedenen Stellen zitiert; vgl. besonders S. 14 und S. 21f.

51 R.G. Albion, Forests, S. 14.

52 R.G. Albion, Forests, S. 225-228; geflößtes Holz war allerdings nicht grundsätzlich schlechter als lediglich über Land transportiertes, da das Wasser dem Holz Stoffe entzog, die die Fäulnisbildung und den Schimmelbefall begünstigten (J. Hirschmann, Holzhandel, S. 35).

53 A.M. van der Woude, Noorderkwartier, S. 458f.

54 S.C. van Kampen, Rotterdamse, S. 106-115.

Führungsposition im europäischen Schiffsbau einnahm. Holzhandel, Holzverarbeitung und Schiffsbau bildeten eine Einheit, die in der Zaanregion optimal ausgebildet war. Der Zulieferung des Holzes von Übersee wie aus dem Rheinland standen keine Verkehrshemmnisse im Weg. Zum entscheidenden Element wurde schließlich die Holzverarbeitung unter bestmöglicher Ausnutzung der Windkraft. Die Technik der windgetriebenen Sägemühle wurde nirgendwo anders in den Niederlanden und Europa so konsequent für die kommenzielle Anwendung genutzt und weiterentwickelt.

Gegenüber der direkten Konkurrentin Amsterdam wird dieser Vorsprung besonders deutlich. 1630, als am Zaan bereits 53 Holzsägemühlen in Betrieb waren, stand in Amsterdam noch keine einzige. Von 1680 bis ins 19. Jahrhundert wurden dann in Amsterdam 80 Mühlen gebaut. In der Zaanregion gab es 1731 auf dem Höhepunkt der dortigen Holzverarbeitung 256 Mühlen[55].

Die fortschrittliche Sägemühlentechnik allein erklärt den Kostenvorsprung nicht. Folgt man der Ansicht der Rotterdamer Holzhändler Terwen, so lag zumindest noch am Beginn des 18. Jahrhunderts der Holzpreis auf einem Niveau „dat nergens anders beterkoep Schepen gebouwt of gesagte houtwaren gesonden konden werden“[56].

Schließlich hatte das platte Land mit seinem niedrigen Lohnniveau einen weiteren Vorteil gegenüber den Städten. Dies gilt sowohl für die Holzsägerei als auch für den Schiffsbau. Allein die niedrigen Mieten und die fehlenden städtischen Abgaben bewirkten bereits ein niedrigeres Niveau der Lebenshaltungskosten[57]. Der Tagelohn eines Zimmermanns auf einer Werft am Zaan lag 1675 bei 26 Stübern im Sommer und bei 16 Stübern im Winter. In Rotterdam lag er bei 30 Stübern im Sommer und bei 20 Stübern im Winter. Etwa 20 % der Baukosten eines Schiffes entfielen auf den Lohnanteil. Dies erklärt, warum für den Bau eines Kriegsschiffes in Rotterdam 56.000 Gulden, am Zaan dagegen nur 50.000 Gulden aufgebracht werden mußten[58].

Bis zur Mitte des 18. Jahrhunderts wurde der niederländische Schiffsbau nahezu vollständig von der Zaanregion beherrscht. Diese Blütephase fiel mit einer eher stagnierenden Wirtschaftsentwicklung in den Niederlanden zusammen. Van der Woude vermutet daher wohl zu Recht, daß diese Blüte auf Kosten anderer Schiffsbaustandorte ging. Zumindest für Rotterdam läßt sich diese These mit Zahlen stützen. Waren dort 1630 und 1650 noch 23 Schiffsbaubetriebe ansässig, so sank diese Zahl bis 1673 auf 11 und bis 1700 auf 5[59].

55 A.M. van der Woude, Noorderkwartier, S. 464; vgl. auch M.A. Verkade, Zaanstreek, S. 190f., und S. Hart, Zaanstreek, insb. S. 104 u. S. 129-140, S. 139 mit Vergleichszahlen für 1628-30; zum Verhältnis Amsterdam-Zaandam J.G. van Dillen, Rijkdom, S. 197, und S. Hart, Bijdrage, S. 55-59 u. S. 76f.

56 Allgemeines Reichsarchiv den Haag , Archief van de Stadhoudelijke Secretarie 584, Lit. K, S. 2.

57 A.M. van der Woude, Noorderkwartier, S. 465.

58 S. van Kampen, Rotterdamse, S. 112f.

59 A.M. van der Woude, Noorderkwartier, S. 470.

Im übrigen ist zu berücksichtigen, daß sich die Schiffsbaukonjunktur sowohl durch die Bestellungen der Admiralität wie durch die ausländische Nachfrage nicht in vollem Gleichklang mit der allgemeinen Wirtschaftsentwicklung in den Niederlanden bewegte.

Der Vorsprung des niederländischen Schiffsbaus während des 17. Jahrhunderts resultierte zu einem bedeutenden Teil aus den Standortvorteilen, die schon zu der geschilderten Schwerpunktverlagerung innerhalb der Niederlande geführt hatten. Niedrige Kosten durch rationelle, zweckgebundene Bauweise unter größtmöglicher Ausnutzung arbeitssparender Techniken verhalfen den Niederländern zu einem lange uneinholbaren Vorsprung. Dies wird besonders im Vergleich mit dem englischen Schiffsbau deutlich. Während man dort an der Verwendung von Eichenholz nicht nur für den Schiffskörper, sondern auch für die Beplankung festhielt, wurden die reinen Handelsschiffe in den Niederlanden zu einem erheblichen Teil aus den billigeren und leichteren Nadelhölzern gebaut. Dies hatte erhebliche Bedeutung für die Baukosten, wenn man bedenkt, daß in England 1669 der Materialanteil beim Schiffsbau auf das Achtfache des Lohnanteils geschätzt wurde[60].

Anders als die Engländer, Franzosen und Spanier entwickelten die Niederländer Schiffstypen für sehr spezielle Verwendungen. Sie gaben damit auch früh das Prinzip der Kampftauglichkeit der Handelsschiffe auf. Schon der Verzicht auf die solidere eichene Beplankung machte die neuen Schiffstypen verwundbarer. Konsequent wurde auch auf die Bewaffnung mit Kanonen verzichtet, was wiederum Gewicht, Platz, Bemannung und natürlich Kosten sparte. In erster Linie wurden diese Schiffe für den Verkehr auf der Nord- und Ostsee gebaut. Anders als auf den Westindien-, Amerika- und Afrikarouten, wo die Fracht aus hochwertiger Ware bestand, kam es beim Transport von schweren Massengütern wie Holz, Getreide, Fisch etc. auf billigen Transportraum an[61].

Die Perfektion einer ganz auf die kommerzielle Verwendung gerichteten Bauweise erfolgte in der Entwicklung der Fleute[62]. Die Anpassung des Schiffes an die Bedürfnisse des Handels war problemlos. In den Niederlanden wurde schon im 16. Jahrhundert kaum ein Schiff ohne einen Auftraggeber gebaut, der seine speziellen Wünsche realisieren ließ[63]. Die Fleute wie auch andere Schiffstypen zählten zu den wichtigen Exportprodukten der Niederlande. In

60 V. Barbour, Dutch, S. 273 u. S. 276; vgl. auch den von Braudel zitierten französischen Bericht aus dem Jahre 1696, in dem nicht nur die Verwendung von Nadelholz im niederländischen Schiffsbau, sondern auch die allgemeine Überlegenheit dokumentiert wird (F. Braudel, Aufbruch, S. 205f.).

61 V. Barbour, Dutch, S. 265.

62 Zum Typ der Fleute B. Hagedorn, Schiffstypen, S. 102-118, R.W. Unger, Rise, S. 156-167, V. Barbour, Dutch, S. 279f.; zur Einordnung in den gesamtwirtschaftlichen Zusammenhang J. de Vries, Economy, S.117f.; aus englischer Sicht R. Davis, Rise, S. 48-54.

63 R.W. Unger, Rise, S. 234-236.

den letzten Jahrzehnten des 17. Jahrhunderts war etwa die Hälfte der dänischen wie auch der schwedischen Handelsflotte niederländischen Ursprungs[64]. Die Engländer kauften selbst in den Jahrzehnten zwischen navigation act (1660) und dem Ende des 17. Jahrhunderts noch ca. 1.200 ausländische Schiffe; der Großteil davon stammte aus den Niederlanden. Dies entsprach in etwa einem Viertel bis einem Drittel der englischen Handelstonnage[65].

Mit dem Niedergang des niederländischen Schiffsbaus im 18. Jahrhundert ging eine erneute Standortverlagerung einher. Aus der Zaanregion wanderte er zurück in die großen Städte, vor allem nach Amsterdam und Rotterdam, wo der Schiffsverkehr den Reparaturwerften noch ein gutes Auskommen sicherte[66].

Der dramatische Verfall des Schiffsbaus am Zaan, wo 1707 306 Schiffe zugleich auf Stapel lagen, 1770 noch jährlich 20 bis 25 Schiffe, nach 1790 gerade noch 5 und nach 1793 noch ein Schiff pro Jahr gebaut wurden, verfälscht das Bild über den Zustand des niederländischen Schiffsbaus im 18. Jahrhundert allerdings[67]. Während der Bau großer Kriegs- und wohl auch Handelsschiffe zurückging und vor allem die ausländische Nachfrage nachließ, wurde für die Küsten- und Binnenschiffahrt ein ständig zu erneuernder Schiffsraum nach wie vor benötigt. Neben den städtischen Werften gab es in den Provinzen Overijssel, Friesland und Groningen zahlreiche kleinere Werften, die für diesen Bedarf arbeiteten[68].

Mit dem Schiffsbau ging auch die Holzsägerei in der Zaanregion zurück. Die Gebrüder Terwen berichteten 1749 über die Stillegung von 30 Sägemühlen in 12 Jahren[69]. Dennoch gab es keine protektionistische Politik. Gesägtes Importholz wurde kaum belastet, der Export von gesägtem Eichenholz im Gegenteil leicht zugunsten des eigenen Schiffsbaus belastet. Überhaupt wurden die Belange des Schiffsbaus denen der Sägerei, sofern sie vom Schiffsbau abhängig waren, vorgezogen[70].

64 V. Barbour, Dutch, S. 287.

65 V. Barbour, Dutch, S. 289; vgl. auch die enorm hohen Zahlen der Prisen, besonders im ersten englisch-niederländischen Krieg bei R. Davis, Rise, S. 51 (für das 18. Jahrhundert S. 68); zur protektionistischen Politik Englands durch die navigation acts ebd. S. 300-311.

66 A.J. Deurloo, Bijltjes, S. 53.

67 S.C. van Kampen, Rotterdamse, S. 84.

68 J. de Vries, Achteruitgang, S. 88.

69 Allgemeines Reichsarchiv den Haag, Archief van de Stadhoudelijke Secretarie 584, Lit. K, S. 1.

70 J. Hoovy, Voorstel, S. 489f.

II.3 INTERNATIONALER HANDEL UND REGIONALE NUTZUNGSFORMEN

Die Nachfrage nach Bauholz, die von den internationalen Märkten ausging, stieß teilweise auf eine mehr oder weniger intensive regionale Holznutzung. In den dünnbesiedelten Gebieten Südnorwegens und den Räumen östlich der Elbe war die eigene Waldnutzung allerdings zu beschränkt, als daß hieraus eine konfliktreiche Konkurrenz entstehen konnte. Anders verhielt es sich mit den nationalstaatlichen Interessen, die in erster Linie dem Schiffsbau galten. Schweden schränkte den Holzexport zugunsten seiner eigenen Marine ein und Rußland folgte diesem Beispiel. Aus den entwickelten Ländern Westeuropas, sofern sie über eigenes Schiffsbauholz verfügten, war an einen Export schon aus strategischen Gründen nicht zu denken.

Ein Teil der Hafenstädte an der Ostsee machte gegenüber dem Holzexport Eigenbedarf geltend. Gleiches galt für Hamburg und Bremen. Allerdings waren diese Städte nur teilweise auf ihr Hinterland angewiesen und konnten Bauholz, vor allem Spezialhölzer, immer über See beziehen[71].

Entlang dem Flußsystem des Rheins existierten mehrere, mehr oder weniger voneinander getrennte, regionale Holzhandelsbereiche. Sie bestimmten sich räumlich durch die Wasserverbindung zwischen den Waldvorkommen in den Mittelgebirgen und den größeren Städten an Rhein, Main, Mosel und Saar. Teilweise waren Brenn- und Bauholzhandelsregionen identisch, wie das Beispiel Schwarzwald zeigt. Nicht selten konnten selbst größere Städte zumindest ihren Brennholzbedarf aus stadtnahen Waldungen decken, während das Bauholz aus entfernteren Gegenden beschafft werden mußte. Eine Stadt wie Frankfurt war aber selbst mit einem großen Stadtwald nicht in der Lage, ihren Brennholzbedarf zu decken, und daher gezwungen, größere Walddistrikte heranzuziehen[72].

Die bedeutendste Organisation des Nordschwarzwälder Bauholzhandels war bis zum Beginn des Holländerholzhandels die Murgschifferschaft[73]. Die Holznutzung im Murgtal lag vielfach in privater Hand, in die die Waldstücke zumeist durch herrschaftliche Erbzinsleihe, teilweise aber auch durch herrschaftliche Verkäufe gelangt waren. Daraus entwickelte sich am Mittellauf der Murg ein geschlossenes Gebiet, der sog. Schifferschaftswald rechts und links oberhalb Gernsbachs[74]. Die Besitzer der Waldparzellen erwarben im Zuge der Walderschließung auch das Nutzungsrecht am Betrieb der Sägemühlen.

Ende des 15. Jahrhunderts, als die erste markgräflich-badische Schifferordnung erlassen wurde, stellte sich die Murgschifferschaft als ein lockerer

71 Zu Hamburg F. Röhlk, Schiffahrt, S. 156f.

72 A. Dietz, Handelsgeschichte, Bd. 2, S. 359, u. H. Schmid, Holzhandel, S. 27-30.

73 E. Gothein, Murgschifferschaft, W.W. Fuchs, Waldwirtschaft, A. Emminghaus, Murgschifferschaft, E. Renner, Entstehung, jetzt vor allem M. Scheifele, Murgschifferschaft.

74 M. Schaab, Waldeigentum, E. Wolf, Murgschifferschaft, S. 20-25; allg. zum Waldbesitz im Nordschwarzwald M. Schaab, Waldeigentum.

Verband von Waldbesitzern dar, deren gemeinsames Interesse die Verwertung des Holzes war. Eindeutig genossenschaftlichen Charakter, wie Emminghaus vermutet, hat die Murgschifferschaft anfangs nicht besessen[75].

Der einzelne Murgschiffer war Waldbesitzer, hielt Anteile an einer oder auch an mehreren Sägemühlen und verkaufte sein Holz auf eigene Rechnung und eigenes Risiko. Regelungsbedürftig waren nur die Bereiche, die sinnvoll nicht von einem Einzelnen betrieben werden konnten, in erster Linie die Flößerei. Die Murgschifferschaft als Ganze war Eigentümerin von Grundstükken an der Murg, die für die Flößerei benötigt wurden. Nur in diesem Fall kam es zu einer Durchbrechung des Prinzips des Privateigentums[76].

Früheste Hinweise auf den Bauholzhandel im Murgtal, die weit vor dem dokumentierten Zusammenschluß der Murgschifferschaft liegen, stammen aus der Mitte des 13. Jahrhunderts. Für das Jahr 1386 gibt es den ersten Hinweis auf den Betrieb einer Sägemühle[77]. Das zu Brettern gesägte Holz sollte zu der Domäne der späteren Murgschifferschaft werden.

Eine klarer dokumentierte Hochphase erlebte der Bauholzhandel in der zweiten Hälfte des 16. Jahrhunderts, wenig erstaunlich angesichts der allgemein günstigen Konjunktur. Jakob Kast, der in dieser Periode nahezu den gesamten Holzhandel des Nordschwarzwaldes monopolisieren konnte, verflößte allein im Jahr 1588 rund 50.0000 Bretter den Rhein hinab, was einer Menge von ca. 60.000 Festmetern Rundholz entsprach[78].

In der Zeit des Dreißigjährigen Krieges brach der Bauholzhandel weitgehend zusammen, ebenso das Kast'sche Monopol. Für die Wälder, auch für den Schwarzwald bedeutete die Kriegszeit und der säkulare Abschwung der Wirtschaft großer Teile Europas eine fast einhundertjährige Erholungsphase. Erst das 18. Jahrhundert brachte durch den Aufschwung sämtlicher Nutzungsformen eine Überbeanspruchung auch der entlegensten Wälder. Der Schnittholzhandel der Murgschifferschaft, der ebenfalls wieder aufblühte, trug seinen Teil dazu bei. Aber schon die Zeitgenossen waren sich darin einig, daß die verheerendsten Waldverwüstungen vom Holländerholzhandel ausgingen, der eine völlig neue Dimension der Waldnutzung eröffnete.

Am Main hatte sich vor allem im Frankenwald die Holzverarbeitung für die städtischen Märkte bis Mainz früh und gut entwickelt. Aus Zollisten ergibt sich, daß schon im ausgehenden 15. Jahrhundert jährlich etwa 1.400 unbehauene Stämme der stärksten Dimensionen, 37.200 schwächere Stämme, 4.080 Stammabschnitte, ca. 190.000 gesägte Bretter und 100.000 Weinbergpfähle bei

75 A. Emminghaus, Murgschifferschaft, S. 89-93.

76 E. Gothein, Murgschifferschaft, S. 425f.

77 M. Scheifele, Flößerei, S. 110.

78 M. Scheifele, Flößerei, S. 188; die Bedeutung Jakob Kasts im gesamten rheinischen Holzhandel dokumentieren auch die Zollprotokolle von St. Goar (K.E. Demandt, Rheinzollerbe, Nr. 228 u. Nr. 290 III-7).

Kronach auf den Main gebracht wurden. Die enorme Jahresleistung an Schnittholz wurde von etwa 130 Sägemühlen erbracht. Auch in der ersten Hälfte des 19. Jahrhunderts war die Zahl der Sägemühlen nicht viel größer. Der Produktion der Frankenwälder Sägen machten seit dem 16. Jahrhundert die Schwarzwälder Sägewaren auf dem zentralen Handelsplatz Mainz zunehmend Konkurrenz[79]. Zentren des Holzhandels vom Obermain waren Bamberg und Kronach. Im Städtchen Kronach, wo sich das aus dem Frankenwald herabgeflößte Holz sammelte und zum Weitertransport vorbereitet wurde, waren vor allem die Leiter der technischen Verfahren wie Flößer, Sägemühlenbetreiber, aber auch Holzhändler ansässig. Das kommerzielle Zentrum des Holzhandels aber wurde Bamberg als größte Stadt des Raumes[80].

Auf Saar und Mosel hatte der traditionelle Holzhandel bescheideneren Umfang, obschon die Waldvorkommen enorm waren. Es fehlten die großen holzkonsumierenden Städte. Allerdings wurde schon im 16. Jahrhundert oberhalb Saarburgs sowohl Bau- wie Brennholz verflößt und 1613 gab es in der Herrschaft Dagsburg, deren Holz sowohl auf der Saar wie auf der Zorn verflößt werden konnte, eine Anzahl Sägemühlen[81].

Die Städte am Rhein zwischen Straßburg und Mainz versorgten sich überwiegend aus dem nördlichen Schwarzwald, die größeren Städte nördlich von Mainz wie Koblenz, Bonn, Köln und Düsseldorf bezogen Langholz sowohl von Mosel und Saar wie teilweise auch aus dem Schwarzwald. Schnittholz wurde in erster Linie vom Mainzer Holzmarkt bezogen.

In welcher Beziehung stand der internationale Holzhandel zu dem bestehenden regionalen Holzhandel?

In Norwegen und in den Ostseeanrainerländern war der Holzhandel, sieht man von der periodenweisen Reservierung von Schiffsbauhölzern für die eigene Flotte ab, ganz auf den Export gerichtet. Der Eigenverbrauch an Bauholz war zu gering, als daß sich Konflikte zwischen Regional- und Exporthandel ergeben konnten.

In den Rheinlanden bestand ein intensiver regionaler Holzhandel, der sich im 17. und 18. Jahrhundert vornehmlich auf Schnittholz beschränkte. Die Nachfrage der Niederländer richtete sich aber nahezu ausschließlich auf Langhölzer und besonders auf Eichenholz.

Der Weseler Holzhandel mit Eichenholz von der Lippe war schon aufgrund der räumlichen Nähe zu den Niederlanden ganz auf den Export dorthin ausgerichtet. Ohnehin darf man ungeachtet politischer Herrschaftsräume den niederrheinisch-westfälischen Raum als wirtschaftlich eng verbunden mit den Vereinigten Provinzen betrachten[82].

79 H. Schmid, Holzhandel, S. 5f., H. Meidinger, Mainschiffahrt, S. 154, u. A. Dietz, Handelsgeschichte, Bd. 2, S. 363.

80 H. Schmid, Holzhandel, S. 16f., u. A. Dietz, Handelsgeschichte, Bd. 2, S. 363.

81 H. Pfannenschmid, Alter, S. 23, u. A. Tille, Saarflößerei, S. 5.

82 B. Kuske, Verflechtung.

Sofern von einem Regionalholzhandel mit Lippeholz gesprochen werden kann, erstreckte sich diese Region schon bis weit in die Niederlande. Als der Kölner Kurfürst Gebhard Truchseß 1560 den Lippezoll in Dorsten anhob, trug eine Delegiertenversammlung aus 13 Städten ihre Beschwerde dagegen vor[83]. Diese Städte lagen wie an einer Kette an Rhein und Ijssel, die in kurzen Abständen voneinander gewissermaßen ein ‚Y' über den niederrheinischen Raum legten, mit Wesel als Zentrum. Sie alle traten für die jeweils dort ansässigen lokalen Holzhändler ein. Bevor der Holzhandel von der Lippe im 17. und 18. Jahrhundert zusammen mit dem rheinischen Holländerholzhandel größere Dimensionen gewann, war er also Teil des grenzübergreifenden niederrheinischen Regionalholzhandels. Abgesehen von der Notwendigkeit, die unterschiedlichen Qualitäten des Holzes von der Lippe und des Holzes aus dem Rheingebiet zu unterscheiden, darf die gesonderte Benennung des Lippeholzes auf den Dordrechter Auktionen noch als Ausdruck dieser Tradition betrachtet werden.

Das Vordringen der niederländischen Nachfrage auf die weiter rheinaufwärts gelegenen Räume traf auf unterschiedlich ausgeprägte Nutzungsformen.

Der Spessart, der sich im Rahmen des rheinischen Holländerholzhandels zum Hauptlieferanten von Eichenholz entwickelte, wurde zwar zuvor schon für den Holzbedarf Frankfurts und anderer Städte beansprucht, allerdings nur in bescheidenem Umfang und in erster Linie für das aus der Buche gewonnene Brennholz[84]. Dies wird schon daraus ersichtlich, daß bis in die Mitte des 19. Jahrhunderts lediglich drei Sägemühlen im Spessart standen[85].

Die Nachfrage der Niederländer stieß auch in den Wäldern der Vogesen im Quellgebiet der Saar auf keinen intensiven Regionalholzhandel.

Die schon im 17. Jahrhundert intensiv durch die Niederländer genutzten Eichen des Hagenauer Reichswaldes waren zwar durch eine Waldordnung zugunsten der Schweinemast geschützt, doch erscheinen die Bestände im Verhältnis zur benötigten Waldweide als so umfangreich, daß man für große Bereiche die Waldordnung übergehen konnte[86].

Für den nördlichen Schwarzwald läßt die Quellen- und Forschungslage die genaueste Beobachtung des Verhältnisses von Regional- und Holländerholzhandel zu. Als in den 1690er Jahren die ersten Kontrakte zwischen niederländischen Holzhändlern und Waldbesitzern im Schwarzwald geschlossen wurden, bezogen sie sich, wie andernorts auch, vornehmlich auf Eichenstämme und Nadelbäume der größten Dimension. Eichenbäume waren im Schwarzwald wie fast überall in erster Linie Fruchtträger für die Viehmast. Ähnlich wie im Spessart oder im Hagenauer Wald spielte diese Nutzung aufgrund der

83 R. Häpke, Akten, Nr. 96, S. 33f.; vgl. auch G. Strotkötter, Beschwerde.
84 D.E. Müller, Holzhandel, S. 55.
85 H. Meidinger, Mainschiffahrt, S. 158.
86 A.-M. Burg, L'exportation, S. 203.

dünnen Besiedlung aber nur eine geringe Rolle. Die Verkäufe an die niederländischen Interessenten griffen daher zunächst kaum in bestehende Nutzungsverhältnisse ein. Bei den Nadelhölzern dagegen stieß die Nachfrage der Niederländer auf die beschriebenen, zum Teil schon intensiven Nutzungsarten. Anfangs war die gleichzeitige und teilweise die gleichen Walddistrikte ausbeutende Nutzung aufgrund der reichen Waldbestände problemlos. Auch waren die ersten Einschläge für den Holländerholzhandel sporadisch und von bescheidenem Umfang. Mit der wachsenden Nachfrage wuchs aber die Konkurrenz um den Wald. In den für die Holländerhiebe neu erschlossenen Wäldern bildete sich eine Nutzungshierarchie, an deren Spitze die Schläge der geeigneten Holländerstämme standen. Priorität hatte auch das für die Transporteinrichtungen erforderliche Holz. Danach konnte einfaches Bau- und Sägeholz geschlagen werden. Der verbleibende Rest wurde für Brenn- und Kohlholz genutzt[87].

Wo eine ältere Nutzungsform bestand, versuchte man, nach Möglichkeit sie abzulösen. So wurden auf dem Höhepunkt des Langholzhandels zwei Glashütten im oberen Murgtal von der dort operierenden Holländerholzkompanie aufgekauft, um „durch den Bedarf dieser Institute an Holz nicht beeinträchtigt zu werden“[88]. Allerdings waren manche Walddistrikte, deren Bestände Holländertannen enthielten, von den Pottaschebrennern verwüstet worden[89].

Zwischen dem traditionellen Bauholzhandel und dem Langholzhandel kam es kaum zu Konflikten. Zwar bedauerte der württembergische Regierungsrat Stoccmeier 1768 in einer Aktennotiz, die Bauern aus Alpirsbach an der oberen Kinzig hätten „sich vornehmlich auff den handel mit trom holz oder säg klöz gelegt, ..., hingegen manche schöne Tanne, die einen holländerbaum ... gegeben hätte, wieder den Inhalt der forst ordnung pag. 42 verschnitten“[90].

Die Nachfrage nach den extrem langen und starken Stämmen durch die Niederländer ließ aber genügend Stämme mittlerer Dimension für den Sägebetrieb übrig. Die Ansicht Königs, die baden-badische Rentkammer hätte aus den den Holländerholzkompanien überlassenen Stämmen den doppelten Gewinn machen können, wenn sie das Holz als Schnittware verkauft hätte, verkennt die Relationen zwischen den beiden Nutzungsformen. Die bis dahin weitgehend unangetasteten Wälder wären vom regionalen Bauholzhandel nie in Anspruch genommen worden. Aus der diesen Handel fast vollständig kontrollierenden Murgschifferschaft ist denn auch kein Protest gegen eine Übernutzung der Wälder zu Lasten ihres eigenen Handels, sondern allenfalls gegen die starke Inanspruchnahme der Murg als Floßwasser erhoben worden[91].

87 M. Scheifele, Flößerei, S. 257.
88 Zit. nach M. Scheifele, Flößerei, S. 221.
89 M. Scheifele, Flößerei, S. 256.
90 Nach D. Ebeling, Organisationsformen, S. 81.
91 M. Scheifele, Flößerei, S. 241f.

II.4 FAZIT

Neben einem allgemein hohen Niveau der Waldnutzung und des Holzverbrauchs im „hölzernen Zeitalter“ ging von der niederländischen Wirtschaft, spätestens seit sie die Führungsrolle in Europa übernommen hatte, eine zusätzliche Nachfrage nach Bauhölzern aus. Zwei Faktoren sind dafür besonders verantwortlich gewesen. Zum einen war die Expansion der niederländischen Wirtschaft mit einem hohen Verstädterungsgrad verbunden, der sich insbesondere in den Küstenprovinzen mit einem enormen baulichen Aufwand verband. Die starke wirtschaftliche Binnengliederung konnte nur mit einem effizienten Verkehrssystem realisiert werden, das in einem dichten Netz von Wasserwegen bestand. Für deren Bau, Nutzung und Unterhalt wurden weitere große Holzmengen benötigt. Dem intensiven Binnenverkehr stand ein nicht weniger intensiver Handelsaustausch mit nahezu allen Weltteilen zur Seite, der fast ausschließlich über See abgewickelt wurde. Der Bau einer Frachtflotte und – zur Durchsetzung der Handelsinteressen – auch einer Kriegsflotte war der zweite Faktor, von dem nicht nur eine quantitativ hohe Nachfrage nach Bauholz ausging. Der Schiffsbau darf ohne Zweifel als einer der entscheidenden Faktoren für den Aufstieg der Niederlande gelten, und auch im 18. Jahrhundert behielt er seine strategisch wichtige Funktion für die Sicherung eines Platzes unter den Handelsmächten. Der Schiffsbau, aber auch die Anlage der vielen Wasserbauten benötigten große Mengen an Eichenholz, der Schiffsbau verlangte darüberhinaus spezielle Masthölzer. Dieser Bedarf war für die Niederlande aus eigenen Beständen weder quantitativ noch qualitativ zu decken. Wie noch zu zeigen sein wird, wurden hierfür in unterschiedlicher Weise die europäischen Waldgebiete in Anspruch genommen. Die niederländische und die internationale Nachfrage trafen nur z.T. auf einen regionalen Holzhandel, der, was die Rheinlande betrifft, relativ unberührt blieb. Die unterschiedlichen Sortimente und Absatzmärkte standen einer Vermischung entgegen. Anders als bei den Ländern mit Flottenambitionen gab es im westlichen Deutschland auch keine staatlichen Exportrestriktionen. In der Konkurrenz um die Wälder wurden im Gegenteil die traditionellen Nutzungsformen mit staatlicher Unterstützung verdrängt. In welcher Weise das Zusammenspiel staatlicher und kaufmännischer Interessen funktionierte, soll in einem anderen Zusammenhang diskutiert werden.

III. DER RHEINISCHE HOLLÄNDERHOLZHANDEL IM INTERNATIONALEN SPEKTRUM

Eine Darstellung der europäischen Waldvorkommen und ihrer Nutzung im allgemeinen hat im Zusammenhang mit der Thematik keinen Platz. Es geht vielmehr um diejenigen Wälder, die vom überregionalen bzw. internationalen Handel erschlossen wurden. Die traditionellen Waldnutzungsformen, die sich im Rahmen der regionalen Wirtschaft hielten und die am Beispiel des nördlichen Schwarzwaldes beschrieben wurden, bleiben außerhalb der Betrachtung. Fraglos sind Überschneidungen, besonders bei der Umwandlung des Holzes in Rohstoffe wie Pottasche, Teer oder bei der Nutzung von Holz als Energieträger zu beobachten. Waldprodukte wie Pottasche, Teer, Pech oder Holzkohle waren schon wegen ihres günstigen Verhältnisses von Gewicht und Wert für die überregionale und internationale Vermarktung geeignet. Im Mittelpunkt dieser Untersuchung steht jedoch das Bauholz und speziell das Langholz vom Rhein. Der Blick auf die europäischen Waldgebiete dient also in allererster Linie der Frage nach der Konkurrenzsituation in der Frühen Neuzeit.

Ganz grob kann man die vom internationalen Holzhandel während des 17. und 18. Jahrhunderts genutzten Räume einteilen in den südskandinavischen, den baltischen und den deutschen Raum. Nicht berücksichtigt bleiben dabei die fast ausschließlich für den nationalen Bedarf genutzten englischen, französischen, spanischen und italienischen Waldgebiete. Neben dem Waldreichtum der verschiedenen Regionen und dem Vorkommen bestimmter Baumarten spielte die Erschließbarkeit eine entscheidende Rolle. Ohne Floßwasser waren die Waldvorkommen für die direkte Nutzung des Holzes wertlos. Die Beschaffenheit der Wegstrecken zum Wasser war bestimmend für die Tiefe der Waldkorridore, die entlang der Floßwasser genutzt werden konnten[1].

Die Tannen- und Fichtenwälder der südnorwegischen Küste wurden nachweislich schon seit dem 13. Jahrhundert von der Hanse, seit dem 16. Jahrhundert hauptsächlich von England und den Niederlanden genutzt. Hauptausfuhrhäfen waren Langesund und Fredrikstad[2].

Die weniger ergiebigen Wälder entlang der nordwestlichen norwegischen Küste lieferten über Bergen und Drontheim nur einen geringen Beitrag zum norwegischen Holzexport. Im Südwesten fungierten Christiansund und Drammen als wichtigste Holzexporthäfen[3]. Der Süden war nicht nur wegen seiner

1 Allg. R.P. Sieferle, Wald, S. 80; detailliert wird die Bedeutung des Wassertransports beschrieben bei H. Wilsdorf, Bergbau; zum Schwarzwald siehe unten S. 100-105.

2 E. Bosse, Volkswirtschaft, Bd. 1, S.35f; zu den kleineren Häfen S. 291-296.

3 E. Bosse, Volkswirtschaft, Bd. 1, S. 40f. und S. 271-279, sowie S. Tveite, Trelasthandel, S. 567 (von Tveites Buch konnte nur die englische Zusammenfassung genutzt werden).

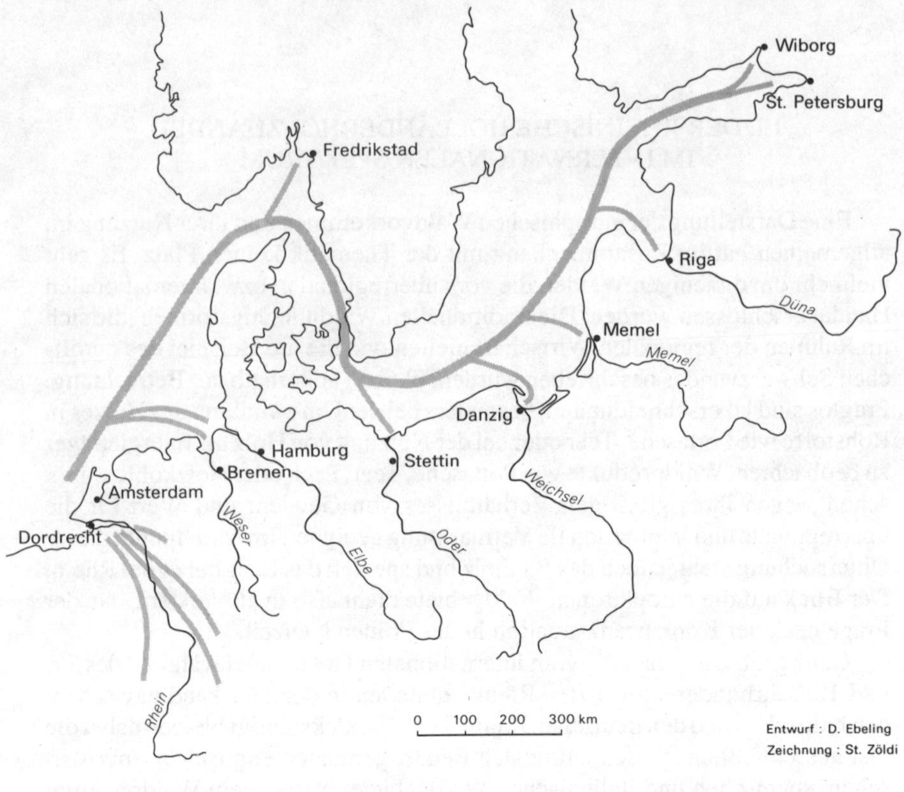

Karte 1: Die wichtigsten europäischen Holzbezugsquellen der Niederlande

reichen Waldbestände, sondern auch wegen der Vielzahl floßbarer Flüsse und Bäche begünstigt. Die Bedeutung der einzelnen Exporthäfen hing direkt mit ihrer mehr oder weniger günstigen Lage am Ausfluß eines nutzbaren Flusses zusammen[4].

Schweden trug nur zu einem geringen Teil zum internationalen Holzhandel bei, obschon es im Südwesten über reiche Waldbestände verfügte, die über Göteborg ans Meer angeschlossen waren. Insgesamt sorgte die protektionistische Politik seit Karl XII. dafür, daß Schweden nicht zu den großen Holzexportländern gehörte[5].

Ein weiteres wichtiges Holzreservoir für die west- und teilweise auch die südeuropäischen Länder stellten die von den Flußsystemen der Oder, Weichsel, Memel und Düna erschlossenen Waldgebiete dar. Die an ihren Ausflüssen gelegenen Städte Stettin, Danzig, Memel und Riga verdankten einen Großteil

4 E. Bosse, Volkswirtschaft, S. 279f.; vgl. auch das Beispiel Fredrikstad S. 282.
5 R.G. Albion, Forests, S. 142f.

ihrer Handelsbedeutung, manchmal auch ihre Existenz, der Ausbeutung der Wälder ihres Hinterlandes durch den internationalen Ost-West-Handel.

Tannen-, Fichten- und Kiefernholz dominierten. Die Weichsel erschloß aber auch die Eichenwälder Galiziens, so daß für Danzigs Holzexporte Eichenholz ebenso wichtig war wie Nadelhölzer. Im 15. Jahrhundert dominierte die Eichenholzausfuhr Danzigs im gesamten Hansegebiet[6]. Riga lieferte Westeuropa das beste Mastholz, auch noch nachdem die nordamerikanischen Waldgebiete erschlossen wurden. Es stammte aus Livland und von der oberen Düna. Kanäle machten darüberhinaus die Wälder Wolhyniens und der Ukraine bis Kiew zugänglich. Von dort kam ebenfalls Eichenholz[7]. Die Eichenwälder weiter im Westen erschloß die Memel. Auch Stettin lieferte hauptsächlich Eichenholz, das aus den mitteldeutschen Wäldern, selbst aus Schlesien kam[8]. In der finnischen Bucht zog auf russischer Seite St. Petersburg seit seiner Gründung einen Großteil des Holzexports an sich. Eichenholz, daß die Stadt aus Kazan erreichte, blieb aber der russischen Marine vorbehalten[9].

Aus dem Elbegebiet, wo die Niederländer nach Berichten vom Anfang des 18. Jahrhunderts ganze Wälder hatten niederschlagen lassen, wurde Holz über Hamburg exportiert[10]. Es kam aus den waldreichen Gegenden in Lauenburg, Mecklenburg und Brandenburg, aus einigen Harzdistrikten, auch aus dem Erzgebirge und aus Böhmen[11].

Auf der Weser, die in der Hauptsache die Wälder entlang der Werra und Fulda an das Meer anschloß[12], war Holz schon im 16. Jahrhundert der meisttransportierte Rohstoff. Für das ausgehende 17. Jahrhundert sind Holzeinkäufe durch Amsterdamer Kaufleute im Amt Rotenburg chronikalisch überliefert[13].

Die bedeutendsten der für den Bauholzhandel in die Niederlande genutzten Waldgebiete im Stromsystem des Rheins lagen am Unterlauf der Lippe, im Spessart, im Frankenwald, im Pfälzer Wald, in den Vogesen und im nördlichen Schwarzwald. Die sehr ungleiche Quellen- und Forschungslage verleitet dazu, die Bedeutung der verschiedenen Regionen falsch einzuschätzen, zumal eine quantitative Bestimmung der Anteile, die sie am rheinischen Holländerholzhandel hatten, ohnehin nicht möglich ist. Die im münsterischen Niederstift in der Gegend um Dorsten gelegenen Wälder lieferten ausschließlich Eichenholz, ebenso der Spessart. Die übrigen Regionen boten überwiegend Nadelhölzer an, aber durchaus auch Eichenholz.

6 R.G. Albion, Forests, S. 140f., u. W. Stark, Lübeck, S. 96-105.
7 R.G. Albion, Forests, S. 141; vgl. auch S.-E. Åström, Tar, S. 99.
8 R.G. Albion, Forests, S. 141.
9 R.G. Albion, Forests, S. 141.
10 E. Baasch, Hamburg, S. 55.
11 G.Ch. Bohn, Waarenlager, S. 834.
12 G.Ch. Bohn, Waarenlager, S. 832f., u. B. Kuske, Verflechtung, S. 234.
13 H. Rüthing, Beobachtungen, S. 77; zu den Holzeinkäufen im Amt Rotenburg H. Brunner, Beiträge, S. 238.

Für den Holzhandel von der Lippe war Wesel an der Mündung in den Rhein trotz der räumlichen Nähe zu den niederländischen Märkten ein wichtiger Umschlagplatz. Von hier aus wurde der Holzhandel von der Lippe organisiert. Abgesehen von handelsrechtlichen Privilegien, welche die niederländischen Holzhändler am direkten Zugang zu den Waldgebieten gehindert haben mögen, waren die Umschlagplätze am Rhein aufgrund verkehrstechnischer Erfordernisse ebenso unverzichtbar wie die Ausfuhrhäfen in Norwegen und an der Ostsee. Im Falle Wesels bedurfte es schon deshalb einer Zwischenstation am Rhein, weil dort das schwere und leicht sinkbare Eichenholz in Schiffe umgeladen oder in Flöße aus Nadelholzstämmen vom Oberlauf des Rheins eingebunden werden mußte. Für die Verflößung bis Wesel mußte man Kiefern- und Fichtenstämme zu den Holzladeplätzen an der Lippe bringen. Die besondere Stellung Wesels zeigt sich auch in der Tatsache, daß die Vereinigten Provinzen ihre Schiffe nach dem Weseler Holzfuß gemessen haben[14].

Das Holländerholz vom Main stammte im wesentlichen aus dem Spessart, aus Oden- und Frankenwald, dem Fichtelgebirge, dem Steigerwald und z.T. auch aus dem Thüringer Wald[15]. Bei Mainz wurde das den Main herabgeflößte Holz mit dem vom Oberrhein in größere Flöße eingebunden. Das Eichenholz aus dem Spessart hatte nur eine mäßige Qualität im Hinblick auf seine Härte, wurde aber wegen seiner leichteren Verarbeitbarkeit für manche Zwecke vorgezogen. Krummhölzer für den Schiffsbau lieferte der Spessart gar nicht[16].

Aus den Quellgebieten der Saar in den Vogesen gelangte Langholz über Saar und Mosel, aus dem gleichen Raum aber auch über Zorn und Moder direkt in den Rhein. Sehr ergiebig, insbesondere für den Eichenholzbedarf, war auch der Hagenauer Wald, der über die Moder ebenfalls direkt an den Rhein angeschlossen war. Große, für den Holländerholzhandel genutzte Wälder standen außerdem in den Herrschaften Bitch, Leyen, Zweibrücken, Dabo-Linange und Hanau-Lichtenberg, die ihr Holz über kleinere Flußläufe sowohl auf die Saar wie teilweise auch direkt auf den Rhein schicken konnten[17]. Aber auch der Kurtrierer Raum trug vornehmlich mit Eichenholz zum Holländerholzhandel bei[18].

14 H. Münker, Schiffahrt, S. 148; zur allg. Handelsbedeutung Wesels B. Kuske, Handel, S. 316.

15 G.Chr. Bohn, Waarenlager, S. 827; Beschreibung der Walddistrikte bei H. Meidinger, Mainschiffahrt, S. 125-145 u. bei J.J. Eichhoff, Beschreibung, S. 30; zum Spessart insb. D.E. Müller, Holzhandel.

16 D.E. Müller, Holzhandel, S. 60f. u. H. Meidinger, Mainschiffahrt, S. 161.

17 Mosers Forstarchiv 12, S. 60, A. Tille, Saarflößerei, S. 7; zum Hagenauer Wald insb. A.-M. Burg, L'exportation, u. P. Silvy-Leligois, Origine, S. 521-523; zu seiner Besitzgeschichte G. Huffel, Forêt; zur Waldnutzung in der Herrschaft Bitch A. Metzinger, Forêts.

18 R. Graber, Forstpolitik, S. 66-71.

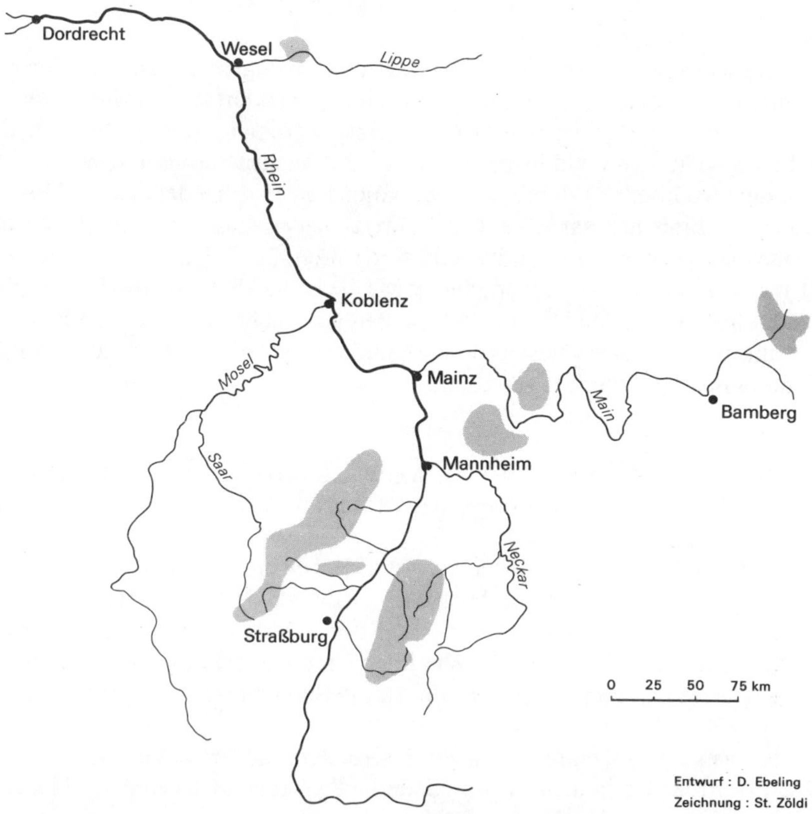

Karte 2: Die wichtigsten Holzbezugsräume der Niederlande in den Rheinlanden

Vom Oberrhein oberhalb der Kinzig kam kein Holländerholz. Aus der Schweiz war die Flößerei in den Rhein zwar möglich und sie wurde mindestens bis Basel auch betrieben, doch sind die wenigen Hinweise auf Verbindungen in die Niederlande äußerst vage[19].

Außer den erwähnten Waldgebieten im Stromsystem des Rheins wurden sporadisch sicherlich auch weitere Regionen herangezogen[20].

Eine Bestimmung der Mengenanteile, die die verschiedenen Waldgebiete am Holländerholzhandel hatten, ist kaum möglich. Die Relationen zwischen Schwarzwald, Mosel/Saar-Raum und dem Maingebiet von 15 : 8 : 1, die Dufraisse aus französischen Quellen für das Jahr 1809 ermittelt hat, dürften aber in etwa auch die Verhältnisse des 18. Jahrhunderts wiedergeben[21].

19 H. Grossmann, Flösserei, S. 19.

20 Z.B. für den Westerwald H.-J. Häbel, Kulturlandschaft, S. 199; für Kuskes Ansicht, es habe einen „wichtigen Holzhandel von der Eifel nach den Niederlanden" gegeben (Ders., Grundzüge, S. 45) gibt es allerdings kaum Belege.

21 R. Dufraisse, Flottes, S. 672.

Die Konzentration der Niederlande auf die Waldgebiete in den drei großen Räumen Norwegen, Ostseeraum und Rheinlande erklärt sich zu einem wesentlichen Teil aus den beschriebenen Holzvorkommen. Abgesehen von den außereuropäischen Walddistrikten blieben aber auch in Europa nutzbare Wälder von der Erschließung durch den internationalen Holzhandel ausgeschlossen. Robert Albion hat darauf aufmerksam gemacht, daß die süditalienischen Eichenholzvorkommen qualitativ besser waren als diejenigen in Nord- und Osteuropa bzw. im Rheinland, und sogar die englischen übertroffen hätten[22].

Im überregionalen Holzhandel spielten also mehr Faktoren eine Rolle als nur die natürlichen Waldvorkommen und die günstigen Bedingungen ihrer Erschließbarkeit durch Wasserläufe.

III.1 DIE QUANTITATIVEN ANTEILE NORWEGENS UND DER OSTSEEANRAINER AM INTERNATIONALEN HANDEL

Aufgrund der unzureichenden und ungleichen Quellen- und Forschungslage kann ein quantitativer Vergleich der Leistungen der Hauptliefergebiete nur grobe Ergebnisse liefern. Auch ist eine differenzierte Betrachtung der Ostseeanrainergebiete kaum möglich. Wie in anderen Handelssektoren stützen sich die Exportzahlen hier in erster Linie auf die Sundzollisten.

Norwegens Holzexporte stiegen im 16. Jahrhundert zusammen mit dem Wachstum des Verbrauchs in den Niederlanden, aber noch kaum in Abhängigkeit von der englischen Nachfage. Unter den beiden Hauptabnehmern standen die Niederlande im 16. Jahrhundert und auch noch in der ersten Hälfte des 17. Jahrhunderts unangefochten an der Spitze. Zwischen 1528 und 1600 soll die niederländische Holzeinfuhr aus Norwegen um das 25fache gestiegen sein[23].

Mitte des 17. Jahrhunderts segelte eine niederländische Flotte mit einer Ladekapazität von 60-70.000 Last zweimal jährlich nach Norwegen und holte von dort ca. 125.000 Last Holz[24]. Diese Flotte, die anfangs aus abgenutzten Schiffen bestand, „die auf ihrer Ladung schwammen" (Schreiner), nutzte im 17. Jahrhundert einen Spezialtyp der Fleute. 1647/48 wurden 387 Schiffe, die meisten aus Nordholland und Friesland, zum Holztransport eingesetzt[25]. Sie verfügten über eine Ladevorrichtung für Langholz am Heck. Diese speziell für die Holzausfuhr aus Norwegen entwickelte Technik deutet darauf hin, daß das ungeschnittene Holz zumindest einen wichtigen Posten darstellte. Dennoch scheint festzustehen, daß gesägtes Holz schon früh eine Rolle spielte und im 17.

22 R.G. Albion, Forests, S. 25.

23 R.W. Unger, Rise, S. 193; einen Überblick über die verschiedenen Aspekte der niederländischen Holzimporte aus Norwegen gibt J.R. Bruijn, Timber.

24 J. Schreiner, Niederländer, S. 309.

25 J. Schreiner, Niederländer, S. 303 u. S. 312f., u. R.W. Unger, Rise, S. 195.

Jahrhundert zunehmend an Bedeutung gewann. Während im 16. Jahrhundert die Niederländer Balken und Zimmerholz auf eigenen Sägemühlen schnitten, wurden 1688 im südlichen Norwegen allein 664 Sägewerke, die für den Export arbeiteten, konzessioniert. Die 41 Sägewerke im Zollbezirk Fredrikstad hatten im 18. Jahrhundert eine Gesamtkapazität von 380.640 Brettern pro Jahr. Aber schon 1668/69 hat man über 600.000 Bretter in den Zollbüchern der Stadt verzeichnet[26].

Die norwegischen Sägemühlen wurden der Zahl und der Kapazität nach durch die Krone eingeschränkt. Zur Schonung der Wälder, aber zweifellos auch zur Förderung der eigenen Holzverarbeitung wurde Anfang des 18. Jahrhunderts das Fällen und der Export ‚unreifer' Bäume zugunsten schnittreifen Holzes verboten. Den Export von Eichenholz hat man schon im 16. Jahrhundert untersagt. Doch gelang es den Niederländern aufgrund ihrer monopolartigen Stellung noch in den Handelsverträgen des 17. Jahrhunderts, sich das weitgehende Recht zum Kauf nahezu aller Holzsorten, einschließlich des Eichenholzes, zu sichern[27].

Auf den Amsterdamer Holzauktionen des 18. Jahrhunderts, die fast alleine das norwegische Holz in den Niederlanden vermarkteten, war der Kapbalken, ein Fichtenstamm von mindestens 20 cm Zopfdurchmesser und einer Länge von ca. 5 Metern, die dominierende Sorte. Die vermakelten Mengen stiegen im 18. Jahrhundert deutlich. Seit den 1730er Jahren lagen sie regelmäßig über 10.000 Partien, und gegen Ende des Jahrhunderts wurde gelegentlich sogar die Zahl von 20.000 Partien erreicht[28]. 1784 kamen immerhin noch 500 und 1791 533 Holzschiffe aus Norwegen in die Niederlande[29].

Dennoch bestand die norwegische Holzausfuhr in zunehmendem Maße aus Sägeware, die weniger auf dem niederländischen als vielmehr auf dem englischen und französischen, portugiesischen und deutschen Markt abgesetzt wurde. Der am stärksten expandierende und im Laufe der zweiten Hälfte des 17. Jahrhunderts an die erste Stelle der Exportmärkte rückende Markt war der englische. P.W. Kleins Behauptung, daß 1797 noch 65 % der norwegischen Holzexporte in die Niederlande gingen, bleibt ohne Beleg; sie kann allenfalls für ungesägtes Holz gelten[30]. Von den Sägewaren importierten die Niederlande

26 E. Bosse, Volkswirtschaft, S. 37, S. 268, S. 280f.; vgl. auch die Zahlen bei S. Tveite, Trelasthandel, S. 571, der im übrigen auch die Dominanz der Bretterausfuhr in der zweiten Hälfte des 17. Jahrhunderts bestätigt (ebd., S. 67).

27 E. Bosse, Volkswirtschaft, S. 269, S. 437 u. S. 441.

28 P.J. Middelhoven, Veilingen, S. 95 u. Beilage 1; eine Partie umfaßte 31 Stück.

29 J.A. Faber, Achtiende Eeuw, S. 135.

30 P.W. Klein, Handels-, geld- und bankwezen, S. 169; vgl. Tveites Einwände gegen den Hauptabsatzmarkt Niederlande (Ders., Trelasthandel, S. 568f.); vgl. gegen Tveites Zahlen die Einwände von J.R. Bruijn, Timber, S. 134 (Bruijn hebt die Kapbalkenimporte hervor, die in Tveites Statistik fehlen).

1730 nur rund 10-11 %, England dagegen 84-85 %. 1760 war der niederländische Anteil gar auf nur 0,4 % gesunken[31].

Die mehrfach in der Forschung vertretene Meinung scheint plausibel, daß der schwindende niederländische Anteil auf den Aufstieg der norwegischen Sägewerke, an deren Produktion die Niederländer aufgrund ihrer eigenen leistungsfähigen Sägen kein Interesse hatten, zurückzuführen ist. Gleichwohl stehen Kosten- und Preisvergleiche aus, um diese These stützen zu können[32]. Allerdings machte sich in der zweiten Hälfte des 17. Jahrhunderts auch der säkulare Konjunktureinbruch in der niederländischen Wirtschaft bemerkbar[33].

England importierte aus Norwegen neben Brettern und Latten auch Masten und etwas Brennholz. Die Masse des Mastholzes war allerdings nur von geringerer Stärke und der Vergleich mit den Importen aus dem Ostseeraum zeigt, daß Norwegen nur in diesen nachgeordneten Dimensionen den englischen Bedarf decken konnte[34]. Dagegen bezog England den weitaus größten Teil seines Bedarfs an gesägten Nadelhölzern aus Norwegen, in der zweiten Hälfte des 18. Jahrhunderts etwa 90 %, den Rest aus Schweden und Rußland[35].

Im Gegensatz zur englischen Kriegsmarine, die auf Eichenholz bestand, wurde norwegisches Kiefernholz im kommerziellen Schiffsbau verarbeitet. Der überwiegende Teil wird aber sicher in anderen Bereichen verbraucht worden sein. So sollen sich die norwegischen Holzexporteure u.a. am Londoner Brand von 1666 die Hände gewärmt haben[36].

Für England, wo es fast keine mechanischen Sägewerke gab, war Norwegen der ‚natürliche' Bezugsplatz. Unter günstigen Bedingungen konnte ein Schiff in drei Tagen in Fredrikstad sein und seinen gesamten Auftrag in einer Woche erledigen, während Stettin, Danzig, Memel, Riga oder St. Petersburg frühestens in einem Monat zu erreichen waren. Dazu kamen der Sundzoll und die Unsicherheiten in Kriegszeiten. Dies alles schlug sich in höheren Frachtraten nieder. Auf der Strecke von England nach St. Petersburg waren sie etwa doppelt so hoch wie auf der England-Norwegen-Route[37].

Für die Berechnung der gesamten norwegischen Holzausfuhr fehlen die Quellen[38]. An der dominierenden Position der Niederlande während des 16. und frühen 17. Jahrhunderts und derjenigen Englands im späten 17. und gesamten 18. Jahrhundert besteht aber kein Zweifel. In der Qualität der Abhängigkeit Norwegens von dem jeweiligen Hauptexportziel bestanden

31 J. Buis, Historia, S. 510, mit Beleg von S. Hart, Geschrift, S. 86, Anm. 46.
32 H.S.K. Kent, Timber, S. 66, u. J. Buis, Historia, S. 510.
33 S. Tveite, Trelasthandel, S. 573.
34 H.S.K. Kent, Timber, Tab. 1, S. 64; ebenso S. Tveite, Trelasthandel, S. 570.
35 H.S.K. Kent, Timber, Tab. 2, S. 64.
36 H.S.K. Kent, Timber, S. 63, u. E. Bosse, Volkswirtschaft, S. 270; auch S. Tveite (Trelasthandel, S. 569) hebt den Häuserbau als Hauptnachfrager hervor.
37 R.G. Albion, Forests, S. 151; vgl. auch R. Davis, Rise, S. 217.
38 S. Kjaerheim, Norwegian, insb. S. 189.

jedoch erhebliche Unterschiede. Die Niederlande konnten sich aufgrund ihrer Monopolstellung die günstigsten Konditionen sichern. Selbst den Export der raren Sorten konnten sie in Handelsverträgen erzwingen. Noch 1671, als die norwegischen Sägewerke schon weit entwickelt waren und England als Konkurrent in den Holzhandel eingetreten war, genügte die Drohung der niederländischen Admiralität, den Import von norwegischem Holz zu stoppen, um den dänischen König von dem Plan abzubringen, den Holzhandel durch Monopolrechtsverleihungen in norwegische Hände zu bringen[39].

Die Verschiffung des norwegischen Holzes lag im 16. Jahrhundert fast vollständig in niederländischer Hand, auch diejenige nach Frankreich, Spanien und Portugal[40]. Als England an Bedeutung gewann, waren es zunächst auch englische Schiffe, die den Frachtverkehr übernahmen, wobei die Prisen niederländischer Fleuten eine wichtige Rolle spielten[41]. Im Laufe des 18. Jahrhunderts wuchs die norwegische Handelsflotte aber stark und gewann auch in der Holzfracht zunehmendes Gewicht[42].

Schweden spielte trotz seiner beträchtlichen Waldgebiete bis in die zweite Hälfte des 18. Jahrhunderts keine bedeutende Rolle im internationalen Holzhandel. Auch andere Waldprodukte, wie Teer und Pottasche, hatten im schwedisch-niederländischen Handel nur einen geringen und zudem sinkenden Anteil[43]. Auch nach England gelangte nur wenig schwedisches Holz[44]. Allerdings gab es deutliche Unterschiede in der schwedischen Forstpolitik. In den westlichen Landesteilen, d.h. in der Region um Göteborg, in Småland und Norland wurde das Holz weitgehend der Eisenverarbeitung vorbehalten. In den östlichen Gebieten am Finnischen Golf wurden dagegen die Einrichtung von Sägewerken und der Holzexport liberaler gehandhabt[45].

Bevor St. Petersburg zum politisch geförderten Hauptexportplatz des russischen Reiches aufstieg, waren Reval und insbesondere Narva im Holzhandel die bedeutenderen Häfen. Zwischen 1721 und 1730 gingen 94,2 % der russischen Holzexporte über Narva[46]. Erst die mit der Entwaldung im Hinterland Narvas begründete Exportsperre 1756 beendete diese Vorherrschaft, an

39 J. Buis, Historia, S. 510.
40 J. Schreiner, Niederländer, S. 322.
41 R. Davis, Rise, S. 214.
42 H.S.K. Kent, Timber, S. 70f.
43 J.Th. Lindblad, Trade, Tab. 4, S. 63 u. Fig. 26, S. 112.
44 R.G. Albion, Forests, S. 142.
45 S.-E. Åström, Technology, S. 12 u. S. 14; dagegen Ders., English, S. 24.
46 Vgl. die Beilage 12 bei W.S. Unger, Publikatie; vgl. auch die aus den Zahlen Ungers gewonnene Tabelle bei J.V.T. Knoppers, Dutch, S. 175 sowie S. 174-180 zur allgemeinen Bedeutung Narvas.

die auch nach der weitgehenden Aufhebung der Exportsperre 1761 Narva nicht wieder anknüpfen konnte. St. Petersburg trat an seine Stelle[47]. Dieser Wechsel verband sich im übrigen für die Niederlande mit einem Strukturwandel im Holzhandel mit Rußland. Während das Holz aus Narva auf niederländischen Schiffen fast ausschließlich in die Niederlande ging, wurde ein erheblicher Teil des Holzes aus St. Petersburg in der zweiten Hälfte des 18. Jahrhunderts in der ‚voorbijlandvaart' nach Frankreich und Spanien gebracht[48].

Leider erlauben die bislang bekannten Statistiken keinen Vergleich des Holzsortiments. So kann nur spekuliert werden, daß das Holz aus St. Petersburg wie das Holz aus Finnland zu den minderwertigeren Sorten, zunehmend Schnittware der kleineren Dimensionen, zählte, die weniger in den Niederlanden als vielmehr in Frankreich und auf der iberischen Halbinsel ihren Markt hatten.

Finnlands Eintritt in den internationalen Holzhandel erfolgte erst relativ spät und gewann auch erst in der zweiten Hälfte des 18. Jahrhunderts einige Bedeutung. Wiborg, das 1721 an Rußland fiel, und Fredrikshamn (Hamina), das 1743 ebenfalls zu Rußland kam, waren die herausragenden Exportplätze. Wiborg hatte in der zweiten Hälfte des 18. Jahrhunderts unter den baltischen Häfen die führende Position beim Export von Dielen der kleineren Dimension. 1784 kamen nach den Sundzollisten 11.687 Dielenhunderter (1 Hunderter = 120 Stück) bis 14 Fuß Länge aus Wiborg. Das waren 40,0 % aller Dielen dieser Größe aus dem Ostseeraum. Mit 4.785 (16,4 %) folgte mit weitem Abstand St. Petersburg, dessen Holzexporte bis 1783 beschränkt waren[49].

Die Qualität des finnischen Holzes war, verglichen mit der russischen Ware, schlecht und fand wohl nur aufgrund der gestiegenen Nachfrage in Westeuropa und der damit nicht Schritt haltenden norwegischen Exportleistung Zugang zu den Märkten. Den größten Sprung machte die finnische Bretterausfuhr während des amerikanischen Unabhängigkeitskrieges und nochmals in der Zeit von 1794 bis 1803[50].

Zweifellos spielte bei der gestiegenen Holzausfuhr Wiborgs und Fredrikshamns auch die gegenüber der schwedischen Politik sehr viel liberalere russische Exportpraxis eine Rolle[51]. Åström hat aber bereits für die Wende vom 17. zum 18. Jahrhundert einen Wandel in der Waldnutzung anhand der über die drei wichtigsten Häfen Wiborg, Fredrikshamn und Helsingfors nach den Niederlanden exportierten Produkte festgestellt[52]. Danach löste der Export von

47 J.V.T. Knoppers, Dutch, S. 179f.
48 J.V.T. Knoppers, Dutch, S. 165 u. S. 178.
49 S.-E. Åström, English, Anhang, Prozentzahlen von mir errechnet; zu St. Petersburg S.-E. Åström, Tar, S. 90f.
50 A.J. Alanen, Aussenhandel, S. 181.
51 S.-E. Åström, English, S. 24; vgl. auch J.V.T. Knoppers, Dutch, S. 207.
52 S.-E. Åström, Technology, Tab. 1, S. 3; jetzt vor allem Ders., Tar; vgl. auch die Vorstudie zu dem Buch in Ders., Northeastern.

gesägtem Holz weitgehend die Ausfuhr von Teer und Pech ab. Åström läßt bewußt die möglichen Veränderungen der niederländischen Nachfrage außer Betracht und konzentriert sein Interesse auf die strukturellen Veränderungen in der finnischen Waldnutzung, bei der er der Einführung von Sägemühlen entscheidende Bedeutung zumißt. Ausgangspunkt der Verbreitung dieser weitgehend aus den Niederlanden übernommenen Technik war Narva. Hier wurde in den 1650er Jahren die erste Sägemühle gebaut, die im schwedisch-russischen Krieg 1656-58 wieder zerstört wurde. Zu Beginn der 1670er Jahre wurden zwei neue Mühlen errichtet, der weitere folgten. Die Initiative und Finanzierung dieser Sägewerke, die einen hohen technischen Stand hatten, ging von Kaufleuten aus Deutschland, den Niederlanden und England aus[53].

Nachdem die russischen Häfen Nyen und Narva im Nordischen Krieg geschlossen wurden, sprang die Sägetechnologie 1703/04 ins schwedisch-finnische Wiborg und nach Helsingfors über. Die im Zuge ihrer Ausbreitung auch in Fredrikshamn errichteten Sägen galten bis 1743, als der Distrikt an Rußland fiel, als die innerhalb des schwedischen Herrschaftsbereichs am weitesten entwickelten[54]. Ihr Betrieb lag weitgehend in den Händen von „resident strangers“[55].

Hinsichtlich des durch die Einführung der Sägetechnik begleiteten und technisch begründeten Eintritts in den internationalen Holzhandel bildeten die Regionen um den Finnischen Golf zweifellos eine Einheit. Staatliche Gebietsverschiebungen scheinen, abgesehen von der Lockerung der Exportpraxis Rußlands, von untergeordneter Bedeutung gewesen zu sein.

Die Beiträge, welche die schwedisch-finnischen Gebiete und die südlich des finnischen Golfs gelegenen russischen Gebiete für den internationalen Holzhandel lieferten, unterscheiden sich vor allem qualitativ. Finnland lieferte in erster Linie Sägewaren minderer Qualität und kleinerer Dimensionen, während St. Petersburg in der Kategorie der Dielen von 15-20 Fuß führend war[56].

Rigas Position bestimmte sich in erster Linie durch den Export von Mastholz. In der Boomphase nach 1760, als England zum Hauptimporteur baltischen Holzes aufstieg, lieferten Wiborg und die anderen finnischen Exporthäfen zwar regelmäßig mit Abstand das meiste Holz nach England, doch machte das Mastholz wertmäßig ein Mehrfaches aus[57].

So bleibt der Vergleich der Anteile der Regionen an der Ostsee am internationalen Holzhandel allein aufgrund der Mengen im Ergebnis zweifel-

53 A. Soom, Holzhandel, S. 96f.; zur Kapitalarmut im baltischen Raum Ders., Kampf.
54 S.-E. Åström, Technology, S. 7.
55 S.-E. Åström, Technology, S. 14.
56 S.-E. Åström, English, S. 25; vgl. auch J.V.T. Knoppers, Dutch, S. 207.
57 S.-E. Åström, English, Tab. 5, S. 24f., Tab. 1, S. 16 u. Tab. 6, S. 26f.

haft. Insbesondere die aus den Sundzollisten zusammengestellten Statistiken verstärken den Eindruck des massiven Übergewichts des baltischen Holzes[58]. In der jahrzehntweisen Zusammenstellung der in den Sundzollisten angegebenen Herkunftsplätze durch Unger taucht z.B. Memel gar nicht auf, obwohl es in den 1760er Jahren zu einem bedeutenden Exporthafen für Kiefernholz aus Litauen wurde und Mitte der 1780er Jahre 200.000 Stück exportierte[59]. Auch das über Danzig verschiffte wertvolle Eichenholz schlägt sich dort nicht in adäquater Weise nieder. Der Mengenanteil des aus dieser Stadt über den Sund verschifften Holzes blieb im 18. Jahrhundert bei bescheidenen 5-7 %[60].

Die quantitativen Anteile des über Elbe und Weser in den internationalen Handel gebrachten Holzes sind nicht exakt zu bestimmen, erreichten aber kaum mehr als einen bescheidenen Rang. Balken, Dielen und Krummholz, die den Hauptanteil des über Hamburg in die Niederlande gehenden Holzes ausmachten, erreichten zusammen mit anderen Sorten im Jahre 1790 den höchsten Wert mit 236.577 Gulden. Danach sanken die Ausfuhren allerdings, um erst gegen Ende des Jahrhunderts infolge des rückläufigen rheinischen Holzhandels wieder aufzuholen[61].

Eine genaue Quantifizierung der Anteile, die die westeuropäischen Länder an den Hauptexportregionen hielten, und deren Verschiebungen im Laufe des 17. und 18. Jahrhunderts läßt die Quellen- und Forschungslage kaum zu. Die Hauptlinien sind indessen klar; sie entsprachen den Kräfteverhältnissen der konkurrierenden Holzabnehmer. Während des 17. Jahrhunderts dominierte der ‚nordische' Holzhandel mit den Niederlanden als wichtigstem Konsumland. Das von Schreiner für die Mitte des 17. Jahrhunderts hochgerechnete Exportvolumen von 125.000 Last war zweifellos ein Spitzenwert. 1667/68 kamen in Amsterdam, dem wichtigsten Markt für das norwegische Holz in den Niederlanden, nur 40.709 Last aus Norwegen und Schweden zusammen[62]. Über den Umfang der niederländischen Holzimporte im 18. Jahrhundert aus Norwegen läßt sich nichts Genaues sagen. Buis' Annahme von 69.000-83.000 Kubikmetern pro Jahr beruht auf der Schätzung von Schreiner für das 17. Jahrhundert und einem vermuteten Rückgang der Importe auf zwei Drittel dieses Umfangs[63].

58 Zu den Sundzollisten vgl. die Edition von N.E. Bang u. K. Korst, Tabeller, und für die Periode 1784 bis 1795 die Bearbeitung durch H.Chr. Johansen, Shipping; erste Auswertung durch W.S. Unger, Sonttabellen; zur Quellenkritik A.E. Christensen, Wert, und zur Kritik der Edition von Bang u. Korst P. Jeannin, Comtes, insb. S. 63-67.

59 S.-E. Åström, English, S. 21.

60 W.S. Unger, Publikatie, Beilage 12.

61 F. Röhlk, Schiffahrt, S. 157f. u. Anlage XII.

62 J. Schreiner, Niederländer, S. 309, u. H. Brugmans, Statistiek, S. 150.

63 J. Buis, Historia, S. 512f.; der ‚Beleg' für den Rückgang auf zwei Drittel ist die Vermutung von J.R. Bruin, Scheepvaart, S. 225, ebenfalls ohne Beleg.

Englands Aufstieg an die erste Stelle der Abnehmer des norwegischen Holzes begann in der zweiten Hälfte des 17. Jahrhunderts. Im 18. Jahrhundert beherrschten die Engländer den norwegischen Holzmarkt. Ihre Einfuhren stiegen von 20.000 auf 40.000 ‚loads' (1 ‚load' = 50 Kubikfuß)[64]. Dies entspricht in etwa 300.000 bzw. 600.000 Kubikmetern.

Da Norwegen aber nur Masten kleiner und mittlerer Länge und Sägewaren der kleineren Dimension lieferte, wurde sowohl von den Niederlanden wie von England das Baltikum als Mastholzlieferant in Anspruch genommen. Ähnlich wie im Holzhandel aus Norwegen nahmen zunächst die Niederlande den ersten Platz ein, bis sie diesen ab den 1760er Jahren an England abtreten mußten. Im gesamten Holzexport durch den Sund nahmen 1669/70 niederländische Zielhäfen noch 67,3 %, englische und schottische zusammen nur 14,4 % ein. 1781-83 betrug der niederländische Anteil nur noch 18,1 %, der englisch- schottische dagegen 23,4 %. Diese Verschiebung fand gleichzeitig mit einem seit den 1730er und danach nochmals in den 1760er Jahren sprunghaften Anstieg der gesamten Holzausfuhren aus dem Ostseeraum statt. Die niederländischen Importe stiegen trotz des Verlustes der Führungsposition vom Beginn des 18. Jahrhunderts bis in die 1780er Jahre etwa um das 6-7fache[65]. In den 1780er und 1790er Jahren dominierten die englischen Zielhäfen sowohl bei der Planken- wie bei der Dielenausfuhr. Lediglich bei den Balken konnte Amsterdam bis zum Beginn der 1790er Jahre seine Führungsposition behaupten.

Bei der Ausfuhr von Brettern, die vornehmlich aus Schweden stammten, waren niederländische Häfen gar nicht und das englische Hull nur mit einem mäßigen Anteil vertreten. Hier zählten Frankreich, Spanien und Portugal am Ende des 18. Jahrhunderts zu den führenden Importländern[66].

Obschon Frankreich im Laufe des 18. Jahrhunderts einen stark wachsenden Bedarf an Schiffsbauholz entwickelte, der aus heimischen Wäldern allein nicht mehr zu decken war, konnte es auf den nord- und osteuropäischen Märkten nicht in ernsthafte Konkurrenz zu England treten. Eichenholz ließ sich z.T. aus Italien und dem Osmanischen Herrschaftsbereich beschaffen. Die Verwendung von zusammengesetzten Masten hatte aber erhebliche Nachteile, besonders für die Kriegsmarine[67].

Abgesehen von der Nachfrage nach Mastholz war die verstärkte Hinwendung zur Ostsee zweifellos durch die mangelnde Befriedigung der wachsenden internationalen Holzmärkte allein durch Norwegen bedingt. Besonders der englische Bedarf wirkte in diese Richtung. 1760 war Norwegen nach dem Gesamtwert des exportierten Holzes mit 53.630 Pfund noch führender Handelspartner, während die Ostseeanrainer nur Holz für 33.627 Pfund lieferten.

64 H.S.K. Kent, Norwegian, S. 63f.

65 W.S. Unger, Publikatie, Beilage 13; vgl. auch Fig. 7a bei J. Buis, Historia, S. 515.

66 Tab. 4.10, 4.11, 4.12 u. 4.13 bei H. Chr. Johansen, Shipping, S. 109-111.

67 Zu Frankreich P.W. Bamford, Forests.

Trotz einer absoluten wertmäßigen Steigerung der norwegischen Exporte nach England hatte sich 20 Jahre später das Verhältnis umgekehrt. Norwegen exportierte für 70.129 Pfund Holz nach England, die Ostseegebiete dagegen für 100.539 Pfund[68]. Den Ausschlag gaben dabei Mastholz und ‚fire timber', während Norwegen bei den einfachen Brettern seine herausragende Position halten konnte.

Im zusammenfassenden Vergleich müssen die Niederlande in der Konkurrenz um die Bezugsräume im Norden wie im Osten als Verlierer, England, und mit Einschränkungen auch Frankreich, als Gewinner betrachtet werden. Zwar blieb der niederländische Markt auch im 18. Jahrhundert ein wichtiger Absatzplatz für norwegisches, finnisches und russisches Holz, und die Niederlande waren vom allgemeinen Boom insbesondere in der zweiten Jahrhunderthälfte nicht ausgeschlossen. Ihre Führungsposition unter den Abnehmern mußten die Vereinigten Provinzen aber schon in der zweiten Hälfte des 17. Jahrhunderts erst in Norwegen, im 18. Jahrhundert dann auch im Ostseeraum an England abtreten. Während eine umfassendere Bewertung der internationalen Handelsposition der Niederlande dem Schlußkapitel vorbehalten werden soll, geht es im anschließenden Abschnitt um die Rolle, die der rheinische Holzhandel vor dem Hintergrund des dargestellten internationalen Geschehens gespielt hat.

III.2 DIE KONJUNKTUREN IM RHEINISCHEN HOLLÄNDERHOLZHANDEL

Die Untersuchung des quantitativen Anteils der Rheinlande am internationalen oder doch zumindest am niederländischen Holzmarkt soll Aufschluß geben über das Konkurrenzverhältnis der großen Holzregionen untereinander. Sowohl in der säkularen Perspektive wie im Blick auf kriegsbedingte kürzere Perioden verspricht die Chronologie der Mengenkonjunktur auch Aufschluß über Substitutionsfunktionen. Unter Berücksichtigung der monopolartigen Stellung des niederländischen Absatzmarktes für die Produkte der Rheinlande soll die Analyse der Konjunktur des rheinischen Holländerholzhandels im wesentlichen auf zwei Fragen bezogen werden:

Konnte die Reaktivierung des Rheinhandels die auf den anderen Rohstoff- und Absatzmärkten erlittenen Einbußen für die Niederlande ausgleichen? Diese Frage schließt die Form der Handelsbeziehungen insofern ein, als die unverkennbare Abhängigkeit es notwendig macht, mehr als nur marktgesteuerte Konkurrenzverhältnisse zu untersuchen. Dies soll allerdings an anderer Stelle geschehen.

Die zweite Frage richtet sich auf die vieldiskutierte These vom Niedergang der niederländischen Wirtschaft seit dem Ende des ‚langen' 16. Jahrhunderts. Im Hinblick auf den Rohstoffbedarf wie auch im Hinblick auf die Absatzmärkte

68 Errechnet aus Tab. 6 bei S.-E. Åström, English, S. 26f.

hat die Forschung ihr Interesse sehr stark auf den zweifellos zumindest relativ schrumpfenden ‚Mutterhandel' konzentriert. Aus dieser Sicht verstärkt sich im Vergleich besonders mit England der Eindruck vom Niedergang, und Jeannins Meßinstrument der Sundzollisten für den Entwicklungsgrad der westeuropäischen Länder verweist die Niederlande auf den Platz des Absteigers.

Wie schon an anderer Stelle betont, reicht die Untersuchung des Holzhandels sicherlich nicht aus, um eine vollständige Antwort auf die Frage nach der Ersatzfunktion der Rheinlande zu geben. Selbst der Vergleich der Holzmengen, die aus den Rheinlanden kamen, mit denen, die von Übersee in die Niederlande kamen, birgt eine Reihe von methodischen Problemen. Zu den gravierensten zählt bei einer Analyse, die sich nicht mit Zahlen über Schiffsladungen bzw. Flöße zufriedengeben will, sicherlich das unterschiedliche Sortiment.

III.2.1 Holzsorten und Verwendungsklassen

Die Beschränkung auf das Bauholz reduziert das Spektrum auf die wenigen Baumarten, die gemäß ihrem Vorkommen in Europa und aufgrund ihrer Qualität im internationalen Handel eine Rolle spielten. Unter den Nadelhölzern waren dies die Kiefer, die Fichte und die Tanne, unter den Laubhölzern fast ausschließlich die Eiche, gelegentlich noch die Buche.

Unter den Nadelhölzern lieferte die Kiefer, auch Forle, Fohre oder Föhre genannt, das hochwertigste Holz. Insbesondere für die Schiffsmasten wurde die Kiefer allen anderen Sorten vorgezogen[69].

Das untereinander etwa gleichwertige Fichten- und Tannenholz war selbst für den Fachmann nur schwer zu unterscheiden. Aber auch Kiefern- und Fichtenholz wurde nach C. Schillemans Ansicht in den Zaandamer Holzauktionsprotokollen nicht immer klar unterschieden, und viel ‚Grenenhout' (=Kiefernholz) war in Wirklichkeit Fichten- oder Tannenholz[70].

Allerdings läßt sich schon in etwa aus der Herkunft des auf den drei niederländischen Holzmärkten Amsterdam, Zaandam und Dordrecht angebotenen Holzes auf die Baumarten schließen. Amsterdam bezog sein Holz vorwiegend aus Norwegen, wo die Fichte dominierte. Die im 18. Jahrhundert am häufigsten versteigerte Sorte war der Kapbalken, ein Fichtenstamm von 5,1 Meter Länge und einem Mindestdurchmesser am dünnen Ende von 20 Zentimetern[71]. Der Ostseeraum lieferte alle drei Nadelholzsorten, wobei die Kiefer als Mastholz im Vordergrund stand[72]. Aus den Rheinlanden kam wenig

69 K. Gayer, Forstbenutzung, S. 90; W.W. Fuchs, Waldwirtschaft, S. 2-4; J. Hirschmann, Holzhandel, S. 35.

70 C.A. Schillemans, Houtveilingen, S. 230f.

71 P.J. Middelhoven, Veilingen, S. 94 u. S. 101.

72 R.G. Albion, Forests, S. 26f.; siehe auch H. Hausrath, Wald, S. 22.

Kiefernholz, sondern vornehmlich Tannenholz in unterschiedlichen Dimensionen. Für das 18. Jahrhundert sind die gehandelten Sorten aus zeitgenössischen Beschreibungen wie auch aus den Dordrechter Auktionsregistern recht gut bekannt. Die wichtigsten seien kurz aufgelistet:

Der Dickbalken hatte eine Länge von 42 bis 44 Fuß, war zweiseitig behauen und hatte eine Stärke am Zopfende zwischen 13 und 20 Zoll in der Breite und 10 bis 15 Zoll Dicke[73]. Der Maß-, Mast- oder Meßbalken war 60 bis 70 Fuß lang und 1 1/2 Fuß stark am Zopfende[74]. Die großen Rheintannen, die überwiegend aus dem Schwarzwald kamen, wurden ihrer Länge entsprechend in Klassen von 60, 70, 80, 100 und 110 Fuß eingeteilt, wobei der Zopfdurchmesser mindestens 16 Zoll betrug[75].

Alle diese Sorten waren gewöhnlich vom Stammende bis zur Mitte des Stamms zweiseitig grob abgeflacht[76]. Unbehauene Stämme wurden daher auf den Dordrechter Auktionen als „ronde dennen“ bzw. „ronde grene“ klassifiziert, wobei mit „grene“ die Kiefer gemeint war.

Die Herkunft der Tannen wurde in den Auktionsbüchern nur dann angegeben, wenn dies als ein Maßersatz anzusehen war. Eine Mosel- oder Saartanne war wesentlich kleiner als eine Rheintanne[77].

Die im überregionalen Handel gebräuchlichsten Sorten beim Eichenholz waren Wagenschoß, Pfeif-, Knapp- und Faßholz sowie Krumm- und Knieholz[78]. Diese Sorten waren alle gespaltenes Holz unterschiedlicher Dimension und wurden als Stückholz bezeichnet. Ungespaltenes Wagenschoß, Pfeif- und Knappholz bezeichnete man als Klötze. Auf den Dordrechter Auktionen dominierte diese Kategorie.

Langholz bestand dagegen aus ganzen Stämmen, die vierkantig behauen waren und die im rheinischen Holländerholzhandel als Ruten, Balken und - in Übermaßen - als Achsen oder Mühlenachsen gehandelt wurden. Ein Balken mußte 30 Fuß lang und mindestens 20 Zoll stark sein. Die Rute mußte die gleiche Länge haben, war aber von geringerer Stärke.

Wagenschoßklötze hatten eine Länge von 16 bis 25 Fuß und waren 18 bis 24 Zoll stark. Pfeifholzklötze, von denen zwei auf einen Wagenschoßklotz gerechnet wurden, waren zwischen 10 und 16 Fuß lang und 16 bis 17 Zoll stark.

73 H. Herman, Sammlung, S. 219.
74 Ebd.
75 K.F.V. Jägerschmid, Handbuch, Bd. 1, S. 68; vgl. auch H. Herman, Sammlung, S. 219, C.F. von Sponeck, Handbuch, S. 113f., u. B.S. v. Nau, Beiträge VII, S. 37-39; Naus und Hermans Angaben basieren beide auf den Floßvermessungszahlen der Generaldirektion für die Rheinschiffahrt von 1808; übersichtlich mit metrischer Umrechnung die Angaben von Jägerschmid bei M. Scheifele, Flößerei, S. 227.
76 H. Herman, Sammlung, S. 219.
77 H. Herman, Sammlung, S. 219.
78 G.Ch. Bohn, Waarenlager, S. 829.

Knapp- oder Faßholzklötze, die im Verhältnis 3 : 1 zum Wagenschoß standen, maßen 8 bis 10 Fuß und 16 bis 20 Zoll[79].

III.2.2 Die Anfänge des rheinischen Holländerholzhandels

Der Beginn des regelmäßigen Langholzhandels in die Niederlande erfolgte in den einzelnen Regionen zeitlich unterschiedlich.

Die längste Tradition hatte sicher der durch die Nähe zu den Abnehmermärkten begünstigte Handel mit Eichenholz vom Unterlauf der Lippe. Schon 1526 sollen 225 Flöße am Dorstener Zoll vorbeigegangen sein[80]. Wie schon an anderer Stelle gesagt, war dieser Holzhandel eher von regionaler Bedeutung und gewann erst kurz vor Beendigung des Dreißigjährigen Krieges größeren Umfang. In einem Bericht der Clevischen Regierung von 1646 heißt es u.a.[81]:

> „festgestelt ist in kürtzen jahren von etlichen wenigen weselschen bürgern ein starker holtz handell angefangen, welche aus dem Stiefft Münster und Graffschafft Marck /: alwohe bey diesen betrübten kriegszeiten zur abzahlung der contributionen fast alles geholtz heruntergehauen wirdt :/ daß bestes und schonstes bauholtz auff kauffen und den Lipstrom herunter nache hollandt mit großer quantität in großen flötzen führen".

Die ersten Nachrichten von der Verflößung von Holländerholz auf der Saar stammen schon aus der Zeit vor dem Dreißigjährigen Krieg. 1608 wurden erste Regelungen für die Flößerei von Holländerholz getroffen und 1614 taucht erstmals Holländerholz in den Saarburger Zollisten auf[82]. Diese Entwicklung wurde jedoch unterbrochen, ob durch den Dreißigjährigen Krieg, bleibt dahingestellt. Nicht ohne Einfluß waren zweifellos auch kurtrierische Holzausfuhrverbote, die erst 1735 mit Blick auf den lukrativen Holländerholzhandel gelockert wurden[83]. Erst mit Beginn des 18. Jahrhunderts setzte der Holländerholzhandel von Saar und Mosel in größerem Stil ein[84].

Für seinen Beginn am Main gibt es eine Reihe zeitgenössischer Berichte. Im Jahre 1682 reiste ein Sohn der Kaufmannsfamilie Gysen aus Zaandam im Auftrage eines Amsterdamer Holzhändlers über Mainz und Aschaffenburg in den Spessart und bis nach Bamberg ins Fränkische, um die Wälder zu prüfen.

79 Vgl. neben den Angaben der Zentralkommission für die Rheinschiffahrt von 1808 gleichlautend bei H. Herman, Sammlung, S. 220, u. bei B.S. v. Nau, Beiträge, S. 39f., für den Schwarzwald M. Scheifele, Flößerei, S. 450, und für den Spessart D.E. Müller, Holzhandel, S. 58f.

80 G. Strotkötter, Gildenwesen, S. 45; siehe dazu auch Th. Ilgen, Lippe; Ilgen schätzt diese Zahl allerdings gering ein, da, wie er meint, die Flöße aufgrund der starken Windungen des Flusses nur geringe Größe gehabt haben können.

81 StA-Wesel, A1, Caps. 309,11.

82 H. u. Ch. Hiegel, Bailliage, S. 249, u. H.-W. Hermann, Zollregister, S. 81.

83 F. Irsigler, Wirtschaftsgeschichte, S. 167.

84 U.a. F. Eyer, Nassau-Saarbrücken, u. K. Hoppstädter, Saar, S. 15-18.

Aus seinen Tagebuchaufzeichnungen geht hervor, daß die meisten Waldungen, die er sich ansah, schon durch die in Wesel und Dordrecht ansässige Holzhändlerfamilie van der Wall genutzt wurden, und dies nicht erst seit kurzem. Einige Wälder, notierte Gysen, enthielten bereits keine Eichen mehr, weil die van der Walls dort schon 15 bis 16 Jahre zuvor hatten Holz schlagen lassen[85]. Dietz berichtet von einem ersten großen Kontrakt zwischen Frankfurter und Amsterdamer Juden über Holzlieferungen aus dem Bambergischen für das Jahr 1679[86]. Auch hier spricht alles dafür, daß vor dem Dreißigjährigen Krieg kein Holz vom Main in die Niederlande ging, die Anfänge vielmehr in den letzten Jahrzehnten des 17. Jahrhunderts lagen und der Holzhandel erst im 18. Jahrhundert größeren Umfang annahm[87].

Aus dem Hagenauer Wald kauften niederländische Holzhändler 1654 2.000 Kiefern und auch in den folgenden Jahren schlossen sie wiederholt Verträge über größere Holzeinkäufe ab[88].

Der nördliche Schwarzwald wurde erst relativ spät in den Holländerholzhandel einbezogen. Moser berichtet zwar in seinem Forstarchiv von einem Kontrakt zwischen dem württembergischen Herzog Friedrich und holländischen Holzhändlern am Ende des 16. Jahrhunderts, der an der mangelnden Floßbarkeit der Nagold gescheitert sein soll. In Übereinstimmung mit anderen datiert er aber den Beginn des Holzhandels aus dem Schwarzwald in die Niederlande auf die Jahre 1691/92, als ein Mitglied der Familie van der Wall Holz an Enz und Nagold aufkaufte[89]. 1715 erschien wiederum ein Angehöriger der Familie van der Wall in den badischen Waldungen an der Pfinz und kaufte dort Eichenholz. Insgesamt verflößte er 2.645 Stück Wagenschoß, 3.371 Pfeif- und 4.677 Knapphölzer[90].

Obschon solche Einzelhinweise über frühere Holztransporte von Rhein, Mosel und Lippe nicht übersehen werden können, läßt sich als Fazit über den Beginn des rheinischen Holländerholzhandels sagen, daß dieser in spürbarer Weise erst in der zweiten Hälfte des 17. Jahrhunderts einsetzte und während des 18. Jahrhunderts Stetigkeit und wachsenden Umfang annahm[91].

85 Journaal van den Jare 1682, Zaanlandsche Oudheidkammer, Zaandam, 1163.

86 A. Dietz, Handelsgeschichte, Bd. 4, S. 475.

87 Vgl. auch H. Schmid, Holzhandel, S. 2f., u. D.E. Müller, Holzhandel, S. 57.

88 A.-M. Burg, L'exportation, S. 201-207.

89 HStA Stuttgart, A 559, Bü 96; W.G. v. Moser, Forstarchiv 12 (1792), S. 36f.; vgl. auch L. Barth, Flößerei, S. 72, K. Luttenberger, Untersuchung, S. 17, O. Wulz, Entwicklung, S. 13, B. Weinhardt, Flosswesen, S. 23, u. M. Scheifele, Flößerei, S. 224f.; dagegen E. Renner, Entstehung, S. 41, der schon 1615 und 1626 Langholzflößerei zum Niederrhein meint feststellen zu können (ohne Belege).

90 GLA-Karlsruhe, Baden-Generalia 2288.

91 Für Kuskes Ansicht, „am Rhein, Neckar, Main, Mosel und Saar waren Aufbringung, Flößerei und Handel von ‚Holländerholz' vom frühen Mittelalter bis in unsere Zeit eine sehr bedeutsame Angelegenheit" (Verflechtung, S. 233) fehlt jeder Beleg.

Einiges deutet darauf hin, daß die Kriegsereignisse in der ersten Hälfte des 17. Jahrhunderts den nach 1600 begonnenen Handel wieder unterbrochen haben. Die schon zitierten Beispiele für die ersten Geschäfte niederländischer Holzhändler im Rheingebiet liegen zeitlich alle dicht vor dem Dreißigjährigen Krieg und einige weitere Belege bestätigen dies. 1616 klagten Dordrechter Holzhändler über die Klevischen Zölle auf dem Rhein und erwähnten in diesem Zusammenhang, daß „dieser holtzhandel vast new und ungefehr vor 13 jahren allererst auf den Rheinstrom kommen". In den Lobither Zollrechnungen tauchten 1619 erstmals Flöße mit oberländischem Holz auf[92].

Über die Holzmengen, die die einzelnen Regionen der Rheinlande bis zum Ende des 18. Jahrhunderts zum Holländerholzhandel beisteuerten, lassen sich nur wenige Informationen zusammentragen, die kein vollständiges Bild der Mengenkonjunktur ergeben.

Für den Anteil des Saarholzes liegen lediglich aus dem Jahre 1742 Angaben vor, wonach den Saarbrücker Zoll passiert haben[93]:

976 Stämme
5.664 Stück Wagenschoß
6.822 Stück Pfeifholz
17.640 Stück Knappholz
57.000 Faßdauben
75.300 Tannendielen

Ausführlichere Mengenangaben liefern nur die Quellen und Untersuchungen zum Schwarzwald, allerdings auch hier bezogen auf bestimmte Walddistrikte und auf die Einschläge durch die privilegierten Kompanien. Die ersten Verkäufe 1691 und 1692 umfaßten jeweils nur 1.000 Stämme, aber schon 1715, als der Holländerholzhandel sich etablierte, wurden von der ersten, 1713 gegründeten Kompanie 14.000 Holländer-Stämme, 51.000 gemeine Balken, 292.000 gemeine Bretter und 158.000 Latten verschickt[94]. In der Boomphase der 50er bis 80er Jahre wurden an Holländerholz aus dem Neuenbürger und dem Altensteiger Oberforst zusammen 51.216 Stück geholt[95]. Moser schätzte den jährlichen Export des Neuenbürger Oberforstes allein auf 1.975 Stämme[96].

Diese Zahlen belegen den zweifellos bedeutenden Anteil, den der Schwarzwald am rheinischen Holländerholzhandel hatte. Die ungleich schlechtere

92 M. Scholz-Babisch, Quellen, S. 519 u. S. 525.
93 J. Collet, Wirtschaftsleben, S. 70.
94 K. Luttenberger, Untersuchung, S. 18.
95 Beilagen 6 u. 7 bei K. Luttenberger, Untersuchung; vgl. auch die Zahlen bei P.F. Stälin, Calw, S. 77f., u. bei K.F.V. Jägerschmid, Handbuch, Bd. 2, S. 16.
96 Mosers Forstarchiv, Bd. 13, S. 49; eine gute Zusammenstellung der zeitgenössischen Mengenangaben gibt O. Wulz, Entwicklung, S. 13.

Dokumentation für die übrigen Räume darf allerdings nicht dazu verleiten, ihren Anteil zu unterschätzen.

Die Rheinzölle sind als Quelle für die Mengenkonjunktur wenig geeignet. Abgesehen von der unzureichenden Quellen-, Editions- und Forschungslage genügen im Grunde die zahlreichen Berichte über die nicht tarifmäßige und nicht an den tatsächlichen Mengen orientierte Erhebungspraxis, um die Zollregister als verläßliche Grundlage für diese Frage auszuschließen[97].

Trotz dieser Probleme hat Leendert van Prooije eine Reihe niederländischer Zollregister speziell für die Holzhandelskonjunktur ausgewertet. Durch den Vergleich verschiedener, hintereinander liegender Zölle kann er zumindest bei der Zahl der Flöße eine Unterregistrierung ausschließen[98].

Die darauf aufbauende Statistik zeigt einen ersten Höhepunkt bereits in den 60er und 70er Jahren des 17. Jahrhunderts. Auf dem absoluten Höhepunkt im Jahre 1660 passierten 41 Flöße die Zollstellen[99]. Auch im 18. Jahrhundert wurde diese Zahl nicht annähernd mehr erreicht. Allerdings ist zu berücksichtigen, daß die Floßgröße variieren konnte und die Flöße des 18. Jahrhunderts generell größer wurden. Van Prooije hat deshalb aus einigen Zollregistern den Holzinhalt der Flöße errechnet. Zumindest für die bei Arnheim und Nimwegen erhobenen Zölle am Rijn bestätigt sich die frühe Hausse in der zweiten Hälfte des 17. Jahrhunderts[100].

Die für die Periode von 1713 bis 1796 benutzten Zollregister ermöglichen nicht den absoluten Vergleich mit den Werten des 17. Jahrhunderts. Sie zeigen für sich genommen zwischen 1714 und 1721 ein hohes Niveau von etwa 1 Mill. Quadratfuß, allerdings mit erheblichen Schwankungen. Ein ähnliches Niveau mit geringeren Schwankungen weist der Zeitraum 1737 bis 1741 auf. Zwischendurch fallen die Quellen aus und setzen erst 1749 wieder ein. Das Niveau lag nun deutlich niedriger und hatte sich fast halbiert. Dies bestätigt auch die Klage der Rotterdamer Holzhändler Terwen, die von einem Rückgang des Handels zwischen 1722 und 1749 in ihrem pro memoria sprechen. Während zwischen 1716 und 1722 jährlich 16-18 Flöße den Rhein hinab kamen, seien es seit 1722 nicht mehr als 6-8, 1749 nur 3-4 Flöße gewesen[101]. Auf die Einschätzung der Gebrüder Terwen von 1749 gründet sich im wesentlichen auch die

97 Auf eine intensive Diskussion der mit den Rheinzöllen verbundenen Probleme wird ebenso verzichtet wie auf die Aufzählung der vorhandenen Editionen und der Literatur; speziell zur Problematik der Registrierung der Flöße K.E. Demandt, Rheinzollerbe, Bd. 1, S. 669f.; hinsichtlich der Erhebungspraxis im 18. Jahrhunderts sei nochmals verwiesen auf E. Gothein, Zollkongresse, S. 373; eine anschauliche Schilderung der Zollpraxis im Holzhandel bei J.G. Lang, Reise, S. 28-32; siehe auch unten S. 144f.

98 L. van Prooije, Invoer, S. 51-75; für den kurzen Zeitabschnitt von 1774 bis 1782 werden die Floßzahlen durch eine vom klevischen Zolldirektor erstellte Statistik bestätigt (M. Scholz-Babisch, Quellen, S. 1009).

99 Abb. 1 u. 2 bei L. van Prooije, Invoer, S. 55f.

100 Abb. 3 bei L. van Prooije, Invoer, S. 57.

101 Allgemeines Reichsarchiv, Archief van de Stadhoudelijke Secretarie 584, Lit. K, S. 1f.

Ansicht Hovys, daß der rheinische Holländerholzhandel in der zweiten Hälfte des 18. Jahrhunderts rückläufig war[102].

Nach van Prooijes Zahlen wuchsen die Importe seit der Jahrhundertmitte aber wieder bis zum Beginn der 70er Jahre auf die Millionengrenze, um bis zur Mitte der 80er Jahre um ein Niveau von ca. 0,6 Millionen Quadratfuß pro Jahr zu schwanken. Danach sackte es rapide bis auf 0,1 Millionen im Jahre 1796 ab[103].

Die Hausse in der zweiten Hälfte des 17. Jahrhunderts wird durch Schillemans Auswertung der Zaandamer Auktionsregister nicht bestätigt. An diesem bis in die Mitte des 18. Jahrhunderts wichtigsten Handelsplatz für rheinisches Holz begann die Vermarktung über Auktionen zwar bereits 1655, doch nahmen die Zahl der jährlichen Auktionen und deren Umfang erst in den 90er Jahren deutlich zu[104].

In Amsterdam wurde 1687, also relativ spät, die erste Holzauktion abgehalten und erst ab 1717 liegen regelmäßige Aufzeichnungen darüber vor. Rheinisches Holz spielte kaum eine Rolle[105].

Dordrecht war zwar bereits im 17. Jahrhundert ein gewichtiger Faktor im rheinischen Holzhandel. Auktionen wurden dort aber erst seit 1723 abgehalten.

Der frühe Boom, wie er aus den niederländischen Zollregistern erkennbar ist, läßt sich in der Vermarktung durch die Auktionen auf den drei großen niederländischen Holzhandelsplätzen nicht wiederfinden. Es bleibt nur die Vermutung, daß das rheinische Holz in dieser Phase in anderer Weise vermarktet worden ist. Bevor die Maßeinheiten, die in den Zollregistern des 17. Jahrhunderts benutzt wurden, nicht mit denen des 18. Jahrhunderts vergleichbar gemacht sind, ist eine Bewertung des tatsächlichen Ausmaßes dieses frühen Booms kaum möglich. In der Gesamtschau der Informationen über den groben Verlauf der Mengenkonjunktur besteht aber kein Zweifel daran, daß der eigentliche Höhepunkt des rheinischen Holländerholzhandels im 18. Jahrhundert lag.

III.2.3 Die Mengenkonjunktur im Spiegel der niederländischen Auktionen

Bevor Dordrecht zum Hauptmarkt für das rheinische Holz aufstieg, waren seit dem ausgehenden 17. Jahrhundert die Zaandamer Auktionen das herausragende Vermarktungsinstrument in den Niederlanden. Ihren zahlenmäßigen Höhepunkt erreichten sie im Jahre 1716 mit 36 Auktionen, danach sank ihre

102 J. Hovy, Voorstel, S. 294.
103 Abb. 4 u. 5 bei L. van Prooije, Invoer, S. 59.
104 C.A. Schillemans, Houtveilingen, S. 192-200.
105 P.J. Middelhoven, Veilingen, S. 89f.

Zahl mehr oder weniger kontinuierlich. Schillemans hat die Entwicklung in Zaandam zwischen 1655 und 1811 in sechs Phasen eingeteilt[106]:

1655-1685: schwankender Beginn
1686-1724: schnelles Wachstum
1725-1744: Nachblüte
1745-1780: beständiger Rückgang
1781-1811: Verfall

Die lediglich für die Zeit von 1655 bis 1714 errechneten Verkauferlöse bestätigen zumindest den rasanten Aufstieg der Zaandamer Auktionen.

Die Kritik Simon Harts an der unkritischen Nutzung der Auktionsregister durch Schillemans muß aufgegriffen werden[107]. Generell bedürfen die Auktionsregister einer kritischen Betrachtung, wenn man sie als Spiegel der Mengenkonjunktur nutzen will. Die Gesamtmenge des importierten und vermarkteten Holzes geben sie sicherlich nicht wieder. Ohne die Relation zwischen versteigertem und direkt verkauftem Holz quantifizieren zu können, wird man aber doch annehmen dürfen, daß die Auktionen das herausragende Vermarktungsinstrument waren und somit einen tauglichen Indikator für den Verlauf der Mengenkonjunktur darstellen. Die später noch intensiver zu nutzenden Geschäftsbücher der Dordrechter Makler- und Holzhandelsfirma Boonen/van Eysden, die in Dordrecht nahezu ausschließlich für die Vermaklung wie für den Verkauf rheinischen Holzes außerhalb der Auktionen sorgte, registrierten in den 1770er Jahren nur vergleichsweise wenige Transaktionen neben den Auktionen.

Die Dordrechter Auktionsregister, die im folgenden für die Analyse der Mengenkonjunktur herangezogen werden, setzen mit dem Jahre 1700 ein und enden mit dem Jahre 1797. Zwischen 1708 und 1722, dann nochmals zwischen 1734 und 1743 bestehen Lücken. Neben Holz verzeichnen sie die Angebote und Auktionsergebnisse einer Reihe weiterer Produkte sowohl aus den Rheinlanden wie aus Übersee[108].

Rheinisches Holz wurde 1700 und 1701 jeweils nur auf einer kleineren Auktion angeboten. In diesen ersten Jahren des 18. Jahrhunderts dominierte das Holz aus Norwegen und Schweden. Als 1723 die Register wieder einsetzten, hatte sich das Bild deutlich verändert. Etwa die Hälfte des Angebots auf den Holzauktionen wurde nun mit rheinischem Holz bestritten, nach 1744 dominierte es bis zum Ende der 60er Jahre. Danach nahmen die Versteigerungen von norwegischem, schwedischem und baltischem Holz wieder zu.

106 C.A. Schillemans, Houtveilingen, S. 192-200, insb. Tab. 1, S. 193, Tab. 1a, S. 198 u. Abb. 3, S. 199; zum Werteaufkommen Tab. 3b, S. 248.
107 S. Hart, Bijdrage, S. 59-64.
108 GA-Dordrecht, 3849-3860.

Die Anzahl der jährlichen Auktionen ist allerdings ein viel zu grobes Meßinstrument, zumal der Umfang der einzelnen Versteigerungen schwankte. Die Auktionen für das rheinische Holz in Dordrecht waren anfangs an einem Tag abzuwickeln und umfaßten selten mehr als 100 Nummern. In der Boomphase der 60er und 70er Jahre waren in der Regel zwei Tage für eine Auktion erforderlich, die fast immer mehrere hundert Nummern umfaßte.

Aber auch der wachsende Umfang der Auktionen ist nur ein schlechter Indikator für die Mengenkonjunktur. Hinter jeder Nummer verbarg sich eine bestimmte Anzahl von Hölzern einer bestimmten Sorte. Je nach Sorte waren diese sog. Kuppeln im Umfang ganz unterschiedlich. Tannen von 60 und mehr Fuß Länge wurden selten in Kuppeln angeboten, die mehr als 10 Stück umfaßten. Besonders große Eichenstämme, die als Achshölzer gehandelt wurden, kamen nur zu zwei oder vier Stück unter eine Nummer. Dagegen wurde Pfeifholz in Kuppeln zu 60 bis 70 Stück, Faßholz auch in noch größeren Kuppeln angeboten. Für die einzelnen Sorten herrschten zwar bestimmte Kuppelgrößen vor, Abweichungen waren aber eher die Regel[109]. Die Dordrechter Auktionsregister wurden für die dominierenden und über den gesamten Untersuchungszeitraum angebotenen Sorten ausgewertet. Dies waren im einzelnen:

Eichenholz

- Balken
- Pfeifholz
- Faßholz
- Wagenschoß
- Ruten
- Achsholz
- Weselsche Balken
- Weselsche Ruten

Tannen- u. Kiefernholz

- Dickbalken (Tanne/Kiefer)
- runde Tannen/Kiefern
- Mastbalken (Tanne/Kiefer)
- Tanne 60 Fuß
- Tanne 70 Fuß
- Tanne 80 Fuß

Buchenholz

- Balken

109 Vgl. die sehr anschauliche Beschreibung der Auktionspraxis bei K.F.V. Jägerschmid, Handbuch, Bd. 2, S. 477-481; siehe auch unten S. 156-158.

Eine komplette Erfassung sämtlicher in Dordrecht versteigerter Hölzer aus den Rheinlanden ist damit nicht gegeben. Es fehlen einige Sorten, die nicht über den gesamten Zeitraum angeboten wurden. Zu ihnen zählt beispielsweise die 100 Fuß lange Tanne, die wegen ihrer Seltenheit nur in wenigen Jahren angeboten wurde. Hölzer, die als Floßzubehör auch auf den Versteigerungen verkauft wurden, wie etwa Floßdielen und Floßriemen, wurden ebensowenig berücksichtigt wie die floßbegleitenden ‚Aaken', die auch auf die Auktionen kamen[110].

Schwerwiegender ist die Vernachlässigung jener Sorten, die im Grunde zu einer der genannten Kategorien gehörten, aber zusätzlich eine Maßangabe hatten, z.B. runde Tannen von 50, 60, 70 oder 80 Fuß Länge. Besonders in den ersten Jahren der Dordrechter Auktionen wurden einige der Sorten im Maß differenziert versteigert. Außer bei den Tannen wurden diese Angaben später aber überwiegend fortgelassen. Dennoch kam es immer wieder vor, daß gleiche Sorten mit und ohne Maßangabe in den Protokollen derselben Auktion standen, so daß auch eine Besonderheit der mit Maßangabe versehenen Angebote vermutet werden kann, wie etwa beim Dickbalken von 70 Fuß, der normalerweise nur 42 bis 44 Fuß lang war. Solche Fälle waren aber eher Ausnahmen, so daß der statistische Fehler im Sinne einer Unterregistrierung solcher Sorten geringfügig bleibt.

Ein Sonderfall ist die einfache Angabe ‚Tanne', die gelegentlich verwendet wurde. Von 1791 an nahm diese Benennung aber sprunghaft zu und gleichzeitig tauchten Tannen mit Maßangaben nur noch selten, ab 1792 gar nicht mehr auf. Ganz eindeutig haben die Protokollanten in den letzten Jahren auf die Maßangabe bei dieser Sorte verzichtet.

Eine vollständige Erfassung der auf dem Rhein in die Niederlande gelangten und verkauften Holzmassen bleibt aus diesen Gründen wie schon durch die nicht erfaßbaren anderen Vermarktungsformen ausgeschlossen. Erwartet werden kann aber die Abbildung des Entwicklungsverlaufs des Angebotes an rheinischem Holz auf dem im 18. Jahrhundert führenden Dordrechter Markt.

Von der Stückzahl her dominierten unter den ausgewählten Sorten beim Eichen- wie beim Nadelholz die kleineren Dimensionen. Die mengenmäßig herausragende Sorte war allerdings das Wagenschoß mit 176.238 Stück.

Tab. 1: Stückzahlen der Holzsorten auf den Dordrechter Auktionen 1723-1797

Eichenbalken	67 021
Pfeifholz	120 588
Faßholz	59 513
Wagenschoß	176 238
Ruten	96 734
Achshölzer	1 166

110 Bei den ‚Aaken' handelte es sich um Nachen, d.h. kleine Boote, die in der Hauptsache für den Transport der Anker benötigt wurden.

Weselsche Balken	6 544
Weselsche Ruten	25 242
Dickbalken(gesamt)	96 525
Dickbalken(Tanne)	77 967
Dickbalken(Kiefer)	18 558
runde Tannen	22 586
runde Kiefern	31 636
Mastbalken	37 207
Tanne 60 Fuß	17 989
Tanne 70 Fuß	49 861
Tanne 80 Fuß	9 603
Buchenbalken	5 522

Die Gesamtzahlen bringen auch die eher marginale Bedeutung des Eichenholzes von der Lippe (Weselsche Balken/Ruten) zum Ausdruck. Bei den Eichenbalken wurden nur knapp 10 % des Angebotes aus den anderen Regionen der Rheinlande erreicht, bei den Eichenruten immerhin 26 %.

Unter den Nadelhölzern ragt der Dickbalken mit fast 100.000 Stück heraus, wobei der größte Teil auf das Tannenholz entfiel. Unter den Stämmen der größeren Dimension hatte die 70 Fuß lange Tanne ein deutliches Übergewicht.

Im zeitlichen Verlauf des Angebots zeigt sich, wie aus Abb. 1 hervorgeht, ein deutliches Muster. Die Periode von 1723 bis 1744 fällt wegen der langen quellenbedingten Unterbrechung für die Analyse leider aus. Abgesehen von starken Schwankungen und einem Einbruch im Jahre 1756 ist ein bis etwa in die Mitte der 60er Jahre andauernder Anstieg des Angebots zu registrieren, gefolgt von einer Stagnationsphase auf hohem Niveau, die bis in die 80er Jahre reichte und in diesem Jahrzehnt nochmals in einen kurzen Aufschwung mündete. Danach sank der Angebot rapide und mehr oder weniger kontinuierlich bis zum Ende des Beobachtungszeitraums. Bis auf das Buchenholz weisen alle Sorten im Großen und Ganzen das gleiche Verlaufsmuster mit den zwei Höhepunkten in den 60er und 80er Jahren auf. Auffällig sind hingegen die deutlich unterschiedlichen Angebots- und Verkaufsschwankungen. Insbesondere beim Lippeholz wechselten Jahre mit einem hohen Angebot unvermittelt mit Jahren sehr niedrigen Angebots ab. Dies erklärt sich mindestens zum Teil mit den generell niedrigeren Stückzahlen. So geschah es in einzelnen Jahren des Untersuchungszeitraums, daß kein Holz von der Lippe in Dordrecht auf die Versteigerungen kam[111].

Zwischen der Konjunkturentwicklung der Eichenholzsorten einerseits und der Tannen- und Kiefernholzsorten andererseits besteht kein prinzipieller Unterschied, wohl aber gibt es Abweichungen in einigen Perioden. Abgesehen von teilweise gegenläufigen Entwicklungen in der 1750er und 1770er Jahren

111 Siehe Abb. 1-11 im Anhang.

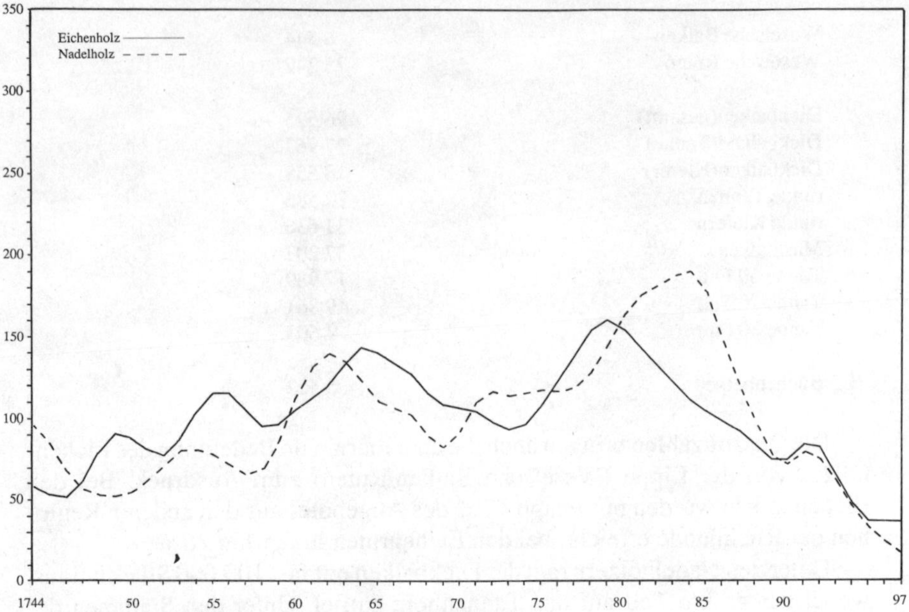

Abb. 1: Indizes Eichenholz- und Nadelholzverkäufe Auktion Dordrecht 1744-97 mit 5-gliedrigem Gleitmittel, gewichtet nach der Binomialverteilung ($\bar{x}$ 1744-97 = 100)

tritt am deutlichsten die Verschiebung des Höhepunktes um etwa fünf Jahre hervor. Während er bei den Tannen- und Kiefernholzsorten im Jahre 1784 lag, war der Gipfel bei den Eichenholzsorten bereits 1779 erreicht und lag auch deutlich niedriger.

Der Blick auf den Konjunkturverlauf bei den einzelnen Sorten (Abb. 1–11 im Anhang) mahnt zur Vorsicht bei der Interpretation. Eine teilweise abweichende – besonders bei den Buchenbalken –, teilweise uneinheitliche Entwicklung – Faßholz, Lippeholz – weist auf ein komplexes Marktgeschehen hin. Aus der Phasenverschiebung des Konjunkturhöhepunktes von Eichen- und Weichholz weitreichende Schlußfolgerungen zu ziehen, verbietet schon der Blick auf den Verkaufsverlauf von Eichenbalken und Eichenruten, die – gleich wie Tannen- und Kiefernhölzer – erst Mitte der 1780er Jahre ihr Maximum erreichten.

Die Entwicklung des Angebots auf den Dordrechter Auktionen korrespondiert sehr gut mit der Entwicklung, wie sie sich in den Zahlen der Holzmengen darstellt, die von den niederländischen Zöllen registriert wurden[112].

In groben Umrissen scheint der Verlauf der Mengenkonjunktur die These von der kompensatorischen Funktion der Rheinlande im Holzhandel zu bestätigen. Der Verlust der Führungsposition im Handel mit Norwegen und auch der

112 Insb. Abb. 4 bei L. van Prooije, Invoer, S. 59.

wachsende Konkurrenzdruck der anderen westeuropäischen Nachfrager auf den Holzmärkten des Baltikums hat dem rheinischen Holzhandel offenbar seinen enormen Aufschwung beschert.

Solange der Umfang der Importe aus den verschiedenen europäischen Liefergebieten aber nicht exakt quantifizierbar ist, muß auf einen präzisen, d.h. auch sortendifferenzierten Vergleich verzichtet werden. Angesichts der Tatsache, daß in Amsterdam offenbar so gut wie kein Eichenholz versteigert wurde und die Dordrechter Auktionen von Ostseeholz zum überwiegenden Teil durch Mastholz, gesägtes Nadelholz und nur in geringem Umfang durch Wagenschoß bestritten wurden, darf angenommen werden, daß zumindest beim Eichenholz die Rheinlande der Hauptversorger des niederländischen Marktes waren[113]. Gleiches kann für das Tannen- und Kiefernholz der extremen Längen angenommen werden. Auch hier ist auf den niederländischen Auktionsmärkten kein konkurrierendes Angebot erkennbar. Rigaer Mastholz, das ähnliche Maße hatte, bildete vom Verwendungszweck her ohnehin eine Kategorie für sich, fiel aber mengenmäßig kaum ins Gewicht. Selbst rheinische Mast- und Dickbalken waren um ein Mehrfaches länger und stärker als der Kapbalken, der die

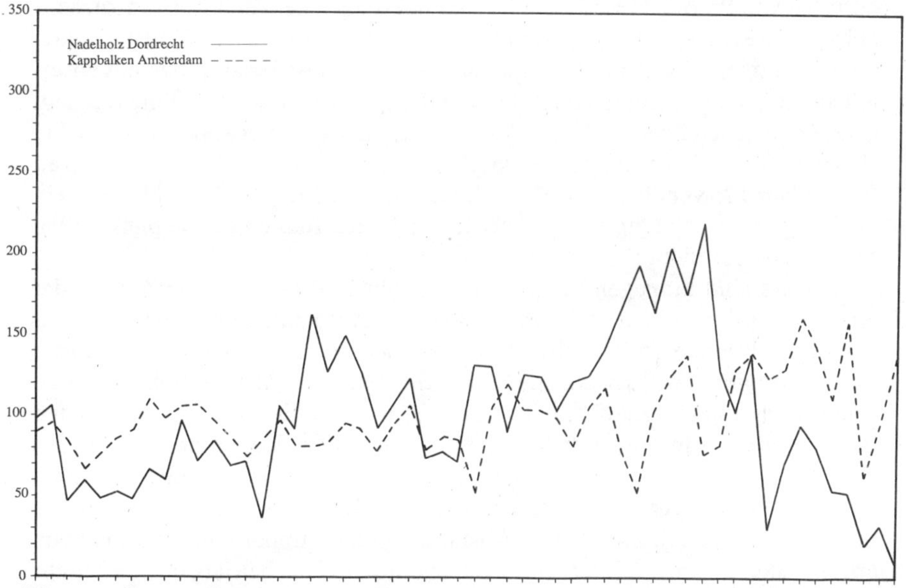

Abb. 2: Indizes Verkäufe Nadelholz Auktion Dordrecht und Kapbalken Auktion Amsterdam 1744-97 (x̄ 1744-97 = 100)

113 Zur Zusammensetzung der Sorten auf den Amsterdamer Auktionen P.J. Middelhoven, Veilingen, S. 94-96; die herausragende Bedeutung des Eichenholzes vom Rhein bestätigt das pro memoria der Rotterdamer Holzhändler Terwen von 1749 (Allgemeines Reichsarchiv den Haag, Archief van de Stadhoudelijke Secretarie 584, Lit. K, S. 1).

dominierende Sorte des ungesägten Holzes auf den Amsterdamer Auktionen war. Ein exakter sortenbezogener Vergleich, der Substitutionseffekte klar erkennen ließe, ist folglich, selbst wenn die Quellenlage günstiger wäre, ausgeschlossen.

Trotz dieser Einschränkung ist der Vergleich der Mengenkonjunkturen des Holzangebots aus den verschiedenen Liefergebieten aus der übergeordneten Sicht des Rohstoffbezugs sinnvoll. Wie die von Middelhoven zusammengestellten Werte für die auf den Amsterdamer Auktionen angebotenen Kapbalken zeigen, kann von einem Rückgang der Holzimporte aus Norwegen im 18. Jahrhundert zumindest bei dieser Sorte keine Rede sein. Die Zahl der versteigerten Partien nahm von 1717 bis zur Mitte der 30er Jahre stark zu, stagnierte bis etwa 1780 auf mittlerem Niveau, um anschließend bis zum Ende des 18. Jahrhunderts nochmals stark zu steigen[114].

Aufgrund der unzureichenden Datenlage sind kriegsbedingte Einflüsse auf die Mengenkonjunktur und auf Verschiebungen und Substitutionen der Holzimporte aus den verschiedenen niederländischen Bezugsräumen nur schwer auszumachen. Für verschiedene Jahre aus der zweiten Hälfte des 17. Jahrhunderts hat van Prooije kriegsbedingte Behinderungen des rheinischen Holzhandels nachweisen können, die sich jedoch nur teilweise in den Zollstatistiken niederschlugen[115]. 1746 z.B. sackte die Zahl der registrierten Flöße unvermittelt ab, zweifellos infolge von Kriegshandlungen im Zusammenhang mit dem Österreichischen Erbfolgekrieg. Auch auf den Dordrechter Auktionen machte sich dies sofort durch ein geringeres Angebot bemerkbar. Gleiches kann man für das Jahr 1758 beobachten, als der Siebenjährige Krieg auch am Niederrhein Wirkung zeigt. Die langfristige Entwicklung beeinflußten solche punktuellen Störungen aber nicht.

Anders sind hingegen die kriegsbedingten Einflüsse auf die Anteile der einzelnen Holzregionen an den internationalen Absatzmärkten zu bewerten. Er gibt die verbreitete These, daß erst der Nordische Krieg (1700-1721) durch die Behinderungen des Ostseehandels dem rheinischen Holländerholzhandel zu seiner Bedeutung verhalf[116]. Ohne Zweifel wurden die Holzexporte aus den baltischen Häfen in den ersten beiden Jahrzehnten des 18. Jahrhunderts von den Kriegseinwirkungen nachhaltig getroffen. Gegenüber dem letzten Jahrzehnt des 17. Jahrhunderts sanken sie um etwa die Hälfte. Die Niederlande, als das in dieser Phase noch mit weitem Abstand führende Importland, waren davon am stärksten berührt[117]. Interventionen, wie sie England betrieb, um die Zufuhr

114 P.J. Middelhoven, Veilingen, Abb. 1, S. 102; M. weist darauf hin, daß es sich um die Jahressummen der angebotenen Partien handelt, die jeweils eine unterschiedliche Zahl von Kapbalken umfaßten; Middelhovens Artikel ist auch in einer englischen Fassung erschienen (Ders., Auctions).

115 L. van Prooije, Invoer, S. 62f.

116 J. Buis, Historia, S. 506.

117 W.S. Unger, Publikatie, Beilagen 12 u. 13.

des strategisch wichtigen Schiffsbauholzes zu sichern, wurden von den Niederlanden nicht mit gleicher Konsequenz durchgeführt[118].

Tatsächlich verzeichnen die Zollregister von Schenkenschanz in den Jahren 1715, 1716, 1718 und 1721 Holztransporte von mehr als einer Millionen Quadratfuß. Nur in wenigen Jahren der Boomphase der 60er bis 80er Jahre wurden solche Werte wieder erreicht[119].

Auch eine Klageschrift der Weseler Holzhändler aus dem Jahre 1722 gegen die Zollerhöhungen des Vorjahres gibt zu erkennen, daß rheinisches Holz während des Nordischen Krieges als Substitut gedient hat[120]:

> „Imgleichen ist es eine offenbare Warheit, daß einige Jahre hero von Wyburg, Göteburg, Riga, Narwa, sodan auf der Havell auß Schlesien, Böhmen, von Haarburg über Hamburg das Eichenholtz, absonderlich aber nun nach geendigtem Kriege auß allen Norwegischen Hafen das Kiehen- oder Greinen-, wie auch das Dannenholtz mehr und mehr in großer Quantität in Hollandt ankommen, wodurch die Holtzwahren so merklich in Preyße abgangen, daß, was vor wenig Jahren für 10 Rx. verkaufft, nun für 6 Rtl. angekaufft werden könne".

Nach 1720 stiegen die niederländischen Holzimporte aus dem Ostseeraum und, wie das Kapbalkenangebot auf den Amsterdamer Auktionen zeigt, auch aus Norwegen tatsächlich stark an zu Lasten des rheinischen Holzes.

Für die Jahre 1744 bis 1797 ist ein optischer Vergleich möglich. Die Gegenüberstellung des Angebots von Kapbalken in Amsterdam und von Nadelhölzern in Dordrecht gibt selbst bei vorsichtiger Interpretation zu erkennen, daß die beiden Boomphasen des rheinischen Holzes in der ersten Hälfte der 60er und in der ersten Hälfte der 80er Jahre mit Angebotsrückgängen in Amsterdam zusammenfielen. In der ersten Phase wurde der niederländische Überseehandel von den Auswirkungen des Siebenjährigen Krieges beeinträchtigt. Der zweite Einbruch des Angebots auf den Amsterdamer Auktionen stand zweifellos in Zusammenhang mit dem vierten niederländisch-englischen Krieg (1780-84)[121].

Kann man in diesen beiden Fällen von einer erkennbaren Kompensation der Ausfälle norwegischen Holzes durch das rheinische Holz sprechen, gilt dies nicht ohne weiteres für einzelne Jahre, in denen gleichfalls gegenläufige Entwicklungen des Angebots zu beobachten sind (z.B. 1771 und 1773). Ganz abgesehen von der nur begrenzten Sortenkonkurrenz muß in Betracht gezogen werden, daß die Anbieter auf den Auktionen zumeist auf umfangreiche Lagerbestände aus Vorjahresanlieferungen zurückgreifen konnten. Kriegsbedingte Stockungen der Zufuhr wirkten sich nicht in jedem Fall unmittelbar aus.

118 R.G. Albion, Forests, S. 176-178.

119 L. van Prooije, Invoer, S. 60 u. Abb. 4 u. 5 S. 59; die Interpretation der Zahlen in der Zeit des Nordischen Krieges ist allerdings nicht unproblematisch, da vor 1713 und nach 1721 die Quellen ausfallen.

120 M. Scholz-Babisch, Quellen, S. 894.

121 P.J. Middelhoven, Veilingen, S. 105 u. J. Buis, Historia Forestis, S. 502f.

III.2.4 Die Preiskonjunktur

Die Präferenzen für eines der drei großen Holzgebiete bestimmten sich neben den angebotenen Mengen und dem Sortiment in erster Linie durch die Kosten, die sich letztlich im Verkaufspreis ausdrückten. Die folgende Analyse der Preisentwicklung für rheinisches Holz im 18. Jahrhundert beschränkt sich zunächst ausschließlich auf die Marktsituation am Zielort Niederlande unter Ausklammerung der Faktoren, die zwischen Produktions- und Absatzgebiet an der Preisbildung mitgewirkt haben. Auch hier geht es um die Frage, welche Schlußfolgerungen sich auf die Konkurrenzsituation ziehen lassen.

Die Datenbasis ist eher noch ungünstiger als die für die Untersuchung der Mengenkonjunktur. Nikolaus Posthumus hat keine Bauholzpreise in seine große Preisgeschichte aufgenommen, und auch die neuere preisgeschichtliche Forschung bietet kein Material. Schillemans hat in seiner ansonsten intensiven Auswertung der Zaandamer Versteigerungsprotokolle auf die Preisanalyse ganz verzichtet, so daß bislang einzig die Arbeit von Middelhoven über die Amsterdamer Auktionen Material bereitstellte. Der Verzicht von Schillemans auf die Preisgeschichte ist umso bedauerlicher, als damit die frühe Phase des rheinischen Holländerholzhandels unberücksichtigt bleiben muß.

Grundlage der folgenden Analyse sind wiederum die Dordrechter Auktionsregister. Ebenso wie bei der Untersuchung des Mengenangebots beginnt die geschlossene Dokumentation erst im Jahre 1744 und endet im Jahre 1797. Benutzt wurden die Endverkaufspreise; die Gebotspreise blieben unberücksichtigt. Obschon das Holz in Einheiten, den sog. Kuppeln verkauft wurde, bezogen sich die Preise immer auf einen Stamm. Es fällt auf, daß sich dieser Preis häufig nach der Größe der Kuppeln richtete. Je größer diese waren, umso niedriger war der Preis. Es muß vermutet werden, daß dies in erster Linie darauf zurückzuführen ist, daß sich in einer größeren Kuppel mehr Stämme von geringerer Qualität befanden. Dieses Phänomen spielt allerdings für die Untersuchung des langfristigen Preisverlaufs keine Rolle. Aufgrund der hohen Zahl der Verkaufeinheiten, aus deren Preisen der mittlere Jahrespreis gebildet wurde, kann eine systematische Beeinflussung durch diesen Faktor ausgeschlossen werden, zumal im zeitlichen Verlauf weder eine Tendenz zu kleineren noch zu größeren Kuppeln zu beobachten ist. Daher kann der harsche Einwand Albions gegen jede Preisgeschichte im internationalen Holzhandel für die aus dem Dordrechter Material gewonnenen Daten nicht gelten. Die stark ausgebildete Sortendifferenzierung unter Einschluß der Maße schließt den von ihm befürchteten Vergleich von Unvergleichbarem weitgehend aus[122].

Für alle Sorten ist die Gegenläufigkeit der Preistendenz zu den angebotenen Mengen bei kurzfristigen Schwankungen wie auch im langfristigen Trend eindeutig, wenngleich nicht immer die Preise sofort auf Angebotsschwankun-

122 R.G. Albion, Forests, S. 90f.

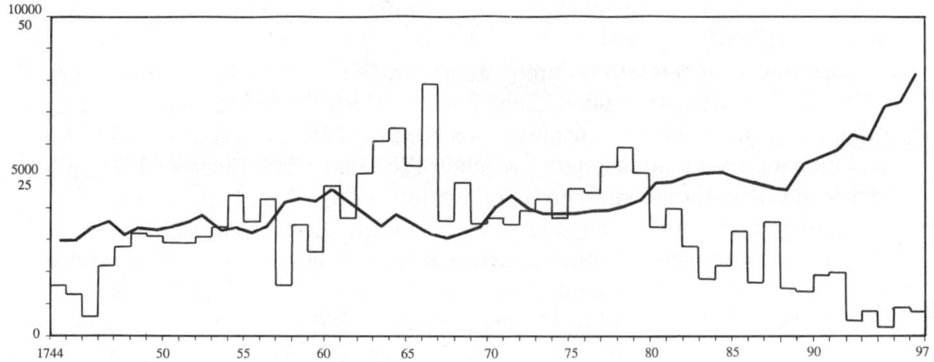

Abb. 3: Wagenschoßverkäufe und -preise Auktion Dordrecht 1744-97 (Verkäufe in Stück, Preise in niederl. Gulden)

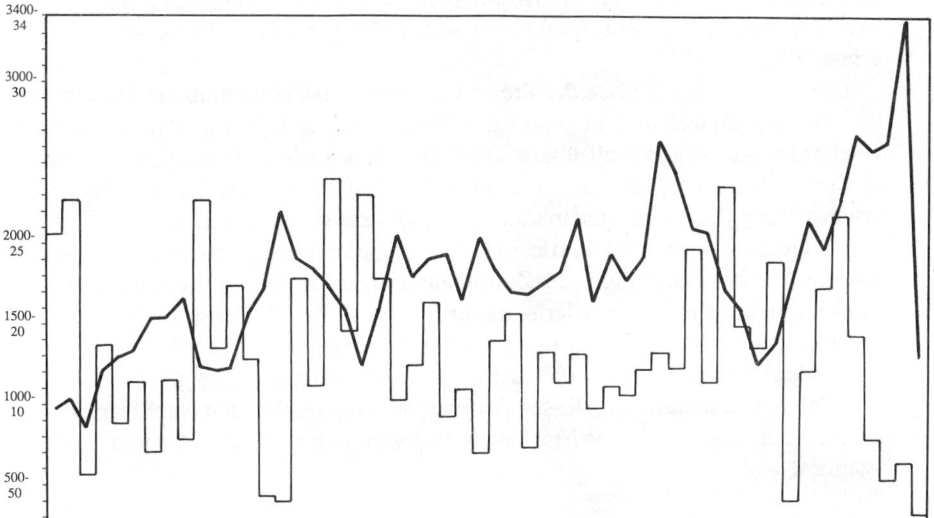

Abb. 4: Dickbalkenverkäufe und -preise Auktion Dordrecht 1744-97 (Verkäufe in Stück, Preise in niederl. Gulden)

gen reagierten. Schon 1749 hatten die Rotterdamer Holzhändler Terwen auf diesen einfachen Mechanismus hingewiesen. Auf die erste Hälfte des 18. Jahrhunderts zurückblickend machten sie rückläufige Importe für den Preisanstieg verantwortlich[123].

Die lineare Regression, durchgeführt am Beispiel für Eichenholzbalken (Abb. 5), hebt den steigenden Trend hervor. Verdeckt werden dadurch allerdings einige kurze Phasen mit sinkenden Preisen (1752-58, 1762/63 und 1776) und die lange Stagnationsphase zwischen 1782 und 1788. Einzelne Preisspitzen sind eindeutig auf die bereits erläuterten kriegsbedingten Angebotsverknappungen beim rheinischen Holz zu beziehen. Dies verhält sich anders zu Beginn der 80er Jahre, als der vierte niederländisch-englische Krieg zunächst zu einem rapiden Einbruch des Angebots überseeischen Holzes führte[124].

Auf dem Dordrechter Markt stieg hingegen 1780 und auch noch 1781 das Angebot an rheinischem Holz gegenüber den Vorjahren, und gleichzeitig stiegen auch die Preise. Zweifellos drückt sich hierin ein Kompensationseffekt aus. 1782, als das Kapbalkenangebot in Amsterdam wieder stieg und der Preis sich nomalisierte, fielen in Dordrecht Angebot und Preis bei den Nadelholzsorten, offenbar nun infolge einer Übersättigung des Marktes.

Auffälliger noch im direkten Vergleich zwischen dem Preisverlauf in Dordrecht und Amsterdam ist die gegenläufige Bewegung in den Jahren 1760 bis 1763. Obschon das Kapbalkenangebot stabil war, stiegen die Preise stark an, besonders im Jahre 1762. Ausschlaggebend war vermutlich die Furcht vor einer Verknappung im Zusammenhang mit englischen Aktivitäten gegen Konterbande[125].

Die gleichzeitige Baisse der Preise für rheinisches Holz muß als Ergebnis der Rekordeinfuhren und -angebote der Jahre 1761 und 1762 gewertet werden, welche die Nachfrage weit überstiegen. Es kann auch nicht ausgeschlossen werden, daß man bei Beginn oder in den ersten Jahren des Siebenjährigen Krieges, der ja durch die Auseinandersetzungen zwischen Frankreich und England in Übersee überlagert wurde, in Erwartung von Kriegsschiffbauaufträgen oder aus Angst vor Störungen der Zufuhr aus dem nordosteuropäischen Bereich sehr viel rheinisches Holz orderte, das erst 1760/61 die Niederlande erreichte.

Sind unterschiedliche Einflüsse auf den Verlauf der Preiskonjunkturen in Amsterdam und Dordrecht nicht zu übersehen, so bleibt doch ein gleichgerichteter Trend zu konstatieren, dessen Aufwärtsbewegung von den Nachfrageimpulsen eines allgemeinen Wirtschaftsaufschwungs zwischen 1750 und 1780 bestimmt wurde.

123 Allgemeines Reichsarchiv den Haag, Archief van de Stadhoudelijke Secretarie 584, Lit. K, S. 3.
124 P.J. Middelhoven, Veilingen, Abb. 1, S. 102.
125 J. Buis, Historia, S. 502.

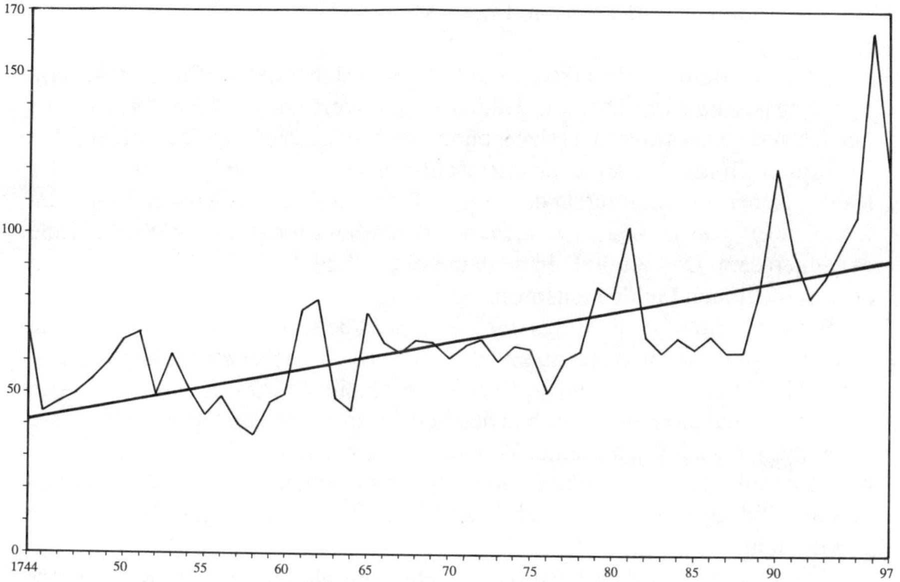

Abb. 5: Eichenbalkenpreise Auktion Dordrecht 1744-97 mit linearer Regression (Preise in niederl. Gulden)

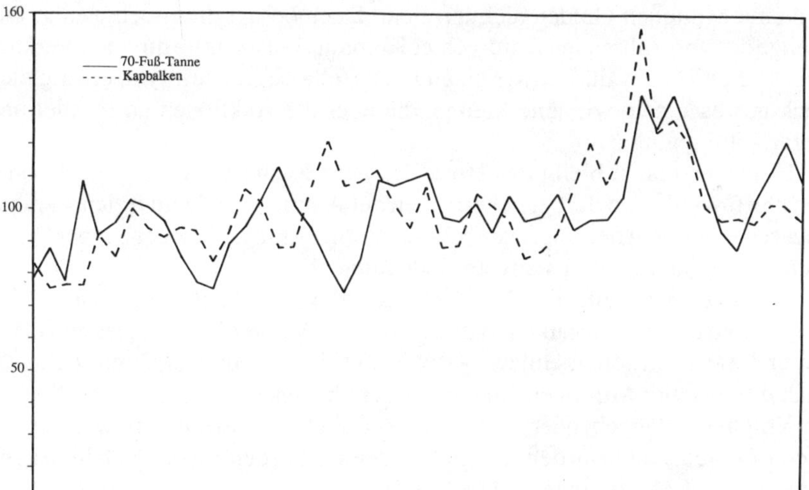

Abb. 6: Indizes Preise 70-Fuß-Tanne Auktion Dordrecht und Kapbalken Auktion Amsterdam ($\bar{x}$ 1744-97 = 100)

III.2.5 Die Entwicklung in Werten

1782, auf dem Höhepunkt der rheinischen Holzhandelskonjunktur, schätzte der hessische Finanzbeamte Hüpeden den Wert des im Jahre 1780 in die Niederlande exportierten Holzes ohne den Anteil von der Mosel auf 6,5 Millionen Gulden[126]. Eine zweite Zahl hat Dufraisse aus den Akten der französischen Verwaltung für das Jahr 1808 ermittelt. Danach sollen Waren im Gesamtwert von 46.632.719,48 Francs den Rhein hinab in die Niederlande gegangen sein. Das Bauholz hatte daran einen Anteil von 25 %. Dies hätte in etwa 6 Millionen Gulden entsprochen[127].

Beiden Zahlen ist allerdings mit Vorsicht zu begegnen. Hüpeden bezog die seine aus der Beobachtung, daß im Jahre 1780 10 Flöße St. Goar passiert hatten, deren Größe er schätzte und in Beziehung zu einem Durchschnittspreis von einem Dukaten pro Kubikschuh in den Niederlanden setzte. Die von Dufraisse genannte Zahl stammt aus einer Zeit, die durch die französischen Bedürfnisse nach Bauholz, vor allem Schiffsbauholz gekennzeichnet war. Die Konjunkturlage am Ende des 18. und zu Beginn des 19. Jahrhunderts spiegeln diese Zahlen gewiß nicht.

Die Dordrechter Auktionsregister geben die Menge des vom Rhein kommenden Holzes, wie an anderer Stelle schon erläutert, nur zum Teil wieder. Dies gilt natürlich auch für die Zahlen der Werte, die aus den versteigerten Mengen und den jeweiligen Preisen errechnet wurden.

Wie Graphik 7 zeigt, wurde auch auf dem Konjunkturhöhepunkt der Wert von eine Millionen Gulden nicht erreicht. Doch besagt dies noch wenig. Die Menge des vom führenden Dordrechter Kommissionshaus im direkten Verkauf abgesetzten Holzes dürfte, wie an anderer Stelle begründet wird, etwa gleich hoch gewesen sein wie jene Menge, die über die Auktionen an Handel und Verarbeitung ging[128].

Hinzuzurechnen bleibt das Holz, das nach Zaandam weiterverflößt oder verschifft wurde und dort gleichermaßen auf Auktionen wie im freien Verkauf abgesetzt wurde. Allerdings nahm dieser Vermarktungsplatz gegenüber Dordrecht im 18. Jahrhundert stetig an Bedeutung ab.

In der zweiten Hälfte des 7. Jahrzehnts und während der Boomphase in den 80er Jahren mag der Gesamtwert des vom Rhein kommenden Holzes zwischen ein und zwei Millionen Gulden geschwankt, in den Spitzenjahren vielleicht auch drei bis vier Millionen Gulden erreicht haben.

Von ausschlaggebender Bedeutung für die Wertbestimmung war das Eichenholz. Sein Anteil an den erzielten Erlösen lag in den einzelnen Jahren ganz selten unter 50 %, erreichte dagegen häufig Anteile zwischen 60 und 70 % (vgl. Abb. 8).

126 Rheinhandel, S. 19.
127 R. Dufraisse, Flottes, S. 669.
128 Siehe Abb. 10, S. 156 unten.

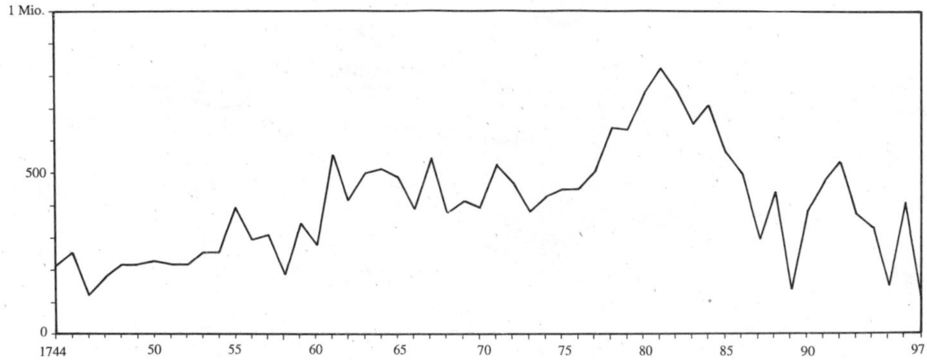

Abb. 7: Werte Holzverkäufe Auktion Dordrecht 1744-97 (Sorten wie Tab. 1, Werte in 1.000 niederl. Gulden)

Für den Vergleich mit jenen Beträgen, die von den Niederlanden in Norwegen und im Osten für Holz ausgegeben wurden, fehlt leider die Materialbasis. Auch die wenigen Zahlen über den wertmäßigen Umfang des Rheinhandels aus der zweiten Jahrhunderthälfte erlauben keine Einordnung des Holzimports in das Volumen des Warenaustauschs zwischen den Niederlanden und dem westlichen Deutschland. Immerhin lassen sich aber doch, vor allem gestützt auf die von de Vries zusammengestellten Import- und Exportzahlen im Bereich der Admiralitäten von der Maas und der Admiralität von Amsterdam, Konturen erkennen[129].

Der Gesamtumfang des Rheinhandels im Bereich der Admiralität von der Maas, die neben Rotterdam auch Dordrecht einschloß, belief sich in der zweiten Hälfte des 18. Jahrhunderts auf rund 14 Millionen Gulden. Amsterdams Handelsvolumen mit dem westlichen Deutschland stieg zwischen 1753 und 1790 von 16,5 auf 34,4 Millionen Gulden[130]. Es ist nicht möglich, die Werte der Ein- und Ausfuhren getrennt anzugeben. Baasch schätzte die Ausfuhr der Niederlande in das Deutsche Reich auf etwa das Dreifache der Importe[131].

Ganz grob geschätzt mag das jährliche Exportvolumen der Rheinlande auf der Grundlage dieser Annahmen bei 10 Millionen Gulden gelegen haben. Das

129 J. de Vries, Statistiek; die Zahlen decken für die Admiralität von der Maas den Zeitraum 1784-93 ab, für die Admiralität von Amsterdam gibt es nur Zahlen für die beiden Stichjahre 1753 und 1790; de Vries weist selbst einschränkend darauf hin, daß die angegebenen Werte nicht aus Marktpreisen berechnet wurden; die Ergebnisse hat er zusammengefaßt in: Ders., Achteruitgang, S. 38-40.

130 J. de Vries, Achteruitgang, S. 38 u. S. 44.

131 E. Baasch, Wirtschaftsgeschichte, S. 237.

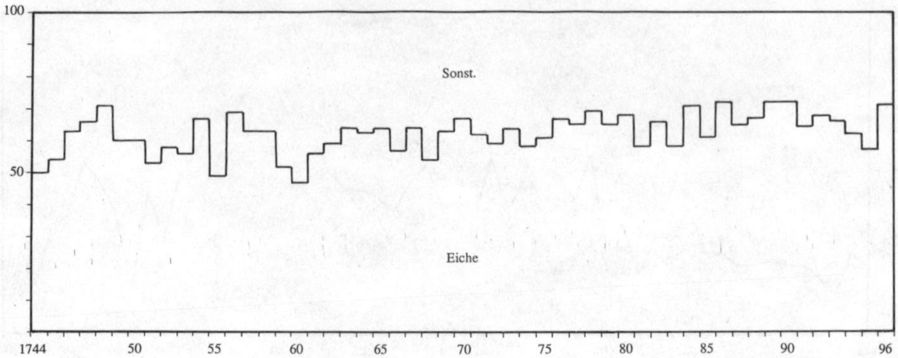

Abb. 8: Verteilung Verkaufserlöse Eichenholz und anderes Holz Auktion Dordrecht 1744-96 in %

Langholz hielt demnach einen gewichtigen Anteil. In der Hochphase des Holländerholzhandels dürfte es zweifellos den ersten Platz eingenommen haben.

III.3 FAZIT

Die Annahme, das Holz vom Rhein sei ‚eingesprungen' für die von Engländern und anderen zunehmend mehr nachgefragten Hölzer aus Norwegen und dem Ostseeraum, erweist sich – wie viele ‚handliche' Hypothesen – bei näherer Betrachtung als nur teilweise zutreffend.

Die Resultate des quantitativen Vergleichs, die nur bedingt für Substitutionseffekte, dagegen deutlich für einen parallelen Verlauf der Mengenkonjunktur sprechen, müssen vor dem Hintergrund der Nachfrage, des Verbrauchs und der beiden zugrundeliegenden Wachstumsfaktoren der niederländischen Wirtschaft interpretiert werden.

Wie an anderer Stelle schon dargelegt, zählten der Schiffsbau und auch der Bau von Mühlen verschiedenen Typs für die Verarbeitung von Rohstoffen und Halbfabrikaten im 18. Jahrhundert zweifellos zu den schrumpfenden Sektoren. Ohne dies quantifizieren zu können, darf aber der holzkonsumierende Erneuerungsbedarf der vorhandenen bzw. zu erhaltenden Bestände als gewissermaßen permanenter und stabilisierender Nachfragefaktor nicht unterschätzt werden. Gleiches gilt für die zahllosen Deichanlagen und Wasserbauten.

In der Gesamtschau auf die Wirtschaftskonjunktur der Niederlande zwischen 1650 und 1800 kann nach dem säkularen Einbruch am Ende des langen 16. Jahrhunderts ein erneuter anhaltender Aufschwung seit den 1720er Jahren und deutlicher dann seit den 1750er Jahren konstatiert werden, in den sich der Mengenkonjunkturverlauf des rheinischen Holzes gut einpaßt. Weniger ein spezifischer, von bestimmten Branchen ausgehender Bedarf als vielmehr die allgemein wieder steigende Nachfrage nach Bauholz war die treibende Kraft.

Eine durch die Einflüsse des Nordischen Krieges erzwungene Kompensation der überseeischen Zulieferungen ist aus dem Konjunkturverlauf deutlich abzulesen. Sowohl die erste Hochphase in der zweiten Hälfte des 17. Jahrhunderts wie auch der Boom zwischen 1750 und 1780 erklären sich aber nur durch die wachsende Nachfragekonkurrenz der anderen westeuropäischen Länder – voran Englands – in Norwegen und im Ostseeraum, der die Niederlande durch den monopolartigen Zugriff auf den Rohstoff des rheinischen Hinterlandes auswichen.

Auch wenn die derzeitige Forschungslage im Hinblick auf die mengen- und wertmäßigen Importe aus Norwegen und dem Ostseeraum keinen eingehenderen Vergleich zuläßt, kann die eingangs gestellte Frage nach der partiell kompensatorischen Rolle des Holzhandels vom Rhein in der Tendenz positiv beantwortet werden. Die bekannten Daten über den Mutterhandel, die bislang die Niederlande in der Staatenkonkurrenz um den strategisch wertvollen Rohstoff Holz in einem eher ungünstigen Licht erscheinen ließen, müssen ergänzt, das Bild muß korrigiert werden.

IV. ORGANISATIONSFORMEN IM RHEINISCHEN HOLLÄNDERHOLZHANDEL

Die Anfänge des Holländerholzhandels auf dem Rhein verweisen bereits auf alle Probleme, mit denen die Integration dieses regionalen Handelszweiges in den internationalen Markt von Anfang an verbunden war und verbunden blieb: Finanzierung, technische Organisation und Absatz. Regional sehr unterschiedlich gestaltet war die Walderschließung; gelöst werden mußten nicht nur technische Probleme, sondern es galt auch Hemmnisse zu beseitigen, die mit den Besitzverhältnissen und mit vorhandenen Nutzungsformen verknüpft waren.

Finanzierung und Risikominderung wurden zwar schon in dieser Frühphase durch kleinere Gesellschaften angestrebt, zu denen sich etwa Kaufleute aus Zaandam zusammenschlossen, wobei sie einen aus ihrer Mitte mit der Geschäftsabwicklung beauftragten, doch zunächst scheint überwiegend der komplette Handel aus einer Hand betrieben worden zu sein[1].

Niederländische bzw. niederrheinische Kaufleute hatten anfänglich günstigere Bedingungen, da sie über gute Kenntnisse der Absatzchancen auf den niederländischen Märkten verfügten. Eine Hauptfigur war in dieser Zeit zweifellos der Weseler Holzhändler Johann van der Wall, dessen Familie mit hoher Wahrscheinlichkeit in dem traditionsreichen Holzhandel von der Lippe aktiv war, lange bevor die niederländische Nachfrage die Gebiete an Mosel, Saar, Main und am Oberrhein erschloß. 1628 verzollte ein Jan van der Wall drei Flöße am Zoll zu Emmerich[2]. Bereits 1657 begann Johann van Stockum, der in die Familie und das Unternehmen van der Wall eingeheiratet hatte, mit umfangreichen Holzeinkäufen im Hagenauer Forst[3]. 1687 kam ein Gisbert van der Wall hinzu und zwischen 1679 und 1690 beteiligten sich Bartolomäus und Johann van der Wall an den Holzkäufen in diesem Raum[4].

Die weitgespannten Aktivitäten der Familien van der Wall und von Stockum bezeugt auch der Reisebericht des Niederländers Claes Arisz Caeskooper. Ein anderer Reisebericht belegt umfangreiche Eichenholzkäufe durch die van der Wall im Spessart und im Fränkischen[5]. Als Johann Bernhard van der Wall erstmals 1715 Eichenholz aus badischen Wäldern holte, betrieb seine Familie

1 Zu den Zaandamer Kompanien C.A. Schillemans, Houtveilingen, S. 306-309.

2 M. Scholz-Babisch, Quellen, S. 561.

3 A.-M. Burg, L'exportation, S. 200; es ist dort immer die Rede von dem Hause Stockum-van der Wall; zur Verwandtschaft auch M. Scholz-Babisch, Quellen, S. 669.

4 A.-M. Burg, L'exportation, S. 207.

5 Zaanlandse Oudheidskamer, 1163 u. 1207.

den Holzhandel vom Rhein sicherlich schon in der zweiten oder dritten Generation[6].

Die Familie van der Wall zählte offenbar zu den wenigen Kaufmannsfamilien, die sowohl in der Frühphase der Expansion des rheinischen Holländerholzhandels im 17. Jahrhunderts wie auch in der ersten Zeit des Booms im 18. Jahrhundert im Geschäft waren. 1693 schrieb der klevische Zollinspektor in einem Bericht an den Brandenburgischen Kurfürsten u.a.[7]:

> „diejenige kauffleuthe, welche ab ao. 1650 in den admodiationsjahren gehandelt, theils in Hollandt und theils oben an der Mosel wohnhafft gewesen, jetzo aber deren keiner die farth gebrauchet und entweder ausgescheiden oder verstorben sein müßen, jetzo aber derselben von denen oben und in Hollandt wohnenden kauffleuthen wenig vorhanden, welche verzollung thun, und seind vor itzo die Weselische von de Wall mit seinen söhnen und schwiegersohn, Stockum genannt, item einer Der Stegen die vornembsten, welche mit holtzflotzen abkommen".

Wesel als der Umschlagplatz für das Holz von der Lippe war sicherlich ein günstiger Ausgangsplatz auch für die Aktivitäten rheinaufwärts. Die van der Wall, deren Familiengeschichte noch nicht im einzelnen untersucht ist, lassen sich aber schon 1698 in Dordrecht nachweisen und 1720, als diese Stadt ihre zentrale Rolle im rheinischen Holzhandel einzunehmen begann, waren sie dort ansässig und betrieben, wie der Reisebericht des Zaandamer Holzhändlers Louwe zu erkennen gibt, umfangreiche Aktivitäten[8].

In der Blütephase der 50er bis 80er Jahre ist die Familie dann jedoch in den Quellen nicht mehr zu entdecken, nachdem in den 30er Jahren Johan Arnold, Jan und Hendrick van der Wall noch als Floßherren in Erscheinung getreten waren[9]. Auch in den Berichten der zeitgenössischen Beobachter der Hochphase fehlt der Name van der Wall, wenn von den großen Holzhändlern die Rede ist[10]. Allerdings wird in diesen Berichten regelmäßig das Geschäftshaus von Stockum in Frankfurt erwähnt, deren Inhaber Nachkommen jenes Johann von Stockum aus Wesel waren, der in die Familie van der Wall eingeheiratet hatte[11].

Gewöhnlich ging die Entwicklung einer Holzhandelsfirma organisch aus dem traditionellen Holzhandel am Niederrhein hervor. Waren- und Marktkenntnis dürften wesentliche Voraussetzungen gewesen sein, dazu mußte eine gute Kapitalausstattung kommen. Ohne diese Voraussetzungen war ein Einstieg in das Geschäft sehr risikoreich. Noch in den 20er Jahren des 18. Jahrhunderts scheiterte Elias Daniel Sprenger, Initiator der ersten württembergischen Holzhandelskompanie, bei dem Versuch, ein großes Holländerfloß

6 GLA-Karlsruhe, Baden-Generalia 2288.
7 M. Scholz-Babisch, Quellen, S. 669.
8 Zaanlandse Oudheidkamer 1209; 1698 wird ein Gerrardt van der Wall als ‚houtcooper' und Bürger der Stadt Dordrecht erwähnt (GA-Dordrecht, altes Notariatsarchiv 20.11, 114/68).
9 M. Scholz-Babisch, Quellen, S. 949-952.
10 Z.B. F.W. König, Bruchstücke, S. 78.
11 Zur Familiengeschichte der von Stockum A. Dietz, Handelsgeschichte, Bd. 4, S. 478f.

unter eigener Regie in die Niederlande zu bringen und dort zu vermarkten. Zuerst mußte das Floß wegen Niedrigwassers zwei Jahre in Köln liegenbleiben und schließlich in den Niederlanden zu einem Schleuderpreis verkauft werden[12].

Im Zuge der Expansion des rheinischen Holländerholzhandels verschwand jener Typ des Kaufmanns aus dem Geschäft, den die Familie van der Wall mehrfach hervorgebracht und der sie zum Erfolg geführt hatte: der mit den Verhältnissen in den Waldgebieten absolut vertraute Einkäufer. Der Direkteinkauf, den Diferee in seiner Handelsgeschichte als typisch für den Holzhandel annahm, trat in den Hintergrund[13].

Es entwickelte sich eine komplexe Organisationsform, die den im Zuge der Expansion des Geschäfts wachsenden Ansprüchen bezüglich Kapitalbeschaffung, technischer Organisation und Vermarktung angepaßt war.

IV.1 DIE WALDERSCHLIESSUNG

In der Frühphase des rheinischen Holländerholzhandels konnte von einer systematischen Walderschließung keine Rede sein. Holzhändler wie die van der Wall kauften das Holz auf dem Stamm vom jeweiligen Waldbesitzer. Die Auswahl trafen sie meist persönlich nach Sorte, Maßen und Transportmöglichkeiten. Besonders der letzte Faktor schränkte die Waldnutzung erheblich ein, denn nur in unmittelbarer Nähe von floßbarem Wasser war ein Abtransport ohne größeren Aufwand möglich[14].

Aber selbst dort, wo Floßwasser vorhanden war, konnten Probleme auftreten, die zu einer Verbesserung oder zum Neuaufbau der Infrastruktur zwangen. Als Johann Bernhard van der Wall 1715 von verschiedenen Waldbesitzern an der badischen Pfinz Eichenholz gekauft und in den Rhein hatte flößen lassen, mußte er sich noch Jahre später mit Forderungen auseinandersetzen, die aus Ufer- und Mühlenbeschädigungen abgeleitet wurden[15].

Generell stellte der Holztransport die größten organisatorischen und finanziellen Anforderungen. Abgesehen vom Schlagen der Stämme, dem groben Behauen und der Vorbereitung für den Floßtransport wurde das Holz selbst keiner weiteren Bearbeitung unterzogen. Das Scheitern der ersten großen Holzverkäufe aus württembergischen Wäldern an niederländische Holzhändler am Ende des 16. Jahrhunderts aufgrund der mangelnden Floßbarkeit der Nagold verweist auf dieses zentrale Problem[16].

12 B. Weinhardt, Flosswesen, S. 33f.
13 H.C. Diferee, Geschiedenis, S. 219.
14 Diesen Faktor betont, bezogen auf das Brennholz, auch R.P. Sieferle, Wald, S. 80.
15 GLA-Karlsruhe, Baden-Generalia 2288.
16 W.G. von Moser, Forstarchiv, Bd. 12, S. 36f.

Solange nicht in den Wäldern eine dem Langholztransport angemessene Infrastruktur des Wassertransports geschaffen war, mußte sich der Holzhandel mit den unmittelbar an den floßbaren Wassern befindlichen Vorkommen begnügen. Dieses Holz war naturgemäß bald erschöpft, und die in dem Reisebericht des Holländers Gysen für die Bamberger Gegend beschriebenen Abholzungen schon in den 1680er Jahren bezogen sich fraglos auf eben diese leicht erschließbaren Waldungen. Der Aufbau eines eigenen Transportsystems unter der Regie der Holzhändler kam aus vielerlei Gründen nicht in Betracht. Vom wirtschaftlichen Kalkül des Kaufmanns her wäre damit die langfristige Bindung von Kapital verbunden gewesen, dessen Rendite bei den starken Absatz- und Preisschwankungen auf den niederländischen Märkten nicht gesichert und schon gar nicht kalkulierbar gewesen wäre, ganz abgesehen von der Höhe des Kapitalbedarfs, der von einem einzelnen sicher nicht zu erbringen war. Darüberhinaus wäre die Konzentration auf einen einzelnen Walddistrikt notwendig gewesen. Dort kollidierten, wie noch zu zeigen sein wird, Bestrebungen zum Aufbau eines Transportsystems jedoch häufig mit lokalen und staatlichen Interessen. Die fast das gesamte Rheinland erfassenden Aktivitäten der van der Wall-Familie waren nur deshalb möglich, weil sie mit einem Minimum an organisatorischem Aufwand betrieben werden konnten. Dies änderte sich im Zuge der steigenden Nachfrage und der Notwendigkeit des Ausbaus der Verkehrsinfrastruktur. Es ist vielleicht kein Zufall, daß Pioniere wie die van der Wall unter den veränderten Bedingungen keinen Anteil mehr an dem Geschäft hatten.

IV.1.1 Der Auf- und Ausbau des Transportsystems im Schwarzwald

Im nördlichen Schwarzwald stellte sich schon von Beginn des Holländerholzhandels an das Transportproblem, wie der gescheiterte Vertrag vom Ende des 16. Jahrhunderts zeigt. Zwar standen in der Region eine Reihe von Bächen und Flußläufen zur Verfügung, die zum Rhein flossen und die teilweise schon durch den traditionellen Holzhandel genutzt wurden, aber für den Langholztransport waren sie untauglich. Dieser Faktor stand einem ähnlich frühen Beginn des Holländerholzhandels wie etwa im Hagenauer Forst oder auch am Main zweifellos im Wege.

Die ergiebigsten Wälder lagen auf württembergischem Territorium am Oberlauf von Enz und Nagold im Neuenbürger- und Altensteiger Forst. Die beiden Flußläufe vereinigen sich bei Pforzheim und fließen dann zum Neckar und Rhein. Weiter standen auf württembergischem Gebiet reiche Waldvorkommen am Freudenstadter Forst im Gebiet der Glatt und der oberen Murg zur Verfügung. Die Murg wurde für den Holzhandel bis dahin gar nicht und für andere Waldnutzungsformen nur teilweise genutzt. Im Unterlauf floß sie durch badisches Territorium, was ihre Nutzung für den Floßbetrieb, abgesehen von den natürlichen Hindernissen, zusätzlich erschweren sollte. Als drittes Flußgebiet erschloß die Kinzig ebenfalls umfangreiche Wälder des Klosters Alpirsbach. Die reichen Forsten der Limpurger, Ellwanger, Gaildorfer, Murrhardter und Welzheimer Gegenden konnten mangels jeglichen Floßwassers vor der Erschließung durch Eisenbahn und Straße gar nicht für die Langholzflößerei genutzt werden[17].

Dagegen wurde Scheiterholz, d.h. Brennholz und Sägeklötze – das sind fünf bis sechs Meter lange Tannenabschnitte –, die zu Brettern zersägt wurden, allerdings schon lange vor dem Holländerholzhandel in ungebundener Form, der sog. Trift, verflößt. Man nutzte dazu im Frühjahr die Schneeschmelze oder sonstige starke Regenfälle, um genügend Wasser zu haben. Das Holz wurde einfach in die Bäche und Flüsse geworfen und vom Ufer aus mit Stangen notfalls wieder flott gemacht. An bestimmten Stellen, meist an den Sägemühlen oder Holzgärten, hielten Holzfänge dann das Holz auf. Staueinrichtungen, sog. Schwallungen, sollten zu einer bestimmten Zeit den Wasserstand erhöhen. Bei dieser Technik wurde viel Holz durch den Aufprall auf herausragende Felsen unbrauchbar oder blieb auf der Triftstrecke hängen, es bekam durch die Einwirkung von Sonne, Wasser und Frost starke Risse oder verfaulte gar[18].

In einem Bericht aus dem Jahre 1774 heißt es, daß das auf der Raumünz, einem Nebenwasser der Murg, getriftete Holz aufgrund fehlender Stauanlagen und des ungeräumten Bachbettes nur selten zu einem Drittel heruntergebracht werden konnte[19].

Die Herrichtung der Floßstraßen wurde im nördlichen Schwarzwald zu einer unabdingbaren Voraussetzung für die Expansion des Holländerholzhandels. Welche Probleme dies im einzelnen bedeutete, geht sehr anschaulich aus dem Bericht des Buchhalters der Calwer Kompanie aus dem Jahre 1766 hervor[20]:

> „Die Steine und Felsen müssen von Grund aus gesprengt, und wo der Fluß zu breit oder die behörige Tiefe nicht hat, durch Fachmachen von Kötschen, mit Steinen beschwehret, gespannet, vertiefet und in die erforderliche Floßbreite, von wenigstens 12-16 Schuh versezet werden ...
> Woferne ein Fluß allzuenge ist, daß er einen Floß nicht tragen kan, so bleibet nichts anders übrig, um dem Floß fortzuhelfen, als den Fluß zu sammlen, von einer Weite zur anderen, Wasserstuben zu erbauen".

Von diesen Wasserstuben gab es in der zweiten Hälfte des 18. Jahrhunderts auf der Nagold alleine 43 und auf der großen und kleinen Enz zusammen 28. Die Idee der Floßbarmachung der oberen Murg für den Langholztransport war

17 K. Luttenberger, Untersuchung, S. 10.

18 M. Scheifele, Flößerei, S. 165f.

19 K. Hasel, Herrenwies, S. 45.

20 J.F. Stahl, Forst-Magazin, Bd. 8, S. 6f u. S. 11; über den Autor des anonymen Artikels F.W. König, Bruchstücke, S. 25; zur Technik der Langholzflößerei auch C.F. von Sponeck, Handbuch, S. 105ff.

älter als der Holländerholzhandel, wurde aber bezeichnenderweise erst in seiner Blütephase realisiert. Die Absatzchancen machten ein solch aufwendiges Vorhaben zuvor nicht rentabel[21].

Begonnen wurde das Projekt 1718 und 1722 fuhr das erste „prob-Flotz". Obschon bis 1730 ca. 50.000 Gulden aufgewendet wurden, kam der Floßbetrieb dennoch nicht richtig in Gang. Zwei neuangelegte Wasserstuben verfielen wieder. Neben territorialrechtlichen Streitigkeiten wird auch hier die unsichere Absatzlage von ausschlaggebender Bedeutung gewesen sein[22].

Abgesehen von der Floßbarmachung der Murg selbst wurde die Benutzung ihrer Nebenbäche (Schwarzenbach, Raumünzach, Schönmünzach) für die Flößerei zur wichtigsten Aufgabe im Rahmen der Erschließung der Wälder. Dieses aufwendige Vorhaben wurde erst in Angriff genommen, als die Nachfrage und die Preiskonjunktur es profitabel erscheinen ließen: 1745 wurden für rund 4.000 Gulden die ersten fünf Schwallungen angelegt und ein Zufluß zur Raumünzach begradigt[23].

Die Schwallungen waren im Unterschied zu den einfachen Wasserstuben, die neben dem Aufstauen von Floßwasser auch dem Einbinden der Flöße dienten, aufwendige Stauanlagen, an denen mit enormem Material- und Arbeitsaufwand oft Jahre gebaut wurde[24]. Scheifele weist im Bereich der Murg insgesamt zehn Holzfänge, fünf Verbauungen an Bergseen, sechs Schwallungen und 39 Wasserstuben nach, von denen die meisten zweifellos erst in der zweiten Hälfte des 18. Jahrhunderts erstmals eingerichtet wurden[25].

Für den Holztransport von den Berghängen hinab zu den Floßbächen wurden häufig sog. Riesen gebaut. Diese waren nach Jägerschmid „nichts anderes, als von Stangenholz verfertigte Kanäle"[26]. An steilen Abhängen wurden die Stämme auch an Seilen herabgelassen, was, wie Jägerschmid bemerkt, „zwar nicht so kostspielig wie jene, aber für die Arbeiter weit gefährlicher und nicht oft anwendbar" war[27].

Die zweifellos aufwendigste Transporteinrichtung stellten die mit Holz befestigten Wege dar, auf denen die Stämme mit Zugvieh geschleift wurden. Solche Wege wurden nur dort angelegt, wo weder durch Riesen noch durch Flößerei der Holztransport möglich war. Abgesehen von dem erforderlichen Arbeitsaufwand beim Bau und beim Betrieb solcher Wege, war der Material-

21 Zu den Überlegungen in den Jahren 1617 und 1627 M. Scheifele, Flößerei, S. 230.

22 M. Scheifele, Flößerei, S. 231-233.

23 M. Scheifele, Flößerei, S. 281f.

24 Vgl. die Beschreibung der Schwarzenbacher Schwallung bei K.F.V. Jägerschmid, Murgtal, S. 93-97; zur Unterscheidung von Schwallungen und Wasserstuben ebd. S. 71.

25 M. Scheifele, Flößerei, S. 288.

26 K.F.V. Jägerschmid, Murgtal, S. 105; vgl. die Beschreibung des Baus und der Benutzung ebd., S. 105-108.

27 K.F.V. Jägerschmid, Murgtal, S. 108.

aufwand exorbitant. Jägerschmid beschreibt ihn für den längs der Raumünzach gebauten Weg[28]:

> „Der Holländerweg vom Ebersbrunn bis an die Murg beträgt wenigstens 8000 Rheinländische Schuhe, das heißt zusammengenommen, so weit die Erde mit Balken bedekt ist; auf dieser Strecke haben 12,000 Stück Holz, zu acht Zoll mittlern Durchschnitts, neben einander gelegt, Plaz. Da nun jedes dieser Hölzer sieben Schuh lang ist, so halten alle zusammengenommen gegen 29,827 effektive Kubikschuh oder 372 3/4 Klafter und sieben effektive Kubikschuh. Diese Klafterzahl kann man wenigstens dreifach nehmen, weil der Weg öfters reparirt, und gewiß zweimal ganz neu belegt wurde; mithin giengen zusammen 744 1/2 Klafter nur bei diesem einzigen Weg zu Grunde, und dies ist blos eine mässige Berechnung des wenigsten Holzes, welches bei jenem Holländergeschäft ein Raub der Fäulnis wurde".

Überhaupt war die Holzmenge, die für die Transporteinrichtungen benötigt wurde, sehr groß. Jägerschmid schätzt sie in seinem 1800 erschienen Buch über das Murgtal auf ein Zwanzigstel des gesamten bis dahin genutzten Holzes[29]. Bei den Schwallungen ging man zu Beginn des 19. Jahrhunderts, als die Holzvorräte knapp zu werden begannen, zum Bau steinerner Anlagen über[30].

Bevor der Oberlauf der Murg für den Langholztransport ausgebaut wurde, nutzte man das Holz im württembergischen Teil des Murgtales, indem man es über die Höhen zur bereits floßbaren Nagold brachte. Dies geschah auf steilen Wegen mittels Pferdegespannen. 24 Zugtiere waren nötig, um zwei Wagen, jeder mit einem Stamm beladen, den Berg hinaufzuziehen. Auf diese Weise konnten täglich etwa acht Stämme transportiert werden[31].

Um diese geringe Kapazität bei gleichbleibend hohem Kostenaufwand zu steigern, wurde 1753 der Plan zum Bau einer Maschine entwickelt, die in mehreren Abschnitten die Stämme durch Seilwinden hochziehen sollte. Für den Bau der Anlage, die zwei Jahre später fertig war, wurden alleine 600 Festmeter Stammholz verbaut. Die Gesamtkosten werden in etwa den 14.000 Gulden entsprochen haben, die 1755 von der neu privilegierten Kompanie an ihre Vorgängerin für die Übernahme gezahlt werden mußten. Wie der Nutzen der Maschine von der neuen Kompanie eingeschätzt wurde, zeigt sich in dem Angebot zur Zahlung von 2.000 Gulden, „im fall wir davon frey belaßen worden wären"[32].

Anscheinend hat die Maschine mehr Probleme als Nutzen gebracht. Sie war störanfällig und es kam zu Unfällen. 1758 riß ein Seil, neun Stämme stürzten herab und beschädigten die Anlage schwer. Sie wurde daraufhin nicht wieder instandgesetzt, sondern statt dessen legte man noch im gleichen Jahr

28 K.F.V. Jägerschmid, Murgtal, S. 110f.
29 K.F.V. Jägerschmid, Murgtal, S. 111.
30 M. Scheifele, Flößerei, S. 281f.
31 J.F. Stahl, Forstmagazin, Bd. 8, S. 36.
32 Zitiert nach M. Scheifele, Flößerei, S. 267; eine ausführliche Beschreibung der Maschine ebd., S. 262-267.

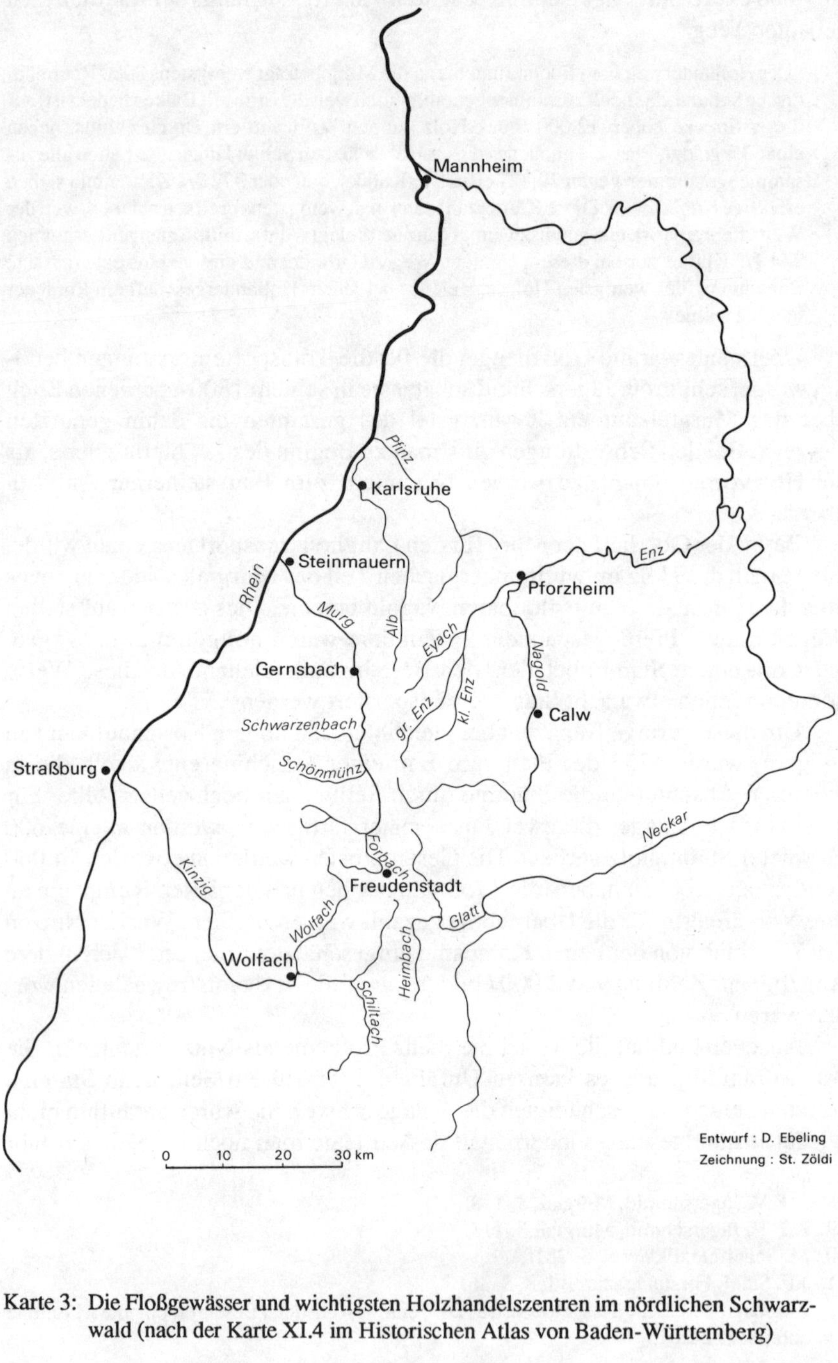

Karte 3: Die Floßgewässer und wichtigsten Holzhandelszentren im nördlichen Schwarzwald (nach der Karte XI.4 im Historischen Atlas von Baden-Württemberg)

einen neuen Fahrweg an. Der Buchhalter der Kompanie schrieb 1766 rückblikkend kritisch: „Denjenigen Maschinisten will ich loben, der ein Werk erfindet von solcher Struktur, das weder dem Raub böser Leute, der Luft und Witterung und vielem Aufwand von Sailern ausgesezt, und dessen Reparation bald möglichst bewerkstelliget werden kan“[33].

Obschon die württembergische Forstverwaltung das Murgtalholz zur Hälfte des Preises von Holz aus besser zugänglichen Gebieten abgab, war der Aufwand für den Transport immens und die Kapazität zu gering, als daß dieser Weg eine echte Alternative zur Floßbarmachung der Murg dargestellt hätte. Die 1755 gegründete Kompanie machte denn auch wenig Gebrauch von ihrem Recht auf diesen Transportweg[34].

Die größten Anstrengungen zum Aufbau einer Infrastruktur für die Walderschließung und den Holztransport im nördlichen Schwarzwald fielen in die 50er und 60er Jahre des 18. Jahrhunderts; sie wurden zweifelsohne von den günstigen Absatz- und Erlöschancen stimuliert. Als Träger dieser Aktivitäten kamen, nachdem die niederländischen Holzhändler der Direktaufkäufergeneration bereits ausgeschieden waren, nur der Staat und private einheimische Gesellschaften in Betracht.

IV.1.2 Die Rolle des Staates

Der Staat spielte in der Waldnutzung im nördlichen Schwarzwald eine dreifache Rolle: Als größter Waldbesitzer hatte er ein direktes Interesse an der profitablen Nutzung der Wälder. Als Inhaber des Floßregals besaß er eine Schlüsselstellung, denn ohne den Wasserweg war eine Ausbeutung der Wälder nicht möglich. Schließlich darf für das 18. Jahrhundert neben der von der Landesgeschichte betonten Verbindung der Förderung des Holzexportes mit der Finanzierung einer aufwendigen Hofhaltung die Orientierung der Herrschaftsträger am gesamtwirtschaftlichen Nutzen des Territoriums unterstellt werden[35].

Von dem Drittel der Waldfläche, die in Württemberg in staatlicher Hand war, konzentrierte sich der überwiegende Teil auf die für den Holländerholzhandel besonders interessanten Gebiete am Oberlauf von Enz und Nagold sowie auf die Wälder links der oberen Murg bis hinab zur Grenze mit Baden. Auf badischer Seite schlossen sich der Wald der Murgschifferschaft und dann wiederum die reichen Waldungen an der Raumünzach an, die als Markwälder im Besitz des Landesherren waren[36].

33 In J.F. Stahl, Forst-Magazin, Bd. 8, S. 37.

34 K. Luttenberger, Untersuchung, S. 25.

35 Die Darstellung beschränkt sich auf die Rolle des Staates soweit sie den Holländerholzhandel berührt; ausgespart bleibt der weitere Rahmen staatlicher Waldwirtschaft, wie er etwa von J. Allmann, Wald, behandelt wird.

36 Zu den Waldbesitzverhältnissen im Nordschwarzwald vgl. M. Schaab, Waldeigentum; zur Besitzverteilung in Württemberg O. Wulz, Entwicklung, S. 2.

Wie stark das staatliche Interesse an der Nutzung der Staatsforsten für den Holländerholzhandel war, geht aus den gut dokumentierten Bemühungen des badischen Hofkammerrates Rues hervor.

1753 wies er in einer Denkschrift erstmals auf jene reichen Waldungen hin, „wohin vielleicht manchmalen in 10 Jahren keine lebendige seele komt“ und wo nach seinen Schätzungen 12.000 Holländertannen an der Murg, 100.000 Holländertannen neben der Raumünzach und dem Hundsbach sowie nochmals mehr als 100.000 Tannen in den Schauenburgischen und den Kappentaler Waldungen stünden. Oberhalb und unterhalb Gernsbachs besäße das Haus Baden-Baden dazu einen „wichtigen“ Vorrat an Holländereichen.

Diesen Schätzungen folgte gleich die Kalkulation der möglichen Staatseinnahmen. Bei einem 20jährigem Akkord und einem Verkaufspreis von sechs Gulden bliebe „eine fast ohnglaubliche Summe von zweymahl hundert und drey und zwanzig tausend gulden zum Profit übrig“[37].

Im Sommer 1753 inspizierte Rues die badischen Wälder zehn Tage lang und fertigte eine ausführliche Übersicht an[38]:

Anzeige des in denen Baden-Badischen Cammer- und Gernsbacher Schiffer-Waldungen um und bey der Murg vorhandenen holländer holzes

			holl. Tannen	Meß- u. Dickbalcken
No.	1	Ettlingerischer Erbwald vermag	5000	10000
	2	Obere und untere Ochßenkopf	20000	30000
	3	Gernsbacher Schifferwald beym Jägersbrunn	4000	
	5	Gernsbacher Schifferwald beym Stockhaus	6000	
	6	Herrschaftsliche Lehen-Wald	15000	15000
	7	Bretter- oder Kirchspielwald	20000	30000
	8	Herrschaftlicher Mühlwald	30000	20000
	9	Waldungen unter der Schwarzenberger Glashütte bey Forbach	25000	30000
	10	Schramberg-Wald	10000	20000
	11	Waldungen von Forbach bis Weißenbach rechts und links der Murg	6000	14000
	12	Reichenthaler Camer- und Commun-Waldungen	3000	6000
			144000	175000
				319000 Stämme

37 GLA-Karlsruhe, Baden-Generalia 2315, fol. 6v-8r.
38 GLA-Karlsruhe, Baden-Generalia 2315, fol. 79.

Die Nutzung dieser Wälder, deren Erschließung nur mit dem beschriebenen Aufwand möglich war, begann einige Jahre später.

Bedeutend früher hatte die württembergische Regierung mit der Verwertung ihrer Staatsforsten begonnen. Den 1691 an van der Wall verkauften 1.000 Stämmen aus den Wildbader Waldungen folgten weitere 1.000 Stämme im nächsten Jahr aus den Liebenzeller Forsten[39].

Zwar wurden auch in den folgenden Jahren mehr oder weniger große Geschäfte mit niederländischen Holzhändlern gemacht. Der kontinuierliche Verkauf aus Staatsforsten setzte dann aber erst 1711 ein[40]. Erstmals konzessionierte die württembergische Regierung eine Gesellschaft unter der Leitung von J.J. Vischer. 1715 wurden von der Wildbader Faktorei 1.400 Holländerstämme, 51.000 gemeine Balken, 292.000 gemeine Bretter und 158.000 Latten ausgeführt[41]. Der überwiegende Teil dieses Holzes wird aus den Staatsforsten am Oberlauf von Enz und Nagold gekommen sein.

Über die Verkäufe der württembergischen Regierung in dieser Frühphase des Holländerholzhandels liegen nur bruchstückhafte Nachrichten vor. Aus der bereits zitierten Aktenübersicht geht hervor, daß im Jahre 1725 aus den Wildbader Forsten 146 Eichen und 13.844 Holländer- und gemeine Tannen und im Jahre 1727 210 Eichen und 10.940 Tannen verflößt wurden[42].

Die Schläge in den Staatsforsten müssen in der ersten Hälfte des 18. Jahrhunderts aber bereits so umfangreich gewesen sein, daß die steigende Nachfrage aus diesen Wäldern allein nicht mehr befriedigt werden konnte. Deshalb verlagerten sich die Bemühungen der Regierung auf die Erschließung der bislang kaum genutzten Staatswälder am Oberlauf der Murg.

Auch von den Holzverkäufen aus den nicht-staatlichen Wäldern profitierte die württembergische Regierung über das Rekognitionsgeld unmittelbar. Ihren Anspruch auf diese Abgabe leitete sie wenig überzeugend aus der „Fürstl. Württembergischen uralten Forst-Ordnung der Observanz, und denen im ganzen Reich recipierten Principiis, zuvor den Fürstl. Consens einhohlen“ und dafür eine Gebühr entrichten zu müssen, ab[43].

Gestützt auf die Forst- und Floßordnungen übte der württembergische Staat eine scharfe Kontrolle über die Nutzung der Privatwaldungen aus, die vor

39 K. Luttenberger, Untersuchung, S. 17; vgl. auch HStA Stuttgart, A 559, Bü 96.

40 Zu den Aktivitäten zwischen 1696 und 1711 vgl. die Aktenübersicht in HStA Stuttgart, A 559, Bü 96; die Originalakten scheinen nicht mehr zu existieren.

41 K. Luttenberger, Untersuchung, S. 18.

42 HStA Stuttgart, A 559, Bü 96.

43 So die Formulierung im „Vertrag zwischen Oestereich, Württemberg und Eßlingen, das gemeine Flözen auf dem Necker betreffend von 1740“, abgedruckt in W.G. von Moser, Forstarchiv, Bd. 12, S. 109-150, hier S. 123; eine völlig andere Formulierung bei identischem Quellenhinweis bringt O. Wulz, Entwicklung, S. 7.

dem Holländerholzhandel der Regulierung entsprechend den Landesbedürfnissen galten. So wurde die „Wasser- und Flotz-Ordnung" von 1667 u.a. damit begründet, daß mit „wider zunemmender Menge deß Volcks, die Waldungen in Unserem Herzogthumb, bevorab in dem Tübinger, Böblinger, Leonberger, und anderen Försten, widerumben dermassen außgehauen und abgetriben seyn, daß nunmehr so wohlen bey Unserm Hoffstaat, als auch bey dem gemeinen Mann, an nothwendigem Baw- und Brennholtz Mangel erscheinen will"[44]. Schon die Forstordnung von 1614 hatte den privaten Holzverkauf außerhalb des Landes verboten: „Es solle keiner Unserer Unterthanen und Schirmverwandten, der eygne, oder Lehenwäld hat und besitzt fürohin keinem Außländischen einig Holtz auß solchen seinen eygnen Wäldern zuverflössen, zu kauffen geben"[45].

Um die Ausschaltung eines konkurrierenden privaten Angebots war es dem Staat im Holländerholzhandel nicht zu tun, ganz im Gegenteil: Durch das Konzessionsgeld partizipierte er ja finanziell an den Privatverkäufen. Ursprünglich als Strafe bzw. Erlaubnisgebühr für den privaten auswärtigen Holzhandel eingerichtet, nahm das Konzessionsgeld im 18. Jahrhundert den Rang einer Entschädigungsabgabe für die Benutzung und mögliche Beschädigung der Floßbäche an[46].

Wo die Waldnutzung noch nicht dem Holländerholzhandel diente, suchten die Beamten in diese Richtung zu lenken. „In Absicht auf das Cameral-Interesse" und mit Verweis auf die Forstordnung sollten 1768 etwa die Alpirsbacher Bauern im Kinzigtal veranlaßt werden, ihre Wälder anstatt für Brenn- und Sägeholz für Holländerholz zu nutzen. Hinter diesen Bemühungen stand aber nicht nur das deutlich ausgesprochene Interesse an einer Steigerung der Einnahmen aus den Konzessionsgeldern. Fast noch wichtiger schien dem Regierungsrat und „Kammerprokurator" Stoccmeier, der diese Aktennotiz verfaßte, eine andere Sorge: Die Wälder an Nagold, Enz und Neckar seien so stark gelichtet, daß man den mit der Calwer Kompanie bis 1777 abgeschlossenen Vertrag nicht einhalten könne, „und auß dieser Ursache dürffte der sorgfältigste bedacht dahin zu nehmen syn, damit zu verhüthung der völligen zusammenhauung der Waldungen an der Enz, Nagold und dem Neccar, auch in denen Alpirsbacher Waldungen diejenigen thannen, welche sich zu holländer und gefremdet holz qualificiren, zu diesem Gebrauch ahserviret, und nicht wieder die forst-Ordnung schädlich verschnitten werden". Nach Meinung des Freudenstadter Oberforstmeisters stünden in den Alpirsbacher Waldungen über 20.000 Holländertannen, von denen man der Calwer Kompanie jährlich 300-400 überlassen könne[47].

44 Abgedruckt in W.G. von Moser, Forstarchiv, Bd. 12, S. 95-109, hier S. 96f.
45 Zitiert nach L. Barth, Flößerei, S. 73.
46 W.G. von Moser, Forstarchiv, Bd. 13, S. 10.
47 HStA Stuttgart, A8, Bü 79.

Die Wälder des württembergischen Kirchenrates, die neben den Staatsforsten erhebliche Mengen an Holländertannen enthielten, waren zu diesem Zeitpunkt auch bereits weitgehend erschöpft. In diesen Wäldern hatte die Regierung ein Mitaufsichtsrecht, und da Landesherr und Landesbischof eine Person waren, war eine weitgehende Garantie für die Waldnutzung im landesfiskalischem Interesse gegeben[48].

Eine funktionierende Forstverwaltung verhalf zwar nicht zu einer gemäßigten, die Walderneuerung berücksichtigenden Nutzung, aber, wie das vorgeführte Beispiel zeigt, zu einer effizienten Ausbeutung auch der nichtstaatlichen Wälder.

Gleichgerichtete Bemühungen der badischen Regierung setzten, wie die Aktivitäten des Kammerrates Rues zeigen, erst sehr viel später ein; sie waren von der Absicht geleitet, dem württembergischen Kontrahenten mindestens einen Teil des Geschäftes abzujagen. Zur Erklärung dieses Spätstarts können zweifellos einige Faktoren angeführt werden, die nicht in direktem Zusammenhang mit der unterschiedlich stark ausgeprägten Staatlichkeit, insbesondere der staatlichen Exekutivorgane, standen: Die Nachfrage des Holländerholzhandels drang schon wegen der geschilderten ungünstigen und aufwendigen Erschließungsbedingungen bedeutend später in das u.a. zum badischen Territorium gehörende Murgtal vor. Auch war der staatliche Waldbesitz und das damit verbundene Verwertungsinteresse geringer.

Wie die württembergische Regierung suchte auch die badische Regierung sich mit Beginn des Holländerholzhandels an den Erlösen der Privatverkäufe durch Konzessionsgelder zu beteiligen. Erst 1723 wurde, um dafür die Grundlagen zu legen, der private Holzexport verboten[49].

Im Unterschied zum Holzhandel auf Enz, Nagold und Neckar, der sich vor dem Holländerholzhandel in engen, regionalen Grenzen bewegte, gab es an der Murg einen traditionsreichen und in der Murgschifferschaft fest organisierten Holzhandel, der bis Mainz als dem Zentrum des mittelrheinischen Holzhandels reichte. Die Mitglieder der Murgschifferschaft verfügten über Waldparzellen, die sich am Mittellauf der Murg über ein großes geschlossenes Areal, den sog. Schifferschaftswald, erstreckten. Die Rechte der Murgschifferschaft an der Nutzung der Murg für den Schnittholzhandel und ihre eindeutige Ausrichtung auf den Handel mit gesägtem Holz waren zu fest verankert, als daß vergleichbare Pressionen wie bei den Alpirsbacher Bauern hätten Wirkung erzielen können. Die Strategie der badischen Regierung zur Aktivierung des Holländerholzhandels suchte deshalb von Beginn an andere Wege.

48 O. Wulz, Entwicklung, S. 38.

49 Zur Waldbesitzverteilung in Baden W.W. Fuchs, Waldwirtschaft, S. 23; zur Handhabung der privaten Holzverkäufe und -exporte ebd., S. 45.

Neben den erhofften Einnahmen aus den Holzverkäufen aus Staatsbesitz erwartete man, die Öffnung der Murg für die intensive Erschließung der am Oberlauf stehenden württembergischen Wälder würde die Zolleinnahmen stark ansteigen lassen. Der Hofrat Rues stelite pro Tanne einen Gulden Wasserzoll in Aussicht[50]. Die später tatsächlich an die Benutzung der Murg geknüpften Abgaben waren noch bedeutend höher.

Neben dem Interesse an der Verwertung bislang ungenutzter oder wenig profitabel genutzter Wälder hielten die beiden Territorien mit dem Floßmonopol ein entscheidendes Instrument zur Steuerung des Holzhandels in der Hand. Das Recht der Nutzung von Wasserläufen zum Holztransport galt als landesherrliches Regal, das im Falle Württembergs aus Lehensbrief und Erhöhungsurkunde sowie aus dem von Karl V. übertragenen Recht der Schiffbarmachung des Neckar und seiner Nutzung für die Flößerei abgeleitet wurde[51]. Zahlreiche Floßordnungen wiesen vor dem Holländerholzhandel den Gemeinden die Pflege der Wasserläufe zu und regelten die teilweise konkurrierende Nutzung durch die Flößerei, den Mühlenbetrieb und die Fischerei[52]. Mit dem Langholzhandel veränderten sich die Bedingungen für die Nutzung der Floßwege entscheidend. Abgesehen von der Intensität nahm zumindest auch zeitweise die Konkurrenz um den Wasserweg zu. Wie bei der Waldnutzung schuf das staatliche Interesse an der profitabelsten Nutzung aber auch hier freie Bahn für den Langholzhandel.

IV.1.3 Die Rolle der Kompanien

Die ersten Langholzverkäufe aus württembergischen oder auch aus badischen Waldungen bedurften keiner aufwendigen Organisation. Die Bestände in der Nähe der auch für den Langholztransport geeigneten Bach- und Flußläufe reichten für die beginnende Nachfrage aus; Einschlag und Transport übernahmen die niederländischen Holzhändler.

Mit dem zunehmenden Umfang des Langholzhandels stieg der Erschließungs- und Kapitalaufwand. Dies war, wie schon vermutet, sicherlich ein Hauptgrund für den Rückzug der niederländischen Holzhändler aus den Wäldern. Aus dem gleichen Grund trat der Staat in den Hintergrund. Zwischen die Waldbesitzer, zu denen an erster Stelle der Staat gehörte, und die rheinischen Holzgroßhändler schoben sich Kapitalgesellschaften, denen der Staat neben Einschlagrechten in seinen Forsten vor allem das Floßrecht überließ.

50 GLA-Karlsruhe, Baden-Generalia 2315, fol. 47v.
51 O. Wulz, Entwicklung, S. 7.
52 Vgl. die Ordnungen bei W.G. von Moser, Forstarchiv, Bd. 12.

Die Geschichte dieser Holländerholzkompanien bis zum vorläufigen Ende des Booms am Ende des 18. Jahrhunderts ist außerordentlich wechselreich; sie wird durch die Territorialverhältnisse zusätzlich kompliziert. In der Darstellung wird deshalb dem chronologischen Zugriff der Vorzug gegeben, ohne dabei auf eine systematische Betrachtung verzichten zu wollen. Als wesentlichste Aspekte müssen dabei berücksichtigt werden: die Trägerschaft, die innere Organisation und das Verhältnis zum Staat, zu den Abnehmern sowie zu den bereits vorhandenen Organisationen der Holznutzung.

Nachdem die württembergische Regierung 1711 dem Calwer Kaufmann Vischer die Erlaubnis zum Verflößen von Holländerholz gegeben hatte, gründete sich 1713 unter seiner Leitung die erste Gesellschaft, bestehend aus 20 Mitgliedern, die aus verschiedenen Orten des Enz- und Nagoldtales stammten. Die Kompanie hatte das Recht, auf Nagold und unterer Enz zu flößen, wo zu dieser Zeit noch ausreichende Holländerholzbestände vorhanden waren. Die obere Enz blieb auch für andere Nutzer offen. 1715 wurden allein 14.000 Holländertannen verflößt[53].

Dennoch scheint die erste Gesellschaft aufgrund mangelhafter Buchführung und Organisation nicht den Vorstellungen der württembergischen Regierung entsprochen zu haben, denn schon 1719 wurde sie auf Betreiben des staatlichen Holzfaktors Sprenger aufgelöst. Von Sprenger gingen dann in den 20er Jahren weitreichende Aktivitäten aus, den württembergischen Holländerholzhandel auf eine neue Grundlage zu stellen. Fraglos angeregt von den günstigen Verkaufschancen, die er auf einer Reise in die Niederlande erkundet hatte, entstand unter seiner Leitung 1722 eine neue Gesellschaft, die mit einem sechsjährigen Akkord der württembergischen Regierung ausgestattet wurde. Die Kapitalanteile waren weit gestreut. Das Ziel der Kompanie bestand u.a. in der Errichtung eines Angebotsmonopols auf dem Mannheimer Markt, der sich zum Umschlagplatz für das Holländerholz entwickelte und wo die rheinischen Holzgroßhändler ihre Einkäufe machten.

Sprenger gelang es offenbar, die kleinen Flößer aus Pforzheim und Calw, die bis dahin eher bescheidene Mengen Holländerholz nach Mannheim gebracht und dort konkurrierend angeboten hatten, in die neue Gesellschaft zu ziehen. Von privaten Waldbesitzern wurden Holzschlagrechte als Kapitaleinlagen akzeptiert. Auch der württembergische Staat beteiligte sich an der Kompanie, die ihre Aktivitäten rasch nach Baden, in die Kurpfalz und auch nach Hessen ausdehnte. In diese Aufbruchsphase fallen auch die ersten Versuche der Floßbarmachung der Murg, um das am Oberlauf stehende württembergische Holz zu nutzen. Trotz eines Vertrages zwischen Württemberg und Baden zur Nutzung des Flusses und trotz hoher finanzieller Aufwendungen (50.000 bzw. 80.000 Gulden), die u.a. schon zur Errichtung einer Hebevorrichtung zwischen Murg und Nagold benutzt wurden, blieb das Projekt ein Torso. Die überhastet

53 B. Weinhardt, Flosswesen, S. 26-28.

geschaffenen Wasserbauten verfielen wieder. Neben technischen Schwierigkeiten und den herrschaftlichen Ansprüchen Speyers auf die Floßrechte auf der Murg war für das Scheitern dieses ersten Erschließungsansatzes im Murgtal die mangelnde Rentabilität ausschlaggebend. Erst der in den 50er Jahren einsetzende Boom im Holländerholzhandel sollte einem erneuten Versuch zum Erfolg verhelfen.

Zu den weitgesteckten Zielen der Sprenger'schen Kompanie gehörte offenbar auch die Ausschaltung der rheinischen Großhändler, die das Geschäft zwischen Mannheim und den niederländischen Absatzmärkten betrieben. Dieses Vorhaben scheiterte, wie schon beschrieben, und es wurde von keiner der nachfolgenden Kompanien wieder aufgegriffen.

In der regionalhistorischen Literatur, die sich zumeist auf zeitgenössische Berichte stützt, wird der Kompanie und insbesondere ihrem Direktor Sprenger ökonomischer Dilettantismus und Größenwahn attestiert. Führt man dieses Urteil auf seinen rationalen Kern zurück, so hat man die weitgehend gescheiterten Ziele der territorialübergreifenden Waldnutzung, der Schaffung einer größtmöglichen Trägerschaft für die Finanzierung wie für die Errichtung eines Angebotmonopols und schließlich der Ausschaltung des Zwischenhandels als ambitionierten, durch die günstige Konjunkturlage hervorgerufenen Versuch der Interessenbündelung zu werten, der an den kurzsichtigen, aber nicht zu beseitigenden Partikularinteressen einerseits, an der wieder rückläufigen Konjunktur andererseits gescheitert ist. Der wirtschaftliche Mißerfolg kam deutlich in den Befürchtungen der Nachfolgegesellschaft zum Ausdruck, von den Kreditoren der Sprenger'schen Kompanie in Anspruch genommen zu werden[54].

Die 1728 auf drei Jahre vergebene Konzession zum Holländerholzhandel schraubte die Dimensionen deutlich zurück. Den sechs Gesellschaftern, die sich im wesentlichen aus der regionalen Honoratiorenschaft rekrutierten, wurde die Nutzung der Altensteiger-, Wildbader- und Liebenzeller Forsten an Enz und Nagold überlassen. Ausdrücklich wurden die Murg, die Kinzig und der Neckar von der Nutzung ausgenommen. Ein bestimmtes Quantum der aus den Staatsforsten zu schlagenden Stämme legte der Vertrag zwar nicht fest, er verlangte aber einen waldschonenden Betrieb. Die Kompanie erhielt das Exportmonopol für Holländerholz, während der inländische Holzhandel und die dafür notwendige Benutzung der Floßwege auch für andere offen blieb. Entsprechend wurden die Gesellschaft wie auch andere Floßbetreiber zum Unterhalt und zur Pflege der Floßeinrichtungen verpflichtet. Überhaupt schloß der stark eingeengte Handlungsspielraum Konflikte mit bestehenden Wald- und Wassernutzern weitgehend aus. Nur in einem Punkt verlangte die Gesellschaft das Vorrecht gegenüber einer anderen Nutzung des Floßwassers: Sie wollte sich hinsichtlich der Floßzeiten nicht durch die Rücksichtnahme auf die

54 HStA Stuttgart, A 248, Bü 1932; zur Sprenger'schen Kompanie und zu seiner Person B. Weinhardt, Flosswesen, S. 28-36, K. Luttenberger, Untersuchung, S. 18-21 u. M. Scheifele, Flößerei, S. 231-233.

Fischlaichzeit einschränken lassen und ließ dies im Vertrag fixieren. Die älteren Floßordnungen von 1588 und 1667 hatten noch den Interessen der Fischer den Vorrang eingeräumt[55].

Weitreichende Walderschließungsprojekte und den Ausbau der vorhandenen Floßanlagen sah der Vertrag nicht vor. Dagegen legte er im einzelnen Stamm- und Konzessionsgeld fest, d.h. den Preis der aus den Staatsforsten zu schlagenden Stämme und die Ausfuhrgebühr für privates Holz:

1	Holländertanne, 70-80 Schuh lang, 14 Zoll Zopfstärke	5 Gulden	
1	Holländertanne, 60 Schuh lang, 14 Zoll Zopfstärke	3 „	20 Kreuzer
1	Wulzentanne, 60 Schuh lang, 16 Zoll Zopfstärke	3 „	[56]
1	Meßbalken	2 „	30 „
1	Wulzen-Meßbalken	1 „	30 „
1	Dickbalken, 44 Schuh lang, 14 Zoll Zopfstärke	1 „	15 „
1	Meß-70er, weniger als 10 Zoll Zopfstärke	45 „	
1	desgl. als Wulzenholz	27 „	
1	Eichenrute	2 „	
1	Wagenschoß	1 „	45 „
1	Fore, 45 Schuh lang, 14 Zoll Zopfstärke	3 „	
1	Foren-Dickbalken, 42-44 Schuh lang, 12 Zoll Zopfstärke	1 „	

Das Konzessionsgeld für die Ausfuhr von Holländerholz aus Privatwaldungen betrug etwa die Hälfte des Stammgeldes für das staatliche Holz[57]. Das Preisniveau auf dem Dordrechter Markt lag zu dieser Zeit fünfmal höher.

Bei diesen begrenzten Rahmenbedingungen war auch der Erfolg nur mäßig. Offenbar weil keine festen Kontingente bestimmt waren, wurden die zugewiesenen Staatsforsten trotz des Vorbehalts der waldschonenden Nutzung stark in Anspruch genommen, so daß die württembergische Regierung 1731 den Holländerholzhandel selbst übernahm. Hohe Kosten und geringe Effizienz veranlaßten sie aber schon bald wieder, den Handel Privatgesellschaften zu überlassen. Bis etwa zur Mitte des 18. Jahrhunderts blieb es bei kleinen, meist von Lokalhonoratioren getragenen Kompanien mit stark begrenztem Handlungsspielraum. Auch die aus Staatswald überlassenen Holzkontingente wurden nun festgelegt[58].

55 W.G. von Moser, Forstarchiv, Bd. 12, S. 90 u. S. 102.

56 Als Wulzenholz wurden durch Windwurf gefällte Bäume bezeichnet.

57 HStA Stuttgart, A 248, Bü 1932.

58 K. Luttenberger, Untersuchung, S. 23.

Große Investionen wurden auch von diesen Gesellschaften nicht gemacht. Den Unterhalt der Floßeinrichtungen übernahm die Regierung. Das gegenüber der Aufbruchszeit in den ersten beiden Jahrzehnten des 18. Jahrhunderts deutlich reduzierte Aktivitätsniveau ist zweifellos auf eine Ernüchterung infolge der nicht erfüllten Absatz- und Gewinnerwartungen zurückzuführen. Leider kann diese Normalisierung nicht vor dem Hintergrund der Marktentwicklung in Dordrecht betrachtet werden, weil dort die Quellen bis 1744 ausfallen. Immerhin deutet die seit Mitte der 30er Jahre zurückgehende Zahl der von den niederrheinischen Zollstellen registrierten Flöße die rückläufigen Absatzmöglichkeiten des rheinischen Holzes an[59]. Gleichzeitig stieg das Angebot von norwegischem Holz auf dem Amsterdamer Markt stark an[60]. Diese Verschiebung zuungunsten des rheinischen Holzes wirkte mit hoher Wahrscheinlichkeit auf das Aktivitätsniveau im Schwarzwald zurück.

In den 40er Jahren schlug die Entwicklung erneut um. Schon 1742 verlangte die württembergische Regierung für 2.000 Holländertannen aus Altensteiger und Freundenstadter Forsten einen Stückpreis von 9 Gulden. In Dordrecht betrug der Verkaufspreis 1744 33 Gulden für eine 70-Fuß-Tanne, und er stieg in den folgenden Jahren weiter an. Auch die in Dordrecht versteigerten Mengen spiegeln eine wachsende Nachfrage wider. 1744 wurden alleine 915 70-Fuß-Tannen versteigert, ein Vielfaches gegenüber den Zahlen vom Beginn der 30er Jahre.

Diese günstige Konjunkturentwicklung löste im Schwarzwald gesteigerte Aktivitäten aus. 1746 erhielt der Kaufmann und spätere Kommerzienrat Christoph Friedrich Lidell von der württembergischen Regierung das alleinige Recht für den Holländerholzhandel auf Enz und Nagold zunächst auf drei Jahre. 1749 wurde der Vertrag mit einer Laufzeit von nun sechs Jahren erneuert.

Die Gesellschafter der Lidell'schen Kompanie rekrutierten sich wie schon bei den Vorgängerkompanien aus der regionalen Honoratioren- und Kaufmannschaft. Erstmals allerdings traten ihr 1749 auch Mitglieder der Pforzheimer Schifferschaft bei[61].

Praktisch bedeutete dies das Ende der traditionellen, autonomen Flößerei auf der Enz. Deren Ursprünge reichten mindestens in das 14. Jahrhundert zurück. 1501 wurde den in Pforzheim ansässigen Flößern vom badischen Markgrafen eine Ordnung bestätigt, welche die Elemente der zünftisch-genossenschaftlichen Betriebsweise dokumentiert. Kein Mitglied durfte Aktivitäten über die Flößerei hinaus betreiben, z.B. kein Holz selbständig fällen oder fällen lassen. Der Herstellung gleicher Erwerbschancen dienten auch die Vorschriften, nicht mehr als 5.000 Stück Holz oder Bretter pro Jahr und Mann zu

59 L. van Prooije, Invoer, Abb. 1, S. 56.
60 P.J. Middelhoven, Veilingen, Abb. 1, S. 102.
61 Zur Zusammensetzung der Mitgliederschaft M. Scheifele, Flößerei, S. 234.

verflößen, keine Einzelverträge mit Abnehmern zu schließen, keinen Holzeinkauf über 60 Gulden zu tätigen sowie keine Kompanien untereinander zu bilden[62].

Ganz anders als in der Murgschifferschaft war bei den Pforzheimer Schiffern die Vereinigung von Waldbesitz, Flößerei, Sägebetrieb und Holzhandel völlig ausgeschlossen. Die Ordnung statuierte diesen Zustand allerdings nur. Ursächlich für diese Betriebsweise mag neben der im Vergleich zum Murgtal andersartigen Entwicklung der Wald- und Sägemühlenbesitzformen auch der sehr viel stärker regionale Charakter der Waldnutzung und des Holzhandels gewesen sein. Während die Sägeware von der Murg bereits im späten Mittelalter die mittelrheinischen Märkte erobert hatte, beschränkte sich der Holzhandel auf der Enz weitgehend auf die Versorgung der Städte am Neckar[63].

Seit dem Erwerb der badischen Ämter Liebenzell und Altensteig an der Nagold 1595 durch Württemberg waren die Pforzheimer Flößer zudem noch stärker als vorher von der Waldnutzungs- und Holzhandelspolitik Württembergs abhängig[64]. Zwar stand den Pforzheimern das Recht zu, alles nach Pforzheim kommende Holz weiterzuflößen, und die ersten niederländischen Holzhändler haben sich am Ende des 17. Jahrhunderts der Pforzheimer Zunft für den Transport bis Mannheim anscheinend auch bedient[65]. Doch mit der intensiveren Nutzung der württembergischen Forsten an den Oberläufen von Enz und Nagold für den Holländerholzhandel wurde die Pforzheimer Zunft aus diesem Geschäft ausgeschaltet. 1725 und nochmals 1737 und 1739 verbot die württembergische Regierung den Verkauf von Holz an die Pforzheimer. Damit war eine generelle Schwächung der Rolle, die Pforzheim im Holzhandel auf Enz und Nagold spielte, bei gleichzeitiger Förderung des württembergischen Calw beabsichtigt[66].

Im Gegensatz zu den Mitgliedern der Murgschifferschaft lebten die Pforzheimer Zunftgenossen am Ende des 17. Jahrhunderts in ärmlichen Verhältnissen, vor denen sie auch die wiederholte Verschärfung der Zugangsbedingungen zur Zunft nicht hatte schützen können[67].

Die finanzielle Beteiligung von einigen Zunftmitgliedern mit finanziellen Reserven an der gescheiterten Sprenger'schen Kompanie dokumentiert das

62 Zur Zunftordnung von 1501 vor allem B. Weinhardt, Flosswesen, S. 10-15 u. R. Gerwig, Flößerei, S. 217.

63 B. Weinhardt, Flosswesen, S. 22.

64 Zu der Gebietserweiterung B. Weinhardt, Flosswesen, S. 18f.; zur Territorialgeschichte auch E. Blessing, Entwicklung.

65 Zu dem Floßprivileg R. Gerwig, Flößerei, S. 219; zum Transport des Holländerholzes B. Weinhardt, Flosswesen, S. 23.

66 M. Scheifele, Flößerei, S. 235.

67 R. Gerwig, Flößerei, S. 218 zu den weiteren Einschränkungen, sowie E. Gothein, Pforzheimer Vergangenheit, S. 46 zur sozialen Lage.

Bemühen um die Teilhabe an den profitversprechenden neuen Unternehmungen; doch noch 1740 ließ sich die Zunft, vielleicht auch unter dem Eindruck der bis dahin unbefriedigenden Entwicklung des Holländerholzhandels, ihre alten Statuten bestätigen[68].

Sieben Jahre später war die Zunft am Ende. Wohl am Vorbild der württembergischen Kompanien orientiert schloß sich 1747 der Pforzheimer Floßverein zusammen. Das Grundkapital von 27.000 Gulden wurde von 76 Mitgliedern aufgebracht. Der niedrige Grundbeitrag von 100 Gulden und die Einschränkung auf maximal 12 Besitzanteile pro Person erlaubte es der Mehrheit der alten Zunftmitglieder, sich in die neue Gesellschaft einzukaufen. Die Leitung lag jedoch in den Händen von Kaufleuten, die mit der alten Zunft nichts zu tun hatten. Fauler, Meyer und Gerwig, die zuvor einer württembergischen Kompanie angehört hatten, beteiligten sich mit Höchstanteilen und bildeten den ersten Vorstand[69]. Diese drei und ein weiterer Pforzheimer waren es dann auch, die 1749 in die zweite Lidell'sche Kompanie eintraten und die Integration des neugeformten Pforzheimer Holzhandels in den Holländerholzhandel einleiteten.

Parallvorgänge zur Integration des regionalen Holzhandels an der Enz in den Holländerholzhandel bei gleichzeitiger Umformung der zünftigen Organisationsform gab es auch im Kinzigtal. Hier hatte der Holzhandel zunächst ebenfalls nur bescheidenen Umfang. Zwar deckte das Kinzigtal schon im späten Mittelalter einen bedeutenden Teil des Straßburger Holzbedarfs, doch wurde diese Beziehung durch den Dreißigjährigen Krieg und später durch die französische Besetzung gestört. Spätere Versuche, Schwarzwaldholz für die Stadt durch einen Kanalbau zu erschließen, scheiterten[70]. Dennoch blieb Straßburg auch im 18. Jahrhundert ein wichtiger Markt für das Holz aus dem Kinzigtal; es hat dadurch vermutlich ein weiteres Ausgreifen der Kinzigtaler Holzhändler auf die mittelrheinischen Märkte, wie es bei der Murgschifferschaft der Fall war, verhindert[71]. Von einem bestimmenden Einfluß Straßburger Kaufleute auf die Waldnutzung und den Holzhandel im Kinzigtal wie im späten Mittelalter konnte seit dem 16. Jahrhundert keine Rede mehr sein[72].

Die in Wolfach und Schiltach ansässigen Holzhändler erreichten 1535 die Anerkennung ihrer zünftigen Vereinigungen, die u.a. auch die bäuerlichen Waldbesitzer vom Holzhandel ausschlossen[73]. Während der Hochphase des Holzhandels in der zweiten Hälfte des 16. Jahrhunderts gerieten sie allerdings

68 B. Weinhardt, Flosswesen, S. 36 und E. Gothein, Pforzheimer Vergangenheit, S. 46.
69 Zum Floßverein vor allem B. Weinhardt, Flosswesen, S. 36-41.
70 Dazu L. Barth, Geschichte, S. 67f.
71 Den fortwirkenden Bezug von Holz aus dem Kinzigtal betont P. Hertner, Stadtwirtschaft, S. 185.
72 Zum Spätmittelalter L. Barth, Geschichte, S. 13f.
73 L. Barth, Geschichte, S. 30 u. S. 42; vgl. noch die Einschränkung bei O. Wulz, Entwicklung, S. 9.

ebenso in die Abhängigkeit des Holzgroßhändlers Jakob Kast wie die Mitglieder der Murgschifferschaft[74].

An den Holländerholzhandel gewannen die Wolfacher und Schiltacher Zunftmitglieder aus eigener Initiative ebensowenig Anschluß wie die Pforzheimer. Mangelnde Kapitalkraft, die für den Holzankauf in großem Stil und für die Floßbarmachung der Kinzig und ihrer Nebenwässer für den Langholzhandel erforderlich gewesen wäre, fiel zusammen mit der Bereitschaft, sich mit dem traditionellen Holzhandel zu begnügen, was sich in der Ansicht ausdrückte: „Weilen die Holländerwar ein extra Handel ist, dergleichen gegen ein concessionsgelt zu erlangen ist, so kann man ausländischen Schiffern den Handel damit erlauben"[75].

Dennoch kam es später zum Konflikt, als der württembergische Floßfaktor Johann Jakob Vollmar sich 1745 die Floßrechte für Holländerholz auf der Kinzig sicherte und auch Wald aufkaufte. Waldbauern, sowie die Wolfacher und die Schiltacher Schiffer sahen sich in ihren Aktivitäten behindert. Aber weniger diese um die Benutzung des Floßwassers kreisenden Reibereien als vielmehr die mangelnde Kapitalkraft eines Einzelnen ließ das Unternehmen Vollmars letztlich scheitern. Die württembergische Regierung und später auch das Haus Fürstenberg sahen in der 1755 gegründeten Calwer Kompanie den potenteren Partner für die Ausbeutung der Wälder[76].

Die Kompanie nutzte die vorhandenen Strukturen im Kinzigtal und schloß mit den größeren Wolfacher Holzhändlern Verträge, welche die Lieferung der Stämme bis Kehl am Rhein umfaßten. Als Nachfolger im Besitz der Vollmar'schen Waldungen und als Vertragspartner der Regierungen wie der rheinischen Holzgroßhändler blieb die Kompanie aber die bestimmende Kraft.

Die weitere Entwicklung verlief jedoch anders als an Murg, Enz und Nagold. Die Kompanie zog sich schon in den 60er Jahren von der Kinzig zurück bzw. wurde von den Wolfacher und Schiltacher Schiffern zunehmend aus dem Geschäft gedrängt. Beide Vereinigungen schwankten seitdem zwischen Zunft und Handelsgesellschaft[77]. Die Gründe für die nur kurzzeitige und nicht einmal vollständige Durchsetzung des Handelskapitals sind zum einen sicher im Widerstand der lokalen Interessenten, zu denen sowohl die Waldbauern als zumindest auch die kleinen Flößer und Holzhändler rechneten, zu suchen. Andererseits erschwerten die territorialen Verhältnisse einen reibungslosen und effizienten Holzhandel erheblich.

Dies erklärt jedoch nicht alles. Auch im Murgtal bestanden schwierige Territorialverhältnisse und Widerstände gab es dort ebenfalls. Ein gewichtiger, wenn nicht sogar der ausschlaggebende Faktor scheint die Tatsache gewesen zu sein, daß die Calwer Kompanie schon 1767 ihre Schläge am Kniebis wegen

74 M. Scheifele, Flößerei, S. 188.
75 Zitiert nach L. Barth, Geschichte, S. 74.
76 L. Barth, Geschichte, S. 75-78; vgl. auch W.W. Fuchs, Waldwirtschaft, S. 77.
77 L. Barth, Geschichte, S. 79-94.

Holzmangels einstellen mußte. Auch die württembergischen Kirchenratswaldungen an der Kinzig und ebenso die Fürstenbergischen Kameralwaldungen gaben nicht mehr genügend Holz für den Holländerholzhandel her[78].

Die 50er Jahre wurden zur entscheidenden Periode, in der die organisatorische Umstrukturierung des Holzhandels im nördlichen Schwarzwald entsprechend den Bedürfnissen des Langholzhandels zum Abschluß gebracht wurde. Zweifellos aufgrund der günstigen Gewinnaussichten begann schon drei Jahre vor Ablauf des Lidell'schen Vertrages mit der württembergischen Regierung die Konkurrenz um die nachfolgende Konzession. Zum entscheidenden Faktor sollte die Erschließung der Waldungen an der oberen Murg werden. Für die wachsende Nachfrage reichten die Bestände an Nagold und Enz nicht mehr aus.

Abgesehen von den frühen Bemühungen der Sprenger'schen Kompanie und wiederholten Visitationen der reichen Bestände hatte schon der Artikel 7 des Vertrages von 1749 der Kompanie nach einjährigem Vorlauf die Nutzung von 400 bis 600 Stämmen von der oberen Murg durch den Transport an die Nagold auferlegt[79]. Aber auch die Nutzung der Tannen aus den nichtstaatlichen Wäldern an der Murg trieb die württembergische Regierung voran. 1752 überließ der unter ihrer Aufsicht stehende Kirchenrat der fürstlichen Rentkammer vertraglich 800-1.000 Stämme jährlich aus den Waldungen des Klosters Reichenbach gegen einen Stückpreis von 2 1/2 Gulden. Die Regierung selbst verkaufte der Kompanie die Tannen dann zum Preis von fünf Gulden, kassierte also das übliche Konzessionsgeld in Höhe der Hälfte ihrer eigenen Abgabepreise.

Diese Erschließung der kirchlichen Wälder für den Holländerholzhandel ging direkt zu Lasten des Schnittholzhandels der Murgschifferschaft, die bislang Holz aus den Reichenbacher Forsten gekauft hatte und nun durch Artikel 11 des Vertrages explizit von dieser Quelle abgeschnitten wurde mit dem Hinweis, daß beide Nutzungsformen nicht nebeneinander bestehen könnten[80].

Die Preise für die Murgtannen waren mit Rücksicht auf die hohen Transportkosten niedrig festgesetzt. Der Abgabepreis der Tannen von Enz und Nagold lag 1746-49 bei 14 Gulden und 1749-55 bei 15 Gulden[81]. Dennoch kam die Ausbeutung der Wälder im oberen Murgtal in den 40er und Anfang der 50er Jahre nur schleppend voran. 1752 stellte die württembergische Regierung fest, daß die Kompanie das „aus dem Tombach (Nebenfluß der Murg – D.E.) erhandelte und über die höchste berge zu transportiren versprochene holländer

78 L. Barth, Geschichte, S. 94.

79 Zu den frühen Bemühungen M. Scheifele, Flößerei, S. 234, zum Vertrag von 1749 ebd., S. 236.

80 M. Scheifele, Flößerei, S. 236.

81 K. Luttenberger, Untersuchung, S. 36; vgl. auch HStA Stuttgart, A 248, Bü 1974 (Bericht vom 28. Dezember 1752).

holtz wegen des davon resultirenden beträchtlichen Schadens nicht zu continuiren vermögend ist"[82]. Gleichzeitig wurde festgelegt, die Ausbeutung der Gemeindewaldungen, die der Kompanie bisher den größten Gewinn gebracht hatten, müsse „wegen erödeter Waldungen cessirt" werden. Den einzigen Ausweg sah der Berichterstatter in der Floßbarmachung der Murg, und er entwickelte sofort konkrete Vorstellungen über die Zahl der nutzbaren Stämme, ihren Abgabepreis und die dadurch mögliche Entlastung der Waldungen an Enz und Nagold.

Tatsächlich war dieser Bericht von 1752 bereits Teil des Verteilungskampfes um die Konzession für den Holländerholzhandel nach Ablauf des Lidell'schen Vertrages. Den darin entwickelten Vorstellungen über die Nutzung des Murgholzes und die Konditionen lagen zwei Anträge auf einen Floßakkord zugrunde, die kurz zuvor bei der württembergischen Regierung eingegangen waren. Die Konkurrenten, der Leiter der bisherigen Kompanie Lidell und der Calwer Kaufmann Jacob Christoph Vischer, versuchten, die Regierung vor allem mit jeweils höheren Ankaufspreisen für das staatliche Holz zu beeinflussen[83]. Obwohl er ungünstigere Konditionen in Kauf nehmen mußte, erhielt Lidell schon zwei Jahre vor Ablauf seines alten Akkordes am 12. Januar 1753 einen neuen Vertrag[84]. Gegenüber den bisherigen Akkorden war nicht nur die lange Laufzeit neu. Weil die Murg in den Holländerholzhandel einbezogen werden sollte, waren eine Reihe von Vertragsklauseln speziell darauf ausgerichtet. Die Erschließung und Floßbarmachung der Murg wurde der neuen Kompanie zugewiesen. Das für die Wasserbauten notwendige Holz sollte sie allerdings kostenlos erhalten.

Die zu nutzende Holzmenge wurde ohne ein bestimmtes Jahresquantum auf 30.000 Tannen in 15-20 Jahren festgesetzt. Als Preise wurden für das staatliche Holz von der Murg bestimmt:

1	Holländertanne, 70, 80 u.m. Schuh lang, 16 u.m. Zoll stark	6 Gulden
1	Holländertanne, 60 Schuh lang	5 Gulden
1	Meßbalken, 12-16 Zoll stark	3 Gulden
1	Dickbalken, 16 u.m. Zoll stark	1 Gulden 45 Kreuzer
1	Holländerforche, 70 Schuh lang, 16 u.m. Zoll stark	6 Gulden
1	Holländerforche, 60 Schuh lang, 16 Zoll stark	3 Gulden 30 Kreuzer
1	Holländerforche, 40-50 Schuh lang, 16 Zoll stark	1 Gulden 45 Kreuzer
1	Holländerforche, 45-50 Schuh lang, 14-16 Zoll stark	1 Gulden

82 HStA Stuttgart, A 248, Bü 1974, Bericht vom 28. Dezember 1752.
83 Vgl. die Anträge Vischers vom 18. Oktober und vom 27. November 1752 und den Antrag Lidells vom 6. November 1752 in HStA Stuttgart, A 248, Bü 1974.
84 HStA Stuttgart, A 248, Bü 1974.

Aus Privatwaldungen an der Murg verkauftes Holz wurde mit der Hälfte dieser Preise an Konzessionsgeldern belastet. Für das Holz aus den Wäldern an Enz und Nagold (Neuenbürger und Altensteiger Forst) waren zu zahlen:

1	Holländertanne, 72 u.m. Schuh lang, 16 u.m. Zoll stark	15 Gulden
1	Holländertanne, 72 u.m. Schuh lang, 14-16 Zoll stark	11 Gulden
1	60er-Tanne	13 Gulden
1	Meßbalken	7 Gulden 30 Kreuzer
1	Meß-70er-Balken	3 Gulden 45 Kreuzer
1	Dickbalken, 16 u.m. Zoll stark	4 Gulden 30 Kreuzer
1	Dickbalken, 14-16 Zoll stark	2 Gulden 30 Kreuzer

Aus den Freudenstadter Waldungen:

1	Holländertanne, 16 u.m. Zoll stark	8 Gulden
1	Holländertanne, 14-16 Zoll stark	6 Gulden
1	Meßbalken	4 Gulden
1	Meß-70er-Balken	2 Gulden
1	Dickbalken	2 Gulden 15 Kreuzer

Eichenholz:

Wagenschoß	4 Gulden
Pfeifholz	2 Gulden
Knappholz	1 Gulden 20 Kreuzer

Forchenholz:

1	Forche, 60 Schuh lang, 12 Zoll stark	5 Gulden
1	Forche, 40-50 Schuh lang, 16 Zoll stark	4 Gulden
1	Forche, 40-50 Schuh lang, 14-16 Zoll stark	2 Gulden
1	Dickbalken, 12-14 Zoll stark	1 Gulden 20 Kreuzer

Allerdings wurde die Quote der aus diesen Wäldern zu schlagenden Stückzahl auf jährlich 500 gegenüber bisher 1.000 Stämmen herabgesetzt. Auch aus Privatwaldungen durfte die Kompanie nicht mehr als 500 Stämme pro Jahr entnehmen.

Die Schwierigkeiten der Murgerschließung, auf die sich die Erwartungen der württembergischen Regierung richteten, waren nicht nur technischer Art. In einer Kosten-Nutzen-Kalkulation vom 27. Dezember 1752 wurden die entscheidenden Risiken herausgestellt[85]. An Kosten pro Holländertanne wurden eingesetzt:

85 HStA Stuttgart, A 248, Bü 1974, Nr. 5; vgl. auch M. Scheifele, Flößerei, S. 237, der, mit anderer Datierung, die Kalkulation Vischer zuschreibt.

Ankauf	6 Gulden
Hauerlohn	1 Gulden 30 Kreuzer
Fuhrlohn	4 Gulden
Anbinder- u. Flößerlohn bis Mannheim	5 Gulden
Inn- und ausländischer Zoll	1 Gulden 30 Kreuzer
Extrakosten	1 Gulden 30 Kreuzer
Platzgeld in Steinmauern	1 Gulden
	19 Gulden 30 Kreuzer

In Mannheim rechnete die Kalkulation mit einem Verkaufspreis von 26 bis 28 Gulden pro Stamm, für 30.000 Stämme also im Durchschnitt mit einem Gesamterlös von 225.000 Gulden. Für den Ertrag aus dem Gemeinholzhandel wurden nochmals in 15 Jahren 15.000 Gulden gerechnet; insgesamt ergab sich also die Erwartung von 240.000 Gulden Bruttoertrag.

Auf die Kostenseite für Investitionen und Erhaltungsbedarf stellte die Kalkulation:

Floß- und Wasserbauanlagen	30000 Gulden
„Douceurs" u. Unkosten bei auswärtigen Herrschaften für die Erlangung der Floßkonzession	4000 Gulden
Zinsen für dieses Kapital auf 10 Jahre gerechnet	17000 Gulden
Unterhaltskosten in 15 Jahren	75000 Gulden
Zinsen auf das Grundkapital von mindestens 20000	1000 Gulden
	127000 Gulden

Per Saldo wäre nach dieser Rechnung bei 15- bis 20-jähriger Laufzeit eines angenommenen Kontraktes ein Profit von 113.000 Gulden übriggeblieben.

Nicht in die Kalkulation einbezogen wurden die Abgaben, die Baden-Baden und Speyer erheben würden, die Wechselspesen und das Risiko ausbleibender Zahlungen der niederländischen Abnehmer sowie die Holzverluste durch Beschädigungen.

Wie berechtigt der skeptische Tenor dieser Kalkulation war, zeigte sich bereits ein Jahr nach Beginn des auf 15 Jahre ausgelegten Vertrages mit der zweiten Lidell'schen Gesellschaft. Am 4. März 1754 mußte eine Modifikation vereinbart werden, da es der Kompanie bis dahin nicht gelungen war, von badischer und speyerischer Seite die Floßrechte zu erwerben, und auch mit den notwendigen Wasserbauten an der Murg bislang nicht begonnen worden war. Statt der Verflößung über die Murg bis in den Rhein sah der modifizierte Kontrakt den Transport von jährlich 2.000 Stämmen aus dem Murgtal über die

Berge zur Enz und Nagold vor[86]. Ohne ausdrückliche Begründung erhöhte der Vertrag die Abgabepreise um 1/6, so daß die 70 Schuh lange Holländertanne aus dem Murgtal die Kompanie nun 7 Gulden kostete.

Die Lidell'sche Kompanie hat dann offenbar starke Anstrengungen zur Realisierung des projektierten Transportweges unternommen: Am 2. September 1755 konnte die bereits dargestellte Hebemaschine probeweise in Betrieb genommen werden[87]. Damit waren die finanziellen Reserven offenbar erschöpft, denn am gleichen Tag wurde der Akkord auf eine andere, in Calw ansässige Gesellschaft (Vischer u. Co.) mit einer Laufzeit von 12 Jahren (1755-1767) übertragen. Die Konditionen hatten sich nicht geändert, bis auf die für die Regierung zweifellos wichtige, erneute Anhebung der Abgabepreise. Für eine Holländertanne der größten Dimension aus dem Murgtal waren nun 8 Gulden zu zahlen[88].

Die Floß- und Transportanlagen wurden von der alten Gesellschaft übernommen, so auch die ungeliebte Maschine für 14.000 Gulden[89]. Zwar wurde ihr Bau fortgesetzt bzw. nach dem Unglück von 1758 ein Ersatzweg angelegt, doch zielten die Bemühungen der neuen Calwer Kompanie auf die volle Nutzung der Murg.

Die überraschende Abwendung der württembergischen Regierung von dem bisher protegierten Kompaniedirektor und Kommerzienrat Lidell hatte denn auch weniger ihre Ursache in dessen mangelnder Bereitschaft zur Zahlung des erhöhten Abgabepreises, wie es in der Einleitung des Akkordes von 1755 heißt. Ganz offensichtlich traute die württembergische Regierung den Calwer Kaufleuten eher die Bewältigung der finanziellen, technischen und organisatorischen Schwierigkeiten bei der Öffnung der Murg zu.

Diese bestanden nicht in erster Linie aus den Abgaben, die beide Territorien aus ihren Floßregalien ableiteten, sondern ergaben sich, wie noch zu zeigen sein wird, aus den fundamentalen eigenen Interessen vor allem Badens am Holländerholzhandel auf der Murg. Wohlwissend, daß eine formale Vereinbarung über die gemeinsamen Floßrechte an der Murg zwischen den Regierungen der beteiligten Staaten keine Lösung darstellte bzw. für die badische Seite nicht akzeptabel war, hatte die württembergische Seite dieses Problem in den Akkorden als Aufgabe der Kompanien fixiert.

An dieser Stelle hatten die Calwer Kaufleute zielstrebig den Hebel gegen die zunächst vorgezogene Konkurrenz von Lidell und Co. angesetzt und Kontakte zur Baden-Badener Regierung angeknüpft. Noch 1754 wurde ihnen dies von württembergischen Beamten als Verstoß gegen ihre Untertanenpflicht vorgehalten, bis mit dem ihnen überlassenen Akkord zweifellos sich die Er-

86 HStA Stuttgart, A 248, Bü 1974, Nr. 8.
87 M. Scheifele, Flößerei, S. 263.
88 Vgl. die Vertragsabschrift in Anlage 12 bei M. Scheifele, Flößerei, S. 429-437.
89 M. Scheifele, Flößerei, S. 267.

kenntnis durchsetzte, daß sich nur auf diesem Wege die Öffnung der Murg und damit die Verwertung der dortigen Wälder würde realisieren lassen[90].

Der Bestandsaufnahme des badischen Hofkammerrates Rues in den Wäldern an der Murg waren rasch Pläne gefolgt, in welcher Weise diese Bestände im Aufwind der Holländerholzkonjunktur mit größtmöglichem Nutzen für den staatlichen Finanzbedarf verwertet werden konnten.

In einer Kosten-Nutzen-Berechnung legte Rues zunächst die Vorteile für die badische Staatskasse bzw. eine damit konzessionierte Gesellschaft vor[91]:

Zuverlässige Berechnung über Kosten und Ertrag, wann jährlich 1500 Stück Holländer-Tannen inclusive Meß- und Dickbalcken auf der Murg geflötzt werden.

A) Holländer Holtz

Kosten

1)	Ankauf der Tannen a) 1000 Stück aus Cameral-Waldungen a 5 Gulden	5000 Gulden
	b) 500 Stück aus Privatwaldungen incl. Concessionsgeld a 5 Gulden	2500 Gulden
2)	Oberforstamtliches Stamgeld nach Württemberg. Fuß a 2 Kreuzer pro Stück	50 Gulden
3)	Auszeichnungs-Diäten, Vittlöhne[92], Defrairungen[93], Taglohn vor das Oberforstamt, Oberjäger, Forstknechte, Bediente, Companieverwandte, Hauer, Beyläufer und Knechte jährlich in circa	300 Gulden
4)	Hauerlohn pro Tanne 1 Gulden 20 Kreuzer	2000 Gulden
5)	Fuhrlohn auf eine Tanne a 5 Gulden	7500 Gulden
6)	Flötzerlohn vor 1 Tanne bis Steinmauren	4500 Gulden
7)	1500 Tannen bey Steinmauren aufs Land zu schleifen und wieder einzubinden a 1 Gulden 20 Kreuzer	2000 Gulden
8)	Badisch und Ebersteinischer Wasserzoll zu Steinmauren	600 Gulden
9)	Flötzerlohn und Zoll von Steinmauren bis Mannheim a 2 Gulden pro Stück	3000 Gulden
10)	Durlacher Wasserzoll zu Schreck a 1 Gulden	1500 Gulden
11)	Zu Ausräumung der Murg, Herstellung der Wasserstuben und neuer Waldschleifwege u. deren Unterhaltung sind jährlich nöthig	1000 Gulden

90 Zu den Vorhaltungen der württembergischen Regierung HStA Stuttgart, A 248, Bü 1974.
91 GLA Karlsruhe, Baden-Generalia 2315, fol. 81-83.
92 Naturallöhne.
93 Verpflegungskosten.

12)	Direktion, Buchhaltung, Inspections-, Eincassierungs- u. Reiskosten alljährlich belaufen	1500 Gulden
13)	An Vorspitzen-Holtz mag jährlich verlohren	100 Gulden
14)	An denen dem Fürstlichen Haus Baden vorgeschossenen 50000 Gulden und an übrigen verwandten 10000 Gulden Chatoulle Geldern und anderen Auslagen, mithin an 60000 Gulden geht das Interesse [=Zins]verlohren, so auf 30 Jahr gerechnet ein Jahr ins andere ausmacht in circa	1500 Gulden
	Summa Kosten auf 1500 Tannen	33050 Gulden

Erlöß:

Aus einer Tanne von der Murg von wegen ihrer vorzüglichen Schönheit, Größe und Zärte 28 Gulden erlöst werden, so auf 1500 Stück nach Mannheim geliefert ausmacht 42000 Gulden. Wann demnach hierüben specifizierter Kosten derer 33050 Gulden von dem Erlös derer 42000 Gulden abgezogen wird, so bleibt alljährlich Überschuß in Cassa 8950 Gulden.

Eine Erläuterung dieser Aufstellung, die in ihren Einzelposten für sich spricht, gibt Rues nicht. Es ist zweifelsfrei, daß dies die angenommene Kalkulation einer privaten Gesellschaft darstellt, die neben den Ankaufspreisen für das Holz und den erheblichen Unkosten darüberhinaus mit einem hohen Kapitalvorschuß gegenüber der badischen Regierung belastet wurde. Mit hoher Wahrscheinlichkeit war diese Rechnung u.a. als Anreiz für die Entscheidungsträger in der Regierung konzipiert.

Anders als in Württemberg fehlte es in Baden allerdings an einer leistungsfähigen Kompanie, die in der Lage gewesen wäre, die Walderschließung organisatorisch und finanziell zu bewältigen. Der erst 1747 gegründete Pforzheimer Floßverein sollte nach dem Willen der badischen Regierung diese Aufgabe übernehmen. Sein Promotor, der Hofrat Rues, formulierte im Oktober 1758, als der Vertrag bereits perfekt war, selbstkritisch: „An dem Willen derer Vereinsgenossen zu Pforzheim fehlt es nicht, die urplötzliche Vergrößerung ihrer vorherigen mediocren Commercii aber fallt ihnen so befremdlich, als einem kreuzer-weise detaillierendem Krämer, der über einmahl die Gelegenheit ein Grossierer zu seyn, vor sich sieht“[94].

Immerhin wurde die fast euphorisch anmutende Rechnung, die Rues aufgemacht hatte, den Realitäten einigermaßen angepaßt. Man reduzierte die Erwartungen. Aber mit der vertraglichen Verpflichtung zur sofortigen Zahlung von 5.000 Gulden für die Überlassung der Floßrechte und von 50.000 Gulden Abschlag auf das zu schlagende Holz in zwei Raten bis 1759 wurde der Kompanie der Start nicht leicht gemacht[95].

94 GLA-Karlsruhe, Baden-Generalia 2315, fol. 93.
95 Vgl. die Vertragsabschrift in GLA-Karlsruhe, Baden-Generalia 2315, fol. 105-114.

In der 30-jährigen Laufzeit des Akkordes sollten jährlich 700 Holländertannen und 300 Meß- und Dickbalken aus den badischen Lehenwaldungen an der Murg und den Nebenflüssen Raumünzach und Schwarzenbach genutzt werden. Die Abgabepreise waren ausdrücklich an denen der württembergischen Regierung orientiert, lagen aber dennoch unter denen des Vertrages mit der Calwer Gesellschaft von Vischer und Co. aus dem Jahre 1755:

1	Holländertanne, 72 Schuh u.m. lang, 16 Zoll Mindeststärke	5 Gulden
1	60er-Tanne, 18 Zoll Mindeststärke	4 Gulden
1	Meßbalken, 72 Schuh lang, 14 Zoll Mindeststärke	2 Gulden 30 Kreuzer
1	Dickbalken, 44 Schuh lang, 16 Zoll Mindeststärke	1 Gulden 40 Kreuzer
1	Meßbalken, 70 Schuh lang, 12-14 Zoll Stärke	1 Gulden 40 Kreuzer
1	Kreuzdickbalken, 44 Schuh lang, 14 Zoll Mindeststärke	50 Kreuzer

Fauler, der für die Pforzheimer Kompanie den Vertrag schloß, war denn auch in erster Linie bemüht, durch die Einbeziehung kapitalkräftiger Geschäftsleute die Kompanie auf eine solide finanzielle Grundlage zu stellen. Unter den Interessenten waren auch Württemberger, u.a. jener Lidell, der 1755 seinen Akkord mit der württembergischen Regierung verloren hatte[96].

Es stellte sich bald heraus, daß die Vorableistungen an die badische Regierung nur ein kleiner Kostenfaktor waren gegenüber den notwendigen Ausgaben zur Floßbarmachung der Murg. Dieses Vorhaben erforderte allein eine Erstausgabe von 200.000 Gulden[97].

Nicht zur finanziellen Absicherung dieser Kosten, sondern weil es Fauler „die Regeln der Klugheit angerathen" erscheinen ließen, nahm er die Faktoren des Rotterdamer Holzgroßhändlers Terwen Böhringer und Rindenschwender in die Gesellschaft auf, „weil sie fürohin den Verkauf des Holländer Holzes mit Nutzen befördern können", allerdings ohne Stimmrecht und auch ohne das Recht der Einsicht in die Geschäftsbücher. Auf diese Weise sollte jede Einflußnahme auf die Preisbildung wie überhaupt der Einblick in die Kalkulation verhindert werden.

Im Vorfeld des Vertrages mit Fauler hatte Terwen zu den Mitkonkurrenten um den badischen Murgholzakkord gezählt und war trotz seiner Bereit-

96 Vgl. den Brief Faulers vom 16. November 1758 in GLA-Karlsruhe, Baden-Generalia 2315, fol. 97-103; B. Weinhardt, Flosswesen, S. 48, bezeichnet Lidell sogar als den Hauptgeldgeber der Kompanie.

97 B. Weinhardt, Flosswesen, S. 47.

schaft zur Leistung einer noch höheren Abschlagssumme nicht berücksichtigt worden[98]. Zumindest in diesem Fall läßt sich entgegen der allgemeinen Tendenz zur Beschränkung auf den Zwischenhandel ein deutliches Bemühen eines der größten Holzhändler auf dem Rhein zur Einflußnahme auf die direkte Walderschließung und -nutzung erkennen. Die Entscheidung zugunsten der Pforzheimer Kompanie, die noch eine Reihe anderer Mitbewerber aus dem Felde schlagen mußte, wird vornehmlich mit den Interessen der kapitalkräftigen Kaufleute zu erklären sein, die sich gegenüber der eigenen Obrigkeit mit dem Hinweis auf den Gesamtnutzen für das Land durchsetzen konnten[99].

Im Zuge der raschen Entwicklung des Holländerholzhandels war der traditionelle Brenn- und Schnittholzhandel in den Hintergrund gedrängt und sein Träger, die Pforzheimer Flößerzunft, vom Kaufmannskapital aufgesogen worden. Folgerichtig übernahm die Kapitalgesellschaft, wie dies im übrigen die württembergischen Parallelkompanien ebenfalls taten, auch den traditionellen Regionalholzhandel.

Dies gelang nicht gegenüber der Murgschifferschaft und ihrem überregionalen Schnittholzhandel. Zwar entwickelte Fauler in einer Vorlage an die badische Regierung die Vorstellung, nicht nur den württembergischen Holzhandel, sondern auch das Geschäft der Murgschifferschaft in seiner neuen Kompanie zu vereinigen und Pforzheim zum Zentrum des gesamten Holzhandels im nördlichen Schwarzwald zu machen[100]. Tatsächlich enthielt aber schon der Akkord die Berücksichtigung der Interessen der Murgschifferschaft, von deren Mitgliedern nur wenige Neigung zur Teilnahme am Langholzhandel zeigten[101]. In einem Assoziationsvertrag wurden fünf Mitgliedern der Murgschifferschaft acht der 48 Anteile der neuen Murgkompanie überlassen[102]. Ausdrücklich wurden dabei alle Holzhandelsaktivitäten, welche die Beteiligten vor dem Holländerholzhandel betrieben hatten, ausgenommen.

Die Murgschifferschaft blieb, anders als die übrigen regionalen Holznutzungsorganisationen, vom Holländerholzhandel weitgehend unberührt und lebte auch nach dessen Ende fort. Zwei Hauptgründe dürften dafür anzuführen sein.

Die Murgschifferschaft war keine Zunft. Die Aktivitäten ihrer Mitglieder waren nur durch ihren persönlichen Waldbesitz und ihre Sägeberechtigungen beschränkt. Es gab demzufolge keine genossenschaftliche Wirtschaftsform, die hätte beseitigt werden können oder müssen[103].

98 Vgl. den Brief Faulers in GLA-Karlsruhe, Baden-Generalia, 2315, fol. 93v; zu der Rotterdamer Holzhändlerfamilie Terwen siehe unten S. 138.
99 Zur Vorgeschichte des Akkordes von 1758 M. Scheifele, Flößerei, S. 241f.
100 GLA-Karlsruhe, Baden-Generalia 2315, fol. 98v.
101 GLA-Karlsruhe, Baden-Generalia 2315, fol. 121-129; vgl. auch M. Scheifele, Flößerei, S. 245f.
102 Vgl. die Vertragsabschrift in GLA-Karlsruhe, Baden-Generalia 2315, fol. 117-125.
103 Zur Struktur der Murgschifferschaft oben S. 52f. mit Hinweis auf die wichtigste Literatur.

Wichtiger noch scheint aber, daß die Murgschifferschaft und die Kompanien völlig unterschiedliche Märkte bedienten, also auch keine Absatzkonkurrenz bestand. Langholzhandel und Schnittholzhandel lebten mehr oder weniger unbeeinflußt nebeneinander. Während seiner Boomphase war der Holländerholzhandel zweifellos das profitablere Geschäft, das einen erheblichen Teil des regionalen Handelskapitals an sich zog. Der Einstieg in den Schnittholzhandel entbehrte aus der Sicht der Anleger einer entsprechenden Profitmöglichkeit. Sicher darf man auf der anderen Seite die auf Waldbesitz, Sägeanteile, Floßrechte, überregionale Handelskontakte und eine wohl nicht schlechte Kapitalausstattung gegründete Position der Murgschiffer nicht außer Betracht lassen. Sie waren eben nicht nur – wie die Pforzheimer, Wolfacher oder Schiltacher Flößer – reine ‚Transportunternehmer' und Holzhändler mit lediglich regionalen Absatzmärkten.

Das Grundkapital der Murgkompanie von 96.000 Gulden wurde von 21 Teilhabern aufgebracht. Jeder Anteilschein kostete 2.000 Gulden. Neben den fünf Murgschiffern waren in der Hauptsache die Mitglieder des Pforzheimer Flößervereins mit 22 Anteilen vertreten. Auf die württembergischen Teilhaber und die Faktoren Terwens entfielen aber immerhin 18 Anteile[104]. Trotz dieser guten Kapitalausstattung stand die Murgkompanie schon bald vor wirtschaftlichen Schwierigkeiten. Offenbar trug die Nutzung der badischen Lehenwaldungen nicht die hohen Kosten, die schon dadurch entstanden, daß das Holz aus diesem Bezirk auf Schleifwegen mühsam zur Murg gebracht werden mußte[105].

Zu Beginn der 60er Jahre, als die Langholznachfrage schnell wuchs, suchten die beiden von den Territorialstaaten Baden und Württemberg getragenen und geförderten Kompanien den größtmöglichen Gewinn mit dem Holländerholz zu machen. Waldbesitz-, Territorial- und Verkehrsverhältnisse verhinderten das beiderseits erwünschte Monopol. Ohne die an die neue Pforzheimer Murgkompanie übertragenen Floßrechte auf der Murg war die Calwer Gesellschaft an einer rentablen Nutzung der württembergischen Waldungen am Oberlauf der Murg gehindert. Bei der Formulierung des Akkordes von 1755 hatten die Calwer deshalb schon auf die zu kostenintensive Nutzung von großen Waldabschnitten an der Murg verzichten müssen.

Auf der anderen Seite war die Murgkompanie Faulers auf württembergisches Holz angewiesen, wollte sie ihre Investitionen zur Floßbarmachung der Murg rentabel machen. Die badische Regierung hatte in Erkenntnis dieser Situation schon ihr Einverständnis zum Zukauf württembergischen Holzes erklärt. Der 1763 zwischen der württembergischen Regierung auf der einen Seite und der Calwer sowie der Pforzheimer Kompanie auf der anderen Seite auf 25 Jahre abgeschlossene Vertrag zur Erschließung der württembergischen

104 GLA-Karlsruhe, Baden-Generalia 2315, fol. 123 u. M. Scheifele, Flößerei, S. 246.
105 M. Scheifele, Flößerei, S. 248.

Forsten an den Nebenbächen der Murg beendete das Ringen um die Vorherrschaft mit einem allseitigen Kompromiß[106].

Mindestens 1.000 Stämme sollten künftig zusätzlich pro Jahr genutzt werden. In den Preisen, die deutlich über jenen lagen, die von der Murgkompanie für das badische Holz aus den Lehenwaldungen zu zahlen waren, und auch noch über den Preisen, welche die Calwer Kompanie 1755 akzeptieren mußte, drückt sich die Profitabilität des Abschlusses für beide Gesellschaften aus:

1	Holländertanne, 70, 80 u.m. Schuh lang, 16 Zoll Mindeststärke	9 Gulden 30 Kreuzer
1	60er-Tanne	8 Gulden 30 Kreuzer
1	Meßbalken, 12-16 Zoll stark	4 Gulden 15 Kreuzer
1	Dickbalken, 16 Zoll Mindeststärke	3 Gulden 10 Kreuzer
1	Holländerfohre, 70 u.m. Schuh lang, 16 Zoll Mindeststärke	9 Gulden 30 Kreuzer
1	Holländerfohre, 60 u.m. Schuh lang, 12-16 Zoll Stärke	5 Gulden 20 Kreuzer
1	Holländerfohre, 40-50 Schuh lang, 16 Zoll Stärke	2 Gulden 40 Kreuzer
1	Holländerfohre, 45-50 Schuh lang, 14-16 Zoll Stärke	1 Gulden 20 Kreuzer

16 Jahre nach dem Vertragsabschluß äußerte der badische Hofrat Meier die Ansicht, der neue Vertrag habe die Pforzheimer Kompanie vor dem Bankrott gerettet und auch der badischen Regierung Nutzen gebracht. Allein an Konzessionsgeldern für das über die badische Murg geflößte württembergische Holz kassierte die badische Regierung zwei Gulden und 54 Kreuzer pro Stamm[107].

Zweifelsohne war damit der endgültige Durchbruch zur großangelegten Waldnutzung für den Holländerholzhandel geschafft. 1768 war die Murg durchgängig für die Langholzflößerei hergerichtet. Württemberg kassierte in den sieben Jahren von 1767 bis 1773 alleine für das Holländerholz von den Kompanien 256.612 Gulden[108].

Die vereinigte Murgkompanie, deren Pforzheimer und Calwer Zweige auch weiterhin für sich existierten und ihre jeweiligen Akkorde mit der badischen bzw. der württembergischen Regierung verlängerten, gründete sich auf ein Kapital von 192.000 Gulden zu 96 Anteilen. Diese wurden in der Hauptsache von den Pforzheimer und Calwer Geschäftsleuten gehalten, die

106 HStA Stuttgart, A 248, Bü 1971c.
107 M. Scheifele, Flößerei, S. 248f.
108 HStA Stuttgart, A 248, Bü 1971c.

schon in der Vergangenheit in den Holländerholzkompanien engagiert waren[109]. In den 30 Konzessionsjahren holte die Murgkompanie allein aus den badischen Lehenwaldungen knapp 40.000 Holländerstämme[110]. Dazu kamen aus den württembergischen Forsten an der Murg jährlich etwa 1.800 Holländertannen[111].

Der Vergleich dieser Zahlen mit den auf den Dordrechter Auktionen versteigerten Mengen läßt erkennen, daß der nördliche Schwarzwald und insbesondere das Murgtal in der Hochphase des rheinischen Holländerholzhandels den mit Abstand größten Anteil an den Lieferungen von Nadelholz für den niederländischen Markt hatten.

Trotz der enormen Erschließungs- und Transportkosten sowie der hohen staatlichen Abschöpfung über Abgabepreise, Konzessionsgelder, Zölle, vorgestreckte Kapitalmengen etc. haben die Kompanien in den Boomjahren hohe Gewinne machen können. Die Einlage von 2.000 Gulden brachte zwischen 1778 und 1785 4.100 Gulden oder jährlich 512 Gulden und 30 Kreuzer Gewinn, was einer Verzinsung von mehr als 25 % entsprach[112]. Der württembergische Amtmann König kommentierte 1785 diese Profite mit einem Vergleich: „Eine Actie der reichsten und blühensten unter allen Europäischen Handels-Gesellschaften der Holländisch-ostindischen Kompanie gewähret nach ihren jährli-

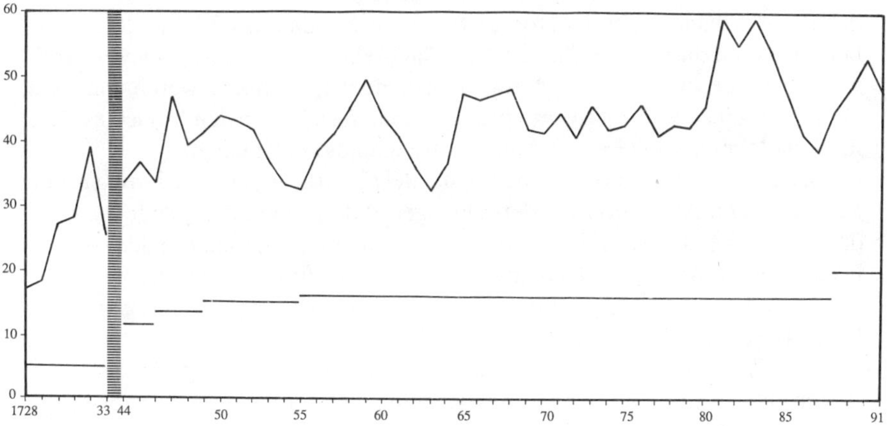

Abb. 9: Preise 70-Fuß-Tanne Auktion Dordrecht und Verkaufspreise Württemberg (Enz/Nagold) 1728-91 (in niederl. Gulden)
Quelle Preise Württemberg: K. Luttenberger, Untersuchung, S. 36

109 M. Scheifele, Flößerei, S. 250 u. P.F. Stälin, Calw, S. 75.

110 K.F.V. Jägerschmid, Handbuch, Bd. 2, S. 16; vgl. auch diese Zahlen bei M. Scheifele, Flößerei, S. 255 u. Anlage 13.

111 F.W. König, Bruchstücke, S. 42; vgl. auch die Zahlen bei P.F. Stälin, Calw, S. 78.

112 F.W. König, Bruchstücke, S. 41; vgl. seine etwas andere Rechnung ebd., S. 29.

chen Verteilungen zu urteilen höchstens 22 1/2 Procent; diejenige unseres Wirtembergischen Holzhandels gegen 25 – Nur Schade, daß nicht die Dauer beeder Gesellschaften in parallelen Umständen ist!"[113]

Von den Calwer Kompanien wurden zwischen 1755 und 1802 fast zwei Millionen Gulden Dividende verteilt. Von 1755 bis zum Zusammenschluß mit der Pforzheimer Gesellschaft 1768 wurden die Anteile mit 56,6 % jährlich verzinst, in der Gesamtkompanie immerhin noch mit jährlich 17 %[114].

Durch den Betrieb von zwei Glashütten und einer Sägemühle im Murgtal optimierte die württembergische Gesellschaft die Waldnutzung und schuf sich nach Meinung Königs „Nebenquellen, welche im glücklichen Zusammenfluß den Wehrt der Actien erhöhen"[115].

Sowohl die badische als auch die württembergische Regierung hatten durch ständig erhöhte Abgabepreise versucht, an der günstigen Konjunkturentwicklung teilzuhaben.

Man kann davon ausgehen, daß durch diese staatlichen Einkünfte eine höhere Steuerlast abgewendet und dadurch der wirtschaftliche Handlungsspielraum für private Unternehmungen vergrößert wurde. Mindestens ebenso wichtig für die Begünstigung der frühen Industrialisierung im nördlichen Schwarzwald war aber die Konzentration erheblichen privaten Kapitals. Zwar setzten einige der Nachkommen der Kompaniemitglieder auch im 19. Jahrhundert das Holzhandelsgeschäft fort und entwickelten daraus z.T. eine Holzverarbeitung von industriellem Zuschnitt[116]. Die Mehrzahl der ‚Kompanieverwandten' aber, die branchenfremd zum Holzhandel gekommen waren mit dem alleinigen Ziel der Kapitalvermehrung, wandten sich nach dem Ende des Holländerholzbooms anderen profitablen Anlagemöglichkeiten zu.

Zweifellos trug der Holländerholzhandel nicht die Industrialisierung in den Schwarzwald. Aber aufgrund der günstigen Rahmenbedingungen leistete die davon ausgehende Kapitalakkumulation einen nicht zu unterschätzenden Beitrag. Nach Königs Ansicht glich allein der Holzexport Württembergs das vor allem durch die Importe an „Spezereywaaren" entstandene Ungleichgewicht in der Handelsbilanz aus[117].

Der Zusammenbruch der niederländischen Holznachfrage in den 90er Jahren und die Behinderungen des Rheinhandels infolge der französischen Intervention trafen zusammen mit einer weitgehenden Erschöpfung der für den Holländerholzhandel genutzten Wälder. Schon aufgrund dieser 'natürlichen' Umstände war eine Fortsetzung des Holzhandels auf dem Niveau der 60er bis

113 F.W. König, Bruchstücke, S. 30.
114 P.F. Stälin, Calw, S. 78.
115 F.W. König, Bruchstücke, S. 31.
116 Siehe z.B. die Entwicklung der Firmen Krauth (Krauth) und Katz (Katz).
117 F.W. König, Bruchstücke, S. 19f.

80er Jahre unmöglich. Der Vorstoß zur Murg war von der württembergischen Regierung nicht zuletzt betrieben worden, um die Waldungen an Enz und Nagold zu schonen; sie waren dennoch am Ende des 18. Jahrhunderts völlig erschöpft. Am Kniebis mußte die Calwer Kompanie schon 1767 die Schläge einstellen. Selbst in den schwer zugänglichen Wäldern der Murgnebentäler stand nach einer Erhebung aus dem Jahre 1799 nur noch eine geringe Zahl von Holländertannen. Ein Waldbrand im darauffolgenden Jahr im oberen Murgtal vernichtete schließlich weitere 2.500 Hektar Wald, wobei das von den Holzfällern der Kompanien liegengelassene Astholz die Ausbreitung des Feuers begünstigte.

Die in den verschiedenen Akkorden den Kompanien auferlegten waldschonenden Maßnahmen wie das Stehenlassen von Saatbäumen und die Fortschaffung von Bruchholz wurden offenbar nicht eingehalten, die Waldpflege blieb den Profitinteressen untergeordnet. Auch die Regierungen, deren Forstbeamte für die Auszeichnung der zu schlagenden Stämme und für die Überwachung der Waldnutzung zuständig waren, scheinen den Einkünften aus dem Holzhandel den Vorzug gegeben zu haben gegenüber einer geordneten Forstwirtschaft[118]. Der Wald wurde nicht als Kapitalgut, sondern als Resource betrachtet[119].

Die Umtriebszeiten für Bäume, die von ihren Maßen her für den Holländerholzhandel in Betracht kamen, lagen zwischen 100 (Kiefer, Fichte) und 200 Jahren (Eiche). Schon dies schloß eine kontinuierliche Fortsetzung der Waldnutzung wie im 18. Jahrhundert aus[120]. Von einem völligen Zusammenbruch des Holzexports kann dennoch keine Rede sein. Für das Jahr 1840 gibt Memminger in seiner Beschreibung von Württemberg den Gesamtwert der Holzausfuhr mit über einer Million Gulden an[121].

118 Zur Waldverwüstung vor allem M. Scheifele, Flößerei, S. 252 u. S. 261f.; eine Beschreibung des Waldzustandes Mitte des 19. Jahrhunderts mit Rückblicken auf die Ursachen gibt W.F. von Kettner, Beschreibung, S. 45-55.

119 Zur Nutzung des Waldes als Kapitalgut in der Frühmoderne E. Pitz, Studien; über eine planmäßige Aufforstung für den Langholzhandel, wie sie etwa in der Pfalz betrieben wurde (J. Allmann, Wald, S. 46), ist für Württemberg im 18. Jahrhundert nichts bekannt.

120 H. Hausrath, Wald, S. 20f.

121 J.D.G. von Memminger, Beschreibung, S. 464.

IV.2 DER GROSSHANDEL

Der Typus des Holzhändlers, der in der Frühphase des Holländerholzhandels den gesamten Handel, seine Organisation und Finanzierung allein in Händen hielt, mußte Großhandlungen weichen, die sich auf den Betrieb zwischen den Sammelplätzen des Holzes am Rande der großen Waldregionen und den niederländischen Auktionszentren beschränkten.

Die vielen Seiten dieses Geschäftsbetriebs erhellt die Quellenlage nur sehr ungleich. Auch kann die Rolle dieser Großhändler, die sie möglicherweise in unterschiedlicher Art in den verschiedenen rheinischen Räumen gespielt haben, nicht vollständig umrissen werden. Von den Regionen, die als Lieferanten am Holländerholzhandel teilgenommen haben, muß der nördliche Schwarzwald wiederum stellvertretend für andere in Anspruch genommen werden; hier zeigt auch der Großhandel die am klarsten ausgeprägten Strukturen.

IV.2.1 Das Verhältnis des Großhandels zu den walderschließenden Gesellschaften

Abgesehen von den Holzsammelstellen an hydrographisch geeigneten Punkten an den einzelnen Flußläufen oder an ihrem Ausfluß in den Rhein, bot sich für das Schwarzwaldholz Mannheim am Zusammenfluß von Neckar und Rhein als ideale, technisch-organisatorische und geschäftliche Schaltstelle an. Hier wechselte das Holz den Besitzer. Mannheim, schrieb König 1790, sei „den Schwarzwälder Holzhändlern eben das, was den Rheinisch- und Holländischen – Dordrecht ist“[122].

1815 bestätigte der Generaldirektor der Rheinschiffahrts-Octroi-Verwaltung Johann Joseph Eichhoff diese Ansicht:“Im gleichen Maße, wie für die Schiffahrt des Rheins, stellt Mannheim auch für die Flösserei desselben einen sehr wichtigen Punkt dar. Das bei weitem ansehnlichste Magazin für diese Flösserei ist der Schwarzwald“[123].

Die Stadt profitierte zweifellos von ihrer verkehrsgeographisch günstigen Lage im Holzhandel. Für die Standortwahl der niederländischen und rheinischen Holzgroßhändler, die sich hier im 18. Jahrhundert von Faktoren vertreten ließen, war aber auch Mannheims herausragende Rolle als Handels- und Finanzplatz am Oberrhein von Bedeutung. Die ehrgeizige Förderung dieser Rolle im 17. Jahrhundert durch den pfälzischen Kurfürsten Karl Ludwig hatte insbesondere die Anknüpfung der pfälzischen Exportgewerbe an den niederländischen Markt im Auge gehabt. Liberale Ansiedlungspraxis, Gewerbe-, Zoll- und nicht zuletzt Religionsfreiheit zielten direkt auf die Niederlassung

122 F.W. König, Beyträge, S. 30.
123 J.J. Eichhoff, Darstellung, S. 25.

kapitalkräftiger niederländischer Kaufleute[124]. Auch wenn die Zerstörung der Stadt 1688 einen empfindlichen Rückschlag bedeutete, konnte Mannheim im 18. Jahrhundert seine Stellung am Oberrhein doch festigen.

Über die Aktivitäten der Holzgroßhändler in Mannheim gibt es kaum direkte Quellenbelege. Doch Gotheins Ansicht, daß „Mannheim während dieser Zeit keinerlei Vorteil aus seiner geographischen Lage gezogen" habe, steht im Widerspruch nicht nur zu den zeitgenössischen Urteilen[125]. Zu Mannheim als Sammelplatz des Holzes von Neckar, Murg und Kinzig gab es ebensowenig eine Alternative wie zu seiner Funktion als Finanzplatz. Wohl haben die großen niederländischen und rheinischen Holzhändler auch Faktoren in den Regionalzentren des Schwarzwälder Holzhandels beschäftigt. So arbeitete Rindenschwender in Gaggenau an der Murg für v. Hausen aus Saargemünd und für die Frankfurter Firma Ziegler u. Co. In Pforzheim war Böhringer, der im frühen 19. Jahrhundert eine Holzexportfirma in Mannheim etablierte, für die Trierer v. Nell und für den Rotterdamer Bischon tätig[126].

Trotzdem muß Mannheim als d i e Schaltstelle des Holländerholzhandels am Oberrhein betrachtet werden. Das Urteil Gotheins ist allerdings insofern berechtigt, als Mannheim im 18. Jahrhundert nicht der Sitz der württembergischen und badischen Kompanien wurde. Diese blieben aufgrund der geschilderten Entwicklung in Pforzheim und Calw. Das Faktorensystem enthob sie der Notwendigkeit einer Geschäftsniederlassung am Rhein.

Wie bedeutsam die Aufgabe der Faktoren als Gelenkstelle zwischen den Schwarzwälder Kompanien und den Holzgroßhändlern war, läßt sich neben der von dem Pforzheimer Kompaniedirektor Fauler für notwendig gehaltenen Integration der beiden Faktoren in seine Gesellschaft auch an ihrer sehr guten Besoldung von bis zu 2.000 Gulden jährlich ablesen[127]. Sie garantierten mit ihren guten Lokalkenntnissen den Großhändlern gleichbleibende Qualität und günstige Preise. Als die drei Großen unter den rheinischen Handlungen, v. Hausen, v. Nell und Ziegler 1786 eine stille Gesellschaft bildeten, sah ihr Vertrag ausdrücklich die Weiterbeschäftigung des Schwarzwälder Faktors Rindenschwender vor[128]. Auf den sogenannten Meisterknecht, den die Großhändler zur Auswahl der Stämme vor Ort beschäftigten, wird man nach der Mitte des 18. Jahrhunderts im Schwarzwald wohl verzichtet haben. Der Umfang des Betriebes und seine hochentwickelte Form durch die Kompanien und das Faktorensystem machten seine Aufgabe zumindest in diesem Raum entbehrlich[129].

124 Zur Entwicklung Mannheims im 17. Jahrhundert vgl. E. Gothein, Mannheim.
125 E. Gothein, Mannheim, S. 182.
126 F.W. König, Beyträge, S. 33; vgl. zur Entwicklung der Firma Böhringer B. Weinhardt, Flosswesen, S. 54-57.
127 F.W. König, Beyträge, S. 33.
128 Anlage 1, § 10.
129 Zu dem Waldmeisterknecht vgl. F.W. König, Beyträge, S. 33.

Erst im 19. Jahrhundert, als der Schwarzwälder Holzhandel durch den Ausbau der einheimischen Sägeindustrie, die Loslösung vom niederländischen Markt und die Entwicklung von Exportunternehmungen sich einen größeren Handlungsspielraum verschuf, wuchs Mannheim aus der Rolle des Lager- und Finanzplatzes heraus und wurde nicht nur im Holzhandel zur Handelsmetropole am Oberrhein[130].

Auch in anderen Waldregionen der Rheinlande bedienten sich die Holzgroßhändler erfahrener Faktoren, die für sie den Einkauf übernahmen, aber durchaus auch auf eigene Rechnung tätig waren. So sah der Vertrag zwischen v. Hausen, v. Nell und Ziegler von 1786 vor, „daß der H[err] Bayer in so weit beyzubehalten seye, daß derselbe von allem in den bamberg[er] Waldungen durch ihn vor uns, oder durch uns selbst geschehende Eichenholzkäufe auf die wirklich mit ihm schon ausgemachte Conditionen provision haben solle, dagegen er allem Eichen Holländerholzhandel unter scharfer Verbindung entsagen muß"[131].

Über die Kosten der Gesellschaft für den Holzankauf und die Art der Finanzierung ist wenig bekannt. Sicher wird man davon ausgehen können, daß auch in der Boomphase immer wieder auch Barkäufe gemacht wurden, zumal wenn es sich um hochwertiges und knappes Eichenholz handelte, für das eine große Nachfrage bestand. Zumindest für das Schwarzwaldholz war diese Finanzierungsform aber eher die Ausnahme. 1790 schrieb König über das Verhältnis der Kompanien zu ihren Abnehmern[132]:

> „Für alle Gefahr gesichert, könnte man daher den Handel der Kalwer Gesellschaft halten, wenn nicht das Holzlager in Steinmauren und Mannheim der großen Gefahr beym Eißgang und bey Ueberschwemmung, was sich in den letztern Jahren so oft und so derb ereignete, unterworfen wäre, und nicht das Creditieren von 50. 80 bis 100 m.[mille] fl. bey dem Holländer Flozherrn – die man eines Theils nur dem Ruf, und also äusseren Wahrnehmungen nach kennen kann, und andern Theils auch bey aller Solidite durch unglückliche Flozreisen aus reichen Leuten Bettler werden können, unvermeidliche Gefahr auf sich hätten".

Bezahlt wurde das Holz wohl erst nach seinem Verkauf in den Niederlanden. Dies konnte mehrere Monate, unter ungünstigen Umständen aber auch Jahre dauern. Sieht man vom nördlichen Schwarzwald ab, scheint der Direktankauf bei den Waldbesitzern auch in der Hochphase des Holländerholzhandels durchaus üblich gewesen zu sein, wobei die Großhändler sich der Meisterknechte zur Auszeichnung der Stämme und auch eigener Holzhauer bedienten, wie der v. Hausen, v. Nell und Ziegler geschlossene Vertrag zu erkennen gibt[133]: „So viel mögiich soll in Anstellung der Meisterknechte und Holzhauer unpar-

130 Zur Bedeutung Mannheims im Holzhandel des 19. Jahrhunderts vgl. E. Wimmer, Stellung und S. Pich, Mannheim.

131 Anlage 1, Nr. 9.

132 F.W. König, Beyträge, S. 30.

133 Anlage 1, § 6.

teisch gehandelt und solchen ohne Unterschied nach ihrer Fähigkeit zu den gemeinschaftl[ichen] Geschäfte angestellet werden".

IV.2.2 Die großen Holzhändlerfamilien

Während in der Anfangsphase des Holländerholzhandels im späten 17. und zu Beginn des 18. Jahrhunderts niederländische und niederrheinische Kaufleute, unter denen die Rotterdamer Terwen und die Weseler van der Wall herausragten, das Geschäft dominierten, spielten während der Hochphase in der zweiten Hälfte des 18. Jahrhunderts Handlungen vom Mittelrhein eine zunehmend größere Rolle.

In den zeitgenössischen Darstellungen finden sich immer wieder die gleichen Namen: v. Hausen aus Saargemünd, v. Nell aus Trier, v. Stockum sowie Gebr. Ziegler aus Frankfurt[134]. Im Unterschied zu einer Reihe weiterer Kaufleute, die das Holzhandelsgeschäft nur zeitweilig und teilweise auch nur als Mitgesellschafter betrieben, waren diese Familien über mehrere Generationen im Holländerholzhandel engagiert.

Auf die Ursprünge des Frankfurter Hauses v. Stockum wurde schon im Zusammenhang mit der Familie van der Wall hingewiesen. Es entstand 1697 durch die Übersiedlung des Henrich v. Stockum, Sohn des Weseler Holzhändlers Johann v. Stockum, nach Frankfurt. Zehn Jahre später folgte ihm sein Bruder Thomas. 1723 beteiligte sich das Haus v. Stockum an einer Gesellschaft, der drei weitere rheinische Holzgroßhandlungen angehörten: Bernings sel. Witwe, Mauritz aus Wesel und Gottfried Neugelegen aus Neuendorf bei Koblenz[135]. Diese Gesellschaft war mit dem Ziel gegründet worden, den Holländerholzhandel aus dem Schwarzwald in großem Stil in Gang zu bringen. Sie schloß mit der Sprenger'schen Kompanie einen Lieferungsvertrag, der die Abnahme von je 14.400 Tannen zu einem Stückpreis von 16 Gulden in Mannheim für jede der vier beteiligten Handlungen innerhalb von vier Jahren vorsah. Insgesamt machte dies eine Summe von 921.600 Gulden aus.

Über den Erfolg dieses Kontraktes ist nichts bekannt. Das Scheitern der Sprenger'schen Kompanie, die 1725 gegen Verpfändung ihrer Rechte aus den Lieferungsverträgen ein Darlehen in Höhe von 30.000 Gulden zu 8 Prozent aufnehmen mußte, deutet aber an, daß möglicherweise auch die vier Vertragspartner keinen großen Gewinn aus dem Geschäft ziehen konnten.

Nach dem Tode der Brüder Heinrich und Thomas v. Stockum in den Jahren 1736 bzw. 1738 führten die beiden Söhne des Thomas das Holzhandelsgeschäft fort und dehnten mit der Anpachtung des Neunkirchner Eisenhütten- und Bergwerkes ihre Aktivitäten in andere Wirtschaftsbereiche aus, die wegen des Holz-

134 F.W. König, Beyträge, S. 33.

135 Sämtliche Nachweise zur Familie u. Firma v. Stockum bei A. Dietz, Handelsgeschichte, Bd. 4, S. 476-479.

kohlenbedarfs sachlich nahe lagen. Hauptzweig blieb aber die Holzhandlung, die nach ihrem Tod von der Witwe eines der beiden Brüder und ihren Söhnen bis etwa 1792 auf bescheidenem Niveau fortgeführt wurde. Das Bergwerks- und Hüttenunternehmen hatte offenbar große Verluste eingetragen. 1792 erwarb die Witwe v. Stockum für sich und ihre Söhne den Adelstitel und zog nach Hanau.

Den Platz der v. Stockum'schen Holzhandlung nahm im ausgehenden 18. Jahrhundert die am 1. Januar 1786 von den Frankfurter Kaufleuten und Brüdern Johann und Thomas Ziegler gegründete Firma ein, an der neben diesen noch drei Dordrechter Kaufleute beteiligt waren: Jacob Staesz van Hoogstraten, Arnoldus Notemann Janszoon und Johann Breus[136].

Die in Koblenz und später in Trier ansässige Familie v. Nell betrieb das Geschäft mit dem Holländerholzhandel wahrscheinlich schon von seinen Anfängen an. 1702 wurde Peter Christian v. Nell zusammen mit zwei Weseler Holzhändlern und einem ebenfalls in Koblenz ansässigen Holzhändler in einen Konflikt mit der Pfälzischen Regierung verwickelt, die ein von den vier Holzhändlern gemeinschaftlich finanziertes Floß vor Mülheim bei Köln festhielt[137].

Der Koblenzer und der Trierer Zweig der Familie scheinen das Holzhandelsgeschäft zunächst unabhängig voneinander betrieben zu haben[138]. In der zweiten Hälfte des 18. Jahrhunderts war aber nur noch die Trierer Handlung Nell Erben im Holländerholzhandel tätig. Sie ging auf Johann Peter Job Nell zurück, dessen Witwe das Geschäft fortsetzte. Nach ihrem Tod übernahm der 1753 in Trier geborene Christoph Philipp Nell die Leitung des Geschäfts, an dem seine beiden Geschwister wie er selbst mit je 20.000 Gulden beteiligt waren. Der erhaltene Geschäftsvertrag gibt einen gewissen Einblick in die Führung des Unternehmens[139]:

Christoph Philipp v. Nell wurde mit weitgehenden Vollmachten ausgestattet. Seine beiden Geschwister beschränkten sich auf das Recht der Einsicht in die Bücher. Für diese herausragende Position haftete Christoph Philipp gegenüber den Gläubigern mit seinem Gesamtvermögen, seine Geschwister lediglich mit ihren Einlagen. Ein Buchhalter sollte bei der häufigen Abwesenheit des Prinzipals die Geschäfte führen, ein zweiter Büroangestellter die Korrespondenz erledigen. Diese Form der ‚Familiengesellschaft', die die v. Nell auch im 19. Jahrhundert noch praktizierte, sollte zweifellos die Schmälerung des Geschäftskapitals und die mögliche Geschäftsunfähigkeit durch Erbteilung verhindern[140].

136 A. Dietz, Handelsgeschichte, Bd. 4, S. 480.
137 M. Scholz-Babisch, Quellen, S. 796f.
138 Zur Familiengeschichte G. Molz, Familie u. D. Ebeling, Die von Nell.
139 LHA-Koblenz, 700,28(6), S. 5-11.
140 Auszahlungen kamen aber auch in der Familie v. Nell vor; so verpflichtete sich Johann Peter Job Nell 1766 zur Zahlung einer Summe von 18.000 Gulden an seinen Bruder, die

Über die Familie v. Hausen aus Remelfingen bei Saargemünd liegen zwar genealogische Studien vor, die Aktivitäten von Familienmitgliedern im Holzhandelsgeschäft schon für das frühe 18. Jahrhundert belegen, weitere Details zu ihrem Geschäft ließen sich jedoch aus deutschen Archivbeständen nicht zusammentragen[141].

Aus den erhaltenen Geschäftsbüchern der Dordrechter Maklerfirma Boonen/van Eijsden aus den Jahren seit 1769 geht hervor, daß noch eine Reihe weiterer deutscher Kaufleute im Holländerholzhandel tätig waren. Da die Firma Boonen/van Eijsden den größten Teil der Geschäfte zwischen den deutschen Holzgroßhändlern und ihren niederländischen Abnehmern vermittelte und abwickelte, kann man aus den Umsätzen in etwa auf die Größenordnung und das Gewicht der in ihren Büchern registrierten deutschen Handlungen schließen. 1769, im ersten vollständig dokumentierten Geschäftsjahr, schlossen folgende Firmen mit Soll, Haben und Bilanz ab[142]:

	Soll	Haben	Bilanz
v. Stockum (Frankfurt)	82.086	96.470	14.383
Döll (Cochem)	63.385	50.270	-13.114
v. Nell (Trier)	45.794	78.481	32.694
v. Hausen (Saargemünd)	85.287	85.287	——
Mauritz (Wesel)	21.427	22.974	1.547
v. Hausen u. Co.	102.732	127.735	-25.003

Die Weseler Familie Mauritz handelte offenkundig ausschließlich mit Holz von der Lippe. In den verschiedenen Gesellschaften, die die großen rheinischen Holzhändler untereinander und mit kleineren Handlungen eingingen, kam ihr Name nie vor. Ihre relativ bescheidenen Umsätze korrespondierten mit der inzwischen untergeordneten Rolle, die das Lippeholz auf den Auktionen spielte.

Der Eindruck der beherrschenden Stellung einiger weniger rheinischer Handelshäuser ändert sich nicht wesentlich, wenn man die Quelle weiter verfolgt. 1797 waren bis auf v. Hausen u. Co. immer noch dieselben Unternehmungen in Dordrecht präsent, allerdings nun von einigen weiteren Handlungen ergänzt:

er freilich erst nach Holzverkäufen in den Niederlanden aufbringen konnte (LHA-Koblenz, 700,28 (4)).

141 J. Rohr, Le famille d'Hausen.

142 GA-Dordrecht, Boonen/van Hoogstraten 42.

	Soll	Haben	Bilanz
v. Stockum (Frankfurt)	21.499	33.185	11.685
Döll (Cochem)	166.886	179.471	12.584
v. Nell (Trier)	133.051	250.281	117.229
v. Hausen (Saargemünd)	—	—	—
Mauritz (Wesel)	21.499	33.184	11.685
Ziegler u. Co. (Frankfurt)	138.302	220.026	81.724
Cassel (Wesel)	81.713	90.176	8.463
Jacobi u. Co. (Saargemünd)	44.798	68.303	23.505
Schmidtborn (Saarbrücken)	83.171	133.415	50.244

Auch durch die Unterbrechungen des Handels infolge der französischen Herrschaft am Rhein kam es nicht zu tiefgreifenden Wandlungen. Wohl tauchen noch weitere Namen in den Dordrechter Geschäftsbüchern von Boonen/van Eijsden auf, doch blieb der Kreis der Großhändler weiterhin klein[143].

Veränderungen in der Struktur der Trägerschaft des Holzhandels lassen sich mit Blick auf diese Quelle allein allerdings nicht fassen. So erhellt sich die Präsenz der Firma Böhringer u. Co. aus Pforzheim auf dem Dordrechter Markt erst, wenn man den Aufstieg Böhringers vom beschränkten Faktor im Schwarzwald im Rahmen des Ausgriffs der Schwarzwälder Kompanien bis auf den niederländischen Absatzmarkt zum Holzgroßhändler in Rechnung stellt.

Neben den deutschen Holzgroßhändlern war auch im 18. Jahrhundert die Rotterdamer Familie Terwen auf dem Rhein tätig. In der Hochphase trat die ebenfalls aus Rotterdam stammende Familie Bischon hinzu. Das von Antoni und Pieter Terwen betriebene Geschäft beschränkte sich nicht auf rheinisches Holz. Zusammen mit einem Amsterdamer, später mit einem Rotterdamer Partner waren sie auch im Holzhandel aus dem Ostseeraum und aus Hamburg tätig. Teilweise lieferten sie dieses Holz in der ‚voorbijlandvaart' direkt nach Frankreich und Spanien. 1776 scheint das Unternehmen aufgelöst worden zu sein[144].

In den rheinischen Holländerholzhandel waren sie nach eigenen Angaben 1716, also mit dem Beginn der ersten Boomphase, eingestiegen. Sie scheinen sich zunächst auf die Abnahme des Holzes und auf die Weiterverarbeitung beschränkt zu haben. 1730 wollen sie ein Drittel bis die Hälfte des ins Land kommenden Wagenschoß aufgekauft haben. Wie aus ihrem pro memoria von 1749, das sich an die Regierung in den Haag richtete und im Kern die Unterstützung gegen die hohen Rheinzölle forderte, hervorgeht, wurden sie als Einkäufer am Rhein erst Anfang der 30er Jahre aktiv. Als Gründe nannten die

143 Vgl. auch die Namen einiger auf Mosel und Saar aktiver Holzhändler am Ende des 18. Jahrhunderts bei R. Dufraisse, Flottes, S. 670 (Schmidtborn, Korn und Karcher aus Saarbrücken, Jacobi u. Co. aus Saargemünd, v. Nell und Conrad Schaaf aus Trier, Peter und Joseph Bubenheim aus Neuendorf und Koblenz).

144 S.C. van Campen, Rotterdamse, S. 141f.

Brüder den Rückgang der Einfuhrmengen, die Monopolisierung des Handels durch eine abnehmende Zahl deutscher Händler und die daraus resultierenden Preissteigerungen. Als Ergebnis ihrer Aktivitäten seien 1732/33 die Einfuhrmengen gestiegen, die Preise um 15-20 % gefallen. Den allgemeinen Nutzen betonend fügten sie an, daß es dadurch möglich wurde, Holzsägemühlen in Rotterdam zu bauen und auch denen in Zaandam Arbeit zu verschaffen, so daß jährlich für 30.000 Gulden Arbeitslöhne anfielen[145].

IV.2.3 Die Flößerei auf dem Rhein: Technik und Organisation

Weit besser unterrichten die zeitgenössischen Beobachter über die technische Seite des Floßbaus und der Floßfahrt auf dem Rhein. Die Kapitalflöße des 18. Jahrhunderts hinterließen wegen ihrer Größe und der außergewöhnlichen Umstände während ihrer Fahrt starke Eindrücke, die sich insbesondere in vielen Beschreibungen von Rheinreisenden niederschlugen. Die wohl ausführlichste dieser Beschreibungen stammt von dem Koblenzer Pfarrer Josef Gregor Lang, der im Sommer 1789 auf einem Kapitalfloß mitfuhr und euphorisch schrieb[146]:

> „Unter allen grossen und kühnen Unternehmungen, wozu die Auri sacra Fames den Menschen antrieb, kenn' ich keine, die bedeutender und bewunderungswürdiger ist, als der Bau und die Behandlung einer solchen ungeheuren daher sich bewegenden Maschine, dessen man sich auf dem Rhein vorzüglich, vor allen andern Flüssen in Europa, und vielleicht in der ganzen Welt zum Holzhandel bedienet. Sie sind die Riesen unter unsern Fahrzeugen. Man denke sich eine schwimmende Holzinsel von ohngefähr 1000 Fuss in der Länge und 90 Fuss in der Breite, in dessen Mitte 10 bis 13 geräumige Hütten, von Brettern zusammengefügt, angebracht sind, worauf ein mittelmäsiges Dorf Platz haben könnte, und die von 4 bis 500 Ruderknechten und Arbeitern bewohnet wird: so kann man sich ohngefähr einen Begrif von einer Floose machen, die der majestätische Rhein auf seinem stolzen Rükken, wie ein anderer Atlas, der die Welt trug, vor den Augen seiner freudigen Uferbewohner daher trägt".

In den Reisebeschreibungen des 19. Jahrhunderts trat die Schilderung der Rheinflößerei zurück, da die imposanten Kapitalflöße durch kleinere, weniger eindrucksvolle ersetzt wurden. Statt dessen wurden gerne Stahl- und Kupferstiche von Flößen vor dem Hintergrund der Rheinkulisse abgedruckt. Selbst die Prosaliteratur nutzte die Rheinflößerei als Vorlage[147]. Auch die zeitgenössische

145 Allgemeines Reichsarchiv den Haag, Archief van de Stadhoudelijke Secretarie 584, Lit. K, S. 1-3.

146 J.G. Lang, Reise, S. 18f.; vgl. weitere Darstellungen in Reisebeschreibungen von Chr.W. Bechstedt, Handwerksburschenzeit, S. 99f., A. Schreiber, Handbuch, S. 238-240, Amusement, S. 186f., A. Klebe, Reise, S. 480-485, A. de Bertola, Rhein-Reise, S. 190-193, F.L. Graf zu Stolberg, Reise, S. 10f., Freye Bemerkungen, S. 349.

147 Zu der sehr umfangreichen Literatur des 19. Jahrhunderts mit bildlichen Darstellungen vgl. die Zusammenstellung von S. Schmidt, Bibliographie; ein Beispiel aus der Literatur ist ‚Der Flösser'.

‚Fachliteratur' hat der Floßbau- und der Flößereitechnik teilweise ausführliche Darstellungen gewidmet[148].

Im Zusammenhang mit den hier interessierenden Fragen nach den Organisationsformen, der Finanzierung und den Handelstechniken soll nur in beschränktem Umfang auf diese Darstellungen zurückgegriffen werden, soweit es die Fragestellung erfordert, zumal die ältere und auch die jüngere Forschung reichlich von den genannten Quellen Gebrauch gemacht haben[149].

Der Holztransport mit Flößen auf dem Rhein wurde von den großen Handlungen selbst überwacht und auch in seinen einzelnen Abschnitten organisiert. Hierin unterschied sich der Holzhandel prinzipiell vom Handel mit anderen Waren auf dem Rhein, der sich einer seit dem Spätmittelalter gut ausgebauten Frachtschiffahrt bedienen konnte. Auch wenn, wie noch zu zeigen sein wird, die Führung des Floßes in die Hand eines Spezialisten gegeben werden mußte, entfernte sich der Kaufmann nicht von seinem Floß. Bei der Höhe des eingesetzten Kapitals waren Entscheidungen bei Zwischenfällen, die weit häufiger als beim Schiffstransport vorkamen, unmittelbar zu treffen. Sie konnten über Gewinn oder Verlust entscheiden. Auch die Verzollung des Holzes, keineswegs eine reine Formsache, gab der Kaufmann nicht in fremde Hände. Diese enge Verflechtung des Transports mit dem Handel macht eine Beschäftigung mit der Flößerei notwendig. Die transporttechnischen Aspekte sind den Fragen nach den Handelsformen untergeordnet.

Die aus den verschiedenen Waldregionen der Rheinlande kommenden und nach Beschaffenheit der dortigen Wasser- und Floßverhältnisse gebauten Flöße wurden auf dem Rhein zu größeren Einheiten zusammengestellt. Am Oberrhein war Mannheim der Platz, an dem das Schwarzwaldholz neu eingebunden wurde, am Mittelrhein erfüllte Mainz diese Funktion; hier kam das Holz aus dem Frankenwald und dem Spessart hinzu. Letzte Station vor den Niederlanden waren die Bauplätze für die Kapitalflöße unterhalb von Koblenz. Das aufwendige Umbinden und Vergrößern der Flöße vom Oberrhein, vom Main und von der Mosel hatte technische, organisatorische und auch finanzielle Gründe.

148 Wenn auch vom Ende des ersten Viertels des 19. Jahrhunderts stammend, so doch in bester Kenntnis der Verhältnisse des 18. Jahrhunderts ist fraglos die Arbeit von K.F.V. Jägerschmid, Handbuch, Bd. 2, S. 453-488, die beste Quelle; vgl. außerdem F.W. König, Beyträge, S. 26-45, Ders., Bruchstücke, S. 74-87, wiederabgedruckt in: Forst- u. Jagdbibliothek, St. 2, Nr. 9; vgl. auch A.L. Schlözer, Stats-Anzeigen, 1. Bd., H. 1-4, S. 16-19, wiederabgedruckt in Rheinischer Antiquarius, 2. Abt., 7. Bd., S. 103-105; vgl. noch die sehr persönliche Schilderung von J. B. Fuchs (hrsg. von J. Heyderhoff, Fuchs, S. 17-26).

149 Vgl. die teilweise wörtliche Übernahme in Texten des 19. Jahrhunderts im Rheinischen Antiquarius, 3. Abt., 5. Bd., S. 185-202; kleinere Artikel: K. Döringer, Rheinfloßschiffahrt, M. Eckoldt, Holländer-Flöße, Flößerei, Holzflößerei, in: J.A. Hildt, Handlungszeitung, 11. Jg., S. 391f. u. Über den Gang, ebd., 12. Jg., W. Spies, Rheinkunde II u. U. Rodenwaldt, Holzhandel; eine umfassende Kompilation der Darstellungen von Lang und König bietet die Arbeit von S. Mohr, Flößerei; die jüngste, ebenfalls aus den genannten Materialien schöpfende Arbeit ist die von K.P. Wiemer, Flößerei.

Von der technischen Seite her war die Notwendigkeit, ein Floß aus den verschiedenen Holzsorten zusammenzustellen, einer der wichtigsten Gründe für das Umbinden. Insbesondere das Einbinden der alleine nicht schwimmfähigen Eichenholzstämme in den Floßkörper aus Nadelholzstämmen oder das sog. Beschleifen, d.h. das Beladen eines gebundenen Floßes mit Eichenholz, war für einen sicheren Transport unverzichtbar[150]. Königs häufig übernommene Behauptung, das Tannenholz sei nur der „Wagen [gewesen], um das specifisch unflotte Eichenholz, entweder in Verbindung mit und zwischen jenem oder auf demselben als Oblast in ganzen Ruthen und Stückhölzern fortzubringen“, stimmt zumindest für die 70 und mehr Fuß langen Tannen sicherlich nicht, wie die hohen Preise in Dordrecht belegen[151]. Teilweise wurden Flöße, die von den Zuflüssen des Rheins kamen, auch nur zu zweien oder mehreren zusammengekoppelt und bis zum nächsten Einbindeplatz gebracht[152].

Organisatorisch war die Neu- und Umkonstruktion der Flöße für die Rheinfahrt schon aufgrund der Handelsstruktur notwendig. Steinmauren und Mannheim dienten für das Schwarzwaldholz von der Murg bzw. vom Neckar nicht nur als Lagerplätze. Hier wechselte das Holz auch den Besitzer, der in der Regel kaum komplette Flöße gekauft haben wird. Der „Holzgarten“ bei Mainz und die Bindeplätze unterhalb von Koblenz waren dagegen für die Zuladung des vom Main bzw. von Saar und Mosel hinzukommenden Holzes erforderlich. Handelsfunktion hatten diese Plätze nicht. Für den einzelnen Großhändler waren sie aber unverzichtbar, um das in den verschiedenen Waldgebieten angekaufte Holz nach konstruktionstechnischen aber auch nach finanziellen Gesichtspunkten für den Transport zusammenzustellen.

Obschon auch andere Plätze bis oberhalb von Bonn bekannt sind, wurde der bei Namedy unterhalb von Koblenz gelegene Bindeplatz für den Bau der Kapitalflöße bevorzugt. Abgesehen von den zweifellos günstigen Voraussetzungen dieses Platzes lagen seine wesentlichsten Vorteile darin, daß das Holz von Saar und Mosel unmittelbar eingebunden werden konnte und darüberhinaus die hydrographischen Verhältnisse des Rheins von hier ab den Einsatz der riesigen Kapitalflöße erlaubten.

Den Vorzügen dieses Platzes entsprechend konkurrierten die großen Holzhändler um seine Benutzung. Der Magistrat der Stadt Andernach, in deren Gebiet der Bindeplatz lag, verpachtete z.B. 1742 einen Landeplatz auf drei

150 Den komplizierten Prozeß des Floßbindens beschreibt ausführlich K.F.V. Jägerschmid, Handbuch, S. 457-461.

151 F.W. König, Beyträge, S. 31; ebenso Ders., Bruchstücke, S. 76; immerhin weist aber auch der 1787 zwischen den Großhandlungen v. Hausen, v. Nell und Ziegler u. Co. geschlossene Vertrag in einer Nebenbemerkung darauf hin, daß „das Forlenholz imer als Frachtholz nicht aber als zum Winst anzusehen ist“(vgl. Anlage 1, § 4).

152 J.J. Eichhoff, Darstellung, S. 30.

Jahre an Johan und Hendrik van der Wall für jährlich 37 Reichstaler. Obschon der Ort über mehr als eine einzige Anlegestelle verfügte, kam es unter den Holzgroßhändlern nicht selten zu Konflikten. Einmal protestierte der Rotterdamer Anton Terwen, der 1744 zusammen mit seinem Bruder Peter zwei Floßplätze für jährlich 90 Reichstaler gepachtet hatte, gegen dessen Benutzung durch van der Wall und verlangte die Räumung „binnen 24 Stunden". 1759 beschwerte er sich erneut über fremde Flöße auf seinen Plätzen. 1775 protestierte der Frankfurter Holzhändler Johan v. Stockum beim Andernacher Magistrat. Sein Konkurrent Danzer habe auf seinem für 165 Gulden jährlich gepachtetem Floßplatz den Winter über ein Floß liegen lassen und bemühe sich nicht genügend um die Fortschaffung. Er, von Stockum, habe Holz in Mannheim und auf der Mosel gekauft, das bald auf seinem Floßplatz bei Andernach zusammengestellt werden solle. Wenn Danzer sein Floß nicht entferne, sei zu befürchten, daß das gekaufte Holz nicht mehr im laufenden Jahr in die Niederlande zu schaffen sei.

Die kleine Stadt Andernach war zweifellos bemüht, möglichst großen Nutzen aus der für den Floßbau günstigen Lage zu ziehen. In dem Pachtvertrag mit den Brüdern Terwen verpflichteten sich die Holzhändler, alle Lebensmittel für die Floßbesatzung und andere für das Floß notwendige Dinge in der Stadt zu kaufen[153]. Bei der Verproviantierung der Floßmannschaft handelte es sich keineswegs um Kleinigkeiten. Pfarrer Lang registrierte während seiner Reise 1789 folgende Verbrauchsmengen: 40-50.000 Pfund Brot, 15-20.000 Pfund Fleisch, 10-15.000 Pfund Käse, 10-15 Zentner Butter, 8-10 Zentner getrocknetes Fleisch, 30-40 Malter Hülsenfrüchte, 8-10 Malter Salz, 500-600 Ohm Bier, 3-4 Stückfaß Wein und die gleiche Weinmenge in geringerer Qualität. Diese Mengen wurden auf der Strecke von Andernach bis Dordrecht, für die ohne Zwischenfälle etwa 30 Tage benötigt wurde, von einer 400-köpfigen Mannschaft, zu der noch der Eigner, seine oft zahlreichen Gäste und das Bedienungspersonal hinzugerechnet werden müssen, verbraucht[154].

Der Floßbau und die Bemannung der Flöße erwiesen sich für die Gegend um Andernach als ein nicht zu unterschätzender, beschäftigungswirksamer Faktor[155]. Die Mannschaft, die sich zu einem Großteil aus der Gegend um Andernach und Namedy rekrutierte, wurde hauptsächlich zur Steuerung des Floßes benötigt. Dies hatte als fertiges Floß eine Länge von bis zu 300 Metern und eine Breite von bis zu 40 Metern, umfaßte also eine Fläche von etwa 11.500 Quadratmetern. Der Tiefgang des mehrlagigen Floßes betrug ca. zwei Meter. Das Gewicht eines solchen Floßes gibt Jägerschmid mit 332.216 Zentnern an[156].

153 Zu den Pachtverträgen und den Streitigkeiten um die Floßplätze LHA-Koblenz, 612, Nr. 2926.

154 J.G. Lang, Reise, S. 52f. zur Verproviantierung und S. 57 zur Mannschaftsgröße; vgl. dazu auch R. Dufraisse, Flottes, S. 682 mit Preisangaben und Angaben über die Fahrtdauer.

155 Vgl. auch R. Dufraisse, Flottes, S. 672, S. 681f. u. S. 687.

156 K.F.V. Jägerschmid, Handbuch, S. 456; zu den Maßangaben vgl. außerdem J.G. Lang,

Das Kapitalfloß bestand aus einem Hauptstück, dem seitlich kleinere Floßstücke angefügt waren, und bis zu vier sog. Kniestücken. Dies waren im Grunde selbständige Flöße, die über bewegliche Achshölzer miteinander und mit dem Hauptfloß verbunden waren. Sie gaben dem Kapitalfloß erst seine enormen Ausmaße. Der Zweck dieser Konstruktionsweise lag nicht nur in der Vergrößerung der Holzmasse, sondern auch die Steuerbarkeit des Gesamtfloßes wurde wesentlich verbessert. Bis zu 450 Ruderknechte standen während der Fahrt auf dem vordersten Kniestück, das in Stromrichtung vor dem Hauptstück montiert war, sowie am hinteren Ende des Floßes an ca. 15 Meter langen, aus ganzen Stämmen zugerichteten Rudern, um nach Anweisung eines Steuermannes dem Floß die erforderliche Richtung zu geben. Die beweglichen Kniestücke erleichterten die Steuerbarkeit.

Sowohl zur Steuerung als auch für das Anlanden des Floßes wurden etwa 200 Anker benutzt, die auf bis zu 40 kleinen Booten, den sog. Ankernachen, mitgeführt wurden. Jeder dieser Nachen hatte eine Besatzung von sieben Mann.

Neben den Ankerknechten und den Männern an den Rudern gab es für die Versorgung der Mannschaft und für bestimmte Sonderaufgaben noch eine Reihe weiterer Personen auf dem Floß, die nicht nur verpflegt, sondern auch entlohnt werden mußten[157].

Der Lohn für die Fahrt bis Dordrecht betrug für die Ruderer und Ankerknechte nach Angaben des Pfarrers Lang 5 1/2 Reichstaler. Bei einem Zwischenfall mußten drei Tage unentgeltlich gearbeitet werden, weitere Tage wurden mit je 12 Kreuzern vergütet[158]. König gibt den Lohn von Mannheim bis Mainz mit 1 1/2 Gulden, von dort bis Andernach mit zwei Gulden und von dort bis Dordrecht mit 7 1/2 Gulden an[159].

Die verschiedenen Aufsichtspersonen, wie Steuer- und Meisterknechte, und sonstiges, qualifiziertes Personal, wie Köche etwa, erhielten höhere Löhne. Mit Abstand das höchste Entgelt bekam der Steuermann, von dessen Fähigkeiten die reibungslose Fahrt des Floßes entscheidend abhing. Die unterschiedlichen Stromverhältnisse des Rheins machten es erforderlich, auf den drei Flußabschnitten von Mainz bis Andernach, von dort bis Düsseldorf und von hier schließlich bis Dordrecht einen eigenen Steuermann zu verpflichten, der die

Reise, S. 8-28; ebenso R. Dufraisse, Flottes, S. 683f. Jägerschmids Größen- und Gewichtsangaben stellen zweifellos ein Maximum dar und lösen im Vergleich mit anderen Quellen Zweifel aus: Dufraisse nennt ein Gewicht von 28.885 Zentnern; die Aufzeichnungen der Trierer v. Nell sprechen in der Mitte des 19. Jahrhunderts nur von 10.000-15.000 Zentnern (LHA-Koblenz, 700,28(5)).

157 Zur Zusammensetzung der Mannschaft und ihren Aufgaben vgl. K.F.V. Jägerschmid, Handbuch, S. 465, J.G. Lang, Reise, S. 33-41 u. F.W. König, Bruchstücke, S. 81.

158 J.G. Lang, Reise, S. 34; gleiche, wahrscheinlich von Lang übernommene Angaben bei J.J. Eichhoff, Darstellung, S. 53; vgl. die Angaben bei R. Dufraisse, Flottes, S. 686 für den Beginn des 19. Jahrhunderts.

159 F.W. König, Beyträge, S. 38; vgl. auch K.F.V. Jägerschmid, Handbuch, S. 475, der diese Angaben übernimmt.

jeweiligen Schwierigkeiten und Gefahren gut kannte. Vor allem auf der Strecke von Andernach bis Düsseldorf, wo der Fluß noch eine relativ hohe Fließgeschwindigkeit hatte und zahlreiche Krümmungen aufwies, aber dennoch bereits mit Kapitalflößen befahren wurde, kam dem Steuermann die entscheidende Aufgabe zu[160]. Entsprechend klein war der Kreis der in Betracht kommenden Personen. Die zeitgenössischen Beobachter bezeichnen übereinstimmend die Rüdesheimer Familie Jung als Quasi-Monopolisten für diese Aufgabe. König berichtet, der Holzgroßhändler v. Hausen habe einem Johannes Jung jährlich 600 Gulden allein an Wartegeld gezahlt, um sich seine Dienste zu sichern[161].

Die Höhe der Steuermannslöhne entsprach den zu bewältigenden Schwierigkeiten des Stroms und der Floßgröße. Für die Fahrt von Mannheim bis Mainz erhielt der Steuermann 70-100 Gulden, von Mainz bis Andernach 150 Gulden und von dort bis Düsseldorf 300 Gulden[162]. Die hervorgehobene Position des Steuermanns ist auch in seiner Sonderbehandlung durch den Floßherrn abzulesen, an dessen Tisch er aß und auf dessen Jacht er zurückgebracht wurde[163].

Neben den Baukosten für das Floß, der Verpflegung und Entlohnung der Mannschaft waren die Zollabgaben zweifellos der größte Kostenfaktor. Zwischen Mannheim und Dordrecht gab es nach König 40 Zollstellen[164]. Weiterhin hat man je nach Herkunft des Holzes die Zölle auf Main, Saar, Mosel, Lippe und Neckar zu berücksichtigen. Eine Kostenberechnung mit Hilfe erhaltener Zollregister oder auch nur der Zolltarife ist ausgeschlossen. 1782 bezeichnete der hessische Rentmeister in St. Goar Hüpeden die Zollrechnungen aus intimer Kenntnis heraus als „Sibyllen-Bücher"[165].

Schon die höchst unterschiedliche und keineswegs immer den Tarifen folgende Erhebungspraxis schließt die Zollprotokolle als verläßliche Quelle aus. Lang beobachtete während seiner Floßreise die Gepflogenheiten der Zollbeamten und gab darüber einen sehr anschaulichen Bericht[166]:

> „Einer der angenehmsten und für mich ganz interessanter Auftritt, war die Zusammenkunft der Zollbeamten von Leutesdorf, Andernach, Linz und Bonn. Ich nahm an der Vorbereitung in der Küche wahr, daß es für den heutigen Tag einen treflichen Schmaus absezzen würde. Die Zollbeamten trafen auch zeitlich des Morgens mit anständiger Gravität ein, giengen nach der Bewillkommung und dem freundlichen Empfange von dem

160 Eine gute Zusammenstellung der schwierigen Strompassagen gibt K.-P. Wiemer, Flößerei, S. 121-125; vgl. zu den Stromverhältnissen auch E. Beyerhaus, Rhein; speziell zum Binger Loch vgl. K. Felkel, Strombau-Geschichte.

161 F.W. König, Beyträge, S. 39.

162 F.W. König, Beyträge, S. 38f.; vgl. auch K.F.V. Jägerschmid, Handbuch, S. 475 mit identischen, wohl von König übernommenen Angaben; vgl. auch die Angaben bei J.G. Lang, Reise, S. 65 und bei R. Dufraisse, Flottes, S. 685.

163 F.W. König, Beyträge, S. 39.

164 F.W. König, Beyträge, S. 40; vgl. aber auch andere Angaben bei A.L. Schlözer, Stats-Anzeigen, S. 10.

165 In A.L. Schlözer, Stats-Anzeigen, S. 1.

166 J.G. Lang, Reise, S. 28-31.

Floozenherrn die Flooze mehrmal auf und ab; besprachen sich unter einander, und untersuchten dieselbe mittels der bei sich habenden Stökken. Darauf giengen sie tour a tour, nachdem die zollherrschaftlichen Kollegen zusammen gehörten, in die Herrenhütte. Mir war es nicht erlaubet dieser Versammlung beizuwohnen; doch hielt mich meine Neugierde nicht weit von der bretternen Hütte, und soviel ich wahrnehmen konnte, entstund zwischen dem Floozenherrn und den Zollbeamten ein ernsthafter Wortwechsel, der in der Ueberhebung gewisser Anzahl Zollfuder, Akzidentalien, und mir bis dahin unbekannten Terminen bestand. Es ward hierauf etwas still, und ich hörte Gold- und Silbermünzen klingen welche eine Partie mit der andern abwechselte. Nach gehaltener Konferenz unterhielten sich die Zollbeamten noch etwas auf dem Flooze, sprachen in einem freundschaftlicheren Tone als zuvor, während dem der Morgen verstrich und die Mittagsstunde herbeikam. Die Tafel war schon bereit, und das Zeichen zum Tische ward von der Küche gegeben. Alles begab sich nun wieder in die Herrenhütte in einen geräumigen artig meublirten Saal, wo der herrlichste Tisch wohl und kostbar mit Speisen zugerichtet stand. Wir liessen es uns, wie ich sah, alle sehr wohl schmekken, und nicht allein Rhein- und Moselsäfte, sondern auch der schäumende Champagner und schimmernde Burgunder stritten im Abflösen der Kehle um die Wette; so daß das vormittägige heroische Wesen der Zollbeamten völlig verschwand, der Zorn des Floosenherrn sich auch legte, und nun alles fröhlich und lustig wurde: ja der häufig genommene Nektar wirkte so stark auf die Herzen und Zungen, daß sogar eine Partie der anderen die begangenen Fehler in der Zollbehandlung vorwarf, und sich, begeistert vom Vater Lyäus, mit den wizzigsten Einfällen und launigsten Ausdrükken unter einander nekten. – So strich der lange Mittag unter einer vollen Schmause dahin, bis der kommende Abend einen jeden zu seiner Stätte zurückwies. Sie emphahlen sich, wünschten noch dem gastfreien Floosenherrn eine glückliche Reise, stiegen sodann in die an der Floose haltenden Zolljachten, und fuhren mit schweren Köpfen und gut gefüllten Säkken davon".

Aber auch dort, wo der Zoll nach gründlicher Vermessung des Floßes erhoben wurde, waren nur grobe Werte über die Holzmenge zu ermitteln[167].

In der Umstellung der Verzollung von der geschätzten Stückzahl auf den Rauminhalt der Flöße im 19. Jahrhundert vermutet Jägerschmid im übrigen den Grund für das Verschwinden der großen Kapitalflöße. Die Möglichkeiten der Manipulation seien mit weggefallen: „daher liegt es ganz in dem Interesse der Holzhändler, diese kostspielige und gefährliche Flößerei, welche keine Vortheile mehr gewährt, mit dem minder kostspieligen und minder gefährlichen Losefahrten zu vertauschen"[168]. Das pro memoria der Rotterdamer Gebrüder Terwen bestätigt dies. Nicht nur müßten die seitlichen Anhänge, die aus relativ wertlosem Tannenholz bestünden und die mehr der Schwimmfähigkeit des Gesamtfloßes dienten, verzollt werden. Auch würden die Zollbediensteten von jedem Floß Rechengelder und Akzidentalien verlangen, unabhängig von der Floßgröße. Diese betrügen zwischen Mannheim und Dordrecht 9.000 Gulden.

167 Zur Vermessungstechnik vgl. F.W. König, Bruchstücke, S. 84, J.G. Lang, Reise, S. 66f.; zur genaueren Praxis seit der französischen Verwaltung vgl. J.J. Eichhoff, Darstellung, S. 53f.

168 K.F.V. Jägerschmid, Handbuch, S. 454f.; als Losefahrt wurde die Flößerei mit nur einem Floßkörper bezeichnet.

Insbesondere wirke sich dies negativ aus, wenn ein Floß wegen Niedrigwassers in mehrere kleinere Flöße zerlegt werden müsse[169].

König schätzt die Zollabgaben für ein Kapitalfloß zwischen Mannheim und Dordrecht auf 50.000-60.000 Gulden, die übrigen „Frachtkosten", worunter in erster Linie Verpflegung und Löhne, vielleicht auch Schmiergelder verstanden werden müssen, auf weitere 60.000 Gulden. Den täglichen Unterhalt setzte er mit 250 Gulden an[170].

Diese Kosten konnten sich durch nicht kalkulierbare Zwischenfälle noch beträchtlich erhöhen. Die geschilderten Konflikte um die Benutzung der Floßbauplätze bei Andernach deuten schon die Furcht vor der Überwinterung an. Dies bedeutete für den betroffenen Holzgroßhändler nicht nur die verpaßte Verkaufschance in den Niederlanden und die damit mindestens aufgeschobene Realisierung des eingesetzten Kapitals und des erwarteten Gewinns, sondern auch zusätzliche Kosten für die Lagerung des Holzes, evt. sogar Schäden und Verluste durch Hochwasser, Eisgang und andere Witterungseinflüsse[171]. Auch Unglücksfälle kamen vor, bei denen zumindest Teile des Floßes verloren gingen. Johann Baptist Fuchs, der Sohn eines Kölner Holzhändlers, berichtet in seinen Lebenserinnerungen von einem solchen Unglück bei Köln[172]:

> „Prachtvoll ist der Anblick des beim Aufbruch majetätisch sich in Bewegung setzenden Floßes, einem schwimmenden Dorfe gleich, dessen Bevölkerung sich zur Kirchweihe versammelt zu haben scheint, aber auch schauervoll der Gedanke (der einem just zu Kopfe steigt), welchen Gefahren dieser schwimmende Koloß preisgegeben ist, wenn widrige Winde, wenn Gewitter sich während der Fahrt erheben oder wenn die Ungeschicklichkeit des Steuermanns die Vorbereitungen verfehlt oder vereitelt, welche rücksichtlich bekannter gefährlicher Plätze oft stundenlang vorher genommen werden müssen, wodurch dann das Floß auf's Land geschleudert wird, zerbricht und vielen Ruderknechten Tod oder körperliches Verderben zuführt. So stand ich am 19. Juli 1777, an einem Sonntag, zufällig an der Schiffbrücke, und plauderte mit dem Oberknechte. Auf einmal ward ein Floß gewahrschaut. Alles Volk strömte an den Rhein, und der Dompropst Graf von Oettingen mit mehreren adligen Damen war auf dem holländischen Schiffe meines Oheims Weyl. Nach langem Hinblicken sahen wir endlich das Floß bei einem stürmischen Winde herankommen. Gleich sagte der Brückenoberknecht: „Das Floß kömmt verkehrt; es geben Unglükker." Wirklich kam das Floß in verkehrter Richtung der Stadt ganz nahe, nahm die Mühlen und Bugnachen mit und stürzte auf die Kehlreihe hinter dem Ruder des Schiffes meines Oheims ein, zerschmetterte mehrere oberländische Schiffe, auf deren einem eine Frau mit einem schenkenden Kinde saß, die beide mit zugrunde gingen, und bohrte die Landbrükke in Grund, wodurch sie dann aber auch einen solchen Stoß bekam, daß sie ihre gerade Richtung wiedergewann und weiter kein Unglück geschah. Es war das Danzerische Floß, das dieses Unglück erlitt".

169 Allgemeines Reichsarchiv den Haag, Archief van de Stadhoudelijke Secretarie 584, Lit. K, S. 5.

170 F.W. König, Beyträge, S. 39f.

171 Vgl. den schon oben erwähnten Fall eines festliegenden Floßes bei Mülheim bei M. Scholz-Babisch, Quellen, S. 796.

172 J. Heyderhoff (Hrsg.), Fuchs, S. 23f.; vgl. auch die Darstellung eines anderen Unglücks bei F.W. König, Beyträge, S. 39.

Auch wenn solch spektakuläre Unfälle selten waren, entstanden doch auch bei kleineren Zwischenfällen zusätzliche Kosten. Das Risiko war immer groß.

IV.2.4 Die Finanzierung

Neben den jährlich neu eingesetzten Kapitalien für den Holzankauf und die geschilderten Transportkosten hatten die Holzgroßhändler nicht unbeträchtliche Summen in die wiederverwendbare Floßausrüstung zu investieren, wie die mehrere Seiten umfassende Aufzählung der Gerätschaften bei Lang andeutet. Sie reichte von den zahlreichen Tauen, den bis zu 100 Ankern und Ankerketten, den verschiedenen Haken, Äxten, Bohrern, Klammern usw. bis zu der zerlegbaren und wiederverwendbaren Herrenhütte, die der Floßbesitzer während der Fahrt mit Angehörigen und Gästen bewohnte. Auch die Jacht, auf der u.a. die Floßgerätschaften von Dordrecht zu den Einbindeplätzen zurückgebracht wurden, muß als Teil dieser Investitionen betrachtet werden. Ein Teil der Gerätschaften, wie etwa Anker, ging während jeder Floßfahrt verloren; Taue, Seile und andere Gerätschaften verschlissen schnell[173].

Nach Königs Ansicht konnte ein Großhändler unter günstigen Umständen im Jahr zwei Kapitalflöße nach Dordrecht bringen. Wenn v. Hausen 1785 drei Flöße den Rhein hinab schickte, dann war dies seiner Meinung nach „eine große und zugleich glückliche Unternehmung". Zu den benötigten Kapitalien fährt er fort: „Ein solcher Handel erfordert nichts geringeres, als eine Baarschaft von 5 bis 600.000 Rthlr."[174].

Den Wert eines Kapitalfloßes bezifferte er auf 300.000 Reichstaler.

König schrieb dies im Jahre 1785, als sich die Konjunktur im rheinischen Holländerholzhandel auf ihrem Höhepunkt befand; zu dieser Zeit hatten sich zweifellos bereits bedeutende Vermögen in den Händen der großen Handlungen angesammelt. Von einer halben Million und mehr Reichstalern kann dabei aber kaum die Rede sein. Als die Geschwister v. Nell 1783 den Vertrag über die gemeinsame Fortsetzung des Holzhandels ihrer Eltern schlossen, beteiligte sich jeder von den Dreien mit 20.000 Gulden Einlage. Das v. Nell'sche Unternehmen zählte dennoch nicht zu den kleinen.

Zur Aufbringung der notwendigen Kapitalmenge gab es nur zwei Möglichkeiten: Kreditaufnahme oder Bildung von Gesellschaften. An anderer Stelle wurde bereits darauf hingewiesen, daß von einer Kreditierung des angekauften Holzes durch die Kompanien im Schwarzwald auszugehen ist. Weitere Hinweise auf die Fremdfinanzierung liefert Dietz in seiner Handelsgeschichte Frankfurts. Das aus einer Holzhandlung herausgewachsene Bankgeschäft

173 Vgl. die Aufzählung bei J.G. Lang, Reise, S. 42-52; vgl. auch die komprimierte Liste bei F.H. Quetsch, Geschichte, S. 318f.

174 .W. König, Beyträge, S. 40f.

Hölcken finanzierte über Jahre die Geschäfte einiger Holzhändler an der Mosel. Eine Bilanz des Bankhauses aus dem Jahre 1740 wies von den Aktiva in Höhe von 41.692 Reichstalern alleine 24.820 Reichstaler Forderungen an die Holzhändler Johann Konrad Schaaf in Trier (11.431 Reichstaler), Peter und Johannes Bubenheim in Neuendorf (6.178 Reichstaler), Nikolaus Nell in Neuendorf (4.372 Reichstaler) und an den Geheimrat des Trierer Kurfürsten Heinrich Ludwig von Coenen (1.815 Reichstaler) aus[175]. Als der Weseler Holzgroßhändler Wilhelm Mauritz 1764 seine Zahlungen einstellte, hatte der Frankfurter Bankier Karl Geyß über 10.000 Reichstaler für Vorschüsse auf ein Floß, das bei Andernach lag, zu fordern. Der Kölner Holzhändler Fuchs vermittelte dem v. Hausen'schen Unternehmen, als er sich zeitweilig an dessen Holzhandelsgeschäften beteiligte, Gelder des Kölner Bankiers v. Meinertzhagen[176].

Das Finanzgeschäft war im 18. Jahrhundert in Frankfurt vielfach noch Teil des Eigenhandels; häufig wuchs es aber aus diesem langsam heraus. Deshalb muß auch die spekulative Beteiligung von Frankfurter Kaufleuten, die nicht selbst im Holzhandel tätig waren, an einzelnen Floßunternehmungen als Teil der Fremdfinanzierung betrachtet werden[177].

Neben dem Kredit war zweifellos der Zusammenschluß mehrerer Holzgroßhändler zu Kompanien das gegebene Finanzierungsinstrument. Mindestens für die Boomphase mit ihrem hohen Kapitalaufwand muß das Alleinunternehmen, wie es Königs Darstellung suggeriert, als Ausnahme angesehen werden. Aber auch schon für die Aufschwungphase in der ersten Hälfte des 18. Jahrhunderts sind Beispiele für gemeinschaftliche Unternehmungen bekannt. Die bereits im 17. Jahrhundert geschlossene Verbindung der Weseler Familien van der Wall und v. Stockum war, wie ihre gemeinsamen Unternehmungen zeigen, mehr als nur eine Heiratsverbindung. Als die Brüder Henrich und Thomas v. Stockum sich im Abstand von 10 Jahren in Frankfurt niederließen, war ihr gemeinsamer Holzhandel ebenfalls mehr als das Zusammengehen der v. Nell'schen Erben. Für die bereits geschilderten Lieferungsverträge mit der glücklosen württembergischen Kompanie Sprengers gingen die Brüder v. Stockum 1723 eine Gesellschaft mit der Witwe Berning und der Handlung Mauritz aus Wesel sowie mit dem Neuendorfer Großhändler Gottfried Neugelegen ein[178]. Die Notwendigkeit zum Kompaniegeschäft hing, wie dieser Fall zeigt, in hohem Maße vom Umfang des Geschäftes ab, das von einer gewissen Größenordnung an von einer einzelnen Handlung nicht mehr alleine betrieben werden konnte.

Die Gesellschaftsverträge wurden zumeist auf eine bestimmte Zeit befristet. Sie konnten sich aber auch auf die Finanzierung einzelner Holzankäufe, den Transport und die Vermarktung beschränken. Letzteres erlaubte es auch

175 A. Dietz, Handelsgeschichte, Bd. 4, S. 413f.
176 J. Heyderhoff (Hrsg.), Fuchs, S. 16.
177 A. Dietz, Handelsgeschichte, Bd. 4, S. 479f.
178 A. Dietz, Handelsgeschichte, Bd. 4, S. 476.

kleineren Holzhändlern, an dem Geschäft mit dem Holländerholz zu profitieren, wie z.B. dem Kölner Jakob Fuchs. Der aus armen Verhältnissen stammende Fuchs hatte mit Lieferungen für die französische Armee während des Siebenjährigen Krieges Gewinne gemacht und sich in Köln als Kaufmann und Pächter der Schiffsbrücke niedergelassen. Für seinen weiteren wirtschaftlichen Aufstieg war aber die Beteiligung an verschiedenen Holzhandelsgesellschaften ausschlaggebend. Als Zeichen für deren zentrale Bedeutung in seinem Unternehmen ließ Fuchs das Treppenhaus seines Kölner Hauses mit Motiven der Rheinflößerei bemalen[179].

Auch andere kleinere Kaufleute haben sich an solchen Gesellschaften beteiligt, die zumeist von einem der Großen in diesem Geschäft angeführt wurden.

In der Früh- und Blütephase des Holländerholzhandels war die Sicherstellung der Finanzierung zweifellos der vorherrschende Grund für die Kompaniebildung. Auch für die Spätphase in den letzten beiden Jahrzehnten des 18. Jahrhunderts darf man dies als ein wichtiges Element annehmen. Allerdings trat nun unter den ungünstiger werdenden Absatzverhältnissen die Notwendigkeit hinzu, durch gemeinschaftlichen Handel die Transport- und Investitionskosten sowie durch die Aufteilung der Bezugsquellen bzw. gemeinschaftlichen Einkauf die infolge konkurrierender Nachfrage in die Höhe getriebenen Einkaufspreise unter Kontrolle zu bringen.

1786 schlossen drei der größten Holzhandlungen im Rheinland, v. Hausen aus Saargemünd, die v. Nell'schen Erben aus Trier und Gebrüder Ziegler u. Co. aus Frankfurt, einen Vertrag, der in 33 Paragraphen eine kartellartige Gesellschaft begründete[180]. Treibende Kraft dieses Zusammenschlusses war der aus den Dordrechter Auktionsregistern ablesbare deutliche Rückgang des Absatzes bei stagnierenden und teilweise auch fallenden Preisen. Paragraph 23 des Vertrages beschränkte deshalb den jährlichen Gesamtumfang des gemeinschaftlichen Handels:

> „Solang sich der Handel in Holland nicht verbessert so hat man sich verabredet, daß jährlich nicht mehr dann drey Flözen durch uns, das ist, von jedem eins solle gemacht werden, und zwar nicht größer als 70 u[nd] 40 jedes und drey kny (:hiervon wird die Flözerey von 1787 ausgenommen, weil jedem frey stehet, zwar nur ein Floz zumachen, doch so gros als er will:) so daß man dadurch jährlich nicht mehr Holz nach Holland bringen wolle, als daß solches im ganzen in Holland circa acht bis neunmal hundert tausend Gulden werth syn solle".

Die hier deutlich ausgesprochene Absicht, das Angebot der rückläufigen Nachfrage anzupassen, konnte aus der Interessenlage der Holzgroßhändler nur dem Ziel einer Verbesserung des Gesamterlöses über steigende Preise dienen. Ob und in welcher Weise die vertraglich festgelegte Geheimhaltung der

179 J. Heyderhoff (Hrsg.), Fuchs, S. 6-26 u. S. 175-179.
180 Anlage 1.

Kompanie diesem Zweck dienlich war, ist schwer zu überprüfen, obschon der Bezug aus der Formulierung des Vertragstextes unzweideutig hervortritt[181]:

> „Und da die Umstände des Handels überhaupt, besonders aber der Holzverkauf in Holland unumgänglich erfordert, unsere Vereinigung geheim zu halten, wenigstens nicht ruchbar werden zulassen, daß wir auch bey dem Verkauf in Holland vereiniget seyen, so verbinden wir uns als ehrliche Leute untereinander aufs stärkeste und kräftigste so viel an uns ist, diese Vereynigung geheim zu halten".

Der Aufwand, der zum Zweck der Geheimhaltung betrieben werden mußte, war erheblich. Die Holzzeichen, mit denen jeder Holzgroßhändler seine Stämme kennzeichnete, mußten neben dem Gemeinschaftszeichen beibehalten werden. Für die Flößerei unterhalb von Koblenz bis nach Dordrecht blieben die drei Einzelhandlungen verantwortlich und rechneten auf ihrem Namen für die Kompanie mit dem Dordrechter Kommissionär ab. Die Wald- und Flußdistrikte oberhalb von Koblenz wurden für den Holzeinkauf- und transport systematisch aufgeteilt[182]:

> „Ein jeder unter uns widmet sich zu allen bey Einkäufen und so weiter vorkommenden Reißen, auf gemeinschaftliche Kosten, jedoch übernehmen insbesondere d[er] H[err] von Hausen die Besorgung auf den Bächen bis unter Saarbrücken, H[err] Nell sel[igen] Erben von Sarbrücken hinunterwärts und auf der Sauer und Mosel bis Coblenz imgleichen von Maynz den Rhein hinunter auf dem Hundsrück und so weit man der Orten Holz zu kaufen gutfinden wird; Die H[erren] Ziegler aber den Rhein von oben bis Maynz und was darauf vom Neckar und sonstigen Nebenwäßern beykommet, nebst den Mayn, und was gleichfalls darauf Nebenwäßer auswerfen können".

Einkäufe über 100 Stämme sollten dagegen untereinander abgestimmt werden. Die Arbeitsteilung hatte weitgehend praktische Gründe und nahm Rücksicht auf die bisherigen Schwerpunkte der drei Unternehmungen. Der gemeinschaftliche und auf bestimmte Höchstmengen beschränkte Holzeinkauf wird, auch wenn der Vertrag dies nicht ausdrücklich hervorhebt, in erster Linie der Vermeidung konkurrierender Nachfrage und der Sicherung niedriger Einkaufspreise gedient haben.

Eindeutig in ihrem Zweck sind die Vertragsklauseln, die den Gebrauch der Floßbau- und Landeplätze sowie den Gebrauch des Floßgeschirrs regelten. Sie galten ausschließlich der Reduzierung der Betriebskosten und der Vermeidung von Konflikten, wie sie bei der Benutzung der Andernacher Floßplätze aufgetreten waren.

Auch die gemeinschaftliche Beschäftigung von Meisterknechten und Holzhauern dürfte kostensenkend gewirkt haben. Ähnlich verhielt es sich mit den Faktoren, welche die Kompanie beschäftigte bzw. von den einzelnen Handlungen übernahm. Durch die Aufteilung der Distrikte und den gemeinschaftlichen Holzeinkauf wird zumindest die zuvor mögliche Inanspruchnah-

181 Anlage 1, § 8.
182 Anlage 1, § 7.

me durch mehr als einen der drei Vertragspartner beendet worden sein. Nicht nur die vorgesehene 10-jährige Laufzeit des Vertrages, sondern auch die mögliche Verlängerung sowie die an zahlreiche und recht scharf formulierte Bedingungen geknüpfte Kündigungsklausel hob die Kompanie von den vielen und wechselnden Verbindungen ab, die die Handlungen zuvor eingegangen waren. Noch im Vertrag selbst mußten Übergangsregelungen getroffen werden für den gerade ein Jahr zuvor eingegangenen Gemeinschaftshandel zwischen den von Nell'schen Erben und den Rotterdamer Großhändlern Bischon.

Die Kompanie von 1786 war im Grunde auch mehr als der Zusammenschluß von nur drei Großhandlungen. Die Gebrüder Ziegler, deren Vater sich zuvor an dem v. Stockum'schen Unternehmen beteiligt hatte, gründeten im gleichen Jahr ihren Holzgroßhandel als Kompanie unter Beteiligung der Dordrechter Kaufleute Jacob Staesz van Hoogstraten, Arnoldus Notemann Janszoon und Johann Breus[183]. Die Beteiligung der Dordrechter wie auch die umfangreichen Aktivitäten der Rotterdamer Bischon und Terwen belegen, daß das niederländische Handelskapital sich keineswegs völlig aus dem Holländerholzhandel auf dem Rhein zurückgezogen hatte. Dies zeigt auch der Plan zur Gründung einer Holzhandelsgesellschaft in Rotterdam von 1773, über deren Realisierung allerdings nichts bekannt ist. Im Unterschied zu den deutschen Kompanien sollte die Struktur sehr viel näher an einer Kapitalgesellschaft als an dem bloßen Zusammengehen von Kaufleuten der gleichen Branche orientiert sein. Geleitet werden sollte die Kompanie von zwei Direktoren in den Niederlanden und einem Direktor in Deutschland, die aus dem Holzhandelsgeschäft stammten. Die Kapitalbeteiligung war aber nicht an die Tätigkeit in der Branche gebunden. Auch die breite Streuung des Grundkapitals von 300.000 Gulden auf 60 Anteile zu 5.000 Gulden rückte die geplante Gesellschaft ihrer Form nach eher an die Seite der großen Überseekompanien[184].

Obschon die Konkurrenz der rheinischen Holzgroßhändler durch die neue Kompanie von 1786 nicht völlig beseitigt wurde, kann man den Zusammenschluß der drei größten Handlungen als Kartellbildung begreifen. Die Ziele wurden offenbar in der Vertragslaufzeit erreicht, denn 1798 und noch einmal 1804 wurden die Verträge mit gleicher Zielsetzung und weitgehend gleichen Regularien erneuert[185]. Der Vertrag von 1804 formuliert die Kartellabsicht der Gesellschaft nun ganz ohne Umschweife in seiner Einleitung[186]:

> „Nachdem die Interessenten der hierumhbem unten vier besonderen Handlungsgesellschaften durch Erfahrung sich überzeugt haben, daß ihr Geschäft, nehmlich der Handel mit Holz nach Holland, nicht mit Vortheil könne geführt werden, wenn unter ihnen keine Vereinigung in so ferne Statt habe, daß alle Konkurrenz beym Einkauf, in der Flößerey und im Verkauf unter ihnen beseitigt werde".

183 A. Dietz, Handelsgeschichte, Bd. 4, S. 480.
184 Zu diesem Fall W.A.H. Crol, Houtnegotie, S. 35.
185 LHA-Koblenz, 700,28 (6), S. 59-76 u. S. 81-95.
186 LHA-Koblenz, 700,28 (6), S. 81.

Während 1798 wiederum Geheimhaltung vereinbart worden war, hat man 1804 auf diesen Passus verzichtet.

Die französische Herrschaft am Rhein hat den Holzhandel nur kurzzeitig beeinträchtigt, auf längere Sicht dagegen eher stimuliert. Während 1798 das Grundkapital des Kartells bei 1,2 Millionen und auch das jährliche Handelsvolumen bei drei Flößen bzw. 800.000-900.000 Gulden blieb, wurden im Vertrag von 1804 das Gesellschaftskapital auf 2 Millionen Gulden und die Zahl der jährlichen Flöße auf vier erhöht.

Zwischen 1786 und 1804 hatte sich die Zusammensetzung der Gesellschaft allerdings erheblich verändert. Von den drei ursprünglichen Teilhabern, v. Nell'sche Erben, Ziegler u. Co. und v. Hausen, war zwar nur der letztere 1791 ausgeschieden und an seine Stelle eine Gesellschaft von drei Kaufleuten (Weidesheim, Etto und Jacobi) unter dem Firmennamen Michel Jacobi u. Co. getreten. 1798 wurde durch die Hineinnahme der Firma Schmidtborn, Braun und Roechling aus Saarbrücken das Kartell auf eine noch breitere Grundlage gestellt. Nur zwei Monate nach Vertragsabschluß kam die Trierer Handlung Döll Erben hinzu.

1804 waren Jacobi u. Co. und Döll Erben zwar nicht mehr unter den Vertragsunterzeichnern, dafür trat die von dem ehemaligen Faktor Böhringer gegründete und geleitete Pforzheimer Kompanie hinzu. Ihre Teilnahme an dem Kartell veränderte den Charakter der Gesellschaft insofern, als die zuvor bestehende klare Trennung zwischen den walderschließenden Kompanien im Schwarzwald und dem Großhandel aufgehoben wurde. Dieser Schritt zur Stärkung der Position der regionalen Handelsunternehmungen im Holzexport setzte sich fort. 1826 gründeten 29 Holzhändler aus dem fränkischen Rodach eine Gesellschaft mit einem Grundkapital von 89.500 Gulden mit dem Ziel, den Export nach den Niederlanden in die eigenen Hände zu nehmen. Bis dahin hatte die starke Position der rheinischen Großhändler und die mangelnde Kapitalkraft einzelner Rodacher Kaufleute diesen Schritt verhindert[187].

Das hervorstechende Merkmal der Organisation des Holzhandels waren zweifellos die Gesellschaften, die es in keinem anderen Sektor des rheinischen Handels gab. Ihre Verbreitung ging einher mit dem wachsenden Umfang des Geschäftes. Schon dies erklärt den wesentlichsten Grund ihrer Existenz: die Beschaffung der großen Kapitalmengen, die der Holzhandel für den Ankauf und den Transport benötigte. Wegen der langen Dauer des Absatzes blieb dieses Kapital überdies lange gebunden. Die rudimentären Formen des Bankwesens in den rheinischen Handelsmetropolen wurden zwar für die Finanzierung genutzt, boten aber keine echte Alternative zu den Kompanien.

In der Terminologie und Klassifizierung des 18. Jahrhunderts hat man diese Gesellschaften in ihrer Mehrzahl als „gewöhnliche allgemein bekannte Handelsgesellschaften" betrachtet, die sich konstituierten, „wenn zwey oder

187 D.E. Müller, Holzhandel, S. 84.

mehrere Kaufleute zusammen treten, und unter einer gewissen Firma, eine gewisse Handlung führen"[188]. Der praktisch orientierten handlungswissenschaftlichen Literatur zufolge war dies die einfachste Kompanieform. Am anderen Ende standen die „großen, oder publiken Handlungscompagnien" (Jung) oder die „öffentlichen Handlungs-Companien" (Büsch)[189].

Die 1786 gegründete Gesellschaft v. Nell/v. Hausen/Ziegler u. Co. fällt bei Jung in die Kategorie der „stillen Gesellschaften", die bestehen, „wenn jedes Mitglied zwar öffentlich für sich allein zu handeln scheint, ins Geheim aber allen andern Rechnung thut, und sie dann alle den Gewinn und Verlust unter sich theilen"[190].

Nur in Ausnahmefällen haben sich Kaufleute, die nicht selbst aktiv im Holzhandel tätig waren, an diesen Gesellschaften beteiligt. Eine Abweichung von diesem Muster stellte wohl nur der geschilderte Versuch einer Kompaniegründung in Rotterdam dar, an der sich jedermann hätte beteiligen können. Allerdings beließen, wie der Fall der v. Nell'schen Erben gezeigt hat, Familienmitglieder, die nicht aktiv am Geschäft beteiligt waren, ihr Erbe im Familienunternehmen. Überhaupt spielte die Familie als Kern der Einzelunternehmungen eine besondere Rolle, vor allem, wenn sich die Fähigkeit zur Fortsetzung der Handlung über mehrere Generationen ‚vererbte'. In dieser Hinsicht stand die Organisationsweise noch völlig in der spätmittelalterlich-frühneuzeitlichen Tradition[191].

IV.3 Der Absatz

Das Hauptvermarktungszentrum für das rheinische Holz war zunächst Zaandam, spätestens seit der Mitte des 18. Jahrhunderts Dordrecht. Die Ursachen dieser Verschiebung wurden bereits diskutiert, so daß es hier genügen kann, die besondere Position Dordrechts noch etwas mehr zu erhellen. Bis zur Aufhebung seines Stapelprivilegs spielte Dordrecht für den gesamten Rheinhandel die herausragende Rolle auf niederländischer Seite. 1814 beschrieb Eichhoff die natürlichen Vorteile der Stadt[192]:

> „Kaum kann für Schiffahrt und Handlung eine Stadt eine vortheilhaftere Lage haben. Der Rhein, die Maas, zwei Arme der Schelde-Mündungen, zwei Ausfahrts-Kanäle zur See, sind gleichsam so viel Strahlen, die von diesem Mittelpunkt ausgehen. Auf dem Rheine schickte, vor der Kriegszeit, Dordt in regelmässiger Rangfahrt seine Schiffe nach Köln, Düsseldorf und Duisburg; über die Maas unterhielt es mit den Städten Grave, Venlo,

188 J.H. Jung, Handlungswissenschaft, S. 272.

189 J.H. Jung, Handlungswissenschaft, S. 273 u. J.G. Büsch, Darstellung, 1. Teil, S. 250; vgl. auch die mehr technische Darstellung bei G. Chr. Bohn, Kaufmann, S. 696-728.

190 J.H. Jung, Handlungswissenschaft, S. 273.

191 Dazu G. Schmoller, Entwicklung, Teil 12 u. C. Bauer, Unternehmung.

192 J.J. Eichhoff, Darstellung, S. 97.

Ruremond, Mastricht, Lüttich und den beiliegenden Landstrichen ähnliche Verbindungen; die Schelde-Mündungen setzten es einerseits mit dem fruchtbaren Seeland und Holländisch-Flandern, und andererseits mit Brabant und dem übrigen Flandern in das thätigste Wechselverkehr; von den beiden Ausgängen zur See gewährt der über Helvort den unschätzbaren Vortheil, daß Schiffe von 14 bis 15 Fuß Einsenkung bis vor die Lagerhäuser der Stadt gelangen, und, wenn der Wind nur etwas günstig ist, mit einer oder höchstens der zweiten Ebbe die See erreichen können; wogegen freilich der andere, über Briel, weniger tief, und deshalb nur für geringere Schiffe brauchbar ist, die sich, zum Ein- und Auslaufen, dessen dann auch nur bedienen, wenn ein guter Wind sie dahin führt. Der Strom bei der Stadt bietet, in Hinsicht sowohl seiner Breite als Tiefe, eine bequeme Rede für Schiffe jeder Art dar, und die Stadt selbst hat in ihrem Innern geräumige Wasserbehälter und Häfen, wo jene bei Stürmen Schutz, und in Winterszeit sichern Aufenthalt finden".

Im rheinischen Holländerholzhandel wurde Dordrecht schon aufgrund der beschriebenen Stromverhältnisse begünstigt, konnte im 18. Jahrhundert aber zweifellos auch gegenüber anderen Städten am Strom wie etwa Rotterdam seine inzwischen gewonnene handelstechnische Position nutzen und zum entscheidenden Distributionszentrum werden. Die Stadt knüpfte aber auch an den traditionellen Holzhandel von der Lippe an, dessen Zielort sie war[193].

Seit der Mitte des 17. Jahrhunderts hatte Dordrecht durch neue Hafenanlagen und Einpolderungen seine Infrastruktur verbessert. Dazu gehörte auch die Anlage holzverarbeitender Betriebe. Zwischen 1630 und 1730 wuchs die Zahl der Holzsägemühlen von 2 auf 27. Wie der Ausbau der Infrastruktur waren auch die am Ende des 17. Jahrhunderts in beträchtlicher Zahl erfolgten, ordnenden Maßnahmen für den Holzhandel gleichermaßen Ausdruck und Ausfluß wie zusätzlicher Impuls der wachsenden Bedeutung Dordrechts[194]. Obschon die Holzverarbeitung in Dordrecht weit mehr als nur lokale Bedeutung hatte, lag das Hauptgewicht doch eher auf der distributiven Funktion. Den zwei Dordrechter Sägemühlen standen 1630 86 in ganz Holland gegenüber. 1730 war das Verhältnis mit 27 zu 448 zwar günstiger für Dordrecht geworden, dennoch konnte sich die Stadt nicht mit der großen holzverarbeitenden Zaanregion messen[195].

Dordrecht profitierte vom Rückgang der holzverarbeitenden Gewerbe, vor allem des Schiffsbaus am Zaan. Der Holzhandel war in Zaandam sehr viel enger mit den lokalen holzverarbeitenden Sektoren verknüpft, als dies in Amsterdam und in Dordrecht der Fall war. Als zweiter Faktor begünstigte die am Ende des 17. Jahrhunderts zunehmende Versandung des Nederrijns die Position Dordrechts. Während in den 50er und 60er Jahren des 17. Jahrhunderts die Zahl der auf beiden Rheinarmen registrierten Flöße gleich war, spielte der Nederrijn, der die direkte Route nach Amsterdam und Zaandam war, danach eine immer geringere Rolle. Die Kapitalflöße des 18. Jahrhunderts konnten nur auf dem

193 Vgl. T.S. Jansma, Betekenis, S. 222f.
194 L. van Prooije, Import, S. 47-49.
195 Die Mühlenzahlen bei L. van Prooije, Import, S. 50.

Waal fahren. Auf dem Nederrijn wurden lediglich noch kleinere Lippeflöße registriert[196].

Wichtigstes Vermarktungsinstrument waren die Versteigerungen. Auktionen wurden in den Niederlanden spätestens mit den Aktivitäten der Überseekompanien in großem Stil zum raschen Absatz von Importgütern veranstaltet[197]. Sombart bezeichnet sie als Zwischenformen zwischen Messehandel und immerwährendem Handel und führt ihre Verbreitung in der frühmodernen Wirtschaft auf die gute Anpassungsfähigkeit an den Handelsumfang zurück[198].

Aus den Geschäftsbüchern der Dordrechter Maklerfirma Boonen/van Eijsden der Jahre ab 1769 geht hervor, daß regelmäßig etwa die Hälfte des von den großen deutschen Handelshäusern in Kommission genommenen Holzes über die Auktionen abgesetzt wurde. Van Prooije hat für die Stichjahre 1769, 1781 und 1792 folgendes Verhältnis berechnet[199]:

	Auktionsverkäufe %	freie Verkäufe %
1769	60,9	39,1
1781	39,4	60,6
1792	51,2	48,8

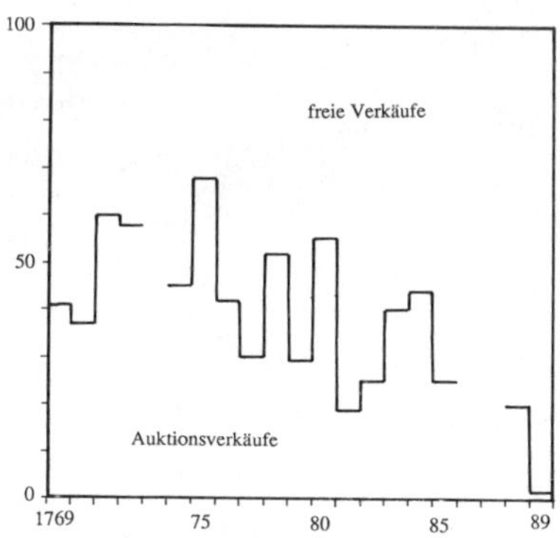

Abb. 10: Verteilung der Umsätze des Hauses v. Nell auf Auktions- und freie Verkäufe in % (1773, 1786 u. 1787 Quellenausfall)
Quelle: GA-Dordrecht, Boonen/van Hoogstraten 42-47.

196 L. van Prooije, Invoer, S. 64-67; von einer Verschiebung der Vermarktung rheinischen Holzes von Zaandam nach Amsterdam, wie J. Hovy, Voorstel, S. 45, annimmt, kann keine Rede sein.

197 T.P. van der Kooy, Stapelmarkt, S. 27.

198 W. Sombart, Kapitalismus, Bd. 2.1, S. 483.

199 L. van Prooije, Import, S. 52.

Das Verhältnis unterlag allerdings, wie die Umsätze des Trierer Handelshauses v. Nell zeigen, starken Schwankungen.

Es fällt auf, daß in den Jahren hoher Umsätze auf den Auktionen der Anteil des dort verkauften Holzes relativ niedrig war. Im Boomjahr 1781 verkauften die Kommissionäre Boonen/van Eijsden nur 19 % des v. Nell'schen Holzes auf den Auktionen. Offenbar bedienten sich die großen niederländischen Abnehmer in solchen Phasen eher des direkten Einkaufes.

Der Eindruck des tendenziellen und zum Schluß totalen Absinkens der Auktionsverkäufe, wie ihn die Grafik vermittelt, täuscht allerdings. Das von der 1786 gegründeten Kompanie v. Nell/v. Hausen/Ziegler den Dordrechter Kommissionären zum Verkauf übergebene Holz gelangte, wie van Prooijes Zahlen zeigen, auch weiterhin zu einem beträchtlichen Teil auf die Versteigerungen. Die Gutschriften auf dem von Nell'schen Konto lassen dies lediglich nicht mehr erkennen. Die aus den Büchern von Boonen/van Eijsden ersichtlichen Umsätze der Trierer Handlung weisen auch in den letzten beiden Jahrzehnten des 18. Jahrhunderts eine deutliche Parallelentwicklung mit dem Verlauf der Auktionsumsätze auf.

Quellenbedingt erscheint der Anteil des Auktionsholzes aber auch über den gesamten Zeitraum eher zu gering. Denn die Erlöse für das Holz, das über Dordrecht nach Zaandam ging und dort gleichermaßen von einem Kommis-

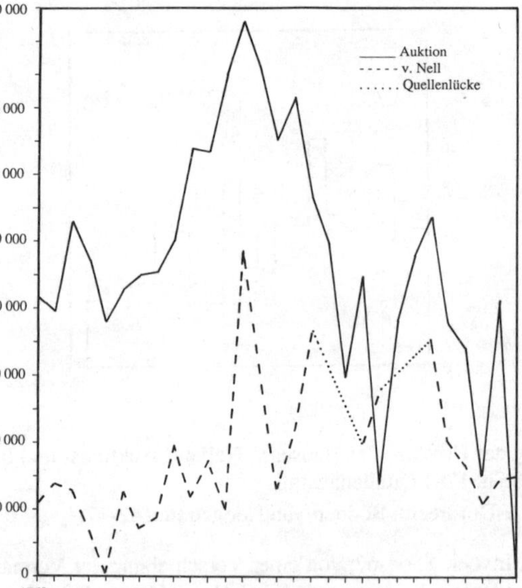

Abb. 11: Umsätze Auktion Dordrecht und Verkäufe des Hauses v. Nell 1769-97 in Werten (in niederl. Gulden)

Quelle: GA-Dordrecht, Boonen/van Hoogstraten 42-47.

sionshaus verkauft wurde, erscheinen auf den Konten der deutschen Großhändler in den Geschäftsbüchern von Boonen/van Eijsden nicht differenziert nach der Absatzform. In Zaandam waren die Auktionen ebenfalls das herausragende Vermarktungsinstrument.

Die Dordrechter Versteigerungen wurden wie die in Amsterdam und in Zaandam von vereidigten Maklern abgehalten, die das Holz im Auftrage anboten[200]. Für die zweite Hälfte des 18. Jahrhunderts erlaubt die Quellenlage einen guten Einblick in die Funktionsweise des Angebots. Die Kommissionsfirma Boonen/van Eijsden beherrschte die Stellung zwischen den deutschen Großhändlern und dem Markt vollständig. Lang kannte 1790 keinen anderen Kommissionär und schrieb über ihn[201]:

> „Es geschieht selten, daß dieses Gehölz (ausser das Stükholz und verschiedene andere Sorten) gleich aus freier Hand verkauft werden; deswegen wird es von den Floosenherren an Kommissionairs übertragen, die sich dermalen das Comtoir der Herren van Boonen, van Eysden und Kompanie nennen“.

1785 bezeichnete König Boonen/van Eijsden als „das angesehenste Hauß“[202]. Der Kompanievertrag zwischen v. Hausen, v. Nell und Ziegler u. Co. von 1786 sah in Paragraph 18 vor[203]:. „Soll das Holz so nach Holland gebracht wird, und zu Dordt verkauft werden muß, alles dem Herrn Boonen, van Eysden u. Co. zum Verkauf in Comission gegeben werden“.

Den zeitlichen Beginn dieser beherrschenden Position geben die Quellen nicht zu erkennen. Sicher ist aber, daß die deutschen Großhändler mit wachsendem Umfang des Handels immer stärker auf einen zuverlässigen und potenten Kommissionär in Dordrecht angewiesen waren. In der Frühphase des Holländerholzhandels waren kleinere Flöße vielleicht noch durch den Besitzer selbst zu verkaufen. Für die Holzmengen, aus denen ein Kapitalfloß des 18. Jahrhunderts bestand, galt dies auf keinen Fall mehr. Dazu wieder Lang[204]:

> „Zuweilen trägt es sich zu, daß (nachdem der Schiffbau roedery gehet, und der Abgang überhaupt schlecht ist) es ein, zwei und mehrere Jahre andauert, bis eine Floose von 500000 Kubikfuss, ich will ein 80er Stük nehmen, dessen Gehalt im holländischen Preiss 150000 Gulden, die Unkosten von Mainz bis Dordrecht 100000 Gulden; also im Werthe überhaupt 350000 Gulden ausmacht, versilbert ist“.

Die ständige Präsenz des Floßbesitzers über einen solchen Zeitraum in Dordrecht war ausgeschlossen. Der Verkauf über die Auktionen gab dem deutschen Großhändler die Sicherheit, einen marktgerechten Preis zu erzielen.

200 Zu den Amsterdamer Auktionen vgl. neben Middelhoven noch die Biographie des Amsterdamer Kaufmanns und Auktionators Cornelis Ploos van Amstel (Jhr. G. Ploos van Amstel, Portret, S. 77f.).

201 J.G. Lang, Reise, S. 71f.

202 F.W. König, Bruchstücke, S. 86.

203 Anlage 1.

204 J.G. Lang, Reise, S. 72.

Je kundiger und angesehener sein niederländischer Kommissionär im Holzhandelsgeschäft war, um so leichter konnte er neben den Auktionen für den Absatz sorgen.

Wie wichtig aber der Auktionsverkauf noch zu Beginn des 19. Jahrhunderts war, zeigt ein Vertrag, den acht deutsche Holzgroßhandlungen 1803 mit Boonen/van Eijsden abschlossen[205]. Darin wurden detaillierte Vereinbarungen über die Zahl und den Umfang der jährlich abzuhaltenden Versteigerungen getroffen. Die Konkurrenz zwischen den Anbietern war zu dieser Zeit durch das Kartell schon weitgehend ausgeschaltet, so daß man sich nur vor Außenseitern mit der Vereinbarung über die vorrangige Versteigerung des Kompanieholzes zu schützen brauchte.

Die Kartellbildung unter den großen rheinischen Holzhändlern war durch die dominierende Rolle des Kommissionshauses von Boonen/van Eijsden zweifellos begünstigt worden. Nur über diese Schaltstelle war das Angebotsmonopol realisierbar. Sowohl die Reduzierung der in die Niederlande verfrachteten Holzmengen als auch das Angebot aus einer Hand schützten die Kartellmitglieder vor einem ruinösen Wettbewerb auf dem Dordrechter Markt. Die aus den Auktionsstatistiken abzulesende Gegenläufigkeit von Angebot und Preisen in den 80er und 90er Jahren ist zumindest teilweise Ausdruck dieser Politik[206]. Bevor die ‚Notgemeinschaft' errichtet wurde, konnte der Zeitpunkt der Ankunft eines großen Floßes ausschlaggebend sein für die Gewinnaussichten innerhalb des Jahres. Dies führte nicht nur zu der geschilderten Konkurrenz um die Floßbauplätze, sondern, wie die Erzählung in den Lebenserinnerungen des Kölners Fuchs zeigt, zu riskanten Aktionen[207]:

> „Einmal wagte es eine andere Floßgesellschaft, wenn ich nicht irre, jene v. Stockum, gegen alle Regeln und Gebräuche dem auf der Fahrt begriffenen v. Hausensfloß bei hellem Tage vorbeizufahren. Mein Vater, nicht faul, ließ eine Menge Fackeln fertigen und herbeischaffen, ließ das Floß da, wo es einstweilen gelandet hatte, am Abend wieder aufbrechen und führte es unter seiner eigenen Leitung in der Nacht bei Fackelschein dem anderen, in stiller Ruhe gelandet liegenden, nichts ahnenden Floße glücklich vorbei und landete nun ein paar Tage früher in Holland".

Der Dordrechter Kommissionär war für die rheinischen Großhändler die wichtigste Informationsquelle über die Marktsituation und die Absatzchancen. Aus den Kopien der von Boonen/van Eijsden an ihre deutschen Geschäftspartner verschickten Briefe geht diese wichtige Funktion deutlich hervor. So wird z.B. im Herbst 1791 in einem Schreiben an die v. Nell'sche Handlung in Trier berichtet, daß eine Partie Tannenholz, die vor dem Winter verkauft werden sollte, keinen Käufer finde. Man hoffe, das Tannenholz zusammen mit Eichenholz verkaufen zu können[208].

205 GA-Dordrecht, Archiv Boonen/van Hoogstraten 99.
206 Abb. 3 und 4 oben.
207 J. Heyderhoff (Hrsg.), Fuchs, S. 16.
208 GA-Dordrecht, Archiv Boonen/van Hoogstraten 14 (22.11. 1791); zahlreiche weitere Beispiele in den drei Briefkopienbüchern 14-16 für die Jahre 1791-1795 u. 1803-1807.

Unter den Bedingungen des Angebotskartells nach 1786 waren allerdings Informationen über das Angebot der Mitkonkurrenten weniger bedeutsam. Die richtige Terminierung des Angebots erwies sich als wichtiger. Wie schon die Bemühungen um die Erstankunft in Dordrecht zeigen, konnte die Bedienung der Frühjahrsauktion ausschlaggebend für den Geschäftserfolg des Jahres sein. Aus den Auktionsstatistiken geht hervor, daß die Preise bei den wichtigsten Sorten auf der zweiten und dritten Versteigerung des Jahres fast immer unter denen der Frühjahrsauktion lagen.

Tab. 2: Preisschwankungen innerhalb des Jahres auf den Dordrechter Auktionen 1723-1797 (bezogen auf die 1. Auktion, die Werte beziehen sich auf die Zahl der Auktionen)

	2. Auktion		3. Auktion		4. Auktion	
	–	+	–	+	–	+
Eichenbalken	30	25	29	16	17	18
Wagenschoß	41	12	34	16	27	13
Eichenruten	32	22	21	27	17	19
Dickbalken	41	20	28	27	18	24
Mastbalken	27	34	28	26	18	23
70-Fuß-Tanne	38	12	24	22	20	20

Von den Mastbalken abgesehen lagen die Preise der sechs untersuchten Sorten auf der zweiten Auktion des Jahres durchgehend unter denen der ersten Auktion. Auch die dritte Versteigerung erbrachte bei den meisten Sorten in der Mehrzahl der Jahre nochmals niedrigere Preise. Erst auf der letzten Auktion im Jahr zogen die Preise wieder an.

Allerdings waren die Fluktuationen der Preise innerhalb der Jahre eher gering. Nur bei den Eichenruten, deren Verlaufsbild ohnehin von dem festgestellten Muster abweicht, kamen größere Schwankungen vor (Abb. 12).

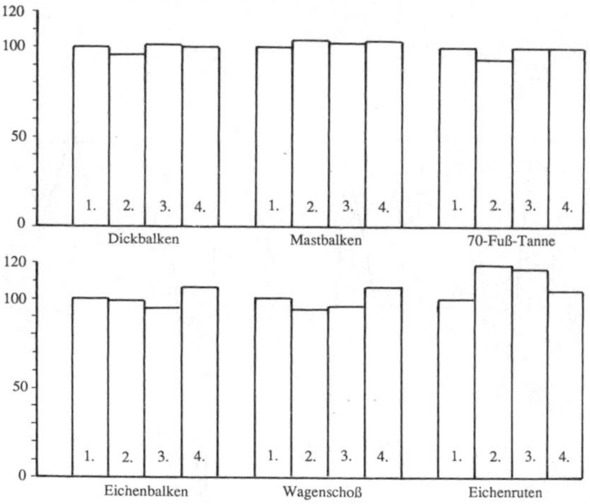

Abb. 12: Saisonales Preisniveau Auktion Dordrecht 1744-97 in % (1. Auktion = 100)

Der Blick auf die Durchschnittswerte verdeckt die Entwicklung innerhalb einzelner Jahre, in denen durchaus heftige Preisbewegungen stattfanden, die im Zusammenhang mit der Angebotslage gesehen werden müssen.

In der Hochphase war das Angebot im Laufe des Jahres sehr viel heftigeren Schwankungen unterworfen als die Preise. Dies war sicherlich ein Ausdruck der diskontinuierlichen Belieferung des Marktes, aber wohl auch der starken Konkurrenz. Abbildung 13 verdeutlicht, daß bis zum Ende der 70er Jahre die zweiten, dritten und vierten Auktionen häufig mit Holz überschwemmt wurden und die Preise auf dieses Überangebot mit starken Einbrüchen reagierten. Nur in zwei Jahren stiegen die Preise in diesem Zeitraum stärker als das Angebot. In den letzten beiden Jahrzehnten des Untersuchungszeitraums waren Angebot und Preise dagegen sehr viel besser einander angepaßt. Diese Entwicklung war sicher nicht unwesentlich durch das Kartell beeinflußt.

Gab es zumindest in der Phase des entwickelten Holländerholzhandels keine Alternative zum Kommissionssystem, so lassen sich für die Frühphase doch Ansätze zur Direktvermarktung beobachten. Insbesondere für die niederländischen Holzhändler auf dem Rhein wird der selbständige Absatz eher die Regel gewesen sein. Aber auch für deutsche Handelshäuser kam anfangs eine Vermarktung ohne Kommissionär in Betracht. 1738 schlossen der in Dordrecht ansässige Kaufmann Jan Jacob v. Stockum und der ebenfalls in Dordrecht lebende Kaufmann Jan Bootsman einen notariellen Vertrag, in dem die Lieferung einer umfangreichen Menge an Eichenholzbalken, Tannenmasten und

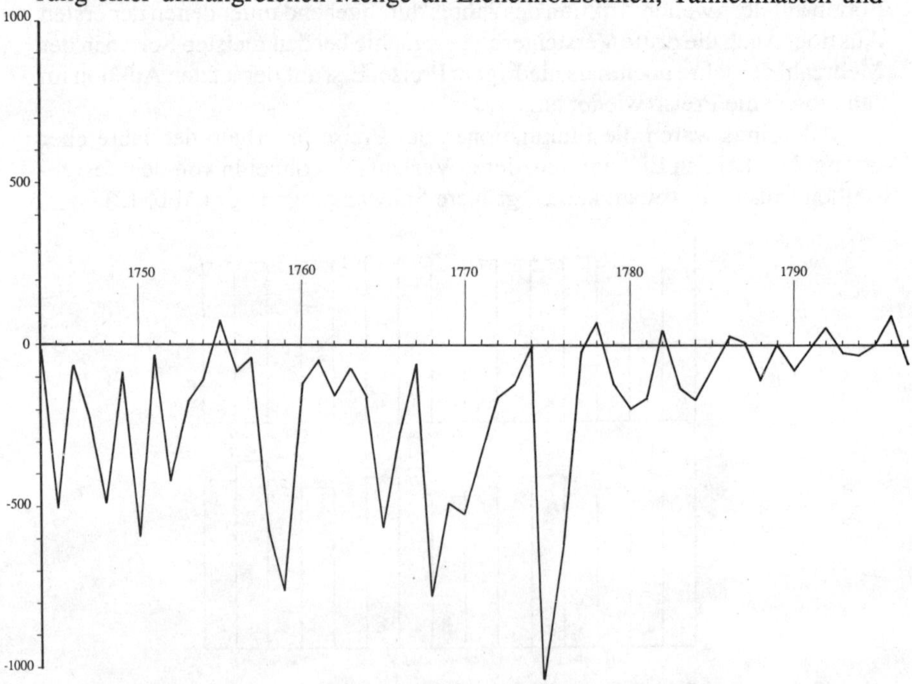

Abb. 13: Indizes Saisonverlauf Dickbalken Auktion Dordrecht 1744-97[210].

Dickbalken vereinbart wurde[209]. Van Stockum war der Sohn des schon mehrmals erwähnten Frankfurter Holzgroßhändlers Thomas v. Stockum, der sich in diesem Vertrag zum Schuldner einer Summe von 20.000 Karolinengulden erklärte, die zweifellos zur Vorfinanzierung des Geschäftes gedient haben. Sein Sohn war in Dordrecht offenbar als Filialleiter für die Akquisition und Abwicklung solcher Transaktionen zuständig. Der Vertrag bezeichnet ihn als Verwalter seines Vaters.

Weitere ‚Filialen' deutscher Handlungen in Dordrecht lassen sich aber aus den gut bestückten Notariatsarchiven nicht nachweisen. Im Falle der v. Stokkum darf überdies vermutet werden, daß auch ihre niederrheinische Herkunft und ihre Verbindung mit der Familie van der Wall die zeitweilige Präsenz eines Familienmitglieds begründet oder doch wenigstens begünstigt hat.

Der Kommissionär fungierte auch bei der Abwicklung der Geldtransaktionen als Mittelsmann. Die deutschen Geschäftspartner des Hauses Boonen/van Eijsden zogen die Erlöse aus den Holzverkäufen in der Regel über Wechsel ein, die sie auf den Kommissionär ausstellten. Der größte Teil der von Boonen/van Eijsden verschickten Briefe hat die Bestätigung solcher Tratten zum Inhalt. Für die Bezahlung des verkauften Holzes garantierte der Kommissionär mit seinem ‚del credere'. Es ermöglichte die Gewährung eines längeren Zahlungsziels, ohne das der Absatz an Großabnehmer, die das Holz selbst wieder verkaufen mußten, kaum stattfinden konnte[211]. In der Zeit des Kartells waren Boonen/van Eijsden gleichzeitig die Clearingstelle für die nicht unkomplizierte Verteilung der Erlöse aus den Kompanieverkäufen auf die Beteiligten. Aber auch schon die zuvor bestehenden Gesellschaften wickelten die Finanzgeschäfte über den Kommissionär ab.

Diese Leistungen ließen sich Boonen/van Eijsden mit einem Prozent Provision honorieren. König gab die auf diese Weise erzielten Einnahmen mit „jährlich wenigstens 40000 fl" an[212].

Neben der reinen Provision für die Vermittlung des Verkaufsgeschäfts berechneten die Kommissionäre noch Unkosten, die durch die Lagerung und den Transport des Holzes entstanden. Der Vertrag von 1836 zwischen den deutschen Großhandlungen und Boonen/van Eijsden legte darüberhinaus noch jeweils einprozentige Belastungen fest für:

209 GA-Dordrecht, Altes Notariatsarchiv 20.65, 770, fol. 128r-129r.

210 Die Indizes wurden folgendermaßen berechnet: Für Preise (a) und Mengen (b) einer Auktion wurde jeweils die Differenz zur vorhergehenden Auktion in Prozentwerten berechnet. Die Summe der Differenzen der beiden Werte (a-b) ergibt den Indexwert. Ein positiver Wert bedeutet, daß die Preise stärker als das Angebot steigen und umgekehrt. Eine Annäherung an die 0-Achse signalisiert einen ruhigen Markt.

211 Zur verbreiteten Praxis des ‚del credere' im Kommissionshandel des 18. Jahrhunderts J.G. Büsch, Darstellung, S. 222; zum niederländischen Wechselgeschäft allg. F. Braudel, Weltwirtschaft, S. 265-267.

212 F.W. König, Bruchstücke, S. 86; speziell für die Niederlande P.W. Klein, Handel, S. 183 u. J.G. van Dillen, Rijkdom, S. 460.

- die Maklertätigkeit auf den Auktionen,
- die Bezahlung des Holzes durch den Abnehmer innerhalb von sechs Wochen,
- die Kreditierung des verkauften Holzes durch B./v. E. bei einem Zahlungsziel von drei Monaten.

Die Geschäftsbücher des 18. Jahrhunderts lassen diese Gebührenpraxis nicht erkennen. Allerdings können die entsprechenden Beträge durchaus in den Zahlen für die Unkosten enthalten sein, oder die Leistungen für die Maklertätigkeit auf den Auktionen konnten bereits vor Eintrag in die Bücher in Abzug gebracht worden sein. Für die Anrechnung der im Vertrag von 1836 genannten ‚Unkosten' schon im 18. Jahrhundert spricht auch, daß König einen Provisionssatz von 1 1/2 – 2 Prozent nennt und damit zumindest einen Teil der genannten Gebühren gemeint hat[213].

Der Kommissionshandel beließ also nicht nur fast das gesamte Verkaufsrisiko bei den deutschen Großhändlern, sondern wies ihnen auch die vollen Unkosten beim Verkauf zu.

Dennoch war die Kommission für die deutsche Seite die günstigste Vermarktungsform. Die schon genannten Vorteile seien nochmals aufgelistet:

- kein aufwendiges Filialsystem,
- keine Präsenz am Absatzort,
- Gewährleistung der Zahlung durch das ‚del credere' des Kommissionärs,
- Nutzung der Marktkenntnisse und Beziehungen des Kommissionärs.

Die Monopolstellung des Kommissionshauses Boonen/van Eijsden war für die rheinischen Holzgroßhändler eher vorteilhaft, da sie ihnen die bestmöglichen Absatzchancen wie auch ein hohes Maß an Sicherheit der Zahlungsfähigkeit garantierte. Auch die Abwicklung des Auktionsverkaufes durch den Kommissionär erhöhte die Gewähr für guten Absatz und reibungslose Zahlung.

Die Beschränkung des Hauses Boonen/van Eijsden auf die Kommission unter Verzicht auf den Eigenhandel mit Holz schützte die deutschen Kaufleute vor Manipulationen des Kommissionärs zugunsten des Eigenhandels[214].

Auch die Konzentration auf das Holzkommissionsgeschäft darf als Vorteil für die Geschäftspartner gewertet werden. Sie war gleichzeitig Ausdruck des hohen Entwicklungsstandes in diesem Handelssektor. Weder die Beschränkung auf das Kommissionsgeschäft noch die Konzentration auf nur ein Produkt bzw. die Verbindung beider Elemente waren im europäischen Handel des 18. Jahrhunderts die Regel[215].

213 F.W. König, Bruchstücke, S. 86.

214 Vgl. zum Verzicht auf den eigenen Holzhandel und die geschäftliche Verbindung mit anderen Holzhändlern den Vertrag von 1836 (GA-Dordrecht, Archiv Boonen/van Hoogstraten 99).

215 J. Kulischer, Wirtschaftsgeschichte, Bd. 2, S. 278-287.

Der niedrige Provisionssatz für die reine Kommission von einem Prozent muß als Ausdruck der Stabilität und des geringen Zahlungsrisikos aber auch der Sonderstellung des Hauses Boonen/van Eijsden gesehen werden. Im allgemeinen waren im 18. Jahrhundert zwei Prozent für die Kommissionstätigkeit üblich[216].

IV.4 FAZIT

Die Organisationsformen im rheinischen Holländerholzhandel wurden wesentlich durch die spezifischen Bedingungen dieses Sektors und seine Entwicklungsstadien bestimmt. Sie verweisen aber zugleich auch auf einige Strukturprobleme des Handels in den Rheinlanden sowie auf die Qualität der Austauschbeziehungen zu den Niederlanden im 18. Jahrhundert.

Die Initiative zur Einbeziehung der Rheinlande in den Kreis der internationalen Holzlieferanten ging von niederländischer Seite aus. In den Anfängen lag der Geschäftsbetrieb, sieht man vom Absatz über die Auktionen ab, ganz in den Händen weniger Kaufleute. Die Anknüpfung an den regionalen Holzhandel von der Lippe, mit dem feste Strukturen geschaffen wurden, ist sehr wahrscheinlich. Über die Finanzierungsformen in diesem Stadium kann wenig gesagt werden. Gesellschaften sind zwar nicht belegt, doch mag es zur Finanzierung einzelner Unternehmungen durchaus Zusammenschlüsse niederländischer Kaufleute gegeben haben.

Auch die Walderschließung organisierten die Holzgroßhändler in diesem Stadium selbstständig. Sie schlossen Kaufverträge mit den jeweiligen Waldbesitzern, wählten die Stämme teils selbst aus, teils überließen sie dies fest angestellten Waldmeistern. Für das Fällen der Bäume und den Transport bedienten sie sich lokaler Arbeitskräfte und Flößergenossenschaften, die ansonsten einen regional begrenzten Holzhandel trieben.

Der technisch-organisatorische Aufwand und auch der erforderliche Kapitaleinsatz hielten sich in dieser Frühphase in relativ engen Grenzen. Insgesamt hatte der Handel noch bescheidenen Umfang. Wichtig aber war vor allem, daß man auch an leicht zugänglichen Stellen auf die begehrten Sorten und die Stämme besonderer Dimension stieß und nur geringen Transportaufwand treiben mußte. Dies änderte sich naturgemäß mit der wachsenden Nachfrage, die ein weiteres Vordringen in die Wälder erforderlich machte.

Am Beispiel des nördlichen Schwarzwaldes wurde der im Zuge der Ausdehnung des Holländerholzhandels vonstatten gehende Prozeß der Umstrukturierung der Walderschließung verfolgt. Das Handelskapital zog sich auf sein ureigenes Feld zurück und überließ den aufwendigen Aufbau einer

216 J.G. Büsch, Darstellung, Bd. 1, S. 210.

Infrastruktur, hauptsächlich für den Holztransport, regionalen Kapitalgesellschaften, die sich angesichts günstiger Absatzchancen relativ rasch bildeten und zumindest für einige Zeit lebensfähig waren. Man mag diese Kompanien als Spezifikum des Schwarzwalds betrachten, da von ähnlichen Gesellschaften aus anderen, am Holländerholzhandel beteiligten Waldregionen nichts bekannt ist. Der im Schwarzwald zu treibende Aufwand und das dafür erforderliche Kapital standen jedoch in direktem Verhältnis zu der herausragenden Rolle als Holzreservoir und wurden den Absatz- und Gewinnmöglichkeiten entsprechend eingesetzt.

Es ist aber auch darauf hinzuweisen, daß die Bedingungen für private Kapitalgesellschaften äußerst günstig waren. Der Staat hatte sich nach anfänglichen Versuchen einer eigenen Mitwirkung weitgehend zurückgezogen und begnügte sich mit den Einkünften aus Holzverkäufen und Konzessionen. Zudem gab es in Württemberg eine kapitalkräftige bürgerliche Schicht, die profitable Anlagemöglichkeiten suchte.

Die Trennung von Walderschließung und Großhandel zwingt den Vergleich auf zu den Verhältnissen in den anderen europäischen Waldregionen. Wurde dort das Handelskapital gleichfalls auf sein eigentliches Feld beschränkt bzw. legte sich diese Beschränkung selbst auf? Diese Frage ist für Norwegen und auch für den finnisch-russischen Bereich umso wichtiger, als dort mit der Sägeindustrie ein zusätzlicher, über die reine Walderschließung hinausgehender Kapitalbedarf entstand. Obschon die Forschungslage keine differenzierte Antwort erlaubt, kann man doch sagen, daß im Falle der norwegischen Sägeindustrie weder eine Trägerschaft durch niederländisches noch später durch englisches Kapital gegeben war. Bis in die Mitte des 18. Jahrhunderts herrschte im norwegisch-englischen Holzhandel das Vertragsprinzip vor, das die norwegischen Exporteure, vielfach gleichzeitig Besitzer und Betreiber eines Sägewerkes, durch ein geringes Risiko begünstigte. Es garantierte vertraglich die Abnahme einer bestimmten Holzmenge zu einem festen Preis. Der englische Importeur trug sämtliche Unkosten für Fracht, Versicherung, Zölle etc. Sobald das Holz verladen war, stellte der englische Importeur einen Wechsel mit zweimonatigem Zahlungsziel aus, zumeist auf London[217].

Gesägtes Holz brauchte in England eine Lagerungszeit von wenigstens 18 Monaten, um ein Reißen zu verhindern. Auch gab es keine öffentlichen Lagerplätze, so daß zusätzliche Kosten entstanden. Insgesamt führte diese hohe Kapitalbelastung des abhängigen Importeurs zu einer neuen Form der Finanzierung des norwegisch-englischen Holzhandels. Das Agentensystem löste weitgehend das Kapitalproblem. Der Agent, der selbst nicht als Händler in der Weitervermarktung des Holzes tätig war, kreditierte das benötigte Kapital oder vermittelte einen Kredit. Darüberhinaus sorgte er durch die Suche nach Abnehmern für eine möglichst kurze Umlaufzeit des Kapitals[218]. Auf die

217 H.S.K. Kent, Timber, S. 67-69.
218 H.S.K. Kent, Timber, S. 69.

Vertragsgeschäftsform mit den norwegischen Exporteuren scheint das Agentensystem keinen Einfluß gehabt zu haben. In der zweiten Hälfte des 18. Jahrhunderts waren die englischen Holzhändler allerdings in Norwegen in einer so dominierenden Position, daß sie die Preise weitgehend diktieren konnten[219].

Im Baltikum war niederländisches Kapital, wie wir aus den Arbeiten Sooms wissen, nicht nur im Handel, sondern auch in der ersten Phase des Aufbaus einer Sägeindustrie dagegen unverzichtbar. Ein wichtiger Faktor war die Kapitalarmut. Auch die im 18. Jahrhundert in Rußland und Finnland verbreitete Sägeindustrie war von der Technologie her niederländischen Ursprungs. Bei der Finanzierung und beim unternehmerischen Betrieb der Sägemühlen scheinen nach Åström ‚resident strangers' eine wichtige Rolle gespielt zu haben. Hier ist ein deutlicher Unterschied nicht nur zu Norwegen, sondern auch zu den Rheinlanden festzustellen. In der eingehender untersuchten Schwarzwaldregion war reichlich Kapital vorhanden, das nicht nur im Holzhandel eine profitable Anlage suchte.

Im Schwarzwald wurden die traditionellen Waldnutzungsformen durch den Holländerholzhandel beiseitegedrängt bzw. auf die Walddistrikte und Baumsorten verwiesen, die für den besonderen Bedarf in den Niederlanden nicht in Betracht kamen. Diese spezifische Nachfrage nach ungesägten Stämmen der größten Dimensionen verhinderte auch den Konflikt mit der Murgschifferschaft als der größten, auf überregionale Märkte ausgerichteten Organisation. Für ihren Bretterhandel waren auch die kleineren und mittleren Stämme geeignet. Ein Interesse der Kapitalgesellschaften an der Übernahme dieses Handels bestand schon wegen der geringeren Gewinnaussichten nicht.

Wohl wurden – wie im Falle der Pforzheimer Flößerzunft – bestehende Organisationsformen dann genutzt, wenn dies zur Einbindung vorhandener Waldnutzer opportun zu sein schien und diese keine vitalen Eigeninteressen verfolgten. Wo die Widerstände gegen eine solche Überformung zu groß wurden, zogen sich die Gesellschaften – wie im Kinzigtal – schnell zurück. Wenn sie in der späteren Phase dennoch in den Regionalholzhandel eingriffen, so geschah dies eher dem Wunsch des Staates entsprechend, der einen leistungsfähigen Partner für die wichtige Brennholzversorgung der Städte des Territoriums suchte.

Die Organisationsformen des Handels zwischen den Liefermärkten und dem zentralen Absatzmarkt in Dordrecht machten im Zuge der Expansion des Geschäftes eine Weiterentwicklung durch, die im wesentlichen vom wachsenden Kapitalbedarf bestimmt wurde. Neben der Finanzierung über ‚merchant bankers' war die Kompaniebildung, häufig nur für einzelne Floßunternehmungen, die wichtigste Finanzierungsform.

219 S. Kjaernheim, Norwegian, S. 197; zur Dominanz der englischen Kaufleute auch S. Tveite, Trelasthandel, S. 576f.

Der Holzhandel blieb ein Spezialgeschäft. Eine Ausdehnung auf andere Handelssektoren oder gar der Übergang zum Bankgeschäft, wie dies bei niederländischen Häusern zu beobachten ist, fand im rheinischen Raum zunächst nicht statt[220]. Erst gegen Ende des 18. Jahrhunderts mündete die Entwicklung in eine kartellartige Dauergesellschaft, an der sich die bedeutendsten Großhändler beteiligten. Durch den nun schon rückläufigen Absatz wurde dieses Kartell aus Kostengründen, aber auch zur preisdrückenden Aufteilung der Bezugsmärkte wie der erhofften Erlösverbesserung in Dordrecht zwingend.

Die meisten der großen rheinischen Holzhändler waren in Frankfurt als dem bedeutendsten rheinischen Finanz- und Handelszentrum sowie in den Städten nahe den Bezugsräumen ansässig. Von den Niederlanden aus agierten in der entwickelten Phase des Handels nur noch zwei große Handlungen. Zweifellos waren Standortvorteile ausschlaggebend. An einem Beispiel (Terwen) konnte gezeigt werden, daß niederländisches Kapital aber weiterhin eine Rolle spielte. Von einer beherrschenden oder auch nur dominierenden Position der Niederländer kann aber keine Rede sein.

Auf dem Absatzmarkt hingegen trat die niederländische Position sehr stark hervor. Zwar darf der rheinische Holzhandel in gewisser Weise als Ergebnis der Konkurrenzsituation auf den anderen internationalen Bezugsmärkten gedeutet werden. Beim Eichenholz dürfte im 18. Jahrhundert allerdings ein rheinisches Angebotsmonopol geherrscht haben. Dennoch waren die Niederlande nie vollständig vom rheinischen Holz abhängig. Umgekehrt jedoch gab es für die rheinischen Holzexporteure keine Alternative zum niederländischen Absatzmarkt. Bei keinem anderen der bedeutenden rheinischen Ausfuhrartikel wird diese durch den Wassertransport bedingte Abhängigkeit so deutlich. Während das Verkaufsrisiko, das sich in den festgestellten Preisschwankungen ausdrückte, bei den überwiegend deutschen Großhändlern und in gewisser Weise auch bei ihren Lieferanten blieb, lag die Organisation des Absatzes ganz in niederländischer Hand. Die Auktionen waren die zweifellos beste Form zur marktgerechten Preisbildung. Daneben versprach die starke Position des Hauptkommissionärs einen raschen Verkauf neben den Auktionen.

220 Zu den Niederlanden das Beispiel der Belesaignes bei A.C. Carter, Family.

SCHLUSS

Trotz einer starken Hetorogenität der Wirtschaft im westlichen Deutschland konstituierte das Flußsystem für den kontinuierlichen Austausch von Massengütern einen Raum, dessen Teile in Produktion und Konsumption so viele Gemeinsamkeiten aufwiesen, daß es gerechtfertigt erscheint, von e i n e m Wirtschaftsraum zu sprechen. Dies gilt in verstärktem Maße für die hier betrachtete Periode.

Mit dem Aufstieg der Niederlande zur dominierenden Wirtschaftsmacht verbanden sich für die Rheinlande gravierende Veränderungen. Der mittel- und niederrheinische Raum, der schon verkehrsgeographisch den Niederlanden und den über See gehenden Routen zuneigte, blieb zwar durch die Verschiebungen der Weltwirtschaft zum Atlantik hin in einer relativ günstigen Position, verlor mit dem Erstarken der Niederlande aber seine aktive Rolle. Spätestens seit dem Bedeutungsverlust Antwerpens infolge der spanischen Besetzung und der Sperrung der Scheldemündung war die niederländische Republik zu einem Pfropfen am Ausgang des wichtigsten Verkehrsweges für die Rheinlande geworden. Ohne die Vermittlung niederländischer Handelshäuser fand kein bedeutender Handel mehr zwischen den Rheinlanden und dem Weltmarkt statt. Die rheinischen Handelsmetropolen verloren ihren unmittelbaren Einfluß auf das internationale Handelsgeschehen. Die Masse der Kaufleute in Köln und Mainz war im 18. Jahrhundert auf Kommissions- und Transitleistungen für die Niederländer angewiesen. Die neuen, stadtfernen Standorte vermarkteten ihre Produkte selbständig und bezogen auch ihre Rohstoffe ohne die Vermittlung der Kaufleute in den alten Handelsmetropolen.

Während der Blütezeit der Niederlande im 17. Jahrhundert zählte das westliche Deutschland nicht zu den Regionen, auf die sich die niederländischen Handelsinteressen vorrangig konzentrierten. Dies änderte sich im Laufe des 18. Jahrhunderts, als die Niederländer vom ersten Platz im Welthandel, das heißt auch von Absatzmärkten für Überseeimporte verdrängt wurden und sich auf ihr kontinentales Hinterland konzentrierten, an dem das neue säkulare Wachstum und damit eine deutliche Steigerung der Konsumkraft nicht vorbeigegangen waren. Neben den Genußmitteln wie Tee, Kaffee, Kakao und Zucker, die im Zuge des erneuten Aufschwungs eine breitere Konsumentenschicht fanden, spielte auch der Getreideimport wieder eine wichtige Rolle.

Die Niederländer nutzten die Stellung, die ihnen durch die verkehrsgeographische Lage zufiel. Ein Vordringen deutscher Kaufleute auf die niederländischen Importmärkte hat es nicht gegeben. Ausschlaggebend dafür mag u.a. gewesen sein, daß die Niederländer umgekehrt die Distribution der Waren der deutschen Seite überließen. Der Kölner und der Mainzer Stapel wurden erst in dieser Phase vollständig ausgebaut, um die monopolistische Verteilerfunktion übernehmen zu können. Der Kommissionshandel hatte für die Niederländer den wichtigen Vorzug, daß sich mit ihm auch die mit der Warenspedition zusammenhängenden Probleme, wie etwa Verzollung, Schiffstransport und Umladung, verbinden und lösen ließen.

Der Rhein war abgesehen von den Massengütern nicht der ausschließliche Verkehrsweg, doch führten auch die Landrouten im westlichen Deutschland notwendigerweise zu den niederländischen Import- und Exporthäfen. Über Hamburg und Bremen entwickelten sich zwar im 18. Jahrhundert alternative Verbindungen nach Übersee, die sicher auch die niederländische Dominanz auf manchen Märkten, wie z.B. Frankfurt, störten; sie gewannen aber noch keinen bestimmenden Einfluß.

In der gewerblichen Wirtschaft des frühmodernen Europa spielte der Rohstoff Holz eine wichtige Rolle, und gerade für die spezifischen Bedürfnisse der niederländischen Wirtschaft in ihrer Expansions- und Dominanzphase war und blieb Holz von fundamentaler und kaum zu überschätzender Bedeutung. Die eigenen Waldvorkommen konnten diesem Bedarf in keiner Weise genügen, schon gar nicht in Bezug auf die Spezialhölzer. Die Niederlande erschlossen sich folgerichtig die größten, über See erreichbaren Waldgebiete des nördlichen und östlichen Europa, vor allem das südliche Norwegen und das Baltikum. Sie exportierten von dort in erster Linie Langholz, nicht nur wegen der benötigten Stämme, sondern auch, um ihre eigene hochentwickelte Sägeindustrie auszulasten.

Der Zeitpunkt des Beginns des rheinischen Holländerholzhandels scheint erklärungsbedürftig; denn vor der Mitte des 17. Jahrhunderts ging kaum Holz regelmäßig nach Holland, obschon Norwegen und die Ostseeanrainer längst für den enormen Bedarf der holzverarbeitenden niederländischen Gewerbe erschlossen waren. Aus jeweils unterschiedlicher Perspektive bieten sich zwei Erklärungen an. Vom Rheinland aus betrachtet kann die langanhaltende Behinderung des Warenverkehrs durch die Kriegsereignisse genannt werden, zumal einige Informationen dafür sprechen, daß schon vor Beginn des Dreißigjährigen Krieges ernsthafte Ansätze zur Erschließung rheinischer Waldvorkommen unternommen wurden. Aus niederländischer Sicht dürfte in erster Linie die Abwägung zwischen den jeweiligen technischen und organisatorischen Erfordernissen, die sich letztlich im Holzpreis ausdrückten, den Ausschlag für die mehr oder weniger intensive Zuwendung zu einem der drei großen Holzlieferanten gegeben haben. Fraglos gab es neben der Konkurrenzsituation der drei großen Holzregionen, zu denen sich im übrigen noch einige weitere kleine gesellten, auch ein mehr oder weniger festes Monopol für bestimmte Holzsorten. Die Anfänge des rheinischen Holländerholzhandels glichen der Aufbauphase in den wohl meisten neuen Fernhandelsbeziehungen. Eine kleine Zahl risikobereiter und profitorientierter Kaufleute sondierte das

Feld, machte einige Abschlüsse, kam im Jahr darauf zurück, dehnte das Aktionsfeld aus und zog andere nach. Diese Vorreiter konnten mit minimalem Aufwand maximalen Gewinn erzielen. Langholz wurde in dieser Phase zweifellos zur Königsware (Braudel) im Rheinhandel[122].

Der Schwarzwald steuerte einen wesentlichen Teil zum Holländerholz bei. Schwarzwaldholz wurde allerdings schon lange vor dem Holländerholzhandel in verschiedener Form verwertet. Abgesehen von der Nutzung als Harz-, Kienruß-, Dungasche- und natürlich Brennstofflieferant wurde der Wald durch eine traditionsreiche Bauholzwirtschaft genutzt, die ihre Absatzmärkte teils in der Region selbst, vor allem aber im Mittelrheingebiet hatte.

Dort, wo diese traditionellen Formen der Waldnutzung die Bedürfnisse des Großhandels behinderten, wurden sie mit staatlicher Unterstützung verdrängt. Erhalten konnte sich dagegen jener Holzhandel der Murgschifferschaft, der sich auf Waldbesitz, Sägemühlenrechte und vor allem einen eigenen unabhängigen Markt stützen konnte.

Die Walderschließung trennte sich bei wachsenden Kosten rasch vom Großhandel und wurde nach fehlgeschlagenen Bemühungen des Staates von privaten Gesellschaften getragen, deren Anteilseigner ausschließlich aus dem heimischen Bürgertum stammten. Diese hatten mit der traditionellen Holznutzung nichts zu tun, sondern suchten lediglich eine gewinnträchtige Kapitalanlage. Im Zuge der Ausdehnung des Geschäftes traten auf dem Rhein immer stärker deutsche Kaufleute auf. Offenbar zogen sich die Niederländer auch hier zurück, als die Kapitalaufwendungen mit den Dimensionen des Geschäfts stark anwuchsen. Obschon die Holzgroßhändler das Holz teilweise auf Kredit bezogen, trugen sie immer noch die immensen Transportkosten und das Risiko von Verlusten infolge von Unglücksfällen sowie auch das Verkaufsrisiko in den Niederlanden. Eine gewisse Risikominderung brachten Gesellschaften, die die großen Holzhändler teils untereinander, teils mit kleineren Geschäftsleuten auf Zeit eingingen. Diese Kompanien dienten auch der Kapitalbeschaffung selbst, zumal wenn sich einige weniger potente Kaufleute zusammenschlossen.

Dennoch besaßen die Niederländer auf wesentliche Teilbereiche des Geschäftes keinen direkten Einfluß. Hier drängt sich eine gewisse Parallele zur Distribution der Überseeprodukte in den Rheinlanden auf. In beiden Fällen überließen die Niederländer rheinischen Kaufleuten die aufwendige Organisation des Warentransports, beim Holzhandel zusätzlich die Finanzierung und das Transport- und Verkaufsrisiko. Dennoch behielten sie sowohl im Export- wie im Importgeschäft die dominierende Rolle. Die Niederländer verfügten über ein weitgehendes Angebotsmonopol, das sie über die Preisbildung gewinnmaximierend nutzen konnten. Im Holzhandelsgeschäft besaßen sie das Abnahmemonopol. Durch das Spiel mit einfachen Marktmechanismen konnten die günstigsten Konditionen erzielt werden, sofern es sich nicht um

1 F. Braudel, Handel, S. 178.

Spezialhölzer handelte. Hierin lag ein entscheidender Unterschied im Verhältnis zu den anderen beiden großen Holzgebieten, zu denen im Zugang ein Konkurrenzverhältnis mit England, teils auch mit Frankreich bestand. So rückte Norwegen vom ersten Platz der Holzlieferanten im Laufe des 17. Jahrhunderts an die zweite Position, weil die Nachfrage der Engländer die Konditionen der Niederländer verschlechterte. Norwegen konnte sich aus einer solchen Situation heraus sogar den Aufbau einer eigenen Sägeindustrie und den zeitweiligen Stop der Ausfuhr von Eichen- und Mastholz erlauben.

Ähnlich war die Situation in den holzexportierenden Ostseeanrainerländern. Auch hier entwickelte sich aus dem ehemaligen Nachfragemonopol der Niederländer eine Konkurrenzsituation, wobei sich im Laufe des 18. Jahrhunderts England wiederum an die Spitze der Abnehmer schob.

Trotz des eingeschränkten Zugangs zum Weltmarkt war die handelsgeographische Lage der Rheinlande nicht so beengt und die Wirtschaft insgesamt zu vielschichtig, als daß eine gänzliche Abhängigkeit von den Niederlanden entstand. Vielmehr beschränkten sich die Abhängigkeiten vor allem auf die Importe von Überseeprodukten und den Export von Rohstoffen bzw. den Absatz des wichtigen Exportartikels Wein. Von einer ‚Kolonialisierung' der Rheinlande durch die Niederlande kann, wenn man den Begriff nicht unangemessen strapazieren will, im 17. und 18. Jahrhundert keine Rede sein.

Wie sahen in der Gesamtschau die längerfristigen Wirkungen des Holländerholzhandels in den Rheinlanden aus?

Der Holländerholzhandel bewirkte, mindestens in der intensiver untersuchten Schwarzwaldregion, einen deutlichen Modernisierungsschub. Obwohl der Schwarzwälder Regionalholzhandel durchaus profitabel war, unterschied er sich qualitativ gravierend von dem neuen Langholzhandel. Die Organisation des Holzeinschlags, die Verwandlung des Naturstoffs zur Ware, geschah durch private Unternehmungen ohne jedes genossenschaftliche Element unter zunehmendem Einsatz von fixem Kapital. Der Staat spielte eine völlig untergeordnete Rolle, trat nicht als ‚Oberkapitalist' und auch nicht, wie in vielen anderen Unternehmungen dieser Zeit, als Risikogarant auf. Der neue Sektor stellte sich also ganz auf eine moderne Entwicklungsstufe und war auch nur auf dieser erfolgreich. Spuren, die nach dem Ausklang der Hochphase des Holländerholzhandels zur neuzeitlichen Holzverwertung in der Region führen, sind nicht zu übersehen. Abgesehen von solchen sektoralen Kontinuitäten dürfen die Impulse, die sich infolge der Kapitalakkumulation und ihres Einsatzes für die aufkommenden Industrieunternehmungen Württembergs ergaben, nicht unterschätzt werden. Anders als in vielen anderen Regionen zerrann das gewonnene Kapital nicht in Luxuskonsum und der Sicherung durch Grunderwerb. Die Holznachfrage stieß in eine günstige Phase, in der eine kapitalkräftige bürgerliche Schicht Anlagemöglichkeiten suchte. Ohne diese Konstellation hätte die Erschließung der Wälder möglicherweise andere Formen gefunden, sei es durch den stärkeren Einsatz des Handelskapitals, sei es durch eine stärkere Beteiligung des Staates. Ob unter solchen Voraussetzungen die überregionale Nachfrage positive Wirkungen in Richtung auf die Modernisierung der Region gehabt hätte, kann bezweifelt werden.

Die Waldnutzung war allerdings während der untersuchten Periode reiner Raubbau. Ansätze zu einer staatlichen Kontrolle der Waldnutzung und einer zukunftsorientierten Forstpolitik blieben, wie in anderen Regionen auch, weitgehend stecken. Investitionen dienten der einmaligen Ausbeutung, nicht der Erneuerung. Dies änderte sich erst im 19. Jahrhundert grundlegend.

Kaum zu überschätzen ist die Funktion des Handelskapitals für die Vermittlung zwischen ‚Produktion' und Markt. Vermittlung darf dabei nicht in rein technischem Sinne verstanden werden. Die mangelnde Stabilität des Marktes, d.h. des Absatzes, erforderte einen Puffer zwischen Produktion und Absatz. Ähnlich wie auf dem im Verlags- oder Kaufsystem organisierten, protoindustriellen Textilsektor steuerten Kaufleute den Umfang der Produktion nicht durch direkte Beteiligung, sondern durch ihre die Marktlage widerspiegelnde Nachfrage. Infolge der Konkurrenzsituation auf dem niederländischen Holzmarkt wurde diese Aufgabe zusätzlich erschwert. Aber auch diese Form der Kapitalakkumulation zeitigte über den Holländerholzhandel hinaus entwicklungsfördernde Wirkungen für die Wirtschaftslandschaft der Rheinlande.

MASSE UND GEWICHTE

Niederländische Maße und Gewichte nach J.M. Verhoeff, De oude Nederlandse maten en gewichten, Amsterdam 1983; Schwarzwälder Holzmaße nach M. Scheifele, Flößerei und Holzhandel im Murgtal unter besonderer Berücksichtigung der Murgschifferschaft, Gernsbach 1988.

Fuß (Württemberg)	= 10 Zoll	= 28,65 cm
Fuß (Baden)	= 10 Zoll	= 30,00 cm
Klafter (Rastatter Maß)		= 2,7 bzw. 3,1 Kubikmeter
Last		= 3010 Liter
Last (Hering) = 12 Tonnen		= 1452 Liter
load (England) = 50 Kubikfuß		= 15 Kubikmeter
Fuß (Niederlande)		= 28,00 cm
Zoll (Württemberg)		= 2,9 cm
Zoll (Baden)		= 3,0 cm

GELD UND WÄHRUNGEN

Reichstaler	= 90 Kreuzer
Albus	= 1/54 Gulden
Gulden (niederl.)	= 20 Stüber
Gulden (rhein.)	= 60 Kreuzer
100 Gulden (niederl.)	= 98 Gulden (rhein.)

(1785; nach König, Bruchstücke, S. 20)
Pfund (England) zu 20 Shilling bzw. 240 Pennies

QUELLEN

Hauptstaatsarchiv Stuttgart (HStA Stuttgart)
- Kabinettsakten III (A 8), Bu 79
- Rentkammer (A 248), Bu 1932, 1971c, 1974
- Forstamt Neuenbürg (A 559), Bu 96

Generallandesarchiv Karlsruhe (GLA-Karlsruhe)
- Baden-Generalia 2288, 2315

Landeshauptarchiv Koblenz (LHA-Koblenz)
- Kurtrier 8114
- Stadt Andernach (612), 2926
- Privatarchiv v. Nell (700,28)

Allgemeines Reichsarchiv den Haag
- Archief van de Stadhouderlijke Secretarie

Gemeindearchiv Dordrecht (GA-Dordrecht)
- 3849-3860
- Altes Notariatsarchiv 20.11, 20.65
- Privatarchiv Boonen/van Hoogstraten

Stadtarchiv Wesel (StA-Wesel)
- A1, Caps. 309,11

Zaanlandsche Oudheidskamer Zaandam
- Caeskooper, Claes Arisz, Journael eener reys nae Duytslant, 1207.
- Gysen, Journaal van den Jare 1682, 1163.
- Louwe, Claas Lourisse, Duyse reys beschreeve en gedaan door Claas Lourisse Louwe 1720, 1209.

LITERATUR UND GEDRUCKTE QUELLEN

Accarias de Serionne, Jacques, Die Handlung von Holland, Frankfurt/Leipzig 1770.

Alanen, Aulis J., Der Aussenhandel und die Schiffahrt Finnlands im 18. Jahrhundert, Helsinki, 1957.

Albion, Robert Greenhalgh, Forests and Sea Power. The Timber Problem of the Royal Navy 1652-1862, Cambridge/Mass. 1926.

Allmann, Joachim, Der Wald in der frühen Neuzeit. Eine mentalitäts- und sozialgeschichtliche Untersuchung am Beispiel des Pfälzer Raumes 1500-1800 (=Schriften zur Wirtschafts- und Sozialgeschichte 36), Berlin 1989.

Amusements des eaux de Cleve oder Vergnügungen und Ergötzlichkeiten bey denen Wassern zu Cleve, o.O. 1748.

Antiquarius. Denkwürdiger und nützlicher rheinischer Antiquarius, 3. Abt., 5. Bd., Koblenz 1858.

Antiquarius. Denkwürdiger und nützlicher rheinischer Antiquarius, 2. Abt., 7. Bd., Koblenz 1858.

Åström, Sven-Erik, From Tar to Timber. Studies in Northeast European Forest Exploitation and Foreign Trade 1660-1860, Helsinki 1988.

Åström, Sven-Erik, English Timber Imports from Northern Europe in the Eighteenth Century, in: The Scandinavian Economic History Review 18 (1970), S. 12-32.

Åström, Sven-Erik, Northeastern Europe's Timber Trade Between the Napoleonic and Crimean Wars: A Preliminary Survey, in: The Scandinavian Economic History Review 35 (1987), S. 170-177.

Åström, Sven-Erik, Technology and timber exports from the Gulf of Finnland, 1661-1740, in: The Scandinavian Economic History Review 23 (1975), S. 1-14.

Baasch, Ernst, Holländische Wirtschaftsgeschichte, Jena 1927.

Baasch, Ernst, Hamburg und Holland im 17. und 18. Jahrhundert, in: Hansische Geschichtsblätter 16 (1910), S. 45-102.

Bamford, Paul Walden, Forests and French Sea Power 1660-1789, Toronto 1956.

Bang, Nina Elliger u. Knud Korst (Bearb.), Tabeller over skibsfart og varetransport gennen Oresund 1661-1783 og gennen Store Belt 1701-1748, Kopenhagen 1930-53.

Barbour, Violet, Capitalism in Amsterdam in the Seventeenth Century, Baltimore 1950.

Barbour, Violet, Dutch and English Merchant Shipping in the Seventeenth Century, in: The Economic History Review 2 (1929-30), S. 261-290.

Barkhausen, Max, Der Aufstieg der rheinischen Industrie im 18. Jahrhundert und die Entstehung eines industriellen Großbürgertums, in: Rheinische Vierteljahrsblätter 19 (1954), S. 135-177.

Barth, Ludwig, Die Geschichte der Flößerei im Flußgebiet der oberen Kinzig, Karlsruhe 1895.

Bauer, Clemens, Unternehmung und Unternehmungsformen im Spätmittelalter und in der beginnenden Neuzeit, Jena 1936.

Bechstedt, Chr. Wilh., Meine Handwerksburschenzeit 1805-1810, Köln 1925.

Below, Georg v., Das ältere deutsche Städtewesen und Bürgertum (=Monographien zur Weltgeschichte 6), Bielefeld/Leipzig 1898.

Beyerhaus, E., Der Rhein von Strassburg bis zur holländischen Grenze, Koblenz 1902.

Bertola, Abbate de, Malerische Rhein-Reise von Speyer bis Düsseldorf, Mannheim 1796.

Beutin, Ludwig, Nordwestdeutschland und die Niederlande seit dem Dreißigjährigen Krieg, in: Vierteljahrschrift für Sozial- und Wirtschaftsgeschichte 32 (1939), S. 105-147.

Blessing, Elmar, Die territoriale Entwicklung von Württemberg bis 1796 einschließlich der

linksrheinischen Besitzungen. Beiwort zur Karte VI.2 des Historischen Atlas von Baden-Württemberg, Stuttgart 1972.
Boelke, Willi A., Wirtschaftsgeschichte Baden-Württembergs, Stuttgart 1987.
Boelcke, Willi A., Die Wirtschaft in der Zeit des Spätmerkantilismus (1770-1780). Beiwort zur Karte XI.4 des Historischen Atlas von Baden-Württemberg, Stuttgart 1977.
Bogucka, Maria, The Role of Baltic Trade in European Development from the XVIth to the XVIIIth Centuries, in: The Journal of European Economic History 9 (1980), S. 5-20.
Bohn, Gottfried Christian, Wohlerfahrener Kaufmann, Hamburg 1762.
Bohn, Gottfried Christian, Waarenlager oder Wörterbuch der Produkten- und Waarenkunde, Hamburg 1805.
Bosse, Ewald, Norwegens Volkswirtschaft vom Ausgang der Hansaperiode bis zur Gegenwart (=Probleme der Weltwirtschaft 22), 2 Bde., Jena 1916.
Bouman, P.J., Rotterdam en het Duitsche Achterland 1831-1851, Amsterdam 1931.
Bouman, P.J., Der Untergang des holländischen Handels- und Schiffahrtsmonopols auf dem Niederrhein, 1831-1851, in: Vierteljahrschrift für Sozial- und Wirtschaftsgeschichte 26 (1933), S. 244-266.
Braam, Aris van, Bloei en Verval van het economisch-sociale Leven aan de Zaan in de 17de en 18de Eeuw, Wormerveer 1944.
Brakel, S. van, Statistische en andere Gegevens betreffende onzen Handel en Scheepvaart op Rusland gedurende de 18e Eeuw, in: Bijdragen en Mededeelingen van het Historisch Genootschap 34 (1913), S. 350-404.
Braubach, Max, Eine Wirtschaftsenquete am Rhein im 17. Jahrhundert, in: Rheinische Vierteljahrsblätter 13 (1948), S. 51-86.
Braubach, Max, Vom Westfälischen Frieden bis zum Wiener Kongress (1648-1815), in: Franz Petri u. Georg Droege (Hrsg.), Rheinische Geschichte, 3. Aufl., Düsseldorf 1980, Bd. 2, S. 219-365.
Braudel, Fernand, Aufbrauch zur Weltwirtschaft (Bd. 3 der Sozialgeschichte des 15. - 18. Jahrhunderts), München 1986.
Braudel, Fernand, Der Handel (Bd. 2 der Sozialgeschichte des 15. - 18. Jahrhunderts), München 1986.
Brinkmann, Carl, Entwicklung und Gestaltung der rheinischen Wirtschaft, in: Schmollers Jahrbuch 66 (1942), S. 41-68.
Brückner, Hans, Die Entwicklung der Wälder des Schwarzwaldes durch die Nutzung vergangener Jahrhunderte und ihre heutige Bedeutung, in: Ekkehard Liehl u. Wolf Dieter Sick (Hrsg.), Der Schwarzwald, Bühl/Baden 1980, S. 155-180.
Brugmans, H., Statistiek van de In- en Uitvoer van Amsterdam 1667-1668, in: Bijdragen en Mededeelingen van het Historisch Genootschap 19 (1898), S. 125-183.
Bruijn, Jaap R., Scheepvaart in de Noordelijke Nederlanden 1650-1800, in: Algemene Geschiedenis der Nederlanden, Teil 8, Haarlem 1979, S. 209-238.
Bruijn, Jaap R., The Timber Trade. The Case of Dutch-Norwegian Relations in the 17th Century, in: Arne Bang Andersen u.a. (Hrsg.), The North Sea. A Highway of Economic and Cultural Exchange, Stavanger 1985, S. 123-135.
Brunner, Hugo, Beiträge zur Geschichte der Schiffahrt in Hessen, besonders auf der Fulda, in: Zeitschrift des Vereins für hessische Geschichte und Landeskunde N.F. 16 (1891), S. 202-243.
Buck, P. de u. Jan Thomas Lindblad, De scheepvaart en handel uit de Oostzee op Amsterdam en de Republiek, 1722-1780, in: Tijdschrift voor Geschiedenis 96 (1983), S. 536-562.
Büsch, Johann Georg, Theoretisch-Praktische Darstellung der Handlung, 2 Teile, Hamburg 1792.
Buis, Jaap, Historia Forestis. Nederlandse bosgeschiedenis, 2 Bde. (=A.A.G. Bijdragen 26 u. 27), Wageningen 1985.

Burg, André-Marcel, L'exportation des bois de la forêt de Haguenau en Hollande au XVIIe siècle, in: Revue d'Alsace 89 (1949), S. 197-212.
Carter, Alice Clare, The Family and Business of Belesaigne, Amsterdam, 1689-1809, in: Dies., Getting, Spending and Investing in Early Modern Times, Assen 1975, S.107ff.
Carter, Alice Clare, Neutrality or Commitment: The Evolution of Dutch Foreign Policy, 1667-1795, London 1975.
Christensen, Aksel E., Der handelsgeschichtliche Wert der Sundzollregister, in: Hansische Geschichtsblätter 59 (1934), S.28-142.
Collet, Josef, Das Wirtschaftsleben in der Grafschaft Saarbrücken im Zeitalter des Merkantilismus (1697-1793), Diss. Frankfurt 1930.
Crol, W.A.H., Van Houtnegotie tot Houthandel, Rotterdam o.J.
Dalen, J.L. van, Geschiedenis van Dordrecht, 2 Bde., Dordrecht 1931/33.
Davis, Ralph, The Rise of the English Shipping Industry in the Seventeenth and Eighteenth Centuries, London 1962.
Demandt, Karl E. (Bearb.), Das Katzenelnbogener Rheinzollerbe 1479-1584 (=Veröffentlichungen der Historischen Kommission für Nassau 25), 3 Bde., Wiesbaden 1978-81.
Deurloo, A.J., Bijltjes en Klouwers. Een bijdrage tot de geschiedenis der Amsterdamse scheepbouw, in het bijzonder in de tweede helft der achttiende eeuw, in: Economisch- en Sociaal-Historisch Jaarboek 34 (1971), S. 4-71.
Dietz, Alexander, Frankfurter Handelsgeschichte, 4 Bde., Frankfurt/M. 1910-25.
Diferee, Hendr. C., De Geschiedenis van den Nederlandschen Handel, Amsterdam 1908.
Dillen, J. G. van, Van Rijkdom en Regenten, S'Gravenhage 1970.
Döringer, Karl, Rheinfloßschiffahrt in alter Zeit, in: Nassauische Heimat 3 (1923), Nr. 7/8.
Dreyfus, François G., Beitrag zur Preisbewegung im Oberrheingebiet im 18. Jahrhundert, in: Vierteljahrschrift für Sozial- und Wirtschaftsgeschichte 47 (1960), S. 245-256.
Dreyfus, François G., Sociétés et mentalités à Mayence dans la seconde moitie du VIIIe siècle, Paris 1968.
Dufraisse, Roger, Flottes et flotteurs de bois du Rhin à l'epoque Napoleonienne, in: Actes du quatre-vingt-huitieme Congres National des Sociétés Savantes, Paris 1964, S. 667-693.
Ebeling, Dietrich, Bürgertum und Pöbel. Wirtschaft und Gesellschaft Kölns im 18. Jahrhundert(=Städteforschung, Reihe A, Bd. 26), Köln/Wien 1987.
Ebeling, Dietrich, Die von Nell. Eine rheinische Familie zwischen Ancien Régime und Moderne, in: Kurtrierisches Jahrbuch (1991).
Ebeling, Dietrich, Die wirtschaftlichen Führungsschichten Kölns im Spektrum der rheinischen Frühindustrialisierung des 18. Jahrhunderts, in: Heinz Schilling u. Herman Diederiks (Hrsg.), Bürgerliche Eliten in den Niederlanden und in Nordwestdeutschland (=Städteforschung, Reihe A, Bd. 23), Köln/Wien 1985, S. 401-420.
Ebeling, Dietrich, Organisationsformen des Holländerholzhandels im Schwarzwald während des 17. und 18. Jahrhunderts, in: Hans-Walther Keweloh (Hrsg.), Auf den Spuren der Flößer, Stuttgart 1988, S. 81-99.
Eckoldt, Martin, Holländer-Flöße auf dem Rhein, in: Beiträge zur Rheinkunde 19 (1967), S. 19-23.
Eichhoff, Johann Joseph, Topographisch-statistische Darstellung des Rheins, Köln 1814.
Emminghaus, A., Die Murgschiffahrt in der Grafschaft Eberstein im unteren Schwarzwald, in: Jahrbücher für Nationalökonomie und Statistik 15 (1870), S. 1-96.
Endres, Max, Die Waldbenutzung vom 13. bis Ende des 18. Jahrhunderts, Tübingen 1888.
Erklärung der Kunstwörter und Benennungen welche beym Flößen und dem Holzhandel auf dem Wasser vorkommen, in: Mosers Forstarchiv 13 (1792), S. 2-91.
Eyer, Fritz, Die in den Grafschaften Nassau-Saarbrücken und Saarwerden, der Herrschaft Blieskastel und im Kurtrierischen gültigen Zolltarife nach einer Aufstellung von 1718, in: Zeitschrift für die Geschichte der Saargegend 22 (1974), S. 87-94.

Faber, J.A. De achtiende eeuw, in: J.H. van Stuijvenberg (Hrsg.), De ecomische geschiedenis van Nederland, 2. Aufl., Groningen 1979, S. 119-156.
Faber, J.A., The decline of the Baltic Grain Trade in the second half of the 17th century, in: Acta Historiae Neerlandica 1 (1966), S. 108-131.
Faber, J.A., The economic decline of the Dutch Republic in the second half of the eighteenth century and the international terms of trade, in: W.G. Heeres u.a. (Hrsg.), From Dunkirk to Danzig. Shipping and Trade in the North Sea and the Baltic, 1350-1850, Hilversum 1988, S. 107-115.
Faber, J.A., Population Changes and Economic Developments in the Netherlands: A Historical Survey, in: A.A.G. Bijdragen 12, Wageningen 1965, S. 47-113.
Faber, J.A., Scheepvaart op Nederland in een woelige periode: 1784-1810, in: Economisch- en Sociaal-Historisch Jaarboek 47 (1984), S. 67-78.
Feldenkirchen, Winfried, Der Handel der Stadt Köln im 18. Jahrhundert (1700-1815), Diss. Bonn 1975.
Felkel, Karl, Strombau-Geschichte der Binger-Loch-Strecke des Rheins, in: Beiträge zur Rheinkunde 12 (1960), S. 26-44.
Flösser, der, Eine rheinische Novelle, in: Rhenus 1858, S. 169-220.
Floß-Holz, Artikel, in: Johann Georg Krünitz, Encyklopädie, 14. Teil, Brünn 1788, S. 288-339.
Flößerei. Die Flößerei am Mittelrhein, in: Rheinischer Volkskalender 60 (1937), S. 60-61.
François, Etienne, Koblenz im 18. Jahrhundert (=Veröffentlichungen des Max-Planck-Instituts für Geschichte 72), Göttingen 1982.
Freye Bemerkungen auf einer Reise in den Rheingegenden, Leipzig 1797.
Fuchs, Wilhelm Werner, Waldwirtschaft und Holzhandel im Gebiet des badischen Schwarzwaldes vom 13. - 19. Jahrhundert, Diss. Heidelberg 1924.
Gayer, Karl, Die Forstbenutzung, 7. Aufl., Berlin 1888.
Gerwig, Robert, Pforzheims Flößerei und Holzhandel, in: Badische Heimat 12 (1925), S. 215-226.
Gothein, Eberhard, Entstehung und Entwicklung der Murgschiffahrt, in: Zeitschrift für die Geschichte des Oberrheins, N.F. 4 (1889), S. 401-455.
Gothein, Eberhard, Zur Geschichte der Rheinschiffahrt o.O., o.J.
Gothein, Eberhard, Mannheim im ersten Jahrhundert seines Bestehens, in: Zeitschrift für die Geschichte des Oberrheins 43 (1889), S. 129-211.
Gothein, Eberhard, Pforzheims Vergangenheit (=Staats- und Sozialwissenschaftliche Forschungen, 9. Bd., 3. Heft), Leipzig 1889.
Gothein, Eberhard, Geschichtliche Entwicklung der Rheinschiffahrt im 19. Jahrhundert (=Schriften des Vereins für Socialpolitik 101), Leipzig 1903.
Gothein, Eberhard, Rheinische Zollkongresse und Handelsprojekte am Ende des 17. Jahrhunderts, in: Beiträge zur Geschichte Kölns und der Rheinlande. Zum 80. Geburtstag Gustav v. Mevissens, Köln 1895, S. 361-400.
Gothein, Eberhard, Wirtschaftsgeschichte des Schwarzwaldes und der angrenzenden Landschaften, Straßburg 1892.
Graber, Ralf, Die Forstpolitik Kurtriers vom 16.-18. Jahrhundert unter besonderer Berücksichtigung der Waldschutzpolitik, Magisterarbeit an der Universität Trier 1989.
Gramulla, Susanna, Wirtschaftsgeschichte Kölns im 17. Jahrhundert, in: Hermann Kellenbenz (Hrsg.), Zwei Jahrtausende Kölner Wirtschaft, 2 Bde., Köln 1975, Bd. 1, S. 429-517.
Grossmann, Heinrich, Flößerei und Holzhandel aus den Schweizer Bergen bis zum Ende des 19. Jahrhunderts, Zürich 1972.
Häbel, Hans-Joachim, Die Kulturlandschaft auf der Basalthochfläche des Westerwaldes vom 16. bis 19. Jahrhundert, Wiesbaden 1980.
Häpke, Rudolf (Bearb.), Niederländische Akten und Urkunden zur Geschichte der Hanse und zur deutschen Seegeschichte, 2 Bde., Lübeck 1913/1923.

Hagedorn, Bernhard, Die Entwicklung der wichtigsten Schiffstypen bis ins 19. Jahrhundert (=Veröffentlichungen des Vereins für Hamburgische Geschichte, Bd. 1), Berlin 1914.
Hart, Simon, Een bijdrage tot de geschiedenis van de houthandel, in: De Zaende 30 (1948), S. 53-79.
Hart, Simon, De Zaanstreek en Oost-Zaandam in het bizonder in het Jaar 1731, in: De Zaende 2 (1947), S. 65-76, S. 97-104, S. 129-141.
Hasel, Karl, Forstgeschichte. Ein Grundriß für Studium und Praxis, Hamburg/Berlin 1985.
Hasel, Karl, Herrenwies und Hundsbach. Ein Beitrag zur forstlichen Erschließung des nördlichen Schwarzwaldes (=Forschungen zur deutschen Landeskunde, Bd. 45), Leipzig 1944.
Hausrath, Hans, Aus der Waldgeschichte des Schwarzwaldes (=Freiburger Universitätsreden, Heft 26), Freiburg i.Br. 1938.
Hausrath, Hans, Der deutsche Wald, Leipzig 1907.
Herman, H., Sammlung der seit dem Reichs-Deputations-Hauptschluß vom 25. Februar 1803 in Bezug auf Rheinhandel und Schiffahrt erschienenen Gesetze, Verordnungen und allgemeinen Instructionen, Mainz 1820.
Hermann, Hans-Walter, Die Saarburger Zollregister von 1581, 1589 und 1614. Ein Beitrag zur Wirtschafts- und Verkehrsgeschichte der Saargegend, in: Kurtrierisches Jahrbuch 22 (1982), S. 65-122.
Hertner, Peter, Stadtwirtschaft zwischen Reich und Frankreich. Wirtschaft und Gesellschaft Straßburgs 1650-1714, Köln/Wien 1973.
Heyderhoff, Julius (Hrsg.), Johann Baptist Fuchs. 1757-1827. Erinnerungen aus dem Leben eines Kölner Juristen, Köln 1912.
Hiegel, Henri u. Charles, Le Bailliage d'Allemagne de 1600 à 1632, Bd. 2, Sarreguemines 1968.
Hildt, Johann Adolph, Handlungszeitung, 11. Jg., 1.-4. Quartal 1794, darin: Die Holzflößerei auf dem Rhein, S. 391f.
Hildt, Johann Adolph, Handlungszeitung, 12. Jg., 1.-4. Quartal 1795, darin: Ueber den Gang des niederrheinischen Holländer Holzhandels.
Hirschmann, Josef, Der Holzhandel unter besonderer Berücksichtigung des Mainzer Flossholzhandels, Diss. Frankfurt/M. 1925.
Holz, Artikel „Holz", in: Johann Georg Krünitz, Oeconomische Encyklopädie, 24. Teil, Brünn 1789, S. 457-953.
Hopkins, Terence K. u. Immanuel Wallerstein, Grundzüge der Entwicklung des modernen Weltsystems. Entwurf für ein Forschungsvorhaben, in: Dieter Senghaas (Hrsg.), Kapitalistische Weltökonomie. Kontroversen über ihren Ursprung und ihre Entwicklungsdynamik, Frankfurt/M. 1979, S. 151-200.
Hoppstädter, Kurt, Die Saar als Wasserstraße, in: Zeitschrift für die Geschichte der Saargegend 13 (1963), S. 9-82.
Houtte, J.A. van, De zestiende eeuw (ca. 1485 - ca. 1585), in: J.H. van Stuijvenberg, De economische geschiedenis van Nederland, 2. Aufl., Groningen 1979, S. 49-117.
Hovy, Johannes, Het voorstel van 1751 tot instelling van een beperkt vrijhavenstelsel in de Republiek, Groningen 1966.
Huffel, G., La Forêt Sainte de Haguenau en Alsace, Nancy/Paris/ Straßburg 1920.
Ilgen, Th., War die Lippe im Mittelalter ein Schiffahrtsweg von erheblicher Bedeutung?, in: Mitteilungen der Westf. Altertumskommission 2, o.O., o.J., S. 21-35.
Irsigler, Franz, Kölner Wirtschaftsbeziehungen zum Oberrhein vom 14. bis 16. Jahrhundert, in: Zeitschrift für die Geschichte des Oberrheins 122 (1974), S. 1-21.
Irsigler, Franz, Wirtschaftsgeschichte der Stadt Trier 1580-1794, in: Kurt Düwell u. Franz Irsigler (Hrsg.), Trier in der Neuzeit, Trier 1988, S. 99-201.

Israel, Jonathan I., Dutch Primacy in World Trade, 1585-1740, Oxford 1989.

Jägerschmid, R.F.B., Das Murgthal. Reprint der Ausgabe Nürnberg 1800, Stuttgart 1977.

Jägerschmid, R.F.B., Handbuch für Holztransport- und Floßwesen, 2 Bde., Karlsruhe 1827/28.

Jansma, T. S., De Beteekenis van Dordrecht en Rotterdam omstreeks het Midden der zestiende Eeuw, in: De Economist 92 (1943), S. 212-256.

Jeannin, Pierre, Les comtes du Sund comme source pour la construction d'indices généraux de l'activité economique en Europe (XVIe - XVIIIe siècle), in: Revue Historique 231 (1964), S. 55-102 u. S. 307-340.

Johansen, Hans Chr., Shipping and Trade between the Baltic Area and Western Europe 1784-95, Odense 1983.

Jung, Johann Heinrich, Gemeinnütziges Lehrbuch der Handlungswissenschaft, Leipzig 1799.

Kampen, S. C. van, De Rotterdamse Particuliere Scheepsbouw in de Tijd van de Republiek, Assen 1953.

Kanter, Hugo, Die Entwicklung des Handels mit gebrauchsfertigen Waren von der Mitte des 18. Jahrhunderts bis 1866 (=Volkswirtschaftliche Abhandlungen der Badischen Hochschulen, 5. Bd., 3. Heft), Tübingen/Leipzig 1902.

Katz und Klumpp Aktiengesellschaft Gernsbach. 250 Jahre organisches Wachstum, Darmstadt 1966.

Kaufhold, Karl-Heinrich, Gewerbelandschaften in der frühen Neuzeit (1650-1800), in: Hans Pohl (Hrsg.), Gewerbe- und Industrielandschaften vom Spätmittelalter bis ins 20. Jahrhundert (=Vierteljahrschrift für Sozial- und Wirtschaftsgeschichte, Beiheft 78), Stuttgart 1986, S. 112-202.

Kellenbenz, Hermann, Der deutsche Außenhandel gegen Ausgang des 18. Jahrhunderts, in: Friedrich Lütge (Hrsg.), Die wirtschaftliche Situation in Deutschland und Österreich um die Wende vom 18. zum 19. Jahrhundert (=Forschungen zur Sozial- und Wirtschaftsgeschichte 6), Stuttgart 1964, S. 4-60.

Kent, H.S.K., The Anglo-Norwegian Timber Trade in the Eighteenth Century, in: The Economic History Review, 2nd series 8 (1955-56), S. 62-74.

Kettner, W. F. v., Beschreibung des badischen Murg- und Oosthales oder des Forstamtsbezirkes von Gernsbach, Frankfurt/M. 1843.

Kisch, Herbert, Die hausindustriellen Textilgewerbe am Niederrhein vor der industriellen Revolution (=Veröffentlichungen des Max-Planck-Instituts für Geschichte 65), Göttingen 1981.

Kjaerheim, Steinar, Norwegian Timber Exports in the 18th Century, in: Scandinavian Economic History Review 5 (1957), S. 188-202.

Klebe, A., Reise auf dem Rhein durch die teutschen und französischen Rheinländer nach Aachen und Spaa, 2. Aufl., Frankfurt/M. 1806.

Klein, Peter Wolfgang, Dutch Capitalism and the European world-economy, in: Maurice Aymard (Hrsg.), Dutch capitalism and world capitalism, Cambridge 1982, S. 75-91.

Klein, Peter Wolfgang, Entrepreneurial behaviour and the economic rise and decline of the Netherlands in the 17th and 18th centuries, in: Annales cisalpines d'histoire sociale 1 (1970), S. 7-19.

Klein, Peter Wolfgang, Handel, geld- en bankwezen in de Noordelijke Nederlanden 1650-1795, in: Algemene Geschiedenis der Nederlanden, Bd. 8, Haarlem 1979, S. 160-184.

Klein, Peter Wolfgang, De Trippen in de 17e Eeuw, Assen 1965.

Klein, Peter Wolfgang, The Trip Family in the 17th Century, in: Acta Historiae Neerlandica 1 (1966), S. 187-211.

Knoppers, Jake V.T., Dutch Trade with Russia from the time of Peter I. to Alexander I., Montreal 1976.

Knoppers, Jake V.T. u. F. Snapper, De Nederlandse Scheepvaart op de Oostzee vanaf het Eind van de 17de Eeuw tot het Begin van de 19de Eeuw, in: Economisch- en Sociaal-Historisch

Jaarboek 41 (1978), S. 115-153.
König, F., Bruchstücke des inn- und ausländischen Flozholz-Handels in dem Herzogthum Wirtemberg, Schwarzwald 1785; wiederabgedruckt in: Forst- und Jagdbibliothek, St. 2, Nr. 9, Stuttgart 1788, S. 281-291.
König, F.W., Beyträge zur practischen Forst- und Flozhandelswissenschaft, Ulm 1790 (identisch mit dem Artikel in Mosers Forst-Archiv, Bd. 7, Ulm 1790, S. 97-165).
Kooy, T.P. van der, Hollands Stapelmarkt en haar Verval, Amsterdam 1931.
Kossmann, E.H., Some Meditations on Dutch Eighteenth-Century Decline, in: Frederick Krantz u. M. Hohenberg (Hrsg.), Failed Transitions to Modern Industrial Society: Renaissance Italy and Seventeenth Century Holland, Montreal 1975, S. 49-54.
Krauth u. Co. Höfen an der Enz 1775-1950, Neuenbürg 1950.
Kriedte, Hans u.a., Industrialisierung vor der Industrialisierung. Gewerbliche Warenproduktion auf dem Land in der Formationsperiode des Kapitalismus (=Veröffentlichungen des Max-Planck-Instituts für Geschichte 53), Göttingen 1977.
Kuczynski, Jürgen, Ein Rundblick um die Welt von 1600 bis 1750, in: Jahrbuch für Wirtschaftsgeschichte 1983, S. 169-173.
Kulischer, Josef, Allgemeine Wirtschaftsgeschichte des Mittelalters und der Neuzeit, 2 Bde. (=Handbuch der mittelalterlichen und neueren Geschichte, Abt. III), München/Berlin 1929.
Kuske, Bruno, Gewerbe, Handel und Verkehr, in: Hermann Aubin u.a. (Hrsg.), Geschichte des Rheinlandes von der ältesten Zeit bis zur Gegenwart, 2 Bde., Essen 1922, hier Bd. 2, S. 149-248.
Kuske, Bruno, Die Grundzüge der Wirtschaftsentwicklung am Niederrhein vom Mittelalter bis zur Gegenwart, in: Annalen des Historischen Vereins für den Niederrhein 115 (1929), S. 38-60.
Kuske, Bruno, Handel und Handelspolitik am Niederrhein vom 13. bis 16. Jahrhundert, in: Hansische Geschichtsblätter 2 (1909), S. 301-327.
Kuske, Bruno, Die wirtschaftliche und soziale Verflechtung zwischen Deutschland und den Niederlanden bis zum 18. Jahrhundert, in: Ders., Köln, der Rhein und das Reich, Köln 1956, S. 200-256.
Lang, Josef Gregor, Reise auf dem Rhein, Koblenz 1790.
Laspeyres, Etienne, Geschichte der volkswirtschaftlichen Anschauungen der Niederländer und ihrer Literatur zur Zeit der Republik, Leipzig 1863.
Lindblad, Jan Thomas, Structural Change in the Dutch Trade with the Baltic in the Eighteenth Century, in: The Scandinavian Economic History Review 33 (1985), S. 193-207.
Lindblad, Jan Thomas, Structuur en mededinging in de handel van de Republiek op de Oostzee in de achttiende eeuw, in: Economisch en Sociaal-Historisch Jaarboek 47 (1984), S. 79-90.
Lindblad, Jan Thomas, Sweden's Trade with the Dutch Republic 1738-1795, Assen 1982.
Luttenberger, Karl, Untersuchung über die Flösserei auf dem Neckar und seinen Nebenflüssen, Heidelberg 1904.
Luzac, Elias, Betrachtungen über den Ursprung des Handels und die Macht der Holländer, 4 Bde., Greifswald 1788-90.
Malcolm, Arathon Gregory, De Houthandel van Nederland, Amsterdam 1930.
Meidinger, Heinrich, Statistische Übersicht der Mainschiffahrt und der Flößerei im Jahre 1840, Frankfurt/M. 1841.
Memminger, J.D.G. v., Beschreibung von Württemberg, 3. Aufl., Stuttgart/Tübingen 1841.
Metzinger, Alfred, Les forêts du comté de Bitche au XVIIIe siècle, in: Annuaire de la Société d'histoire et d'archéologie de la Lorraine 1972, S. 95ff.
Middelhoven, P.J., De Amsterdamse Veilingen van Noord-Europees Naalhout 1717-1808, in: Economisch- en Sociaal-Historisch Jaarboek 41 (1978), S. 86-113.

Middelhoven, P.J., Auctions at Amsterdam of Northern European Pinewood, 1717-1808, in: Acta Historiae Neerlandicae, S. 65-90.

Mohr, Siegfried, Die Flößerei auf dem Rhein, Mannheim 1897.

Molz, Günther, Die Familie von Nell im Trierer Land, in: Kreis Trier-Saarburg, Jahrbuch 1978, S.208-214.

Morineau, Michel, La Balance du Commerce Franco-Neerlandais et le Resserrement Economique des Provinces-Unies au XVIIIème Siecle, in: Economisch-Historisch Jaarboek 30 (1965), S. 170-235.

Moser, Wilhelm Gottfried v., Geschichte des Holzflössens, in: Forstarchiv, Bd. 12, Ulm 1792, S. 3-226.

Müller, Daniel Ernst, Des Speßart's Holzhandel und Holz verbrauchende Industrie, Frankfurt/ M. 1837.

Münker, Herbert, Die Weseler Schiffahrt vornehmlich zur Zeit des spanisch-niederländischen Krieges (=Studien und Quellen zur Geschichte von Wesel 1), Wesel 1908.

Naish, G.P.B., Ships and Shipbuilding, in: Charles Singer u.a. (Hrsg.), A History of Technology, Bd. 3: From the Renaissance to the Industrial Revolution c. 1500 - c. 1750, Oxford 1957, S. 471-500.

Nau, B.S. v., Beiträge zur Kenntniss und Beförderung des Handels und der Schiffahrt, Mainz 1818.

Noordegraaf, L., Nijverheid in de Noordelijke Nederlanden 1580-1650, in: Algemene Geschiedenis der Nederlanden, Bd. 7, Haarlem 1980, S. 66-85.

Ormrod, David, Dutch commercial and industrial decline and British growth in the late seventeenth and early eighteenth centuries, in: Frederick Krantz u. Paul M. Hohenberg (Hrsg.), Failed Transitions to Modern Industrial Society: Renaissance Italy and Seventeenth Century Holland, Montreal 1975, S. 36-43.

Pfannenschmid, Heino, Ueber das Alter der Flößerei im Gebiete des oberen Rheines mit besonderer Beziehung auf die Saar und ihre Nachbarflüsse, Colmar 1881.

Pich, Sabine, Mannheim und die Flößerei im 18. und 19. Jahrhundert, in: Hans-Walter Keweloh (Hrsg.), Auf den Spuren der Flößer. Wirtschafts- und Sozialgeschichte eines Gewerbes, Stuttgart 1988, S. 129-135.

Pitz, Ernst, Studien zur Entstehung des Kapitalismus, in: Otto Brunner u.a. (Hrsg.), Festschrift Hermann Aubin zum 80. Geburtstag, Wiesbaden 1965, Bd. 1, S. 19-40.

Ploos van Amstel, G., Portret van een koopman en uitvinder. Cornelis Ploos van Amstel, Assen 1980.

Pollard, Sidney (Hrsg.), Region und Industrialisierung (=Kritische Studien zur Geschichtswissenschaft 42), Göttingen 1980.

Pringsheim, Otto, Beiträge zur wirtschaftlichen Entwicklungsgeschichte der vereinigten Niederlande im 17. und 18. Jahrhundert (=Staats- und socialwissenschaftliche Forschungen, 10. Bd., 3. Heft), Leipzig 1890.

Prooije, Leendert van, Import en Gebruik van Rijns Hout 1650-1795, MS, Arnheim 1988.

Prooije, Leendert van, De invoer van Rijns hout per vlot 1650-1795, in: Economisch- en-Sociaal-Historisch Jaarboek 53 (1990), S. 30-79.

Quetsch, Franz H., Geschichte des Verkehrswesens am Mittelrhein, Freiburg i.Br. 1891.

Radkau, Joachim, Eine Energiekrise im 18. Jahrhundert? Revisionistische Betrachtungen zur vorindustriellen Holzmangel-Problematik, in: Energie in der Geschichte, ICOHTEC-Symposium 1984, S. 51-62.

Radkau, Joachim, Holzverknappung und Krisenbewußtsein im 18. Jahrhundert, in: Geschichte und Gesellschaft 9 (1983), S. 513-543.

Radkau, Joachim, Zur angeblichen Energiekrise des 18. Jahrhunderts: Revisionistische Betrachtungen über die „Holznot“, in: Vierteljahrschrift für Sozial- und Wirtschaftsgeschichte 73 (1986), S. 1-37.

Radkau, Joachim u. Ingrid Schäfer, Holz. Ein Naturstoff in der Technikgeschichte, Reinbek 1987.
Reinhardt, Karl Heinz, Der deutsche Binnengüterverkehr 1820 bis 1850, insbesondere im Stromgebiet des Rheins, Diss. Bonn 1969.
Renner, Eugen, Entstehung und Entwicklung der Murgflößerei bis zum Dreißigjährigen Kriege, Diss. Freiburg i.Br. 1928.
Rheinhandel, in: August Ludwig Schlözers Staatsanzeiger, 1. Bd., Göttingen 1782, S. 1-25.
Riley, James C., The Dutch Economy after 1650: Decline or Growth, in: The Journal of European Economic History 13 (1984), S. 521-569.
Riesbeck, Kaspar, Briefe eines reisenden Franzosen über Deutschland an seinen Bruder zu Paris, o.O., 2. Aufl. 1784.
Rodenwaldt, U., Holzhandel und Holztransport vom Schwarzwald nach den Niederlanden, in: Allgemeine Forst- und Jagdzeitung 148 (1977), S. 1-8.
Röhlk, Frauke, Schiffahrt und Handel zwischen Hamburg und den Niederlanden in der zweiten Hälfte des 18. und zu Beginn des 19. Jahrhunderts (=Beihefte der Vierteljahrschrift für Sozial- und Wirtschaftsgeschichte 60), Wiesbaden 1973.
Rohr, J., Le famille d'Hausen, seigneurs de Remelfing et de Weidesheim, in: Les cahiers sarregueminois 2-2 (1966), S. 99-110.
Rüthing, Heinrich, Beobachtungen zur Weserschiffahrt im 16. Jahrhundert, in: J. Bachmann u. H. Hartmann (Hrsg.), Schiffahrt-Handel-Häfen. Beiträge zur Geschichte der Schiffahrt auf Weser und Mittellandkanal, Minden 1987, S. 75-92.
Schaab, Meinrad, Das Waldeigentum im Nordschwarzwald und in der nördlichen Ortenau. Beiwort zur Karte IX,5 im Historischen Atlas von Baden-Württemberg, 10. Lieferung, Stuttgart 1985.
Scheifele, Max, Flößerei und Holzhandel im Murgtal unter besonderer Berücksichtigung der Murgschifferschaft, in: Ders., Die Murgschifferschaft. Geschichte des Floßhandels, des Waldes und der Holzindustrie im Murgtal, Gernsbach 1988, S. 73-456.
Scheifele, Max, Werden und Wandel der Murgschifferschaft. Aus der Geschichte der ältesten deutschen Holzhandelsgesellschaft, in: Allgemeine Forst- und Jagdzeitung 159 (1988), S. 203-208.
Schillemans, C.A., De houtveilingen van Zaandam in de jaren 1655-1811, in: Economisch-Historisch Jaarboek 23 (1947), S. 171-315.
Schmid, Hermann, Der Holzhandel auf dem Main, Diss. München 1928.
Schmidle, Johann u.a., Die Murgschiffahrt einst und jetzt, o.O., o.J. (1967).
Schmidt, Sabine, Bibliographie der illustrierten Reisebeschreibungen und Landschaftsbücher zum Rheinland (Mainz bis Emmerich) von 1750-1880. Hausarbeit, dem Bibliothekar-Lehrinstitut des Landes Nordrhein-Westfalen zur Prüfung für den gehobenen Dienst an wissenschaftlichen Bibliotheken vorgelegt, Köln 1963.
Schmoller, Gustav, Die geschichtliche Entwicklung der Unternehmung, Teil XII: Die Handelsgesellschaften des Mittelalters und der Renaissancezeit, in: Jahrbuch für Gesetzgebung, Verwaltung und Volkswirtschaft 17 (1893), S. 1-33.
Schmoller, Gustav, Die geschichtliche Entwicklung der Unternehmung, Teil XIII: Die Handelsgesellschaften des 17.-18. Jahrhunderts, hauptsächlich die großen Kompanien, in: Jahrbuch für Gesetzgebung, Verwaltung und Volkswirtschaft 17 (1893), S. 1-60.
Scholz-Babisch, Marie (Bearb.), Quellen zur Geschichte des Klevischen Rheinzollwesens vom 11. bis 18. Jahrhundert, 2 Bde. (=Deutsche Handelsakten des Mittelalters und der Neuzeit, Bd. XII), Wiesbaden 1971.
Schreiber, Aloys, Handbuch für Reisende am Rhein, 3.Aufl., Heidelberg o.J.
Schreiner, Johann, Die Niederländer und die norwegische Holzausfuhr im 17. Jahrhundert, in: Tijdschrift voor Geschiedenis 49 (1934), S. 303-328.
Schulte, Fritz, Die Entwicklung der gewerblichen Wirtschaft in Rheinland-Westfalen im 18.

Jahrhundert (=Schriften zur rheinisch-westfälischen Wirtschaftsgeschichte, N.F. Bd. 1), Köln 1959.
Schwann, Mathieu, Geschichte der Kölner Handelskammer, Köln 1906.
Schwering, Leo, Die Auswanderung protestantischer Kaufleute aus Köln nach Mülheim a. Rh. im Jahre 1714, in: Westdeutsche Zeitschrift für Geschichte und Kunst 26 (1907), S. 194-250.
Sieferle, Rolf Peter, Der unterirdische Wald. Energiekrise und Industrielle Revolution, München 1982.
Silvy-Leligois, P., Origine et importance des bois achemines par eau vers la Hollande aux XVIIe et XVIIIe siècles, in: Revue forestière française 6 (1962), S. 511-531.
Sombart, Werner, Der moderne Kapitalismus, 3 Bde., Neudruck Berlin 1955.
Soom, Arnold, Der Kampf der baltischen Städte gegen das Fremdkapital im 17. Jahrhundert, in: Vierteljahrschrift für Sozial- und Wirtschaftsgeschichte 49 (1962), S. 433-458.
Soom, Arnold, Der ostbaltische Holzhandel und die Holzindustrie im 17. Jahrhundert, in: Hansische Geschichtsblätter 79 (1961), S. 80-100.
Spies, W., Rheinkunde II (Das Historische Rheinbild), Köln 1923.
Sponeck, C.F. v., Handbuch des Flosswesens, Stuttgart 1825.
Sponeck, C.F. v., Der Schwarzwald, Heidelberg 1819.
Stälin, Paul Friedrich, Geschichte der Stadt Calw, Calw/Stuttgart 1888.
Stahl, Johann Friedrich, Allgemeines oeconomisches Forst-Magazin, 8. Bd., Frankfurt/Leipzig 1766; darin: Zuverlässige Beschreibung von den Langholzflössen, S. 1-119.
Stark, Walter, Lübeck und Danzig in der zweiten Hälfte des 15. Jahrhunderts (=Abhandlungen zur Handels- und Sozialgeschichte, Bd. XI), Weimar 1973.
Stolberg, Friedrich Leopold Graf zu, Reise in Deutschland, der Schweiz, Italien und Sizilien, Neudruck Bern 1971.
Strotkötter, G., Beschwerde der niederländischen Städte über die Erhöhung des kurköln. Zolls auf der Lippe, 1559-60, in: Zeitschrift der Vereine für Orts- und Heimatkunde im Veste und Kreise Recklinghausen 7 (1897), S. 120-123.
Strotkötter, G., Das ehemalige Gildenwesen der Stadt Dorsten, in: Zeitschrift der Vereine für Orts- und Heimatkunde im Veste und Kreise Recklinghausen 3 (1893), S. 38-85.
Stubmann, Peter, Holland und sein deutsches Hinterland in ihrem gegenseitigen Warenverkehr (=Abhandlungen des staatswissenschaftlichen Seminars zu Jena, Bd.1, Heft 1), Jena 1901.
Stürmer, Michael, Handwerk und höfische Kultur, München 1982.
Swart, K.W., Holland's Bourgeoisie and the retarded industrialization of the Netherlands, in: Frederick Krantz u. Paul M. Hohenberg (Hrsg.), Failed Transitions to Modern Industrial Society: Renaissance Italy und Seventeenth Century Holland, Montreal 1975, S. 44-48.
Tille, Alexander, Zur Geschichte der Saarflößerei und Saarschiffahrt (=Südwestdeutsche Wirtschaftsfragen, Heft 7), Saarbrücken 1907.
Tveite, Stein, Engelsk-Norsk Trelasthandel 1640-1710, Bergen 1961.
Unger, Richard Watson, The Rise of the Dutch Shipbuilding Industry, ca. 1400 to ca. 1600, Ann Arbor 1971.
Unger, W.S., De Publikatie der Sonttabellen voltooid, in: Tijdschrift voor Geschiedenis 71 (1958), S. 147-205.
Unger, W.S., De Sonttabellen, in: Tijdschrift voor Geschiedenis 41 (1926), S. 137-155.
Unger, W.S., Trade through the Sound in the Seventeenth and Eighteenth Centuries, in: Economic History Review, 2nd series 12 (1959-60), S. 206-221.
Verhoeff, J.M., De oude Nederlandse maten en gewichten, Amsterdam 1983.
Verkade, Margaretha Adriana, De opkomst van de Zaanstreek, Utrecht 1952.
Vries, Jan de, Barges and Capitalism. Passenger transportation in the Dutch Economy (1632-1839), Utrecht 1981.

Vries, Jan de, The Decline and Rise of the Dutch Economy, 1675-1900, in: Gary Saxonhouse u. Gavin Wright (Hrsg.), Technique, Spirit and Form in the Making of the Modern Economies: Essays in Honor of William N. Parker, Greenwich/London 1984, S. 149-189.

Vries, Jan de, The Economy of Europe in an Age of Crisis, 1600-1750, Cambridge 1976.

Vries, Jan de, Holland: Commentary, in: Frederick Krantz u. Paul M. Hohenberg (Hrsg.), Failed Transitions to Modern Industrial Society: Renaissance Italy and Seventeenth Century Holland, Montreal 1975, S. 55-57.

Vries, Johann de, De economische achteruitgang der Republiek in de achtiende eeuw, Amsterdam 1959.

Vries, Joh. de, Het samenvattend beeld van de economische achteruitgang der republiek, in: P.W. Klein (Hrsg.), Van Stapelmarkt tot welvaartsstaat, Rotterdam 1970, S. 36-51.

Vries, Joh. de, De Statistiek van In- en Uitvoer van de Admiraliteit op de Maaze 1784-1793, Teil 1 in: Economisch-Historisch Jaarboek 29 (1963), S. 188-259, Teil 2 in: Economisch-Historisch Jaarboek 30 (1964), S. 236-307.

Wallerstein, Immanuel, The Modern World-System, 2 Bde., New York 1974/80.

Wallerstein, Immanuel, Aufstieg und künftiger Niedergang des kapitalistischen Weltsystems. Zur Grundlegung vergleichender Analyse, in: Dieter Senghaas (Hrsg.), Kapitalistische Weltökonomie. Kontroversen über ihren Ursprung und ihre Entwicklungsdynamik, Frankfurt/M. 1979, S. 31-67.

Walz, Rainer, Wirtschaft und Verkehr, in: Land im Mittelpunkt der Mächte. Die Herzogtümer Jülich-Kleve-Berg, Ausstellungskatalog Kleve 1984, S. 109-118.

Weinhardt, Bernhard, Das Flosswesen und der Holzhandel der Stadt Pforzheim, Diss. Heidelberg 1924.

Wiemer, Karl-Peter, Die Flößerei auf dem Mittel- und Niederrhein im 18. Jahrhundert, in: Hans-Walter Keweloh (Hrsg.), Auf den Spuren der Flößer. Wirtschafts- und Sozialgeschichte eines Gewerbes, Stuttgart 1988, S. 111-128.

Wilsdorf, Helmut, Holz, Erz, Salz. Das Transportproblem im Montanwesen, in: Ders. u.a., Bergbau, Wald, Flöße (=Freiberger Forschungshefte D 28), Berlin 1960, S. 7-183.

Wilson, C.H., The Economic Decline of the Netherlands, in: The Economic History Review 9 (1939), S. 111-127.

Wilson, Charles, Profit and Power, London 1957.

Wimmer, Emil, Mannheims Stellung im Nutzholzverkehr von 1800 bis 1905, Karlsruhe 1908.

Winter van, P.J., De Acte van Navigatie en de Vrede van Breda, in: Bijdragen voor de Geschiedenis der Nederlanden 4 (1949), S. 27-65.

Wolf, Eckart, Der Wald der Murgschifferschaft, in: Max Scheifele, Die Murgschifferschaft. Geschichte des Floßhandels, des Waldes und der Holzindustrie im Murgtal, Gernsbach 1988, S. 9-71.

Woude, A.M. van der, Demografische ontwikkeling van de Noordelijke Nederlanden 1500-1800, in: Algemene Geschiedenis der Nederlanden, Teil 5, Haarlem 1980, S. 102-168.

Woude, A.M. van der, Het Noorderkwartier, Utrecht 1983.

Wulz, Otto, Die Entwicklung des Nutzholzhandels in Württemberg, Diss. Freiburg 1928.

Zanden, J.L. van, De economie van Holland in de periode 1650-1805: groei of achteruitgang, in: Bijdragen en Mededelingen betreffende de Geschiedenis der Nederlanden 102 (1987), S. 562-609.

Zeiler, Wilhelm, Mannheins Handel im 17. und 18. Jahrhundert, Mannheim 1892.

Zorn, Wolfgang, Probleme der deutschen Gewerbe- und Handelsgeschichte 1650-1800, in: Otto Brunner u.a. (Hrsg.), Festschrift Hermann Aubin zum 80. Geburtstag, Wiesbaden 1965, S. 303-319.

Zuverlässige Beschreibung von dem Langholzflössen, wie solches in dem Herzogthum Würtemberg und zwar auf dem Enz- und Nagoldfluß betrieben wird, in: Johann Friedrich Stahl (Hrsg.), Oeconomisches Forst-Magazin, 8. Bd., Frankfurt/Leipzig 1766, S. 1-129 (siehe Stahl).

ANHANG

KARTELLVERTRAG RHEINISCHER HOLZHÄNDLER 1786[1]

Grundsätze der Textwiedergabe:
Die Originalschreibweise blieb unverändert, lediglich
- Groß- und Kleinschreibung wurden modernisiert,
- fehlende Satzzeichen am Satzende ergänzt,
- Abkürzungen in eckigen Klammern aufgelöst; im Zusammenhang mit Kompanie wurde ‚&' verwendet,
- Abkürzungen der Geldsorten Gulden und Pfennig vereinheitlicht auf ‚fl' und ‚Pfg'.

Begriffe, die sich nicht von selbst verstehen, werden in Anmerkungen erklärt, wobei restriktiv verfahren und nur solche Begriffe gewählt wurden, die nicht schon in der Darstellung erläutert sind; zu Orten und Personen vgl. das Register.

/ S. 13 / SOZIETÄTSKONTRACKT ZWISCHEN HERRN VON HAUSEN SAARGEMÜND, HERREN GEBRÜDER ZIEGLER IN FRANKFURT UND MIR GESCHLOSSEN DEN 14TEN 8BREN 1786

/ S. 15 / Nachdem die folgende Herren, als Herr Haussen von Remelfingen in Saargemünden, Herren Gebrüder Ziegler & Compagnie in Frankfurt und Herrn J[ohann] P[eter] J[ob] Nell sel[igen] Erben in Trier zusamen getretten sind, und beschlossen haben, daß zur Aufrechthaltung und Beförderung des holl[ändischen] Holzhandels unter ihnen Dreyen eine Gemeinschaft getroffen werde, welche nach Möglichkeit jenes Ziel ereiche, so haben sie sich mit reifer Überlegung auf folgende Art unter Hofnung göttlichen Segens verbunden.

1) Aller Einkauf vom Holz, so auf dem Rhein nach Holland geflözt wird, keiner Art und keine Sorte Holz, es habe Nahmen, wie es wolle, ausgenommen, soll vor gemeinschaftl[iche] Rechnung und zwar zu drey gleiche Theil unter vorgemelden Contrahenten geschehen, und zu dem Ende solle

2) auf gemeinschaftl[iche] Kosten und unter gemeinschaftl[iches] Gutfinden die zum Handel nötige Faktors angestellet werden, und sollen die Salairs und Meisterknechtslohn mit erstem November dieses Jahrs zu berechnen anfangen.

3) mit demjenigen Eichenholz, so jeder noch vorrätig hat, soll folgender maßen gehandelt werden.

1 LHA-Koblenz, Privatarchiv v. Nell 700,28(6), S. 13-49.

/ *S. 16* / a: Herr von Haussen cediret[2] nachstehendes Holz zur Gemeinschaft auf dem Mayn
alles Eichen und Forlen[3] Holz, was derselbe darauf hat, ganz ohne Ausnahm, und berechnet dafür der Compag[nie] folgende Preißen,
von den c[irc]a 100 Bäum, so aus dem Zeller Wald und unter der Lieferung von Jacob Schmid und Philip Hofmann zurück sind, und zu Schweinfurt und unter Wirzburg beykommen, fünf sechstel Pfennig .. 5/6 Pfg, ferner vor die von der Lieferung des Johann Martin von Brus noch zurückseyende c[irca] 30 Forlen franco am Wasser p[ro] Stück dreysig Gulden schreibe fl 30 -, alle übrige Partien Bäum, nebst dem dabey befindlichem Stückholz und Forlen nach dem wirklich kostende Preis, so daß H[err] Buchler davon der Compagnie den Ankauf, Stamgeld, Douanesgelder, Fuhrlohn, Reparatur des Geschirs, Macherlohn, Weeg und Platzgelde in s[umm]a alle darauf ergangene und noch kommende Unkosten zu berechnen hat,
ferner von jedem Stück zu Wagenschuß gespalten Holz, so bis dato durch Lieferanten geliefert ist, nebst dem wenigen, so noch auf die alte laufende Accorden empfangen werden muß, inclusive aller darauf gelaufenen Unkosten auch Plazgelder am Wasser, überhaupt frey ans Wasser geliefert, / *S. 17* / das Stück zu berechnen, wie § 16 zu ersehen, ad zwanzig Gulden schreibe fl 20.- exclusive der 7schüssig, so vor halbe Kh gehen müssen.
Zugleichen den Anteil des PAD[4] Holz, so Johannes Jacob aus dem Falkenburger Wald und der oberen Frankenweid zu lieferen hat, nach den mit diesem festgestellten Preißen, nicht weniger
das Holz PHD[5], so noch von He[rrn] Johannes Jacob in der oberen Frankenweid privat zu empfangen ist, nebst dem mit diesem getrofenen Accord über Knorren[6] beydes in Accords Preißen, und noch
die Knorren in dem Bitschen Wald, seyende circa -15693 5schüsige, -15965 4schüsige, -21543 3schüsige,
-10654 2 und 2 1/2 schüsige und soll von diesen franco an die Flozbäche geliefert bezahlt werden

von 104 fünfschü[sigen]	fl	16.-
von d[it]o viersch[üsigen]	fl	10 1/4
von d[it]o dreysch[üsigen]	fl	7 1/2
von d[it]o zwey 1/2 sch[üsigen]	fl	5.-

Herrn J[ohann] P[eter] Jo[b] Nell selig[en] Erben cediren ihren Anteil des vorgedachten PAD Holz bey H[errn] Joh[ann] Jacob nach befunden Preiß, so wie Herr von Haussen, ferner auf dem Rhein verschiedene mit H[errn] Bichon zur Hälfte habende, dermalen noch unzertrente Partien Eichen Holz, welche

2 Abtreten.
3 Föhre (Kiefer).
4 Holzzeichen v. Hausen/v. Nell.
5 Holzzeichen Peter v. Hausen.
6 Faßdaubenholz.

H[err] Nell seiner Zeit / *S. 18* / näher angeben, solche aparte zeichnen, übrigens aber damit handeln werden, wie § 12 näher gesagt wird.
Auf dem Hundsrück das Pferdsfelder, Winterburger, Nusbacher und noch einige hiezu gehörige Partyen, die H[err] Nell sel[iger] Erben ebenfals näher angeben werden, nicht weniger auf dem Mayn das Seligenstadter Holz.
Die H[errn] Gebrüder Ziegler & Co[mpanie] cediren der Compa[nie] alles Holz, so dieselben von H[errn] Rindeschwender zu empfangen haben, ausgenommen dessen, so derselbe deren selben bereits berechnet hat und dieses Jahr noch nicht abgeflözet worden,
ferner der Contract mit Herrn Bertram das Holz von H[errn] Joh[ann] Jacob im Eltwieler Wald, idem von diesem das Holz in der mitleren Frankenweid,
das Holz, so H[err] Peter Fisering zu lieferen hat, desgleichen das Holz vom Herrn Nicolaus Feigen und das Forbacher Holz, und endlich
circa 150 Stück zu Wagenschuß, so bey den Wolfacher Schiffern erkaufft sind,
b: Um keine Interessen gegen einander zu berechnen, ist man überein gekommen, daß H[errn] Nell se[ligen] Erben zwischen dato u[nd] medio November h[uius] a[nno] f 30000 und Herrn Geb[rüder] Ziegler und Compagnie fl 20000 / *S. 19* / in Abrechnung an Herrn Haussen zahlen sollen, ferner zahlen an Ebendenselben H[errn] Nell sel[igen] Erben fl 250.- und Hern Gebrüder Ziegler und Comp[anie] fl 1250.- statt Interessen
c: alles bis dato auf dem Neckar erkaufte Eichenholz bleibt dem Eigenthümer und aller Zeit auf daselbst cessiret von nun an bis zur näheren Entschließung, um so mehr, weil man Willens ist, sich desfalls mit Herrn Bichon zu arrangiren
d: im Fall noch einige Partien Eichenholz durch einen von uns auf ein oder dem anderen Plaz erkaufft wären, die oben nicht genannt, und noch nicht zertrennt sind, gehören solche ohne Ausnahme von nun an zu dieser Gemeinschaft, so auch alle mit Lieferanten abgeschlossene u[nd] noch laufende und nicht genannte Lieferungscontracten,
e: alle vorgenannte Preißen und Zahlungen verstehen sich in jetzt coursirenden Geldsorten in neuen Thlr zu fl 2 3/4.

4) Zu bevorstehende 1787 Flößerey hat ein jeder das ihm nötige Tannenholz sich selbsten anzuschafen und was ihm nach dieser 1787er Flözerey übrig seyn wird, bleibt auch noch einem jeden privat, jedoch mit dem Vorbehalt, daß ein jeder dermalen / *S. 20* / bey H[errn] Fauler u[nd] Murg Compagnie und H[errn] Vischer u[nd] Compag[nie] nur so wenig Tannenholz kaufen soll, als möglich, würde aber einer oder der andere genötiget, mehreres zu kauffen, als ihm nötig, soll derselbe davon, den anderen Theilhabern bald die Anzeige machen, und was derselbe an ganzen Bollern[7] zu Steinmauern oder ganzen Gefäller[8] von den Vischer und Compagnie zurücklassen will, bleibt zur Gemeinschaft, doch uns, wie gesagt, von keinem Boller u[nd] von keinem Gefäll im Jahr 1787 etwas von

7 Aus dem Wasser an Land gebrachtes und aufgestapeltes Langholz.
8 Einheit Langholz.

Steinmauren und von Manheim abgeflözet werden, oder widrigens bleibt der angebrochene Boller oder das angebrochene Gefäll dermaligen Käufer ganz, sobald ein oder das andere getrennt ist, dasjenige Forlenholz, so einen oder den anderen bey H[errn] Fauler und Murg C[ompanie] bereits erkauft hat, bleibt einem jeden privat, so wie auch dasjenige, was ein jeder bey dieser Compagnie zu den Bollern, so er a[nn]o 1787 zu seinem Eigenthum übernehmen wird, kauffen muß; dagegen bleibt dasjenige Forlenholz, so zu den Steinmaurer Tannenbollern gehöret, welche einer oder der andere daselbsten p[r]o 1788 vor die Gemeinschaft stehen lassen wird, ingleichen alles Forlenholz, so einer oder der andere bey den Herrn Vischer & Co[mpanie] wird kauffen müßen, vor die Gemeinschaft, und soll p[ro] a[nn]o 1788 zu Manheim auf gemeinsch[aftliche] Kosten ausgebollert werden. / *S. 21* / In der Folge aber soll man alles Tannen und Forlenholz, sowohl auf dem Mayn, Neckar, Murg u[nd] Kinzig für gemeinschaftl[iche] Rechnung erkauffen; zu dem Ende hat jeder jedes Jahr im Herbst anzugeben, wie viel Tannenholz ihm das nächste Jahr wird nötig seyn, wornach demnächst der Einkauf geschehen, und eingerichtet werden soll, da dann ein jeder seinen Theil seiner Zeit, durch eine möglichst gleiche Verloßung, es seye Boller, Gefäll oder stamweis, nachdem es am füglichsten geschehen kan, erhalten wird, und dabey im Auge gehalten werden soll, daß ein jeder des platen Tannenholz nach Verhältniß seines Bedürfnis an jedem Plaz so viel als der andere hat, und so viel möglich keinem in Ansehung des floten u[nd] senken, schwehren oder leichten Tannenholzes vorzüglichen Nuzen zugeben oder Schaden zu zufügen; und da das Forlenholz imer als Frachtholz nicht aber als zum Winst[9] anzusehen ist, so soll ein jeder davon gleichen Theil zu flözen verbunden seyn.

5) Alles private Fuhr- u[nd] Holzhauergeschir soll dem gemeinschaftl[ichen] Factor jedes Orts von jedem Contrahenten, nachdem er es entbehren kan, übergeben, sodann vom Faktor und unparteischen Sachverständigen abgeschäzt, und nach diesem Werth dem Cedenten von der Compag[nie] vergüdet werden;

6) So viel möglich soll in Anstellung der Meisterknechte und Holzhauer unparteisch gehandelt und solchen / *S. 22* / ohne Unterschied nach ihrer Fähigkeit zu den gemeinschaftl[iche] Geschäfte angestellet werden, um auch hierdurch unter uns den so höchst nötigen Frieden und Einigkeit zu befestigen.

7) Ein jeder unter uns widmet sich zu allen bey Einkäufen und so weiter vorkommenden Reißen, auf gemeinschaftliche Kosten, jedoch übernehmen insbesondere d[er] H[err] von Hausen die Besorgung auf den Bächen bis unter Sarbrücken, H[errn] Nell sel[igen] Erben von Sarbrüken hinunterwärts und auf der Sauer und Mosel bis Coblenz imgleichen von Maynz den Rhein hinunter

9 Gewinn.

auf dem Hundsrück und so weit man der Orten Holz zu kaufen gutfinden wird; die H[erren] Ziegler aber den Rhein von oben bis Maynz und was darauf vom Neckar und sonstigen Nebenwäßern beykommet, nebst den Mayn, und was gleichfalls darauf Nebenwäßer auswerfen können, dahero auch sämtliche Factors und Meisterknechte ausser der Verbindlichkeit einem jeden ihrer Principalen auf Verlangen von ihrer Verichtungen und Einkäufen Nachricht zu geben, besonders obliegen soll, demjenigen der Interessenten, der die Direction seines Districts auf sich hat, jedersamst Bericht zu geben und von ihm Befehle anzunehmen, und sollen alle Käufe, von nicht grosem Belang durch denjenigen, der die Direction des Districts hat, ohne die andern anzufragen, entschieden werden, wann nemlich vor der Hand die Preiße, so / *S. 23* / man zahlen will, gemeinschaftl[ich] festgestellet sind, was aber grösere und über 100 Stämm belaufende Käufe betrift, sofern es Zeit hat, darüber mit den Mitinteressenten zu correspondiren und Rath zu pflegen; darüber soll angefragt und die gemeinschaftliche Beynemigung abgewartet werden;

8) Alles soll durch die Mehrheit der Stimmen entschieden werden, so daß, wenn zwey der Sache wegen einig sind, der drite miteinwilligen müße, und da die Umstände des Handels überhaupt, besonders aber der Holzverkauf in Holland unumgänglich erfordert, unsere Vereinigung geheim zu halten, wenigstens nicht ruchbar werden zulassen, daß wir auch bey dem Verkauf in Holland vereiniget seyen, so verbinden wir uns als ehrliche Leute untereinander aufs stärkeste und kräftigste so viel an uns ist, diese Vereynigung geheim zu halten, und da so wohl um dieses zu bewerkstelligen als auch um zu unterscheiden, wer das Holz nach Holland zu flözen überkommen hat, erforderlich ist, unser bisheriges privat Holz Zeichen beyzubehalten: so soll zwar alles gemeinschaftl[iche] Holz mit dem Zeichen DVC[10] geschlagen, doch im Wald nicht anderst, denn mit V gerissen werden, so fort soll ein jeder, das zum Flözen übernehmende Holz alsbald beym Empfang mit seinem privat Holz Zeichen reissen, und welches aus dem / *S. 24* / V kan und soll gemacht werden; um aber auch bis dahin das jedem verbleibende particular Holz in Teuschland sowohl, als nachero in Holland von dem gemeinschaftl[iche] Holz zu unterscheiden: so wird der Herr von Haußen auf sein privates Eichenholz in Teuschland BK besonders reissen laßen, die H[erren] Geb[rüder] Ziegler & Co[mpanie] ZC[11] und die H[errn] Nell sel[igen] Erben ƆC[12].

9) Ist angenommen, daß H[err] Bayer in so weit beyzubehalten sye, daß derselbe von allem in den bamberg[ischen] Waldungen durch ihn vor uns, oder durch uns selbst geschehende Eichenholzkäufe auf die wirklich mit ihm schon ausgemachte Conditionen Provision haben solle, dagegen er allem Eichen Holländerholzhandel unter scharfer Verbindung entsagen muß; ferner

10 Ligatur V und C.
11 Ligatur Z und C.
12 Ligatur Ɔ und C.

10) soll H[err] Rindeschwender auf dem Rhein beybehalten werden; es sye als Lieferant oder auf ein zu bestimmendes jährliches Gehalt.

11) Da die Nell C[ompanie] Herrn Erben bereits mit Herrn Bichon auf die Flözerey für das Jahr 1787 accordirt haben: so verbleibt ihnen solche, und das weitere Arrangement mit H[errn] Bichon für 1788 und folgende Jahre wird man zum besten der Gesellschaft gemeinschaftlich einzurichten trachten.

12) Mit dem gemeinschaftl[ichen] Holz zwischen H[errn] Nell u[nd] Bichon bleibt es dann auch noch wie bey dem § 3., daß / *S. 25* / nemlich die unangebrochene Partien der Gemeinschaft gehören, und deßwillen aparte gezeichnet, so fort in Holland auch aparte gekoerelt[13], übrigens aber damit gehandelt werden soll, wie die H[errn] Nell seel[igen] Erben mit Herrn Bichon verstanden sind.

13) Wäre zu trachten, daß H[err] Böringer auch als gemeinsch[aftlicher] Factor auf dem Rhein angestellet werde.

14) Ist wegen dem Flözen festgestellet, daß der Mayn bis auf Maynz ober der Brüke, jedoch mit eingerechnet den Zoll, Uberschlag, und Kaufhausgeld zu Maynz für gemeinschaftliche Rechnung geflözet werden solle, desgleichen auf der Rhein und Neckar bis nach Manheim exclusive des Manheimer Zoll, und ebenfalls die Bäche, Saar, Sauer und Mosel, bis dahin, wo jeder sein Floz machet, jedoch so, daß der Koblenzer Zoll, wie auch alle unter Coblenz vorkommende Zölle derjenige entrichte, so das Holz nach Holland flözen wird, worüber weiteres ausgemacht worden, daß nemlich

a) wegen dem Flözen auf dem Mayn bis Kassel und auf dem Rhein u[nd] Neckar bis Manheim nochmehr untereden wolle, ob solches unter uns alterniren, oder vor den ganzen Lauf dieses Contracts unter uns als ohnabänderlich ausgetheilt werden soll, und da die Maynflözerey wahrscheinlich immer durch zwey besorget werden muß, so sollen die Pläze, wo das Holz ligt, unparteiisch u[nd] durch das Loos vertheilt werden, und keinem Theil durch beschwerlichere / *S. 26* / Pläze oder schwehreres Holz vor den anderen aufzuhalten; sollte auch mit der Zeit das Rhein u[nd] Neckar Flözen vor einem zu viel werden, da dieser zugleich das Tannenholz bis Manheim zu besorgen hat; so wird es mit der Vertheilung der Flozpläze gehalten, wie hir oben mit der Maynflözerey gesagt ist, betrefend

b) das Flozengeschir nemlich Nägel, Klamern und Zängelstangen[14], so viel man der zur Mayn u[nd] Rhein und Neckar Flözen bis Maynz und Manheim nötig haben wird, wird solches auf gemeinschaftl[iche] Kösten gegeben, und demje-

13 Gewählt, ausgesucht.
14 Dienen dem Zusammenbinden mehrerer Stämme auf dem Floß.

nigen, der das Holz nach Holland flözt, unentgeltlich belaßen werden, dergestalten daß zu Manheim und Maynz dieser nichts weiter der Gemeinschaft zu vergüten hat, als diejenige Zengeln u[nd] dasjenige Eißengeschir, so ihm bey Ankunft zu Manheim u[nd] Maynz loß übrig bleiben wird; alles zum Rhein, Mayn u[nd] Neckar Flözen erforderliche sonstige Geschir, als Kreichen[15], Seil, Anker, Witte[16] u.s.w. muß einjeder, der den Strom zu flözen hat, von dem seinigen an gehörigen Ort darstellen, doch soll die Vergütung des Flozengeschirs auf dem Rhein vor Seil und Anker noch näher bestimmet werden, und die Rheinstreichen[17] kauft einjeder gleichen Theil und werden zu Manheim jedem zurückgegeben.

c) Das Steinmaurer und Kinzigtannenholz und Forlen soll auch durch denjenigen, der das Rhein Eichen Holz / *S. 27* / flözt, vor gemeinschaftliche Rechnung bis Manheim besorgt werden, und soll man jedesmal verloßen, vor wem der Boller zuerst, der andere u[nd] der drite eingeworfen werden müße, welches so fort alterniret, und so muß es auch mit dem Abflözen gehalten werden, um keinen vor dem anderen zu beförderen; ja wo es möglich, müßen drey Boller zugleich eingeworfen und abgeflözet werden, und muß dem Rheinholzflözer so viel Tannenholz mehr gegeben werden, als ihm zu dem Eichenholz Flözen bis Manheim nötig seyn wird.

d) die Flözerey auf den Bächen u[nd] Saar soll durch den zum Einkauf anzustellenden Factor bis an den bestimmten Ablieferungsort besorget werden, Herr Nell sel[iger] Erben aber besorgen eben dahin die Flözerey unter der Saar nemlich Sauer und Mosel, alles wie oben gesagt, auf gemeinschaftl[iche] Kosten, es seye im Taglohn oder möglichen Befrachtung, daß auf dem Bach-Sauer u[nd] Mosel Holz befindliche Flozengeschir vom Eißen sowohl als Stengen, Witt u[nd] Streichen bekommt derjenige ohnentgeltlich, so dieses nach Holland flözen wird, und dasjenige, was er an Klamern zurückliefert, soll ihm aus gemeinschaftlicher Cassa zurückbezahlt werden; die bey der Bach und Saarflözerey erforderliche Seil werden gemeinschaftlich angeschaft und hierzu von einem jeden aus uns die bey ihm vorätige nach unparteyischer Abschäzung zur Gemeinschaft käuflich überlaßen; und was zu viel ist, wird unter / *S. 28* / uns getheilt, so daß einem jeden sein Dritheil zukommet.

e) Dasjenige Holz, so laut den § 3 ein oder dem anderen allein u[nd] eigen verbleibet, es seye wie es wolle, solches soll unter den gemeinschaftl[ichen] Holz bis Manheim, Maynz, u[nd] Andernach geflözet, und an ein oder den anderen Orte dem Eigenthümer gegen Vergütung des darauf fallend verhältniß-

15 Eiserne Klammern.

16 Wiede (?): biegsam gemachte Stämmchen, mit denen die Stämme eines Floßes zusammengehalten werden.

17 Ruder zur Steuerung der Rheinflöße.

masigen Flözerlohn abgeliefert werden, es seye denn, daß es der Eigenthümer für seine Rechnung selbst flözen wolle. Derjenige, so das Rheinholz flözet, hat auch das nemliche Jahr das Holz für den Herrn Bischon nach Manheim zu flözen.

15) Um auch im Flözen nach Holland so viel thunlich eine Gleichheit zu stellen: so soll das Bach, Saar, Sauer, und Mosel Holz, auch dasjenige, welches unter Maynz am Rhein gekauft würde, floz u[nd] looßweis vertheilt und dasjenige ergänzet werden, was Mayn, Rhein und Neckar nicht hergeben, auch soll bey dieser Vertheilung keine Parteylichkeit Plaz haben, u[nd] sollen die zu erst aus der Moßel komende Floßen sowohl als die lezt anlangende getheilt werden; indessen ist wegen der Mayn und Rhein, auch holländ[ische] Flözerey doch nur für das Jahr 1787 folgende Einrichtung getrofen worden. Es flözt der H[err] v. Hausen

a) sämtliches Mayn Holz bis Kassel exclusive / *S. 29* / des Selingenstadter Holzes, nimmt dazu sein darmaliges habende Tannenholz, so in c[irca] 180 St[ück] bestehet, ingleichen die gemeinschaftliche Forlen; was hieran zur Flözerey des sämtlichen Eichen Holzes bis Cassel abgehet, fourieren[18] H[err] Nell seel[igen] Erben H[errn] Geb[rüder] Ziegler u[nd] Comp[anie]. H[err] v. Hausen empfängt das Holz auf dem Land, wo es jetzo liget, von Bamberg bis Stadtprozelten, hat solches wie allzeyt üblig mit Zengeln u[nd] Geschir zu versehen, und übergibt selbiges zu Maynz ober der Brücke an die H[errn] Geb[rüder] Ziegler & Co[mpanie] u[nd] H[errn] Nell sel[igen] Erben jedem zur Hälfte zu weiterm Transport nach Dordt; so daß diese Zoll u[nd] Überschlag zu Maynz zu zahlen haben. Dem Herrn von Haussen aber soll von der Gemeinschaft folgende Fracht bis Cassel, einschlüßig alles Floßengeschirs, Beyschleifung u[nd] Einwurfkosten bezahlt werden, bleibende so fort, das auf den Flözen syende Geschir dem Übernehmer,

von jedem ganzen Baum von 30 u[nd] mehr Schuh fl 11.-
von jedem halben Baum von 21 bis 29 Schuh fl 5.-
jedes Stück zu WS[19] in Klöz u[nd] gespalten Holz nach der Art zu rechnen, wie § 16 sagt fl 4.-
von jeder Forle fl 5.-
Ferner zahlen die H[errn] Nell sel[iger] Erben u[nd] H[erren] Geb[rüder] Ziegler & Co[mpanie] an Herrn v. Hausen von jeder ihrer particulair Tannen von 60 und mehr Schuh fl 3.-
/ *S. 30* / von jedem Stumpen unter 60 Schuh fl 2.-
und wird einem jedem sein Tannenholz zu Kassel oder Ridesheim zurückgegeben,

18 Sammeln.
19 Unbekanntes Holzzeichen.

b) alles unter Stadt Prozelten aus Spessart beykomende Holz, davon die Fracht bis Kassel festgestellet ist, wie von den NVS[20] bezahlt worden, und überkomen dieses zum weiteren Transport nach Holland die H[errn] Geb[rüder] Ziegler & Co[mpanie],
c) sämtliches Saarholz PAD von Linz bis Dordt,
desgleichen bis Dordt,
d) das PHD Holz aus der oberen Frankenweid,
e) dann die Knorren aus den Bitscher Wald nebst dem von H[errn] Joh[ann] Jacob, jedoch mit Vorbehalt, falls sein Floß die nicht laden könnte, solche zu Schif oder auf anderen Flözen vor gemeinsch[aft]l[iche] Rechnung nach Dordt verfrachten zu dörfen;

ferner flözen die H[errn] Nell sel[igen] Erben, von den Flözen wo das Holz liget bis nach Dordt
a) das mit H[errn] Bichon habende zur Gemeinschaft gehörende Eichenholz auf dem Rhein, dafür für Fracht bis Manheim inclus[ive] aller Unkösten von samtlichen vierkanten Holz,
vom Selzer Holzplaz 1/5 Pfg, mit Worten ein fünftel Pfennig
unter Selz 1/6 ein sechstel Pfennig,
vom Stück zu Wagenschuß gespalten Holz zu berechnen / *S. 31* / wie § 16 festgestellet ist,
vom Selzer Holzplaz drey Gulden, schreibe fl 3.-
unter Selz zwey Gulden fl 2.-
b) das Seligenstadter Holz, davon die Fracht bis Kassel wie von dem NVS Holz geschehen, bezahlt werden soll,
c) die Hälfte des durch den Herrn von Haussen aus dem Mayn komende gemeinschaftl[iche] Holz.

Endlich flözen die H[errn] Geb[rüder] Ziegler & Co[mpanie] bis Dordt
a) sämtliches Holz vom H[errn] Rindeschwender, davon ihnen von allen vierkanten Holz bezahlt werden soll
von ober Steinmauern bis Manheim ein fünftel Pfg 1/5 Pfg
von Steimauern u[nd] darunter ein sechstel Pfenning 1/6 Pfg
vom Stück zu Wagenschuß gespalten Holz ober Steinmauern drey Gulden fl 3.-
von Steinmauern und darunter zwey Gulden fl 2.-
b) sämtliches Holz von H[errn] Bertram u[nd] den Wolfacher Schifern, dafür von jedem Stück zu WS, sowohl in Klöz als gespalten Holz zu berechnen, wie § 16 ersichtlich vier Gulden fl 4.-
c) vor Andernach bis Dordt das unter ihrem Zeichen von der Saar komende Holz,
d) die Hälfte des Maynholz, wie H[err] Nell sub Lit[er]a b; sämtliche Frachten

20 Ligatur NVS; unbekanntes Holzzeichen.

bis Kassel und Manheim sind in Neuenthlr ad fl 2 3/4 zubezahlen, / *S. 32* / die fernere Frachten bis Dordt folgens § 17.

16) Das Flözen von gedachten Pläzen, Maynz, Manheim, u[nd] wo ein jeder unter Koblenz sein Floz fertig machen wird, anzurechnen hat ein jeder für seine eigene Rechnung zubesorgen, und die hiezu benötigte Gelder aus dem seinigen zu nehmen, dergestalten daß ein jeder von uns von da an, als Frachtflözer anzusehen ist, und wann die Größe der Flozen unter uns festgestellt seyn wird, die Ladung desselben und alle dahin gehende Einrichtungen nach seinen eigenen Gutdünken u[nd] besten Wissen und Willen veranstalten mag - vor Ausbollern und Widereinwerfen des jedem nach Verfertigung seiner Flozen übrigbleibenden Holz solle aus der Gemeinschaft folgendes gezahlt werden:
Von jedem Baum von 20 Zoll dick u[nd] 30 Schuh auch dickere u[nd] längere einen Gulden dreyzig Kreuzer schreibe fl 1.30 kr
selbe Bäum u[nd] halbe Ruthen von 21 bis 29 Schuh einen Gulden zwölf Kreuzer fl 1.12 kr
von jeder Ruth von 30 Schuh u[nd] länger ohne Unterschied der Dicke einen Gulden fl 1.-
von jedem St[ück] zu WS in Klözen von 14 bis 20 Schuh zwanzig vier Kreuzer fl -.24 kr
die PHK[21] von 10 bis 13 Schuh die KHK[22] von 8 u[nd] 9 - gerechnet, u[nd] ingleichen / *S. 33* / vom gespaltenen Holz vom WS vier u[nd] zwanzig Kreuzer fl -.24 kr
die 7schüssige vor Kh gerechnet
Tannenholz von 60 bis 70 Schuh u[nd] mehr ein Gulden fl 1.-
Dickbalken plate oder ronde bis an 60 Schuh 30 kr

17) Folgende von der Gemeinschaft zu zahlende Fracht Preiße sind angenommen worden

a) von allem 4 Kantenholz lang oder kurz und ohne Unterschied der Schwere von der Übernahm von und zwischen Manheim u[nd] Maynz bis Dordt 5/9 Pfg
sage fünfneuntel Pfenning[23]
von u[nd] zwischen Maynz u[nd] Koblenz 4/9 Pfg
sage vierneuntel Pfenning von Koblenz und unterhalb 1/3 Pfg
sage ein driteil Pfenning
b) von jedem Stück zu WS gespalten Holz sieben- schüsig vor Knaphölzer zu rechnen, auf nemliche Art von Manheim
bis Dordt neun Gulden schreibe fl 9.-

21 Ligatur H und K; unbekanntes Holzzeichen.
22 Ligatur H und K; unbekanntes Holzzeichen.
23 Randbemerkung: abgeändert 1791 auf 1/6 mehr als die Andernacher Fracht oder 1/2 Pfg.

von Maynz acht Gulden fl 8.-
von Koblenz sechs Gulden fl 6.-
c) von den platen 60er, 70er u[nd] längeren Tannen und Meßbalken ohne Unterschied acht Gulden fl 8.-
Dickbalken auch ohne Unterschied vier Gulden fl 4.-
ronde Dickbalken auch ohne Unterschied vier Gulden fl 4.-
d) ronde Tannen von Maynz ohne Unterschied der Schwehre 60 Sch[uh] u[nd] länger acht Gulden fl 8.-
45er u[nd] 50er ronde oder Stumpen fünf Gulden fl 5.-
/ *S. 34* / e) von Knorren von gewöhnlichen Maas von Koblenz an von den 5schüsige p[ro] 122 dreyzehn Gulden fl 13.-
von den 4 — d[it]o elf Gulden fl 11.-
von den 3 — d[it]o neun Gulden fl 9.-
von den 2-2 1/2 d[it]o sieben Gulden fl 7.-
f) von Forlen von Manheim von 60 Schuhen und länger ohne Unterschied neun Gulden fl 9.-
von 40er u[nd] 50er drey Gulden fl 3.-
von Maynz aber von Forlen von 60 Schuh und länger acht Gulden fl 8.-
g) sollten Knorren auf dem Rhein oder Mayn erkauft oder auch schwehrer als gewönlich von zwey Zoll gemacht werden, so wird man sich der Fracht wegen untereinander nach Masgab der Holzfracht Preißen verstehen, auch im Fall eine Sorte oder ein Ort, so hier nicht benennet ist, vorkomen wird, so soll darüber ein näheres miteinander abgesprochen werden.
h) Sobald in Holland eine Fracht Rechnung abgegeben wird, so soll ein jeder an seine Behörde seinen Anteil vergüten oder anweißen.
die Frachten von Mayn bis Cassel und von oberen Rhein bis Manheim werden bey Ankunft des Holzes nach eingegebener Rechnung bezahlt, doch dieses Jahr nur für das Jahr 1787.
i) Alle holl[ändische] Fracht Preisen sind holl[ändisches] Corrent.
/ *S. 35* / k) Über diese ausgesagte holländische Fracht Preißen sollen noch aufs ganze zehn Procent 10 p[ro]c[ento] augmentation gerechnet u[nd] bezahlt werden.
l) Zum gemeinschaftl[ichen] Holz in Holland zu Koppellen gibt jeder für seinen Anteil Tannenholz.

18) Soll das Holz so nach Holland gebracht wird, und zu Dordt verkauft werden muß, alles dem Herrn Boonen van Eysden & Co[mpanie] zum Verkauf in Comission gegeben werden, dergestalten, daß die H[erren] Boonen van Eysden & Co[mpanie] zwar nur demjenigen von dem sie das Holz empfangen haben, verantworten sollen und nur mit diesem des Verkaufs wegen zu tractiren haben, dennoch seiner Zeit aber jedem den Verkauf avisiren, ihm Rechnung darüber geben, so fort einem jeden Theil das netto provenie[24] in Rechnung gut schreiben

24 Gewinnanteil.

sollen, auch soll ein jeder insbesondere bey den Heren Boonen van Eysden & Co[mpanie] über sein Guthaben disponiren müßen; dasjenige Holz, so zum Verkauf nach Saardam gehen muß, solches soll d[ie] H[erren] A. van Brock, Ca. van Brock u[nd] Zoon zum Verkauf unter nemlichen Bedingnißen wie d[ie] H[erren] Boonen van Eysden & Co[mpanie] in Commission gegeben werden, falls diese sich schriftlich verbindlich machen wollen, insolang solche unser Geschäft zu besorgen haben, sich in kein Stückholz /*S. 36*/ Handel einzulassen, oder sich bey einer dergleichen Sägerey weder direct noch indirect zu interessiren und wozu d[ie] H[erren] Ziegler & Co[mpanie] die Herrn van Brock engagieren sollen.

19) Alle zum Einkauf und forthin zum gemeinschaftl[ichen] oberländer Flözen erforderliche Gelder hat ein jeder zum dritheil auf die erste Ansummung herzuschiessen.

20) Allem privat Vortheil ausser bey dem Flözen nach Holland wird von uns auf das kräftigste und verbindlichste entsaget.

21) Alle bey der Flözerey sowohl auf dem Rhein als Mayn erforderliche Sägwaar zu den Hütten, oder soviel jeder nehmen will, bleibt für seine eigene Rechnung u[nd] Willkühr, doch wird bestimmt, daß keine auf seinem Floz mehr, dann 2000 Bord oder Schleifdiel[25] loß mit nach Holland nehmen darf, um das Laden des gemeinschaftl[ichen] Holzes dadurch im mindesten nicht zu verhinderen.

22) Sollte, das Gott verhüte, einer oder der andere überwinteren müssen, so bezahlt die Societaet das Ausbollern u[nd] Einwerfen, wie der § 16 solches bestimmt, und im Fall, daß ein oder anderer von uns mit seinem Floz überwinteren müste, so soll es bey demselben alleinig stehen, ob er sich auf /*S. 37*/ das folgende Jahr mit diesem Winterfloz allein begnügen oder aber noch dabey ein neues Floz machen und also z.B. 2 Flozen nach Holland führen wolle, worüber sich derselbe jedoch declariren u[nd] engagiren muß, so bald er resolvirt zu überwinteren, um den Holz Einkauf als dessen Beyfuhr darnach zu reguliren.

23) Solang sich der Handel in Holland nicht verbessert so hat man sich verabredet, daß jährlich nicht mehr dann drey Flözen durch uns, das ist, von jedem eins solle gemacht werden, und zwar nicht größer als 70 u[nd] 40 jedes und drey kny (:hiervon wird die Flözerey von 1787 ausgenommen, weil jedem frey stehet, zwar nur ein Floz zumachen, doch so gros als er will:) so daß man dadurch jährlich nicht mehr Holz nach Holland bringen wolle, als daß solches im ganzen in Holland circa acht bis neunmal hundert tausend Gulden werth seyn solle; blibe so fort über diese drey Flozen dennoch vieles Holz zum flözen

25 Bretter.

übrig und es würde gemeinschaftl[ich] im Herbst vorher beschlossen, ein oder mehr Flozen weiter zumachen, so soll das Loos entscheiden, wie man sich vor die mehr zu machende Flozen in der Reihenfolge wird, und hat man sich bey dieser Einrichtung verbindlich gemacht in unserm gemeinschaftlichen Geschäfte / *S. 38* / im ganzen 10 bis 1.200.000 fl holländisch, das ist für jedem Theilhaber circa 400000 Gulden holl[ändisch] aber auch nicht mehr u[nd] zwar mit Einbegrif der holländ[ischen] Flozenkösten rouliren zu lassen, und dessfalls solche Einrichtung mit dem Holzeinkauf zu trefen, damit diese s[umm]a nie vergrößert werde. Es seye denn, daß wir zur Beförderung unseres Interesse andres Sinnes würden, und alle drey zur Vergrößerung unseres Geschäfts resolvirten; dergestalten daß, jedoch in diesem Punkt alleinig nicht die in § 8 festgestellte Mehrheit der Stimmen, sondern die Genehmigung eines jedes Contrahenten decidiren solle, also, daß wenn es auch zwey eins wären, die Geschäften zu vergrößeren und mehrere Gelder darin verwenden zu wollen, der drite aber bey dem bestimmten Capital von fl 1200000 bleiben will, die beyde andere sich dieses müßen gefallen lassen, denn wie gesagt, nichts als unanime[26] Bewilligung soll imstande seyn, diesen Punkt, nemlich die Vergrößerung des Capitals von fl 1200000 zu veränderen.

24) Dieser Contract soll mit Unterschrift dieses in Ansehung des Holzeinkaufs den Anfang nehmen / *S. 39* / und befolget werden, jedoch soll das Jahr 1787 als das erste Contract Jahr gerechnet, so fort dieser zehn Jahre nach einander unverbrüchlich gehalten werden, also daß 1787 das erstemal und 1796 das leztemal geflozt werden solle, und die Aufkündigung eines jeden nicht länger dabey verbleibenden Theils uns zwey Jahre vor der Beendigung also mit Anfang des 1795ten Jahrs geschehen, widrigens bey nicht geschehenen Aufkündigung soll dieser Contract stillschweigend immer auf zwey Jahre verlängert seyn damit man auf diese weis Zeit hat, die Sache ordentlich auseinander zu bringen u[nd] zu beendigen;

25) Dennoch soll es auch jedem Theil freystehen vor Verlauf der zehn convenirten Jahren aus der Compagnie zu gehen, nachdem zwey Jahre vorher die schriftliche Aufkündigung geschehen seyn wird, und verhält es sich in diesem Fall mit ihm, wie § 27 im Fall des Absterbens gesagt wird, mit dem Zusaz aber noch, daß derselbe wenigstens sechs Jahre nach dem wirklichen Austrit also 8 Jahre nach geschehener schriftlichen Aufkündigung sich allen Rechtes Holz direct oder indirect nach Holland zu bringen verlustig macht, auch keiner Errichtung einer neuen Flözerey im mindesten behülflich / *S. 40* / zu seyn, sich zu Schulden kommen laße, noch jemand Fremdes an seine Stelle zu diesen Societäts Handel aufdringen darf, bey Strafe von sechstausend Ducaten, in jedem fehlenden Fall, welches die anderen unter sich zu theilen haben.

26 Einmütig.

26) Wenn einer während den Lauf dieses Contracts aus der Geselschaft gehet, und folglich vermög den 25. § allem holl[ändischen] Holz Handel gänzlich entsaget, die übrige zwey Theilhaber aber den Handel fortführen wollen: so sind diese verbunden, jenes Austretender Flozengeschir nach vorheriger unparteyischer, der Zeit gemäßen Abschäzung, käuflich zu übernehmen und solches in zwey Jahren nach dem Tag der Übergebung des Geschirs, jedoch ohne Vergütung einiger Interessen, zu bezahlen, im Fall aber während dem Lauf der zwey Jahren, nach welchen das Geschir bezahlt werden soll, die im Geschäfte Bleibende in einem Jahr drey Flozen machten, so müßen solche dem Cedenten jenes erwähnten Geschirs, überhaupt vier Procent über die Abschäzung zahlen, und falls so fort einer der zwey im Handel Bleibenden auch noch das Geschäft aufgeben wollte, so ist dieser Aufhörende an den 25. § */ S. 41 /* auch verbunden; wegen diesem 26. § die Übernahm des Geschirs betrefend aber haben Beyde sich als dann nach ihren Gutfinden zu verstehen, und ist der demnächst von uns allein Fortflözende keineswegs verbunden, des besagten oder der zweyten aufhörenden Geschir zu übernehmen, wenn es nicht sein freier Wille ist, im welchen Fall dagegen mehr erwähnter zweyter Aufhörende freie Hand hat, sein Geschir zu verkauffen, wohin er will, nemlich falls es der so fort allein Bleibende nach unparteyischer Taxation nicht übernehmen wollte, als wozu derselbe vor allen anderen den Vorzug haben soll.

27) Sollte der Tod vor Ende dieses Contracts uns trennen, so Gott verhüte, so sollen unsere Erben verbunden seyn, noch zwey Jahre nach den Sterbetag an diesem Contract zu pacticipiren, folglich auch noch zwey Jahre zu flözen, wozu nicht zu rechnen das Jahr, inwelchem einer stirbt, es seye dann das der Tod im January erfolgte, in besagter Zeit sollen dann die Bleibende den Handel zu Ende bringen, u[nd] alles Holz, so nach der Aufkündigung oder nach den Absterben erkaufft wird, ist für der Bleibenden Rechnung, es seye denn, daß schon vorhero desfalls einige Contracten od[er] Verbindungen eingegangen wären, von */ S. 42 /*welchen man nicht zurückgehen kan; indessen soll es auch den Erben ganz unbenommen bleiben, um an diesen Contract bis zu Ende desselben so wie ihr Erblasser zu participiren, nur mit dem ausdrücklichen Vorbehalt, daß, falls sie nicht selbsten dem gemeinschaftl[ichen] Handel vorstehen und solchen dirigiren wollen und können, wie solches von ihrem Erblasser geschehen ist, dieselbe alsdann in des Erblassers Stelle einen der beyden Mitinteressenten convenirenden Mitarbeiter auf ihre Kosten zu bestellen haben; doch müssen die Erben sich sechs Monath nach erfolgten Todt ihres Erblassers declariren, ob sie diesen gemeinschaftl[ichen] Handel fortsezen wollen, oder nicht, und im Fall diese nicht mitforthandlen wollen, cepiret auch ihr Anteil an allen nach den Sterbtag ihres Erblassers geschehenen Käufen, wie eingangs dieses § gesaget, und nur diejenige Käufe, worüber man vor den Todt ihres Erblassers contractireten oder Verbindlichkeiten eingegangen hatte, sind mit für ihre Rechnung;

28) Als die Bleibende den Handel fortsezen, können selbige das von dem Verstorbenen übrig seyende Holz käuflich übernehmen oder, wenn man sich des / *S. 43* / Preises wegen nicht verstehen kann, so muß das Holz um die in diesem Contract bestimmte Fracht von denen Zurückbleibenden auch nach den Aufkündigungsjahren nach Holland geflözt werden.

29) Nach erfolgten Austritt oder Absterben hat der ausgetrettene Theil oder dessen Erben wegen dem ihnen gehörigen Antheil an dem übrig seyenden Holz zwar von der Compagnie Rechenschaft zu fordern, doch auf keine andere Art, als wie bis daher unter uns üblich ware, u[nd] für sein an den Verkauf heraus kommendes Quantum an die in Holland aufgestellte Commissionairs sich zu halten, und den Verkauf selbst muß ohne Rücksicht auf seinen Austrit nach der Zeit Umständen geschehen, u[nd] darf seinetwegen weder übereilt, noch verzögert werden.

30) Soll man von niemand Frachtholz annehmen ohne der Mitinteressirten Wissen u[nd] Willen und wird hiebey expr[essus] conditionirt, daß man mit denjenigen Freunden von Sarbrüken, so bishero Holz in Fracht nach Holland sandten, zu tractiren suchen wolle, um deren Holz in Fracht nach Holland zu flözen, und um deren Vertheilung man sich so fort näher unpartyisch verstehen wird, und nicht weniger will man suchen auch dem / *S. 44* / Herrn von Reiningen seinen Vorath Holz nach Holland zu flözen, und ist wegen allem in Fracht anzunehmenden Holz als ein ohnabänderliches Bedingnis festgestellt, kein Holz anderst in Fracht anzunehmen, denn daß sich der Eigenthümer engagirt, solches denen Herrn Boonen van Eysden & Co[mpanie] gegen gewöhnliche Provision zum Verkauf zugeben u[nd] in Comission zulaßen.

31) Verbinden wir uns keinen von des anderen Floßknechten unter was Nahmen es immer geschehen möge, als Knecht anzunehmen, wenn solcher auch sogar verabschiedet wäre.

32) Sollte gegen Verhoffen über ein oder den anderen Artikel in diesem Contract Uneinigkeit und einiger Zweifel unter uns entstehen, oder man über die Auslegung desselben nicht einig seyn, oder sonstige nicht verhoffende und nicht voraussehen könnende Unannehmlichkeiten u[nd] Disputen kommen, so wollen wir die Sache an drey unparteyische Kaufleute deren jeder von uns einen zu wählen hat, welcher jedoch mit keinem von uns in Verbindung stehen darf, übergeben, und bekennen hiermit deren Aussprache für gültig u[nd] entscheidend; falls diese drey Kaufleute der Sache nicht einig würden, so sollen solche nach ihren Gutfinden einen vierten Kaufmann / *S. 45* / zu sich nehmen, und dessen Aussage und Bestimmung wir hiermit u[nd] von nun an, alle Zeit, vor so gültig und entscheidend erklähren und bekennen, als ob solche von dem höchsten Richteramt gesprochen wäre; wie wir dann uns dessfalls alles Rechtes

begeben haben wollen, gegen dieser drey oder des vierten Kaufmanns Aussprache bey einem Richteramt Hülfe zu suchen, noch dagegen procediren zu wollen; ja es soll uns gegen eine solche Aussprache keine rechtliche Wohlthat wie solche auch Nahmen haben mag, selbst die Ausflucht nicht, daß ein oder über die Hälfte dadurch verkürzet seyen, zustatten kommen noch schüzen können, und falls dennoch einer sich beykommen lassen wollte, der von drey oder den vierten geschehene Aussprache sich nicht zu unterwerfen, und dagegen richterliche Hülfe zu suchen, soll dieser bey jedem appellirenden Fall verbunden seyn, dem oder denen mit dem Ausspruch der vier Arbiter[27] zufridenen Theil oder Theile eintausend Ducaten Strafe zubezahlen; die aufzustellende 3 oder 4 ausserrechtliche Schiedsrichter müßen, wenn die Streitsache bezug auf den holländ[ischen] Verkauf oder dahin einschlagende Dinge, auch das Flozen selbst hat, in Dordt ausgewählet, */ S. 46 /* und entschieden werden; betrift sie aber Dinge, so den Handel in Teuschland angehen: so sollen hirzu die Schiedsrichter in Frankfurt zu bestellen seyn.

33) Obschon § 2 gesagt ist, daß der Lohn der Meisterknechten erst mit primo November hujus anni anfangen sollte: so sind dennoch nur darunter des Herrn von Hausens Meisterknechte auf dem Mayn zu verstehen, maßen deren Lohn bis dahin, so wie des Herrn Buchlers sein Salaire unter den Preis ad fl 20.- vom Stückholz mit in Anschlag gekommen ist; der übrigen Meisterknechte oder Factors Lohn und Zehrungskösten solange solche an dem der Compagnie cedirten Holze gearbeitet haben, wäre auf Rechnung zu bringen.

In Bekräftigung alles dieses gegenwärtigen ist dieser Contract intripto ausgefertiget, und entsagen wir dabey allen Entschuldigungen und Ausflüchten, daß die Sache übereilet und anderst geschriben als verabredet seye, oder ein oder anderer dabey benachteiliget wäre, und aller in und ausser Rechten uns zustatten kommen könnenden Freyheiten und Beneficien, wie solche auch Nahmen haben u[nd] erdacht werden mögten, */ S. 47 /* maßen alles wohl edächtlich, nach reifer Überlegung, sonder Arglist und Gefährde, verabredet und nidergeschriben worden, und wir zu dessen Versicherung gegenwärtiges unterschrieben und besiegelen, auch jedem ein Exemplar zu Handen stellen; so geschehen Sargemünden den 14. October 1786.

Unterschriften von

v. Hausen de Remelfingen
Gebrüder Ziegler & Co[mpanie]
J[ohann] P[eter] Job Nell seel[igen] Erben

27 Schiedsleute.

Nachschrift

Nachdem Herr Hausen von Remelfingen seinen Holz und Flozhandel an Herrn */ S. 48 /* von Weidesheim Herrn Michel Jacobi und Herrn Franz Entto Sohn übergeben hat, und diese gemeinschaftlich auf ihre eigene Gefahr und Obligen unter der Firma von Michel Jacobi & Compagnie dieses Geschäft fortsetzen werden; wodurch sie mit Anfang dieses Jahres in der Stelle des Herrn Hausen von Remelfingen an vorliegenden Contract participieren sollen, und die Herren J[ohann] P[eter] Job Nell sel[igen] Erben und Herren Gebrüder Ziegler & Comp[anie] auch mit dieser Abänderung vollkommen zufrieden sind: als wird solches durch unsere allerseitige Unterschrift des gegenwärtigen hiermit anerkannt; und so wie Herr von Hausen von Remelfingen aller Ansprüchen, so derselbe auf vorliegenden Contract hat : excepte das noch in Holland unverkauft liegende Holz : förmlich entsaget, so übernehmen dagegen in dessen Stelle obige Herren von Weidesheim, Herr Jacobi und Herr Entto unter der Firma von Michel Jacobi und Compagnie allen Obligo wodurch Herr Hausen von Remelfingen an diesen Contract verbunden war, und verbinden sich zu dessen Erfüllung. Die Herren Nell sel[igen] Erben und Herren Gebrüder Ziegler & Comp[anie] bleiben hinwiederum gegen die Herren M[ichel] Jacobi und Comp[anie] in dem ganzen Inhalt des vorliegenden Contracts so verbunden, wie sie es gegen Herrn Hausen von Remelfingen gewesen sind. */ S. 49 /* Zu Festhaltung und Bestättigung alles Vorstehenden haben wir uns wiederum allerseitig eigenhändig in den von jedem Theil besitzenden Exemplarinn unterschrieben.

Saargemünd den 11. Februari 1791

Unterschriften von

Hausen d[e] Weidesheim
Hausen de Remelfingen
Vor sich und H[errn] Franz Cetto Michel Jacobi
Gebrüder Ziegler & Comp[anie]
J[ohann] P[eter] Job Nell seel[igen] Erben

STATISTIKEN AUS DEN DORDRECHTER AUKTIONSPROTOKOLLEN (GA-Dordrecht 3852-3860)

Erläuterungen zu den Rubriken:

- Kuppeln sind die Versteigerungseinheiten,
- Wert ist errechnet aus Einzelpreis und Stückzahl,
- Stück bezeichnet die Zahl der versteigerten Stämme,
- Preis-$\bar{x}$ ist der arithmetische Mittelpreis,
- Min-Preis bezeichnet den niedrigsten Preis,
- Max-Preis bezeichnet den höchsten Preis,
- s bezeichnet die Standardabweichung.

Jahre, in denen für einzelne Sorten keine Versteigerungen stattfanden, sind nicht besonders ausgewiesen.

EICHENBALKEN

Jahr	Kuppeln	Wert	Stück	Preis-x̄	Min-Preis	Max-Preis	s
1723	48	8978	272	34.38	14.00	63.00	8.82
1724	56	10913	322	33.85	22.25	44.00	5.21
1725	19	3648	102	34.89	19.00	64.00	10.65
1726	70	18805	491	39.59	18.00	67.00	8.00
1727	8	2292	122	20.13	15.00	29.00	4.89
1729	5	3143	89	34.90	3.00	37.00	1.67
1731	5	649	30	25.00	13.00	42.00	10.89
1732	16	6864	202	32.81	20.25	45.25	8.19
1733	28	9478	275	37.41	11.00	67.00	13.93
1744	81	32010	498	69.77	31.25	140.00	21.11
1745	214	9245	1747	43.66	9.75	170.00	16.98
1746	129	43505	1049	47.16	5.45	108.00	19.94
1747	121	36605	831	49.44	18.50	140.00	22.14
1748	88	34392	672	53.80	35.00	99.75	13.47
1749	42	17169	305	59.46	22.50	132.00	22.17
1750	65	25102	418	67.36	34.75	139.00	22.98
1751	54	22466	362	69.18	28.00	170.00	31.11
1752	19	9113	191	48.63	34.50	72.00	7.83
1753	47	19788	332	62.46	25.00	103.00	17.58
1754	83	39491	798	50.86	27.50	85.00	13.19
1755	85	38384	903	43.28	23.75	105.00	11.67
1756	94	41478	906	48.67	24.25	130.00	16.13
1757	77	35533	1071	39.57	17.50	94.00	19.81
1758	2	1103	30	36.75	35.50	38.00	1.77
1759	9	5242	120	47.08	25.25	72.00	15.39
1760	8	4593	94	49.69	39.00	62.00	9.56
1761	46	33840	545	76.00	24.00	230.00	47.78
1762	68	49494	783	79.28	33.00	270.00	47.70
1763	134	93105	2029	47.58	19.00	150.00	17.26
1764	105	58377	1395	44.18	14.00	120.00	18.34
1765	69	43611	703	75.43	17.75	195.00	37.47
1766	49	34852	594	65.99	20.00	140.00	28.32
1767	107	88700	1566	62.93	31.00	190.00	28.22
1768	101	72641	1246	66.78	19.50	300.00	41.15
1769	132	77076	1436	66.06	22.00	385.00	54.98
1770	138	92328	1725	61.19	3.25	156.00	24.25
1771	143	108020	1817	64.63	20.50	195.00	24.84
1772	129	93118	1572	67.27	35.00	187.00	27.26
1773	132	89627	1559	60.13	9.00	135.00	17.74
1774	96	59868	1029	65.29	27.00	180.00	27.42
1775	128	82029	1369	64.03	30.00	160.00	23.90
1776	143	87326	1868	49.93	23.00	140.00	20.71
1777	164	103051	1873	60.50	6.00	185.00	25.44
1778	224	160379	2750	62.55	26.00	180.00	25.20
1779	105	95257	1216	84.27	30.00	280.00	36.35
1780	171	162438	2148	80.27	30.50	350.00	42.36

1781	176	187011	2036	103.41	26.00	400.00	63.53
1782	266	227289	3572	68.36	20.00	320.00	37.65
1783	215	162818	2781	63.42	12.75	250.00	31.39
1784	339	271859	4264	67.52	28.00	210.00	26.00
1785	166	123663	2050	64.16	9.00	170.00	25.32
1786	143	102504	1637	68.34	31.00	200.00	27.78
1787	93	55285	991	63.25	27.25	300.00	31.91
1788	113	68845	1209	63.10	8.50	140.00	22.24
1789	22	16886	249	81.59	26.00	179.00	41.13
1790	84	103565	922	121.99	43.00	310.00	52.87
1791	82	78744	936	93.73	31.00	350.00	49.19
1792	128	107205	1457	79.88	29.25	290.00	32.78
1793	98	94120	1127	85.87	34.00	165.00	28.91
1794	110	106484	1162	96.11	51.00	220.00	31.75
1795	36	31727	321	105.33	58.00	270.00	38.18
1796	80	126668	788	164.00	76.00	275.00	48.81
1797	9	5960	64	119.11	50.00	250.00	69.47

PFEIFHOLZ

Jahr	Kuppeln	Wert	Stück	Preis-x̄	Min-Preis	Max-Preis	s
1724	4	479	100	4.81	4.50	5.50	0.47
1726	6	302	45	6.73	6.50	7.00	0.32
1729	14	1242	315	3.71	3.00	7.25	1.51
1730	3	1114	157	7.00	6.25	7.75	0.75
1732	2	300	80	3.75	3.75	3.75	0.00
1744	69	17657	2587	6.75	4.00	10.75	1.32
1745	47	12459	1430	8.98	3.75	23.25	3.06
1746	30	6528	798	8.27	4.50	20.00	2.97
1747	53	13954	1426	10.11	3.75	18.50	3.75
1748	62	18232	2063	8.86	4.50	17.75	3.07
1749	126	32583	4302	7.67	3.50	11.75	1.31
1750	131	31134	4103	7.83	3.75	32.75	2.62
1751	78	21076	2662	8.07	4.00	19.00	2.29
1752	52	15394	1634	9.82	5.50	17.50	2.25
1753	74	23071	2430	9.62	6.00	13.75	1.61
1754	109	31754	3848	8.31	5.75	12.75	1.43
1755	102	27198	3687	7.42	4.00	15.50	1.16
1756	83	23793	3194	7.51	5.25	11.25	1.08
1757	95	27837	3408	8.42	5.25	17.50	2.62
1758	44	19195	1713	12.45	7.50	24.50	5.34
1759	68	26149	2456	10.85	8.00	16.00	1.64
1760	60	24583	2312	10.74	7.25	14.50	1.57
1761	97	42251	3746	11.57	4.25	19.25	2.56
1762	49	26938	2420	11.39	6.50	16.50	2.18
1763	53	25325	2783	9.25	5.50	14.50	2.27
1764	63	30985	3162	9.69	5.50	75.00	8.60
1765	51	33673	3009	11.12	7.75	30.00	3.12

1766	46	23301	2421	9.74	6.50	14.25	1.71
1767	49	23455	2739	8.60	6.50	13.25	1.35
1768	41	18968	2086	9.38	6.25	16.75	2.54
1769	43	19813	2197	9.20	6.50	16.00	1.76
1770	30	15899	1736	9.33	5.75	14.50	1.86
1771	31	16900	1693	10.15	6.75	13.00	1.65
1772	28	16011	1420	11.14	8.25	14.00	1.61
1773	41	20898	2046	10.25	7.00	16.00	2.22
1774	27	13384	1328	10.22	7.25	19.00	2.38
1775	48	22292	2501	8.95	5.25	12.00	1.86
1776	46	22381	2334	9.62	6.75	13.00	1.39
1777	52	24454	2550	9.72	6.00	30.00	3.55
1778	66	29672	3008	9.86	6.00	16.00	1.55
1779	82	34110	3465	10.13	5.50	18.50	2.47
1780	77	41005	3866	10.74	7.25	30.00	2.88
1781	43	22360	1919	11.59	6.50	16.25	2.13
1782	65	30044	2586	12.25	5.00	20.75	3.16
1783	37	18988	1767	11.32	4.50	29.00	4.46
1784	16	7915	689	12.94	4.25	30.00	6.42
1785	32	19474	1658	12.30	5.75	24.00	3.70
1786	51	27794	2333	12.07	7.50	20.00	2.85
1787	31	17845	1649	11.34	6.50	22.50	3.08
1788	61	35630	3270	10.99	5.00	20.00	2.69
1789	20	10824	1025	11.00	5.25	16.00	3.01
1790	40	23426	1918	12.36	8.00	24.00	3.09
1791	38	21678	1666	14.68	5.50	61.00	8.57
1792	30	20578	1572	13.82	6.00	33.75	5.48
1793	9	5134	452	11.61	8.00	18.00	3.08
1794	17	12199	718	16.97	15.00	20.00	1.26
1795	7	3593	267	14.57	9.50	23.00	4.59
1796	19	16093	895	17.79	11.00	25.00	3.26
1797	27	13877	944	14.91	8.00	31.00	4.66

FASSHOLZ

Jahr	Kuppeln	Wert	Stück	Preis-x̄	Min-Preis	Max-Preis	s
1726	15	456	133	3.42	2.25	5.00	0.77
1727	4	233	112	2.11	1.30	2.90	0.66
1729	21	1188	556	1.91	1.30	4.30	0.88
1730	14	3279	878	3.75	2.60	5.20	0.89
1733	3	591	126	4.69	4.50	5.00	0.28
1744	16	3599	836	4.08	2.50	5.00	0.89
1745	28	4584	903	5.05	3.50	6.25	0.62
1746	7	1287	225	5.71	5.25	7.25	0.68
1747	19	3160	631	5.21	2.50	7.25	1.58
1748	34	5989	1556	4.02	2.50	7.75	1.14
1749	60	10684	2729	4.03	1.60	7.00	1.08
1750	32	5419	1306	4.22	3.00	7.75	1.04

1751	29	5849	1251	5.28	2.50	21.00	4.06
1752	6	1393	339	4.06	3.25	5.25	0.70
1753	28	8945	1015	12.84	3.25	24.00	8.26
1754	24	5791	1025	5.65	2.25	9.50	1.66
1755	4	831	190	5.45	3.80	9.25	2.55
1756	20	4514	1090	4.25	3.00	6.50	0.97
1757	35	7800	1675	4.67	2.50	5.50	0.75
1758	44	9944	2130	4.68	3.50	6.75	0.76
1759	41	11306	1872	6.13	3.00	14.50	2.34
1760	34	7865	1659	4.59	3.25	7.75	1.18
1761	35	7995	1366	6.05	2.10	11.75	2.01
1762	12	5987	713	9.81	4.75	25.00	7.03
1763	23	6803	1428	5.05	2.25	9.50	2.28
1764	34	9666	1953	4.96	2.75	10.25	2.11
1765	20	13040	1447	8.74	5.25	15.50	2.39
1766	20	8985	1442	6.43	4.75	10.25	1.34
1767	18	7347	1349	5.36	4.25	7.00	0.85
1768	17	4268	839	5.37	4.00	9.75	1.82
1769	17	6307	1258	5.11	4.00	6.50	0.82
1770	14	5380	977	5.41	4.50	7.25	0.79
1771	34	9245	1858	5.15	3.50	7.25	0.88
1772	13	4215	814	5.52	4.00	8.00	1.43
1773	11	3371	551	5.83	3.10	8.00	1.38
1774	10	3471	562	6.10	4.25	7.50	0.89
1775	18	6014	974	6.11	4.25	7.75	0.85
1776	17	5149	795	6.53	5.00	8.00	0.91
1777	29	7852	1435	5.59	3.50	8.00	1.12
1778	31	10390	1668	6.19	4.50	7.00	0.65
1779	35	11398	1857	6.14	4.75	9.00	1.08
1780	21	6556	1080	6.12	4.75	8.00	0.88
1781	21	7790	1076	7.49	3.00	14.00	1.93
1782	28	4886	854	7.70	2.10	12.50	2.89
1783	5	1346	234	6.35	2.25	8.75	2.48
1785	3	1273	143	8.83	8.25	9.75	0.80
1786	15	7872	790	9.50	6.00	14.00	2.62
1787	8	3207	382	8.06	5.50	11.00	1.64
1788	32	18063	1950	9.00	7.00	12.50	1.61
1789	15	5671	658	8.65	6.25	13.00	2.06
1790	24	8931	1096	8.06	6.50	11.50	1.32
1791	14	8603	880	9.55	6.00	11.50	1.48
1792	18	7082	1021	7.51	2.25	10.75	3.05
1793	3	1615	179	9.08	8.75	9.50	0.38
1794	17	7717	803	9.59	7.75	10.75	0.87
1795	15	6902	736	9.05	7.00	13.00	1.38
1796	27	15849	1552	9.71	7.50	13.50	1.71
1797	13	5022	556	9.06	6.50	10.75	1.30

WAGENSCHOSS

Jahr	Kuppeln	Wert	Stück	Preis-x̄	Min-Preis	Max-Preis	s
1724	2	417	47	8.86	8.75	9.00	0.17
1729	8	1635	262	7.03	5.75	15.00	3.22
1730	3	960	68	14.08	12.50	16.25	1.94
1733	4	1031	73	15.06	9.25	18.00	4.02
1744	73	23547	1611	14.90	6.75	20.75	2.60
1745	68	18821	1287	15.26	6.00	28.25	4.57
1746	29	9778	568	17.38	9.00	23.25	4.59
1747	116	38601	2186	18.31	7.00	38.50	5.44
1748	130	44094	2826	15.73	9.00	21.75	3.07
1749	152	53265	3213	16.78	9.00	23.00	2.92
1750	150	49620	3082	16.49	7.50	24.75	3.59
1751	119	43418	2867	17.11	0.40	28.00	4.45
1752	137	50832	2901	18.00	9.75	24.50	3.45
1753	146	56326	3060	18.86	9.25	25.00	3.25
1754	150	53788	3375	16.51	8.00	31.00	3.68
1755	209	73105	4441	16.82	8.25	25.00	2.65
1756	163	56435	3621	16.15	8.00	30.00	3.51
1757	199	70353	4301	16.93	7.50	25.00	3.51
1758	80	33564	1555	21.48	12.50	26.50	3.09
1759	165	73941	3457	21.56	11.00	34.50	4.58
1760	120	53997	2638	21.15	13.00	31.75	4.84
1761	205	105782	4744	23.02	11.25	34.00	5.31
1762	133	73062	3728	21.23	7.50	40.75	5.70
1763	160	91463	5082	18.97	6.75	34.00	5.04
1764	157	101314	6085	17.39	9.75	32.50	4.56
1765	168	117231	6469	18.97	10.00	36.00	4.94
1766	150	91146	5360	17.72	10.00	65.00	6.34
1767	219	123438	7903	15.97	8.00	40.50	3.94
1768	103	55490	3653	15.33	8.25	24.50	2.75
1769	128	73709	4756	16.01	7.50	39.50	4.68
1770	90	59414	3540	17.21	9.50	26.75	4.00
1771	109	72480	3698	19.70	10.50	34.00	4.17
1772	103	76567	3536	22.28	12.50	40.50	5.30
1773	109	77379	3939	19.86	7.00	30.00	4.08
1774	128	80844	4257	19.36	9.00	40.00	4.72
1775	103	68926	3694	19.10	9.50	34.00	4.15
1776	146	85025	4628	18.78	10.50	35.00	4.05
1777	140	84630	4507	19.41	10.00	46.00	4.75
1778	176	101569	5339	19.51	6.25	37.00	4.97
1779	180	115252	5915	19.84	9.75	39.00	4.30
1780	159	106945	5149	21.28	9.00	80.00	6.63
1781	119	79272	3373	24.13	11.00	60.00	7.40
1782	120	90560	3975	24.13	10.00	70.00	8.15
1783	96	66601	2784	25.05	11.75	42.00	7.31
1784	61	44186	1780	25.43	9.00	48.00	7.01
1785	71	51534	2157	25.49	12.00	51.00	7.69

1786	111	79299	3314	24.71	7.00	53.00	7.07
1787	53	39053	1728	23.62	10.75	56.00	7.24
1788	102	81638	3590	22.93	8.00	43.00	4.97
1789	46	34487	1549	22.79	8.50	31.00	4.29
1790	44	37649	1426	26.84	10.25	50.00	9.00
1791	59	51602	1859	28.38	5.00	46.00	8.32
1792	68	57894	2020	28.90	10.50	55.00	8.59
1793	22	16100	527	31.57	19.25	52.00	7.97
1794	27	23844	808	30.49	19.00	48.00	6.97
1795	11	9643	283	35.91	26.00	55.00	8.89
1796	32	31418	883	36.63	26.00	57.00	8.95
1797	31	30219	761	40.83	21.00	72.00	11.04

WESELSCHE RUTEN

Jahr	Kuppeln	Wert	Stück	Preis-$\bar{x}$	Min-Preis	Max-Preis	s
1744	8	1642	165	10.31	2.70	19.25	5.37
1745	40	5638	534	13.21	4.00	59.00	11.81
1746	13	1373	211	7.27	3.50	18.50	4.93
1748	17	4898	234	19.84	7.00	30.25	6.99
1750	15	5656	163	34.40	17.50	60.00	12.54
1751	14	1941	170	14.14	3.25	30.00	8.12
1752	39	6777	656	13.53	3.50	45.00	10.48
1753	43	7177	838	9.85	3.25	27.00	5.96
1754	30	4511	572	11.14	1.80	53.00	11.14
1755	52	6320	1562	5.51	0.55	27.75	4.82
1756	10	1072	234	8.60	3.00	41.00	11.81
1757	8	2131	130	16.19	11.00	20.75	3.57
1758	87	33022	1521	27.62	2.75	88.00	17.27
1759	66	19609	1901	15.06	0.25	72.00	11.89
1760	49	8942	2012	9.20	0.35	35.00	6.96
1761	21	10126	634	16.88	8.00	39.00	9.39
1762	9	2369	155	15.72	3.00	23.50	5.70
1763	13	2728	243	14.85	3.75	24.50	6.55
1764	18	4465	335	16.18	5.25	35.00	9.56
1765	25	11713	668	19.75	4.75	55.00	11.86
1766	12	7654	328	24.67	8.00	41.00	10.15
1767	18	8946	552	20.47	1.00	40.00	11.68
1768	3	490	27	17.42	14.50	21.50	3.64
1771	48	15139	486	31.99	10.00	69.00	13.25
1772	12	3948	144	27.54	18.50	39.25	5.91
1773	23	6218	328	19.01	8.50	29.00	5.28
1774	8	4534	133	37.19	8.00	72.00	24.30
1775	11	3534	142	31.09	11.25	71.00	19.54
1776	22	6254	290	24.48	7.25	43.00	11.91
1777	18	4929	228	25.04	6.50	42.00	9.24
1778	44	11321	657	18.86	8.75	56.00	8.79
1779	45	11368	702	17.39	7.75	54.00	8.24

1780	90	24665	1251	22.24	6.00	77.00	11.75
1781	42	12706	560	24.15	7.25	53.00	9.95
1782	37	10312	512	21.19	7.50	41.00	9.45
1783	36	8301	504	17.14	7.00	36.00	7.57
1784	35	12579	388	34.59	12.00	94.00	15.46
1785	14	6160	204	33.11	8.00	61.00	14.91
1786	11	4231	114	38.14	22.50	60.00	13.90
1787	9	2861	96	31.08	11.75	54.00	16.01
1788	17	4868	245	22.19	8.75	46.00	10.74
1789	18	4879	256	24.01	10.00	120.00	26.03
1790	55	11218	838	14.68	4.75	35.00	6.81
1791	76	19128	1081	19.29	5.50	50.00	9.47
1792	61	16872	906	20.91	7.00	65.00	11.26
1793	41	13938	525	28.04	7.00	56.00	11.15
1794	28	10483	358	30.79	15.00	63.00	12.27
1795	30	10151	352	31.08	15.00	76.00	13.19
1797	7	2338	97	26.46	12.25	35.00	9.37

WESELSCHE BALKEN

Jahr	Kuppeln	Wert	Stück	Preis-x̄	Min-Preis	Max-Preis	s
1744	7	2625	50	53.14	44.00	63.00	5.76
1745	11	3328	62	58.27	37.00	100.00	19.27
1750	18	6960	141	55.50	17.00	98.00	23.01
1752	2	460	16	29.25	25.25	33.25	5.66
1754	6	1368	48	28.50	24.50	34.25	3.69
1756	9	3205	73	45.47	22.00	79.00	19.26
1757	7	1792	56	35.00	24.75	63.00	13.69
1758	27	10158	217	48.76	26.00	91.00	16.60
1760	4	1232	66	24.25	4.00	38.00	15.63
1763	3	1374	29	47.67	45.00	50.00	2.52
1764	7	2466	82	30.61	16.00	47.00	11.16
1765	20	12751	296	44.75	19.00	78.00	15.06
1766	5	3877	51	76.80	65.00	96.00	11.78
1767	3	2262	23	131.33	80.00	196.00	59.14
1768	22	9816	208	46.53	22.25	75.00	16.11
1769	22	8492	189	47.45	23.00	82.00	17.01
1770	19	11765	207	62.38	30.00	122.00	21.60
1771	25	10645	219	48.60	26.00	81.00	13.88
1772	15	6624	124	54.35	25.25	90.00	18.06
1773	9	4342	62	75.56	45.00	132.00	26.71
1774	13	6307	112	63.71	37.00	119.00	26.22
1775	28	12247	298	44.06	16.00	92.00	17.92
1776	28	11022	259	42.34	25.00	83.00	12.01
1778	18	7941	233	37.50	18.25	76.00	16.26
1779	50	29041	375	87.06	26.00	240.00	42.90
1780	67	29918	529	63.79	16.00	177.00	33.09
1781	13	6948	112	69.23	39.00	125.00	25.51

1782	16	6290	137	56.23	11.00	108.00	27.50
1783	19	7115	192	40.00	16.00	100.00	20.42
1784	28	13374	220	67.68	36.00	210.00	37.80
1786	30	15379	412	76.68	7.00	260.00	58.28
1787	23	9883	184	55.74	18.00	94.00	16.13
1788	26	11334	198	61.58	14.00	130.00	33.29
1789	6	3499	38	112.50	40.00	185.00	55.96
1790	47	20482	366	63.14	16.00	200.00	39.23
1791	21	12100	139	88.14	23.00	170.00	31.73
1792	13	5723	109	54.92	32.00	78.00	14.09
1793	5	2578	49	54.40	28.00	78.00	18.89
1794	13	4395	140	35.29	14.00	67.00	17.59
1795	13	5908	109	64.02	22.25	120.00	31.59
1797	11	4556	114	42.18	20.00	92.00	20.47

EICHENRUTEN

Jahr	Kuppeln	Wert	Stück	Preis-x̄	Min-Preis	Max-Preis	s
1724	29	6165	439	21.64	5.00	29.50	6.04
1726	61	13676	698	20.82	11.00	39.00	5.87
1728	38	9941	433	23.25	16.00	35.50	4.80
1729	8	3910	238	17.28	9.50	21.00	4.64
1730	8	3333	115	27.53	12.00	39.25	9.31
1731	6	1258	65	19.50	12.00	26.00	5.03
1733	7	1773	94	19.61	13.25	28.00	5.56
1744	37	14511	504	31.09	10.50	49.00	11.15
1745	29	8674	470	19.48	7.00	32.50	6.74
1746	53	13970	595	25.00	3.50	53.00	10.87
1747	49	13552	686	20.26	9.25	36.50	6.32
1748	66	26278	1149	26.63	10.25	67.00	12.66
1749	4	1018	63	20.56	7.00	26.75	9.12
1750	12	4368	164	27.58	4.00	38.00	12.48
1751	35	14245	552	26.07	14.00	43.00	7.24
1752	52	28617	1081	30.36	3.00	56.00	15.05
1753	65	24908	1041	25.16	11.00	44.00	8.45
1754	65	22692	1125	20.95	3.75	46.75	9.75
1755	113	40028	1860	23.27	11.25	69.00	9.62
1756	162	58845	2929	21.61	7.00	62.00	8.55
1757	91	31328	1300	24.82	10.50	40.50	6.91
1758	7	2037	80	26.21	18.75	33.50	6.03
1759	44	27676	964	26.70	6.00	47.00	7.17
1760	51	19355	1082	20.10	3.50	37.00	8.52
1761	105	58498	2126	28.59	2.60	68.50	10.47
1762	121	64617	2533	26.70	4.25	74.00	12.31
1763	107	44278	2023	22.16	6.50	42.00	8.11
1764	166	69678	3312	21.10	8.00	50.00	7.09
1765	118	63646	2142	30.38	6.75	56.00	9.65
1766	67	37721	1166	33.37	17.00	123.00	14.32

1767	135	68149	2380	28.99	9.00	52.00	7.23
1768	62	29571	1054	28.00	17.00	47.00	6.97
1769	115	58050	2058	28.77	12.50	60.00	8.18
1770	108	55653	1939	29.44	10.00	46.00	7.65
1771	123	73472	2070	35.99	15.00	75.00	9.38
1772	84	56480	1407	40.44	24.50	78.00	8.04
1773	50	33348	898	36.94	25.25	56.00	7.33
1774	112	66555	1789	37.97	13.50	74.00	10.09
1775	101	59416	1775	33.77	21.00	56.00	8.07
1776	129	73777	2362	31.41	17.50	62.00	8.71
1777	157	91555	2835	33.58	17.50	102.00	13.14
1778	176	112266	3181	35.53	16.25	68.00	8.34
1779	148	102964	2494	42.31	22.00	120.00	11.86
1780	187	132081	3326	40.09	12.75	91.00	9.67
1781	205	145147	3237	45.92	22.75	195.00	17.91
1782	195	118670	3283	36.56	9.00	96.00	11.51
1783	198	105393	3043	35.04	18.00	78.00	10.26
1784	268	153986	4167	37.71	20.50	97.00	12.45
1785	235	140560	3691	39.26	19.50	96.00	12.80
1786	187	114222	2875	41.49	20.00	110.00	15.24
1787	101	67843	1721	39.64	21.50	85.00	13.51
1788	105	69217	1724	41.02	22.00	130.00	14.02
1789	35	24099	604	42.19	26.00	118.00	16.02
1790	84	58227	1122	53.26	26.50	120.00	17.01
1791	160	109672	2344	48.28	25.00	120.00	15.85
1792	240	146482	3640	42.20	12.50	110.00	16.05
1793	162	112594	2460	47.73	22.00	124.00	17.74
1794	42	34060	651	53.78	30.00	90.00	15.81
1795	17	14126	191	79.94	34.00	143.00	29.54
1796	79	94204	952	101.73	44.00	200.00	35.02
1797	30	23337	432	54.43	35.00	75.00	10.31

ACHSHOLZ

Jahr	Kuppeln	Wert	Stück	Preis-x̄	Min-Preis	Max-Preis	s
1746	8	1724	18	92.13	60.00	190.00	42.31
1748	2	527	7	74.50	69.00	80.00	7.78
1754	5	3345	26	127.80	106.00	158.00	24.66
1755	4	1592	14	121.75	71.00	178.00	53.67
1756	12	4027	35	111.92	72.00	210.00	47.24
1757	5	2819	21	135.80	93.00	250.00	65.21
1758	4	2001	12	166.75	130.00	220.00	42.53
1759	6	1344	12	112.00	70.00	171.00	40.25
1763	9	4025	29	163.67	68.00	265.00	66.82
1764	9	4489	42	110.67	80.00	180.00	34.84
1765	3	1320	9	140.00	120.00	150.00	17.32
1766	7	3121	18	183.14	126.00	280.00	57.06
1767	7	2525	18	161.57	76.00	270.00	67.70

1768	5	2274	14	178.60	108.00	305.00	87.68
1769	8	2982	18	177.00	75.00	245.00	59.51
1770	26	12560	71	191.54	90.00	370.00	86.54
1771	28	12819	73	190.29	78.00	400.00	80.25
1772	23	12704	66	191.78	92.00	400.00	80.58
1773	16	5498	41	137.25	90.00	259.00	42.71
1774	14	6033	40	155.50	100.00	225.00	43.61
1775	20	8280	61	142.40	80.00	210.00	38.51
1776	17	6309	48	131.18	81.00	200.00	35.14
1777	16	8064	56	148.38	88.00	325.00	57.03
1778	13	5855	37	169.62	105.00	300.00	69.69
1779	12	6509	41	164.08	94.00	240.00	45.96
1780	9	4910	24	210.56	150.00	305.00	59.55
1781	18	11685	48	254.44	110.00	450.00	88.12
1782	18	11600	66	185.00	80.00	300.00	57.68
1783	10	6818	48	152.80	56.00	400.00	104.71
1784	7	4030	26	158.57	120.00	225.00	41.70
1785	12	6015	36	177.50	84.00	300.00	58.97
1786	7	3125	19	190.71	120.00	320.00	77.54
1788	8	2227	21	112.63	86.00	134.00	17.15
1790	4	2480	13	217.50	130.00	290.00	79.74
1791	3	1340	8	165.00	145.00	200.00	30.41
1792	3	1250	7	183.33	150.00	200.00	28.87
1794	3	1992	9	221.33	144.00	330.00	96.88
1796	3	2530	7	356.67	320.00	390.00	35.12
1797	2	1624	7	248.00	136.00	360.00	158.39

BUCHENBALKEN

Jahr	Kuppeln	Wert	Stück	Preis-x̄	Min-Preis	Max-Preis	s
1745	8	1255	36	38.66	13.00	50.00	12.25
1746	5	715	17	45.20	36.50	64.00	11.87
1747	5	1004	25	40.15	32.00	46.00	5.16
1748	15	2504	69	36.93	23.00	54.00	9.38
1749	10	1613	62	25.65	18.25	36.00	4.94
1750	6	884	30	29.46	20.25	40.00	7.36
1751	5	1429	32	44.90	35.00	55.00	8.32
1752	11	1949	55	36.23	20.00	50.50	9.53
1753	7	2076	38	54.21	45.00	62.50	6.12
1754	16	3406	99	37.25	22.00	53.00	11.69
1755	12	2255	59	38.69	26.50	54.50	8.81
1756	18	4289	101	41.57	26.25	51.00	7.14
1757	29	6563	166	39.48	22.00	63.00	9.15
1758	14	3928	82	48.50	33.50	80.00	15.38
1759	18	4558	108	41.39	25.50	60.00	9.39
1760	27	8394	164	51.10	25.25	76.00	14.11
1761	56	19642	334	59.22	29.00	130.00	17.86
1762	49	18268	388	46.48	27.75	70.00	8.50

1763	66	13371	464	28.94	14.00	60.00	7.69
1764	79	17352	543	32.09	19.50	61.00	7.00
1765	39	9769	264	37.46	24.00	53.00	7.23
1766	28	6877	205	33.77	19.00	44.00	5.44
1767	9	2242	56	41.61	27.50	60.00	12.00
1768	7	2507	44	59.29	25.00	83.00	24.92
1769	13	4751	71	67.00	50.00	88.00	13.90
1770	11	3838	61	63.00	38.75	91.00	12.61
1771	17	5952	91	65.68	48.00	80.00	7.84
1772	2	1058	13	82.00	74.00	90.00	11.31
1773	15	5936	96	65.12	42.00	156.00	28.17
1774	25	8045	154	52.57	25.00	93.00	13.08
1775	28	8428	174	49.46	36.00	74.00	11.25
1776	13	3687	84	45.87	32.00	70.00	12.17
1777	16	5641	98	58.56	42.00	87.00	11.27
1778	12	4350	72	60.00	40.00	77.00	10.36
1779	19	6712	115	58.11	41.00	75.00	10.93
1780	12	4551	71	63.17	40.00	83.00	13.42
1781	20	9641	115	83.80	54.00	135.00	19.44
1782	18	8835	124	73.38	40.00	110.00	23.80
1783	20	7721	123	65.10	38.00	125.00	19.00
1784	9	4440	60	74.56	58.00	90.00	11.57
1785	16	5976	106	56.67	36.00	78.00	10.71
1786	11	4943	78	66.00	40.00	110.00	18.35
1789	2	636	10	64.00	62.00	66.00	2.83
1790	4	1106	21	47.50	18.00	62.00	20.36
1791	12	4528	80	57.58	41.00	75.00	12.33
1792	22	7362	154	48.41	29.00	60.00	8.74
1793	11	3898	91	45.93	25.25	70.00	14.20
1796	3	888	11	82.00	68.00	96.00	14.00
1797	2	460	8	57.50	50.00	65.00	10.61

DICKBALKEN (TANNE)

Jahr	Kuppeln	Wert	Stück	Preis-$\bar{x}$	Min-Preis	Max-Preis	s
1723	9	825	88	9.36	7.25	12.50	2.00
1724	87	8794	907	9.77	5.00	17.50	2.04
1725	21	2418	242	10.01	7.00	14.75	1.44
1726	33	3205	439	7.59	3.25	14.75	2.79
1727	103	11165	1274	9.10	6.25	29.50	3.90
1728	33	2456	346	7.16	6.00	10.75	0.98
1729	55	6128	795	7.82	4.00	18.25	2.53
1730	69	7111	898	8.45	4.25	16.00	2.57
1731	78	7274	1054	7.68	3.75	18.00	3.34
1732	120	12417	1618	8.06	3.75	17.50	2.86
1733	64	6226	644	10.14	2.50	20.75	3.55
1744	190	18833	2053	9.69	4.75	22.50	3.47
1745	184	20221	2261	10.15	4.75	31.00	5.19

1746	39	4359	558	8.54	5.25	26.50	4.20
1747	100	11537	1368	11.97	0.60	41.00	7.31
1748	80	10218	876	12.97	5.00	34.00	5.70
1749	114	13848	1136	13.27	5.00	32.50	5.71
1750	80	10403	704	15.31	7.50	33.50	4.98
1751	117	16579	1148	15.26	6.25	83.00	7.75
1752	78	11934	773	16.51	7.00	38.00	5.77
1753	169	24958	2263	12.25	4.75	28.00	4.36
1754	141	15383	1346	11.96	5.75	25.75	3.73
1755	153	19937	1740	12.19	4.50	35.00	4.45
1756	117	18545	1278	15.66	6.25	59.75	8.59
1757	48	7248	431	17.13	9.25	27.25	3.91
1758	45	8445	396	22.01	12.25	36.00	5.72
1759	181	31426	1778	19.02	6.50	37.00	6.34
1760	101	18666	1117	18.40	8.75	49.00	7.72
1761	207	39286	2408	17.35	7.25	35.00	5.64
1762	120	21591	1458	15.75	8.00	33.50	4.66
1763	159	26685	2294	12.35	6.00	35.50	4.40
1764	133	26375	1775	15.94	6.25	36.00	5.22
1765	80	19633	1031	20.60	9.00	65.00	8.22
1766	98	21165	1247	17.93	7.25	33.50	5.21
1767	121	27459	1639	19.17	7.00	220.00	19.45
1768	79	16528	928	19.42	9.00	38.00	6.56
1769	92	16324	1099	16.52	7.00	43.25	6.70
1770	54	12792	693	20.48	8.00	44.00	8.72
1771	104	23431	1395	18.41	9.00	47.00	7.27
1772	130	24818	1572	17.03	8.00	43.00	6.30
1773	63	11878	741	16.94	9.00	32.25	5.19
1774	108	21649	1335	17.71	8.50	74.00	9.84
1775	93	19950	1140	18.26	9.00	42.00	6.34
1776	109	24639	1312	21.67	7.25	97.00	16.15
1777	74	14919	980	16.33	8.75	41.00	6.08
1778	87	20386	1115	19.41	10.25	55.00	10.18
1779	81	17574	1065	17.70	10.00	38.00	6.72
1780	96	22358	1225	19.14	11.75	46.00	6.10
1781	98	32085	1329	26.40	15.75	75.00	11.39
1782	82	28733	1230	24.29	11.25	53.00	8.41
1783	109	38803	1972	20.94	10.25	57.00	7.83
1784	66	22266	1141	20.69	10.25	63.00	9.28
1785	126	35496	2363	17.13	5.00	115.00	14.50
1786	84	21393	1493	15.86	5.75	57.00	9.80
1787	78	15768	1355	12.50	5.25	27.00	4.77
1788	97	25131	1888	13.79	6.00	32.00	5.78
1789	23	6648	404	17.53	7.00	42.00	9.01
1790	72	24225	1212	21.49	11.25	53.00	9.12
1791	104	32590	1732	19.60	8.50	56.00	7.39
1792	122	45993	2169	22.57	11.00	60.00	8.34
1793	80	36469	1434	26.72	13.00	90.00	9.84
1794	47	18892	776	25.74	14.00	48.00	7.92
1795	45	12897	526	26.11	16.00	51.00	8.02

1796	52	20521	638	33.89	11.25	72.00	11.97
1797	25	3909	322	12.55	6.00	21.25	4.06

RUNDE TANNE

Jahr	Kuppeln	Wert	Stück	Preis-x̄	Min-Preis	Max-Preis	s
1723	11	1846	102	18.91	9.00	30.00	6.39
1724	26	4176	214	21.30	2.50	50.00	12.82
1725	3	262	24	11.33	8.00	17.00	4.93
1726	3	341	24	14.83	4.00	20.50	9.39
1729	30	4415	252	19.02	7.00	59.00	9.80
1730	18	3834	172	22.43	13.00	29.25	5.33
1731	17	1683	182	9.61	1.75	17.25	4.77
1732	2	176	27	7.25	5.75	8.75	2.12
1733	13	1905	120	18.96	2.25	33.25	9.42
1744	101	16245	770	22.10	5.00	45.00	9.10
1745	65	12576	480	28.47	5.25	72.00	12.88
1746	35	5684	275	23.61	5.00	34.75	8.39
1747	45	6824	326	22.91	5.25	54.00	9.70
1748	47	9008	368	26.13	6.00	52.50	11.22
1749	54	10260	393	27.81	6.75	48.00	10.24
1750	31	6724	187	36.65	12.50	61.25	10.27
1751	20	3717	143	27.04	13.75	43.00	9.26
1752	13	2364	106	22.62	13.25	36.50	6.23
1753	18	3672	137	29.46	15.50	55.00	13.07
1754	10	1534	72	24.23	12.50	56.25	13.77
1755	5	551	33	15.10	5.00	24.25	7.26
1756	23	5421	174	33.01	20.25	53.00	9.11
1757	57	15946	388	42.25	17.75	67.25	10.23
1758	20	6234	120	52.75	18.00	85.00	15.41
1759	18	5396	127	43.79	28.00	60.25	9.42
1760	27	9109	209	43.82	14.75	69.50	14.88
1761	38	9608	316	31.77	7.50	55.50	12.66
1762	59	14261	495	29.14	13.50	57.50	10.20
1763	47	8573	447	20.23	6.25	49.00	8.50
1764	59	12862	536	26.38	7.00	61.00	11.42
1765	21	5715	154	43.40	12.50	86.00	15.55
1766	58	17033	374	49.48	22.50	108.00	19.17
1767	42	11657	266	47.45	17.00	112.00	19.00
1768	15	4578	100	48.73	27.00	87.00	16.12
1769	25	6738	202	34.52	15.50	51.00	11.57
1770	54	16940	381	45.96	22.50	92.00	11.38
1771	77	23831	601	43.16	20.00	97.00	14.77
1772	43	13333	312	44.09	26.00	71.00	11.02
1773	32	9667	211	47.41	31.00	75.00	11.60
1774	89	25153	727	38.18	13.25	81.00	13.22
1775	93	24704	728	39.63	6.50	90.00	19.42
1776	80	20034	692	35.00	4.00	90.00	18.83

1777	94	24717	693	38.33	7.25	92.00	15.24
1778	108	30229	734	44.97	8.00	118.00	20.93
1779	130	36790	962	40.18	16.50	74.00	13.13
1780	94	28873	733	41.16	21.50	95.00	14.29
1781	125	49245	953	54.56	22.00	125.00	20.88
1782	70	26794	602	48.51	17.75	116.00	21.13
1783	85	29852	750	42.65	14.00	85.00	16.11
1784	79	23818	749	34.42	10.00	70.00	13.84
1785	38	12929	386	39.22	10.25	125.00	28.06
1786	58	17044	513	36.13	7.25	85.00	17.01
1787	54	13607	454	32.58	9.75	100.00	15.38
1788	55	14225	468	32.49	9.00	105.00	16.55
1789	16	5511	118	48.75	30.00	85.00	13.40
1790	22	8391	199	44.15	27.00	76.00	15.37
1791	26	8733	229	39.46	18.00	60.00	10.51
1792	27	9230	308	32.96	14.75	73.00	13.44
1793	41	15218	350	44.63	27.00	76.00	12.35
1794	75	28548	629	49.47	17.00	95.00	18.36
1795	14	5100	104	50.21	20.00	89.00	17.98
1796	72	37957	562	69.26	34.00	125.00	22.78
1797	19	7789	123	70.42	23.00	135.00	31.20

MASTBALKEN

Jahr	Kuppeln	Wert	Stück	Preis-$\bar{x}$	Min-Preis	Max-Preis	s
1723	20	2362	404	8.02	3.00	14.00	3.84
1724	55	9904	500	20.75	8.00	42.50	9.63
1725	18	2873	168	18.56	9.50	35.00	7.49
1726	56	8151	604	14.20	4.50	27.00	5.23
1727	13	1700	134	12.67	10.00	19.00	2.15
1728	15	1483	153	9.62	4.00	13.75	2.87
1729	20	3155	261	12.06	9.00	15.00	1.31
1730	39	4525	428	10.59	4.25	15.50	3.00
1731	70	8048	930	8.94	3.75	25.25	3.66
1732	77	10583	882	12.32	5.50	20.50	3.17
1733	22	2919	251	12.70	2.50	17.75	3.97
1744	82	10790	784	14.23	6.25	22.75	4.12
1745	81	11079	872	13.06	8.50	24.50	3.69
1746	47	6563	598	11.27	7.50	19.50	2.74
1747	17	1972	160	12.75	6.25	22.75	4.90
1748	23	3012	227	13.59	8.25	22.00	4.44
1749	15	1992	119	17.08	6.00	24.50	5.88
1750	25	3979	223	18.36	10.25	28.25	4.82
1751	48	7802	488	16.40	9.25	31.00	4.79
1752	53	8803	586	15.95	6.50	28.00	5.39
1753	56	10184	643	16.42	7.75	24.00	3.39
1754	54	7594	503	15.21	5.00	24.00	4.45
1755	57	9210	544	17.62	7.75	33.00	4.93

1756	41	7377	428	18.01	10.00	28.50	5.33
1757	61	13642	735	18.98	10.25	28.75	5.14
1758	20	4957	199	25.26	17.00	35.00	5.57
1759	84	18915	772	25.22	12.50	65.00	9.04
1760	41	9710	397	23.93	15.00	42.50	5.50
1761	86	19710	859	23.15	11.50	33.50	4.92
1762	93	19542	1275	18.33	4.00	36.00	7.93
1763	113	20834	1245	17.56	7.75	40.50	4.62
1764	88	17245	842	20.78	12.00	30.00	3.79
1765	39	10699	394	28.19	7.50	50.00	8.01
1766	61	14539	610	24.73	11.00	43.25	6.24
1767	59	14277	602	25.20	11.25	35.50	6.30
1768	36	8323	331	25.39	10.50	36.50	6.66
1769	59	11736	559	21.28	11.50	32.50	5.37
1770	40	8737	430	21.18	2.00	38.00	6.47
1771	98	22687	975	24.07	7.50	48.00	5.23
1772	111	24046	1043	23.22	11.25	41.75	4.29
1773	69	15610	725	22.25	3.00	33.00	5.19
1774	65	13682	621	22.15	11.50	28.00	3.09
1775	65	17493	685	24.15	5.00	64.00	10.07
1776	61	13496	608	22.82	1.00	42.25	6.35
1777	97	20158	970	21.79	0.00	68.00	8.30
1778	71	15219	672	22.61	10.00	34.00	5.01
1779	76	16996	737	22.93	3.75	39.00	4.56
1780	102	24458	991	24.71	14.75	81.00	6.95
1781	82	25695	784	32.95	22.75	52.00	4.78
1782	69	21114	676	31.21	19.75	46.00	5.61
1783	61	19224	755	27.24	12.25	58.00	8.16
1784	76	20309	873	24.05	11.00	47.00	6.21
1785	84	22228	1096	21.68	9.00	35.75	6.07
1786	79	20003	1159	18.43	5.50	37.00	6.26
1787	48	9918	553	18.36	10.25	34.00	4.73
1788	69	17015	839	20.82	7.25	33.00	5.21
1789	9	2072	88	23.53	16.50	34.00	5.72
1790	48	11794	539	22.15	12.00	42.00	6.29
1791	53	13539	594	23.07	10.00	36.00	7.14
1792	34	9565	386	24.68	17.00	34.50	4.96
1793	21	7603	236	32.60	24.50	50.00	5.93
1794	32	9027	316	30.05	10.50	92.00	14.75
1795	14	3721	126	29.64	24.50	35.00	3.37
1796	2	870	20	43.50	43.00	44.00	0.71

DICKBALKEN (KIEFER)

Jahr	Kuppeln	Wert	Stück	Preis-$\bar{x}$	Min-Preis	Max-Preis	s
1726	28	3020	467	6.77	4.25	12.75	2.40
1727	28	4325	309	13.84	5.50	22.00	3.85
1728	20	1841	269	6.78	5.25	8.00	0.79

1729	9	1247	188	6.64	6.00	9.00	0.92
1732	8	816	115	6.94	6.25	8.25	0.85
1744	29	2477	292	8.78	5.25	19.00	3.17
1745	52	6346	720	9.88	5.50	18.25	4.04
1746	9	1609	153	9.00	3.50	24.00	6.66
1747	19	2044	199	10.41	7.00	16.50	2.59
1749	4	919	39	23.56	21.00	25.00	1.76
1750	15	3204	153	21.93	8.75	32.50	6.87
1751	22	3821	207	18.82	11.75	26.25	3.95
1752	24	4290	210	20.80	12.50	29.00	4.36
1753	29	5438	296	20.64	3.20	32.50	6.04
1754	39	6022	352	17.34	13.00	24.25	2.71
1755	16	2743	157	17.27	11.00	22.25	3.77
1756	26	4858	300	16.62	13.00	23.50	2.82
1757	53	8733	521	17.10	12.50	32.50	3.19
1758	33	7048	293	24.45	16.50	39.00	5.28
1759	99	19375	1113	18.02	12.50	32.00	4.27
1760	42	8839	521	17.65	12.00	30.50	3.83
1761	74	19348	1034	19.66	13.25	43.50	6.70
1762	28	7059	381	20.06	11.00	41.00	7.47
1763	51	14204	843	17.35	11.75	29.00	3.25
1764	19	5803	306	19.51	15.50	31.25	3.32
1765	39	12729	596	21.75	17.50	31.50	2.83
1766	35	9187	459	20.76	15.00	35.50	4.62
1767	48	10885	555	21.03	12.50	31.50	5.75
1768	37	10791	559	20.01	16.00	31.50	3.74
1769	15	3554	170	22.47	16.50	37.25	5.79
1770	8	2471	97	25.56	21.50	33.00	3.65
1771	29	9458	423	22.91	16.00	36.00	4.90
1772	20	5115	245	21.73	16.50	28.00	3.72
1773	26	6788	408	17.03	14.00	24.50	2.78
1774	31	7971	461	17.52	14.50	26.25	2.76
1775	14	2962	166	18.54	13.00	28.00	3.77
1776	14	4033	188	22.45	16.50	47.00	7.65
1777	26	7835	305	27.68	16.00	62.00	11.06
1778	21	7574	308	24.96	18.00	34.00	4.72
1779	25	9393	361	27.63	19.75	67.00	10.26
1780	6	1760	65	26.25	17.50	32.00	6.48
1781	19	8732	258	35.45	15.75	78.00	12.89
1782	12	6784	179	39.54	23.00	66.00	11.16
1783	27	12419	446	29.90	9.00	60.00	10.91
1784	14	5574	254	21.93	17.75	35.00	4.19
1785	35	14101	733	19.45	9.00	30.00	5.30
1786	9	2782	152	19.25	13.00	32.00	5.80
1787	4	1276	80	15.75	13.50	21.00	3.54
1788	22	8766	374	24.03	15.75	36.00	5.23
1789	4	1442	76	18.94	13.50	23.00	4.32
1790	12	6205	249	24.98	20.25	33.00	4.02
1791	22	8940	360	26.60	17.00	47.00	8.37
1792	12	5123	201	27.00	14.00	45.00	7.99

1793	3	1291	45	28.33	24.00	32.00	4.04
1794	14	7052	202	38.80	27.00	64.00	13.11
1795	4	1026	36	29.13	22.50	40.00	7.60
1796	12	4490	109	40.52	16.00	55.00	10.87

RUNDE KIEFER

Jahr	Kuppeln	Wert	Stück	Preis-x̄	Min-Preis	Max-Preis	s
1729	6	1482	60	24.71	21.75	32.00	3.70
1730	2	237	25	9.50	9.50	9.50	0.00
1746	14	2463	128	21.54	7.25	45.00	9.18
1747	23	4378	206	22.85	6.50	66.00	11.93
1748	13	3294	158	20.73	14.75	23.75	2.95
1752	14	2396	103	23.46	10.75	40.00	8.01
1753	14	2933	129	23.04	18.00	30.25	4.23
1754	4	889	39	22.63	16.50	30.25	5.88
1755	23	4794	212	22.99	14.00	39.50	7.22
1756	8	1776	76	23.47	20.25	27.25	2.55
1757	19	4313	145	31.07	17.00	48.00	7.79
1758	9	2249	79	28.89	24.00	35.00	3.82
1760	44	9813	429	24.58	12.00	61.50	10.58
1761	32	7747	438	19.98	13.25	37.00	6.16
1762	38	9839	428	24.64	11.25	41.00	6.84
1763	35	6057	427	15.42	6.50	32.00	5.29
1764	12	2923	120	25.04	18.75	49.00	9.05
1765	10	2175	101	25.03	16.25	58.00	12.87
1766	46	10562	478	24.34	11.50	47.00	8.17
1767	52	10772	477	25.64	10.50	47.00	8.37
1768	9	2103	58	37.33	23.50	52.00	9.48
1770	19	6019	208	34.83	13.00	64.00	16.88
1771	50	14432	620	25.34	12.00	46.00	8.15
1772	39	10236	431	28.79	11.00	83.00	17.23
1773	40	9455	446	24.62	9.25	54.00	12.05
1774	48	11632	568	23.49	10.50	50.00	10.32
1775	92	20156	1123	20.09	9.25	50.00	8.54
1776	49	11385	455	27.26	12.00	59.00	10.46
1777	63	16667	599	28.60	14.00	69.00	12.24
1778	64	19295	550	36.70	20.00	75.00	13.42
1779	99	37015	946	52.31	14.00	240.00	47.56
1780	196	60303	1806	35.90	14.00	160.00	15.17
1781	283	136998	2622	58.67	8.00	275.00	37.78
1782	258	104376	2433	46.16	14.50	150.00	20.37
1783	231	82411	2781	36.00	9.00	205.00	26.89
1784	212	61875	2540	30.67	7.00	120.00	19.41
1785	151	41204	2534	22.18	5.00	100.00	17.32
1786	91	25289	1163	24.68	7.25	67.00	11.64
1787	67	16197	899	22.26	6.00	58.00	13.17
1788	99	27476	1281	25.37	4.50	86.00	14.78

1789	20	7034	289	28.51	10.00	67.00	14.65
1790	39	16833	395	48.76	19.00	135.00	24.65
1791	76	30725	872	42.20	11.50	100.00	19.29
1792	56	21038	595	39.49	14.00	84.00	16.69
1793	38	17749	425	43.52	25.00	140.00	20.55
1794	43	17334	420	46.21	20.25	160.00	22.72
1795	11	3700	100	38.36	24.00	68.00	11.72
1796	27	13584	219	64.11	42.00	130.00	19.78

TANNE 60 FUSS

Jahr	Kuppeln	Wert	Stück	Preis-x̄	Min-Preis	Max-Preis	s
1728	4	494	36	13.94	11.50	18.50	3.11
1730	5	2297	102	21.15	15.25	25.00	4.31
1744	23	4334	153	29.38	20.50	44.25	7.36
1745	21	4347	127	35.02	21.75	51.50	8.06
1746	11	2345	77	31.25	23.75	39.00	5.66
1747	9	2166	48	45.86	35.00	65.00	11.09
1748	23	4757	140	34.26	20.75	49.50	5.33
1749	21	5109	131	39.60	25.00	61.00	10.36
1750	31	6854	175	39.99	29.25	55.00	6.78
1751	39	10668	261	42.48	17.00	70.25	12.11
1752	29	6768	186	36.61	22.00	48.50	7.74
1753	35	7481	233	32.69	21.75	50.00	8.17
1754	26	4916	157	31.87	15.00	47.00	6.76
1755	31	6039	208	29.91	21.00	53.50	7.87
1756	40	8169	260	32.46	20.00	50.75	7.59
1757	33	7960	215	37.67	19.75	68.50	11.42
1758	19	5201	122	42.99	32.50	54.00	5.95
1759	40	10597	256	42.12	24.25	68.00	10.41
1760	36	8947	242	37.55	18.00	57.50	8.19
1761	69	17065	494	35.50	14.25	59.75	8.44
1762	52	12076	385	32.21	22.00	50.50	8.03
1763	60	12689	495	26.51	18.50	44.00	5.38
1764	83	17684	588	30.76	18.50	73.00	8.88
1765	62	17811	462	39.70	23.50	63.50	9.80
1766	74	20957	538	39.63	25.00	60.00	8.34
1767	79	21237	531	41.02	27.00	69.00	9.39
1768	70	18437	492	38.77	19.00	76.00	10.93
1769	53	13324	386	35.56	21.50	56.50	8.21
1770	52	13631	394	35.27	18.50	67.50	10.82
1771	78	21689	539	41.65	14.00	79.00	11.16
1772	79	19313	546	35.73	24.50	53.00	7.16
1773	57	15840	387	41.91	24.00	78.00	10.87
1774	78	18995	531	36.64	17.50	77.00	9.28
1775	54	14427	379	38.34	25.00	63.00	9.39
1776	80	21077	540	40.27	23.00	76.00	10.85
1777	88	22680	637	36.74	21.50	66.00	9.98

1778	103	25072	736	34.93	24.00	56.00	7.57
1779	119	30633	812	38.66	22.00	71.00	9.65
1780	79	22249	582	38.72	26.50	57.00	7.39
1781	57	21521	389	56.84	36.25	95.00	14.82
1782	58	20656	411	51.04	30.00	108.00	14.72
1783	75	30497	553	56.47	33.00	117.00	14.47
1784	53	19158	403	48.27	24.00	79.00	11.74
1785	87	28930	694	42.55	25.00	71.00	10.18
1786	47	12462	385	32.69	18.00	56.00	7.36
1787	61	15325	498	31.31	17.50	59.00	8.80
1788	64	20970	507	42.69	18.50	100.00	14.23
1789	17	5279	130	41.44	32.00	64.00	8.95
1790	34	12565	282	45.56	26.25	91.00	13.42
1791	19	7131	154	47.62	26.00	79.00	13.04

TANNE 70 FUSS

Jahr	Kuppeln	Wert	Stück	Preis-x̄	Min-Preis	Max-Preis	s
1727	4	830	36	23.13	22.50	25.00	1.25
1728	30	4249	262	16.76	10.75	24.00	3.81
1729	6	1035	56	18.13	9.75	24.25	6.38
1730	37	8884	336	26.91	14.25	44.50	7.29
1731	15	3431	123	28.10	17.50	33.50	4.66
1732	6	2032	54	39.17	24.50	53.00	9.38
1733	2	295	12	24.63	20.00	29.25	6.54
1744	135	29746	915	33.40	14.50	74.00	10.91
1745	134	32400	923	36.90	15.50	73.25	11.61
1746	73	15807	487	33.70	18.75	63.00	9.85
1747	91	22482	511	46.92	19.75	106.00	17.06
1748	101	24610	650	39.48	19.00	67.00	12.15
1749	141	34471	860	41.43	23.50	68.50	10.20
1750	125	33643	794	44.21	21.25	90.25	12.45
1751	172	45638	1104	43.35	19.00	78.00	13.11
1752	133	35059	887	41.69	18.00	75.00	13.05
1753	169	41714	1189	36.99	19.00	66.00	10.67
1754	155	35029	1073	33.62	19.00	60.00	8.25
1755	176	37975	1198	32.52	16.25	66.00	8.40
1756	132	34916	920	38.65	14.50	78.00	9.69
1757	166	45301	1134	41.02	18.00	65.00	8.38
1758	88	25526	601	44.81	10.00	74.00	12.75
1759	201	63324	1324	49.35	25.00	90.00	13.04
1760	197	55635	1302	43.95	20.50	79.00	10.41
1761	318	91496	2281	41.09	13.50	75.00	9.99
1762	210	55765	1583	36.00	14.25	80.00	8.38
1763	186	44795	1405	32.46	18.75	66.00	7.40
1764	283	72866	2040	36.63	14.00	68.00	9.03
1765	237	79765	1714	47.44	23.25	84.00	9.38
1766	162	52078	1136	46.58	27.00	75.00	9.20

1767	228	72811	1576	47.37	22.00	86.00	11.91
1768	154	50547	1074	48.35	22.25	82.00	11.45
1769	196	57299	1402	42.35	17.25	89.00	11.80
1770	147	43473	1068	41.61	18.50	73.00	9.92
1771	205	63469	1477	44.62	23.00	82.00	12.33
1772	241	70468	1785	40.51	21.00	75.00	9.84
1773	160	48756	1108	45.42	20.00	75.00	10.77
1774	200	56981	1409	41.68	23.50	79.00	10.92
1775	144	42670	1038	42.32	20.50	73.00	10.72
1776	125	38818	875	45.89	24.25	79.00	10.81
1777	162	47702	1207	40.82	19.00	79.00	11.40
1778	213	63005	1536	42.35	22.50	79.00	11.16
1779	169	50144	1231	42.10	26.00	81.00	10.41
1780	155	53316	1210	45.29	30.00	95.00	11.61
1781	125	53444	923	59.19	30.75	116.00	14.33
1782	46	19219	356	54.60	33.00	88.00	10.72
1783	61	26877	468	59.14	4.00	135.00	21.15
1784	56	23023	441	53.82	30.75	90.00	14.28
1785	87	33073	713	47.45	21.25	90.00	11.47
1786	57	19013	476	40.99	27.00	81.00	11.26
1787	50	15119	408	38.46	17.00	70.00	12.48
1788	60	20300	466	44.72	20.25	94.00	16.60
1789	19	7356	153	48.68	28.00	70.00	11.13
1790	43	18499	360	53.08	25.50	102.00	17.41
1791	24	8673	191	47.42	11.00	85.00	17.47

TANNE 80 FUSS

Jahr	Kuppeln	Wert	Stück	Preis-x̄	Min-Preis	Max-Preis	s
1729	7	1727	70	24.68	20.25	29.50	3.35
1730	9	2418	73	33.03	24.75	41.50	5.22
1731	4	947	31	30.75	22.50	39.25	8.24
1744	13	3374	78	44.42	33.75	77.50	11.56
1745	24	6639	131	51.90	31.25	73.00	10.31
1746	15	4268	83	52.97	38.50	74.00	11.57
1747	20	5651	109	52.58	36.75	70.00	9.53
1749	14	3882	83	47.14	37.00	62.25	6.82
1750	46	13127	272	49.40	30.00	70.00	8.09
1751	27	8281	151	55.72	33.00	91.00	10.46
1752	33	9869	204	49.30	37.00	69.00	8.57
1753	26	7176	152	48.22	33.50	76.00	10.34
1754	27	6890	167	41.79	34.00	61.75	6.04
1755	21	5911	139	42.87	27.25	55.00	7.17
1756	14	3957	83	47.93	28.00	58.75	8.29
1757	11	3559	71	49.61	41.00	68.00	8.04
1758	10	3669	55	66.93	48.75	82.25	9.68
1759	34	12072	211	58.84	40.00	93.00	12.32
1760	19	5954	115	52.82	42.50	69.00	7.93

1761	33	11021	210	53.15	37.50	80.50	8.43
1762	29	8949	208	43.69	32.00	70.00	7.31
1763	34	9357	237	40.38	27.50	72.00	9.70
1764	52	15690	366	43.46	18.50	73.00	9.60
1765	35	13950	249	56.11	42.00	80.00	8.65
1766	45	16423	307	53.74	30.00	75.00	8.03
1767	53	20832	353	59.83	41.00	93.00	10.10
1768	36	13818	256	54.42	41.00	70.00	6.83
1769	43	14981	277	54.85	37.25	76.00	8.80
1770	35	13236	237	56.66	40.00	86.00	12.13
1771	33	12523	209	60.27	43.00	85.00	9.49
1772	69	23418	451	53.11	38.75	94.00	11.86
1773	37	13827	242	57.90	42.50	82.00	8.88
1774	57	19010	361	53.21	39.00	76.00	8.68
1775	25	8725	155	57.19	42.00	77.00	10.10
1776	36	12783	229	57.23	41.00	95.00	11.72
1777	48	17093	314	55.24	39.00	80.00	10.02
1778	41	13994	264	53.93	36.50	82.00	9.96
1779	43	15479	290	54.29	38.00	75.00	10.67
1780	44	16378	292	57.73	6.25	97.00	16.89
1781	30	15283	199	79.10	6.00	124.00	22.19
1782	25	12913	144	92.32	47.00	145.00	22.36
1783	26	14418	178	84.73	50.00	121.00	19.66
1784	34	17439	232	76.62	43.00	110.00	13.94
1785	48	23782	373	65.96	32.00	124.00	18.99
1786	26	10329	194	54.21	42.00	80.00	9.16
1787	17	6328	115	55.07	34.25	91.00	14.80
1788	26	12078	202	62.23	23.00	109.00	18.48
1789	8	3488	54	64.00	39.00	100.00	22.49
1790	14	7482	104	75.57	51.00	130.00	22.54
1791	3	1382	23	60.00	45.00	77.00	16.09

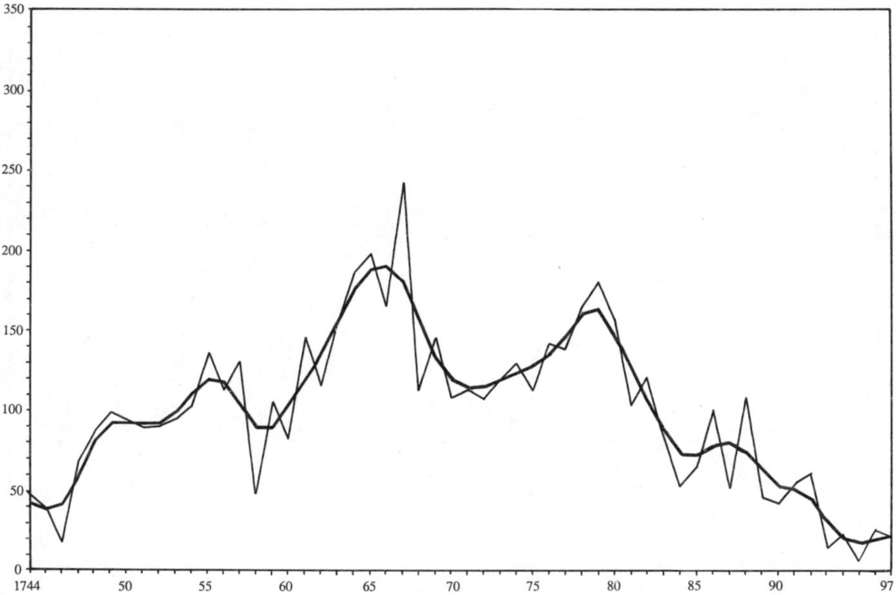

Abb. 1: Indizes Wagenschoßverkäufe Auktion Dordrecht 1744-97 mit 5-gliedrigem Gleitmittel, gewichtet nach der Binomialverteilung ($\bar{x}$ 1744-97 = 100)

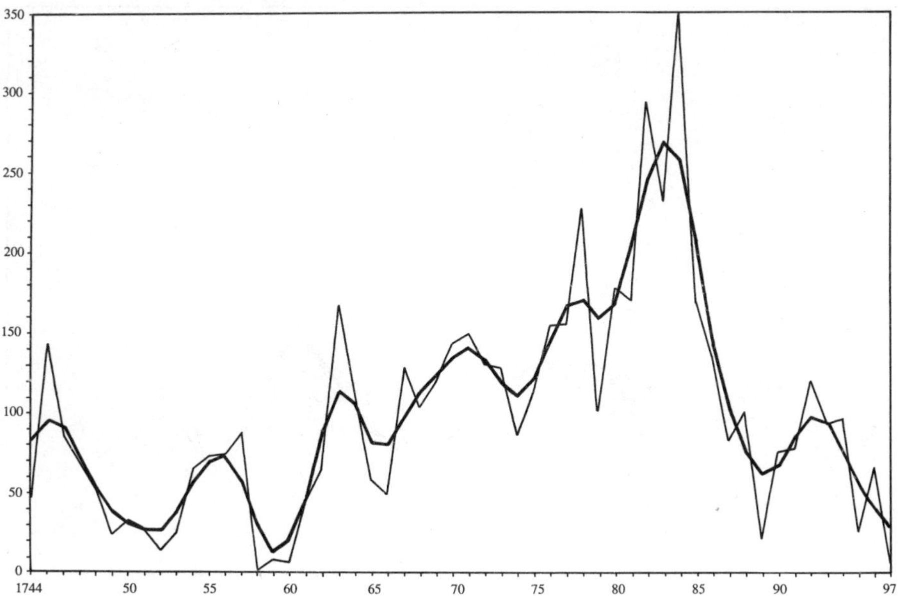

Abb. 2: Indizes Eichenbalkenverkäufe Auktion Dordrecht 1744-97 mit 5-gliedrigem Gleitmittel, gewichtet nach der Binomialverteilung ($\bar{x}$ 1744-97 = 100)

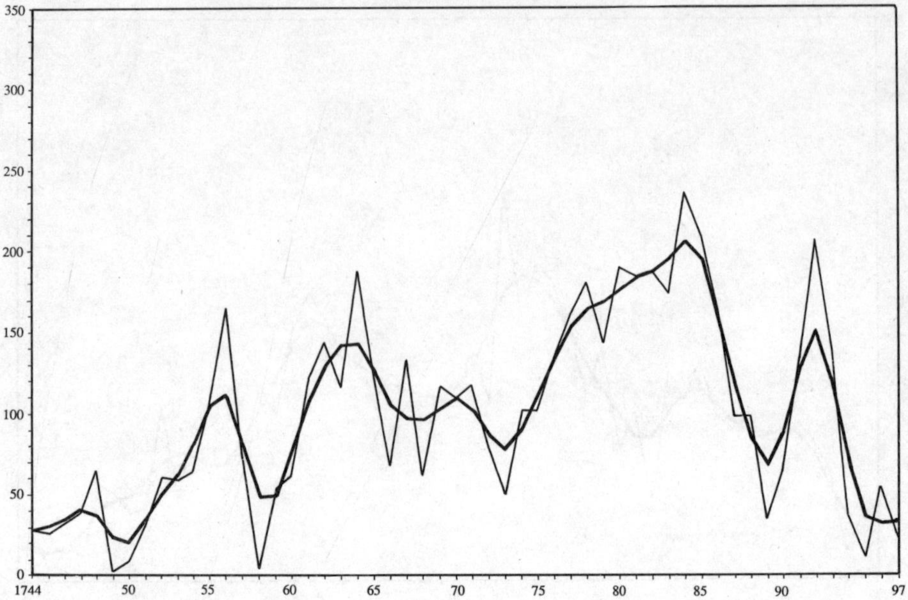

Abb. 3: Indizes Eichenrutenverkäufe Auktion Dordrecht 1744-97 mit 5-gliedrigem Gleitmittel, gewichtet nach der Binomialverteilung ($\bar{x}$ 1744-97 = 100)

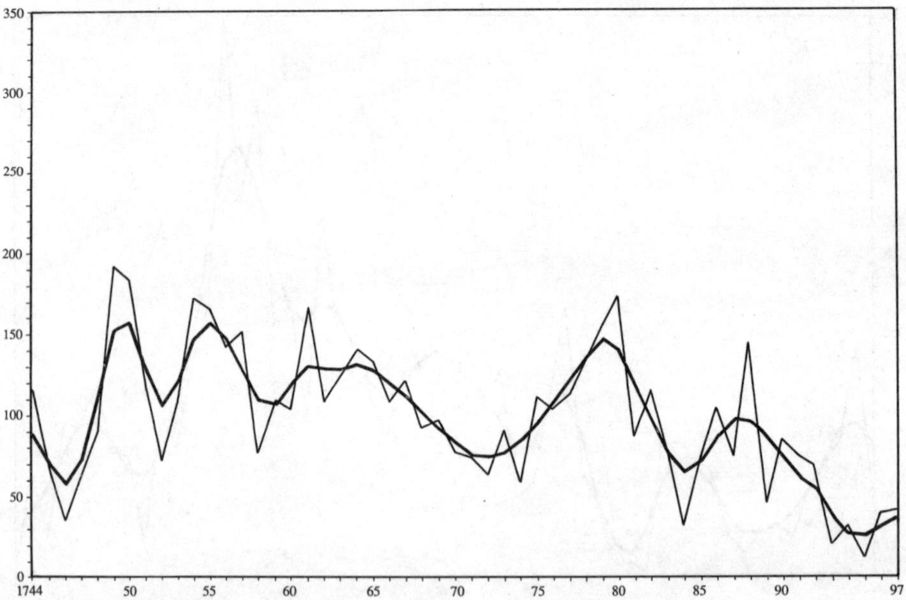

Abb. 4: Indizes Pfeifholzverkäufe Auktion Dordrecht 1744-97 mit 5-gliedrigem Gleitmittel, gewichtet nach der Binomialverteilung ($\bar{x}$ 1744-97 = 100)

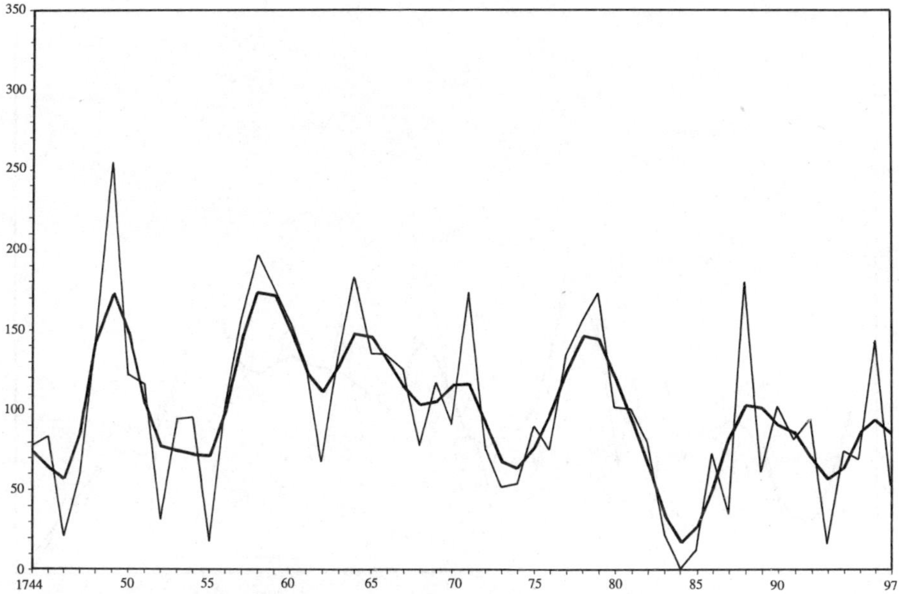

Abb. 5: Indizes Faßholzverkäufe Auktion Dordrecht 1744-97 mit 5-gliedrigem Gleitmittel, gewichtet nach der Binomialverteilung ($\bar{x}$ 1744-97 = 100)

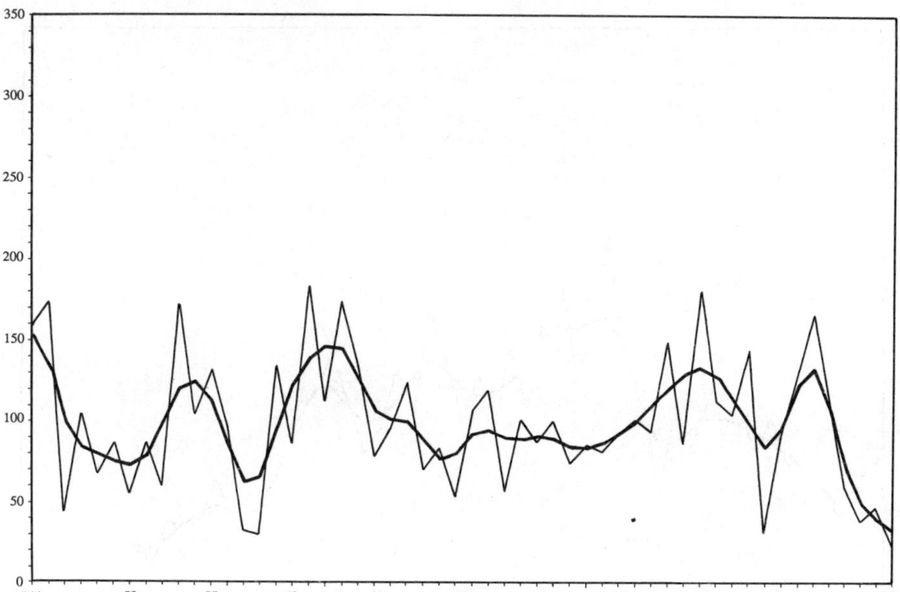

Abb. 6: Indizes Dickbalkenverkäufe Auktion Dordrecht 1744-97 mit 5-gliedrigem Gleitmittel, gewichtet nach der Binomialverteilung ($\bar{x}$ 1744-97 = 100)

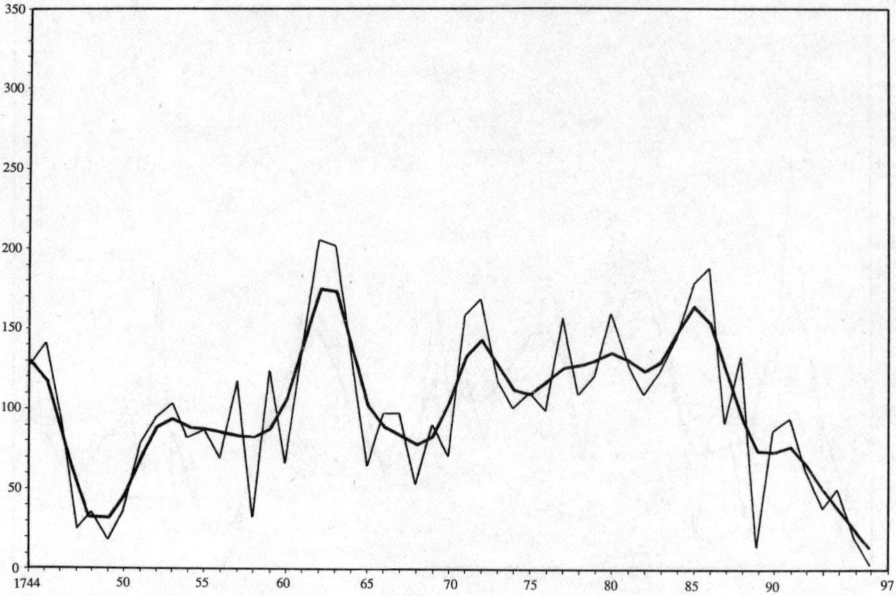

Abb. 7: Indizes Mastbalkenverkäufe Auktion Dordrecht 1744-97 mit 5-gliedrigem Gleitmittel, gewichtet nach der Binomialverteilung (x̄ 1744-97 = 100)

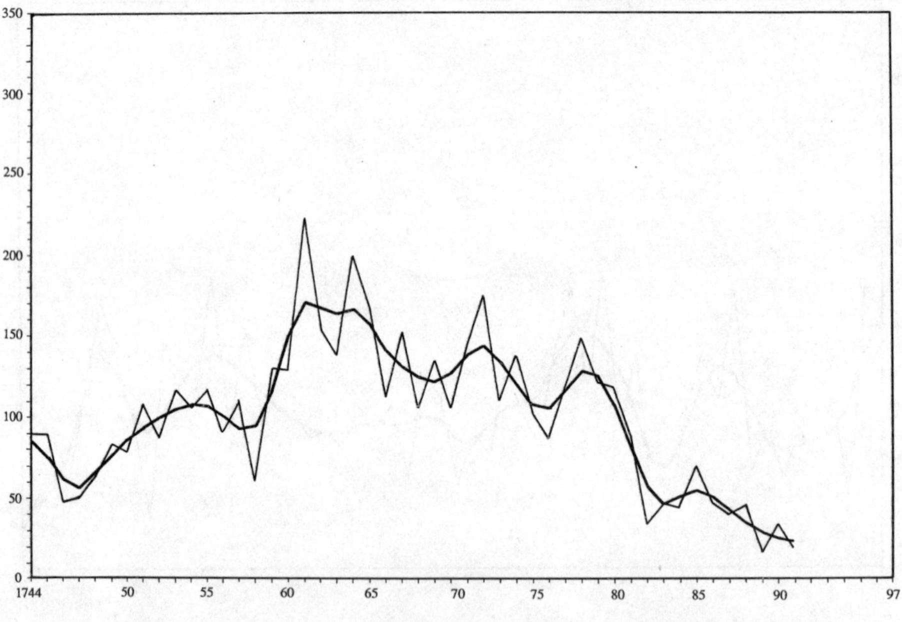

Abb. 8: Indizes 70-Fuß-Tannen-Verkäufe Auktion Dordrecht 1744-91 mit 5-gliedrigem Gleitmittel, gewichtet nach der Binomialverteilung (x̄ 1744-91 = 100)

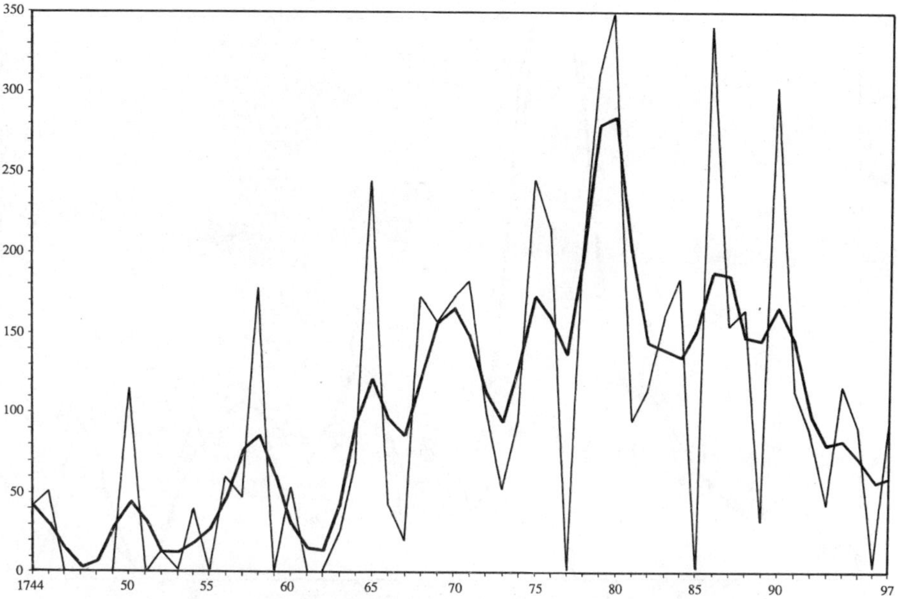

Abb. 9: Indizes Weselbalkenverkäufe Auktion Dordrecht 1744-97 mit 5-gliedrigem Gleitmittel, gewichtet nach der Binomialverteilung ($\bar{x}$ 1744-97 = 100)

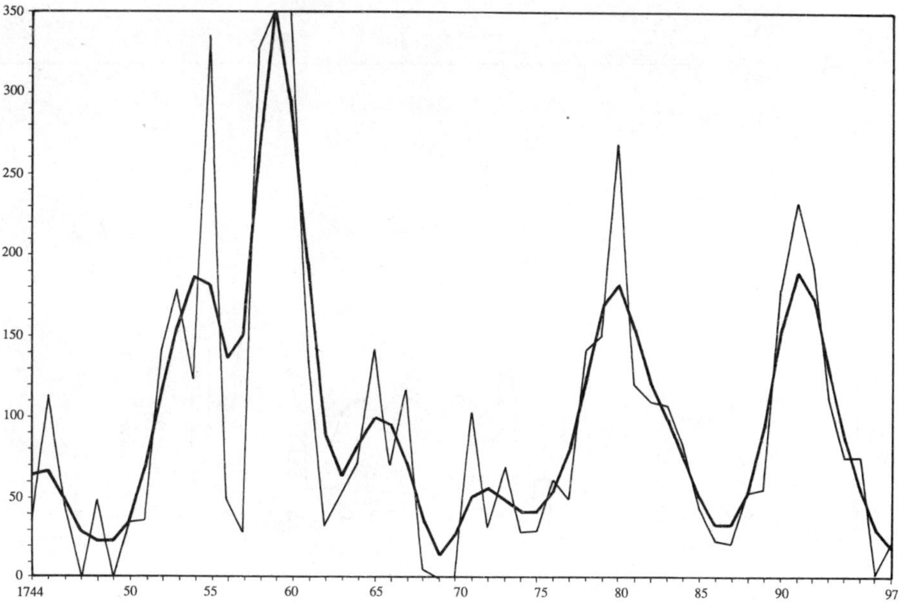

Abb. 10: Indizes Weselrutenverkäufe Auktion Dordrecht 1744-97 mit 5-gliedrigem Gleitmittel, gewichtet nach der Binomialverteilung ($\bar{x}$ 1744-97 = 100)

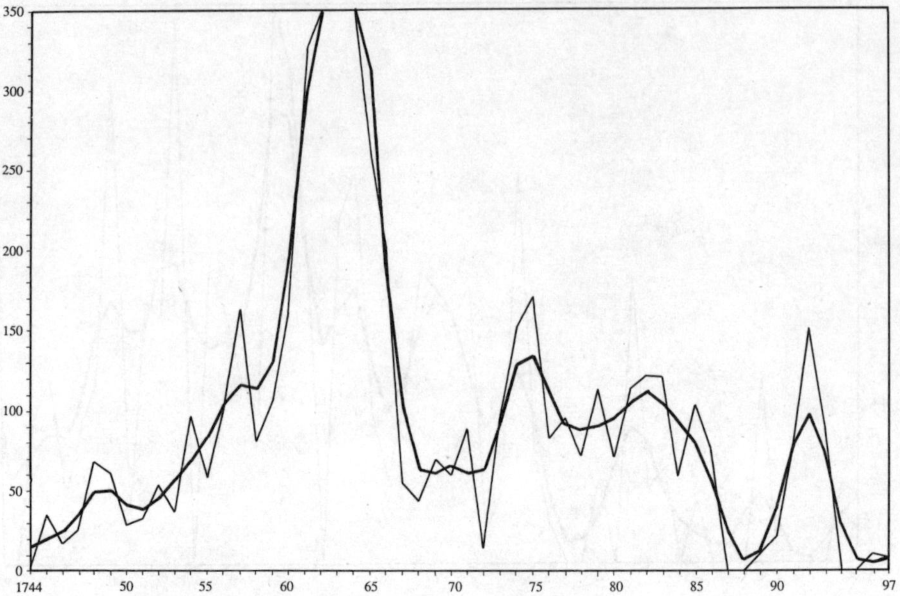

Abb. 11: Indizes Buchenbalkenverkäufe Auktion Dordrecht 1744-97 mit 5-gliedrigem Gleitmittel, gewichtet nach der Binominalverteilung (x̄ 1744-97 = 100)

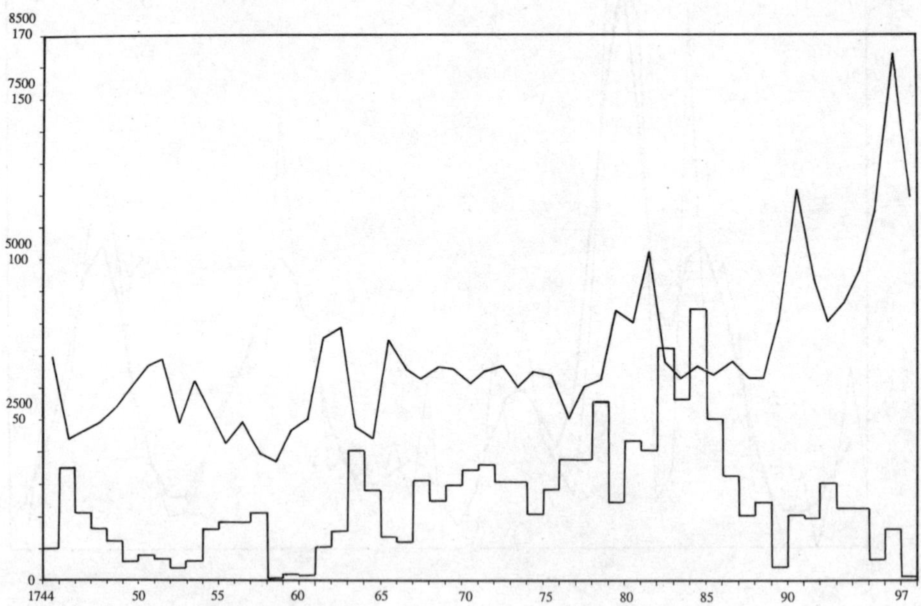

Abb. 12: Eichenbalkenverkäufe und -preise Auktion Dordrecht 1744-97

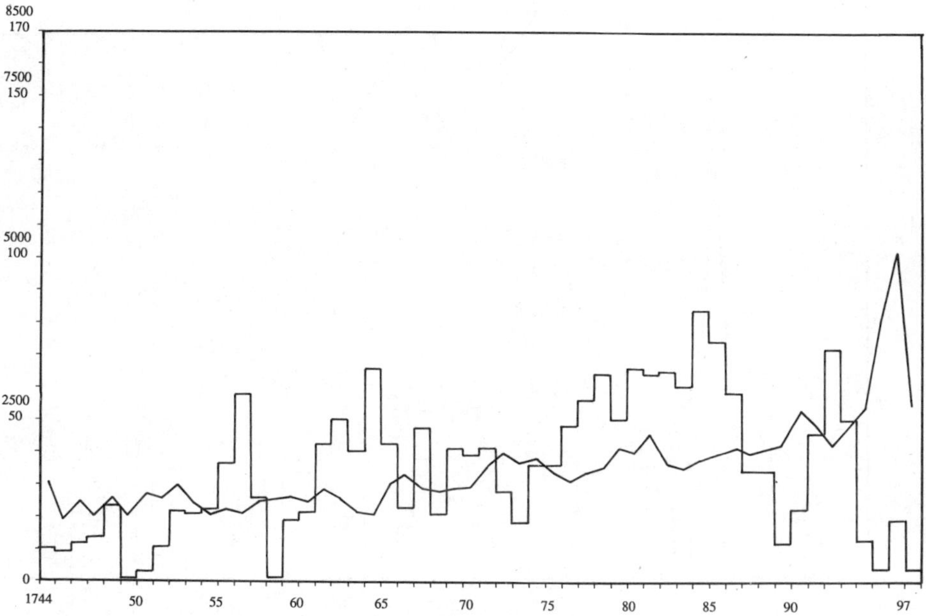

Abb. 13: Eichenrutenverkäufe und -preise Auktion Dordrecht 1744-97

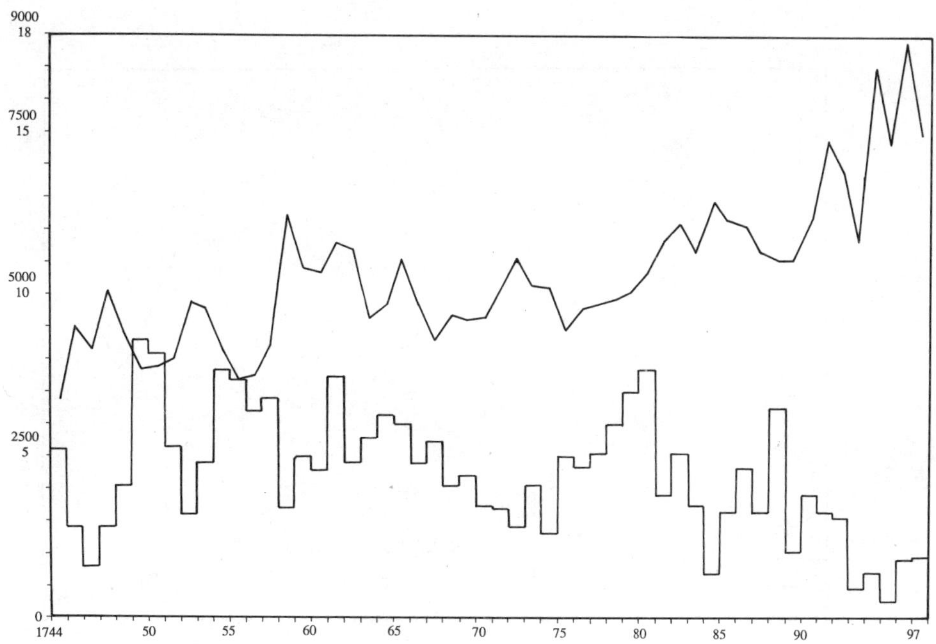

Abb. 14: Pfeifholzverkäufe und -preise Auktion Dordrecht 1744-97

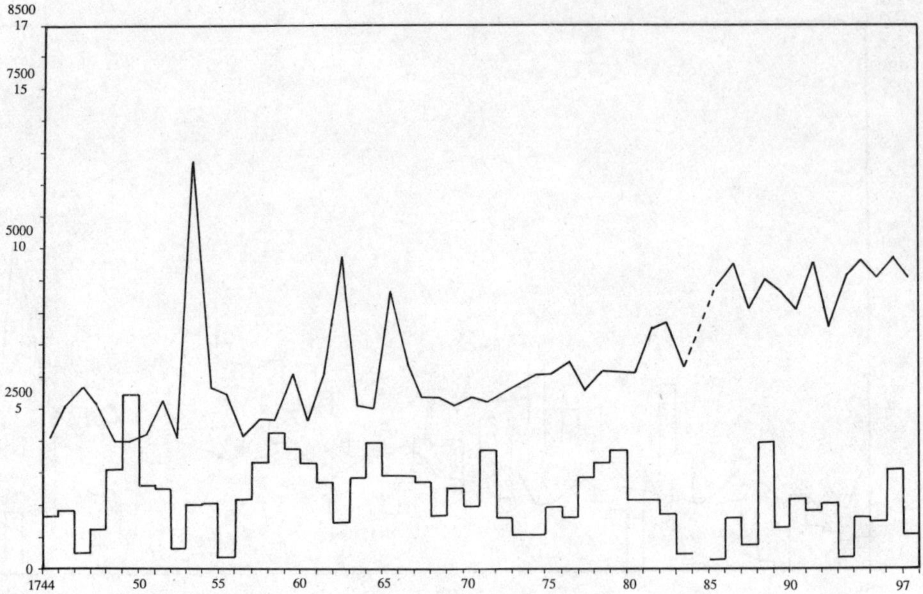

Abb. 15: Faßholzverkäufe und -preise Auktion Dordrecht 1744-97

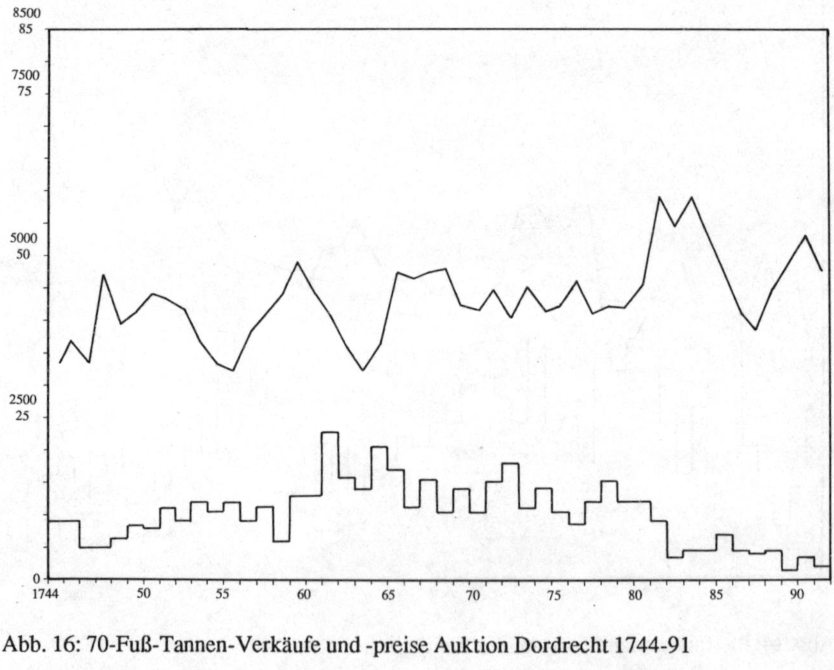

Abb. 16: 70-Fuß-Tannen-Verkäufe und -preise Auktion Dordrecht 1744-91

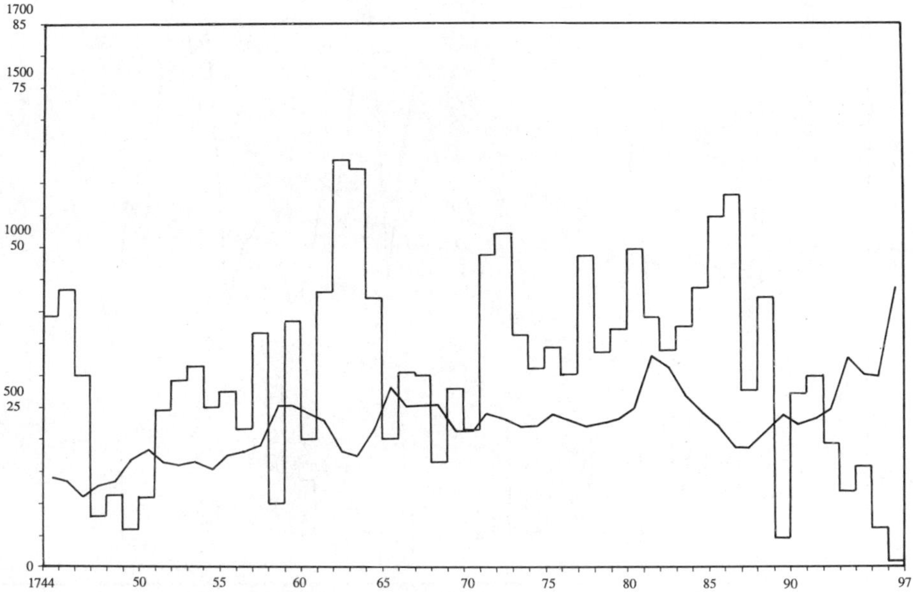

Abb. 17: Mastbalkenverkäufe und -preise Auktion Dordrecht 1744-96

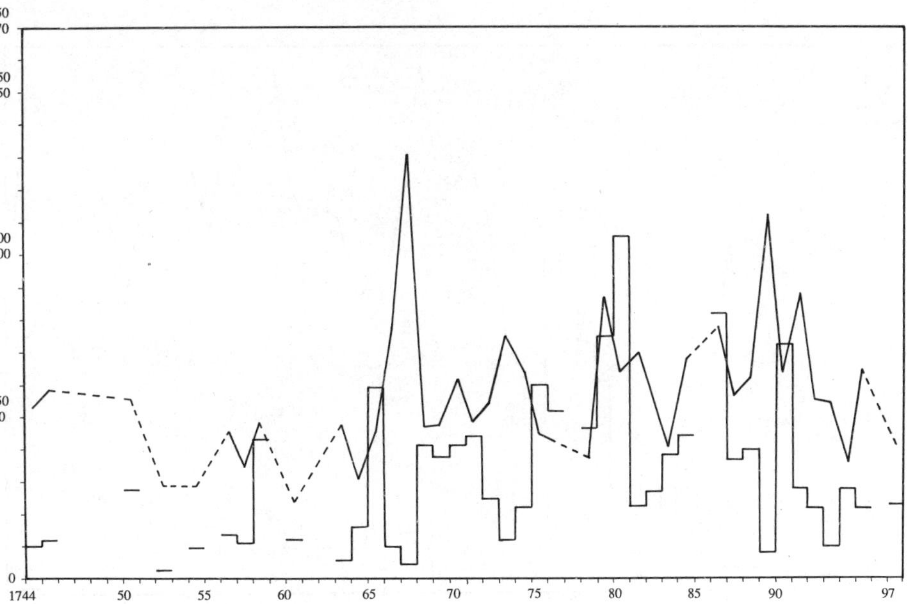

Abb. 18: Weselbalkenverkäufe und -preise Auktion Dordrecht 1744-97

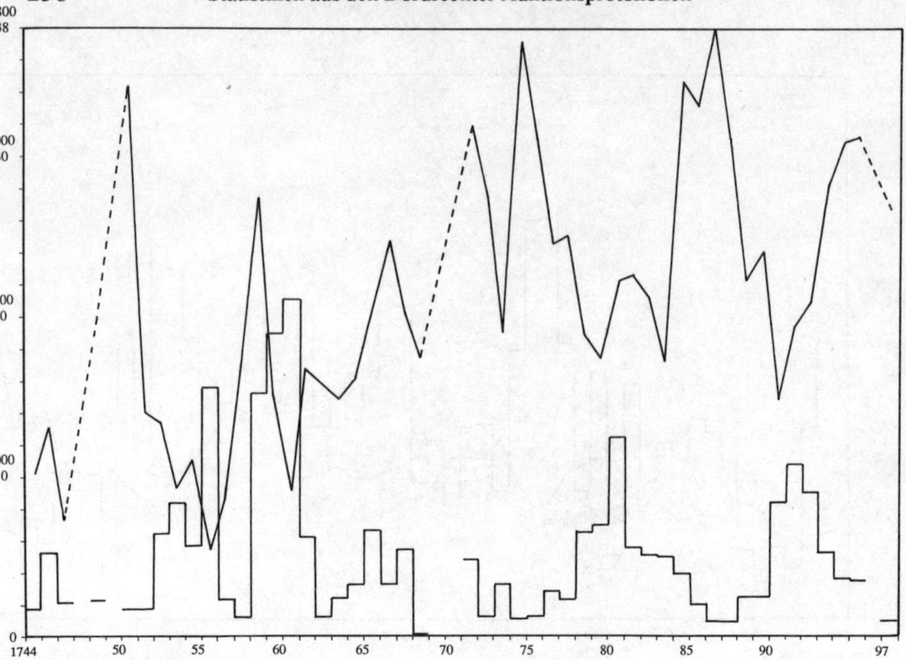

Abb. 19: Weselrutenverkäufe und -preise Auktion Dordrecht 1744-97

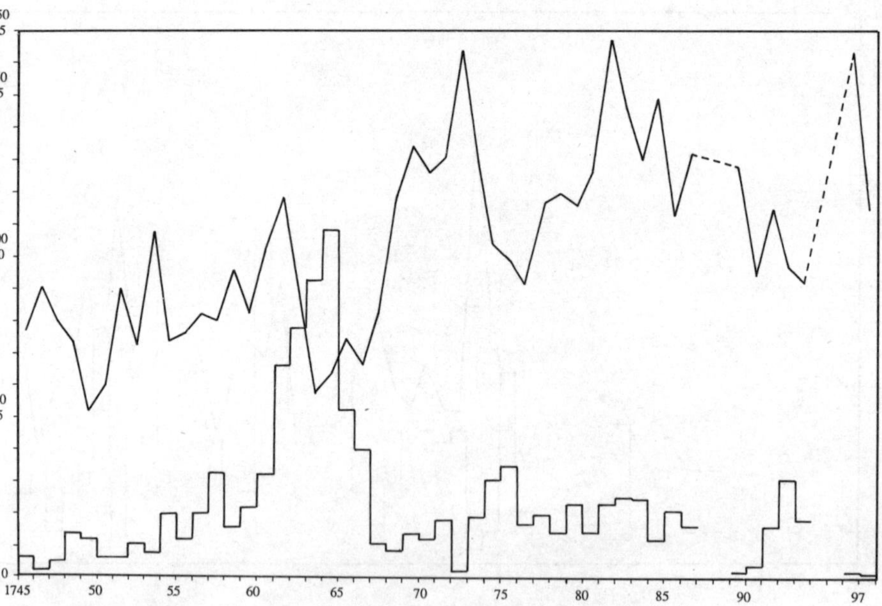

Abb. 20: Buchenbalkenverkäufe und -preise Auktion Dordrecht 1745-97

ORTS- UND PERSONENREGISTER

Aufgenommen wurden alle Städte, Ortschaften, Landschaften, Länder, Bach- und Flußläufe sowie alle im Holzhandel tätigen Personen und Firmen.
Nicht aufgenommen wurden ständig vorkommende Ortbezeichnungen (Niederlande, Deutschland, Rheinlande, Rhein) sowie Territorien, Herrschaften und einzelne Walddistrikte. Soweit es notwendig erschien, wurden Ortsbezeichnungen, Gewässer und Personen in Klammern näher gekennzeichnet.

VIERTELJAHRSCHRIFT FÜR SOZIAL- UND WIRTSCHAFTSGESCHICHTE (VSWG)
BEIHEFTE
Herausgegeben von **Karl Heinrich Kaufhold, Hans Pohl, Wolfgang Zorn**

---

83. **Uta Lindgren,** Hrsg.: **Alpenübergänge vor 1850.** Landkarten – Straßen – Verkehr. Symposium am 14. und 15. Februar 1986 in München. 1987. 188 S., 26 Abb., kt. DM 44,– **4847-2**
84. **Hermann Kellenbenz / Hans Pohl,** Hrsg.: **Historia socialis et oeconomica.** Festschrift für **Wolfgang Zorn** zum 65. Geburtstag. 1987. 369 S., kt. DM 98,– **4959-2**
85. **Renate Pieper: Die spanischen Kronfinanzen in der zweiten Hälfte des 18. Jahrhunderts.** Ökonomische und soziale Auswirkungen. 1988. 333 S. m. 27 Tab. u. 17 Abb. sowie 144 Tab. i. Anh., kt. DM 88,– **5086-8**
86. **Ulrich Kluge: Bauern, Agrarkrise und Volksernährung in der europäischen Zwischenkriegszeit.** Studien zur Agrargesellschaft und -wirtschaft der Republik Österreich 1918 bis 1938. 1988. 515 S., kt. DM 104,– **4802-2**
87. **Hans Pohl,** Hrsg.: **Die Bedeutung der Kommunikation für Wirtschaft und Gesellschaft.** Referate der 12. Arbeitstagung der Gesellschaft für Sozial- und Wirtschaftsgeschichte vom 22.-25.4.1987 in Siegen. 1989.485 S., kt. DM 128,– **5320-4**
88. **Rüdiger vom Bruch / Rainer A. Müller,** Hrsg.: **Formen außerstaatlicher Wissenschaftsförderung im 19. und 20. Jahrhundert.** Deutschland im europäischen Vergleich. 1990. 304 S., kt. DM 75,– **5337-9**
89. **Hans Pohl,** Hrsg.: **The European Discovery of the World and its Economic Effects on Pre-Industrial Society, 1500–1800.** Papers of the Tenth International Economic History Congress. Edited on Behalf of the International Economic History Association. 1990. X, 330 S., kt. DM 80,– **5546-0**
90. **Peer Schmidt: Die Privatisierung des Besitzes der Toten Hand in Spanien.** Die Säkularisation unter König Karl IV. in Andalusien (1798–1808). 1990. 356 S. m. 22 Abb. u. zahlr. Tab. u. Ktn., 1 Faltplan, kt. DM 96,– **5585-1**
91. **Brigitte Maria Wübbeke: Das Militärwesen der Stadt Köln im 15. Jahrhundert.** 1991. 308 S., kt. DM 88,– **5702-1**

92-94. **Hermann Kellenbenz †: Kleine Schriften**

92. **I. Europa, Raum wirtschaftlicher Begegnung.** 1991. 441 S., kt. DM 138,– **5805-2**
93. **II. Dynamik in einer quasi-statischen Welt.** 1991. 300 S., kt. DM 96,– **5854-0**
94. **III. Wirtschaftliche Leistung und gesellschaftlicher Wandel.** Aus d. Nachlaß hrsg. sowie mit einem Nachwort, einem Schriftenverz. des Verfassers und einem Register für alle 3 Bände versehen von **Rolf Walter**. 1991. VI, 534 S., kt. DM 138,– **5896-6**
95. **Hans Pohl,** Hrsg.: **Staatliche, städtische, betriebliche und kirchliche Sozialpolitik vom Mittelalter bis zur Gegenwart.** Vorträge der 13. Arbeitstagung der Gesellschaft für Sozial- und Wirtschaftsgeschichte vom 28.3.–1.4.1989 in Heidelberg. 1991. 395 S., kt., DM 116,– **5824-9**
96. **Ursula Beyenburg-Weidenfeld: Wettbewerbstheorie, Wirtschaftspolitik und Mittelstandsförderung 1948–1963.** Die Mittelstandspolitik im Spannungsfeld zwischen wettbewerbstheoretischem Anspruch und wirtschaftspolitischem Pragmatismus. 1991. 413 S., kt., DM 138,– **5799-4**
97. **Wolfram Pyta: Landwirtschaftliche Interessenpolitik im Deutschen Kaiserreich.** Der Einfluß agrarischer Interessen auf die Neuordnung der Finanz- und Wirtschaftspolitik am Ende der 1870er Jahre am Beispiel von Rheinland und Westfalen. 1991. 157 S., kt. DM 50,– **5883-4**
98. **Ian Blanchard / Anthony Goodman / Jenniver Newman, Ed.: Industry and Finance in Early Modern History.** Essays presented to **George Hammersley** on the occasion of his 74th birthday. 1992. Ca. 240 S., kt., ca. DM 78,– **5806-0**
99. **Markus Bittmann: Kreditwirtschaft und Finanzierungsmethoden.** Studien zu den wirtschaftlichen Verhältnissen des Adels im westlichen Bodenseeraum 1300-1500. 1991. 292 S., kt. DM 88,– **5914-8**
100. In Vorbereitung
101. **Dietrich Ebeling: Der Holländerholzhandel in den Rheinlanden.** Zu den Handelsbeziehungen zwischen den Niederlanden und dem westlichen Deutschland im 17. Jahrhundert. 1992. 241 S., kt., DM 74,– **5972-5**
102. **Ruth M. Vornefeld: Spanische Geldpolitik in Hispanoamerika 1750-1808.** 1992. Ca. 256 S., kt. Ca. DM 74,– **6015-4**

FRANZ STEINER VERLAG STUTTGART

ISSN 0341-0846